OEUVRES

COMPLÈTES

DE PIGAULT-LEBRUN.

TOME III.

ANGÉLIQUE ET JEANNETON.
MÉLANGES LITTÉRAIRES ET CRITIQUES.

DE L'IMPRIMERIE DE FIRMIN DIDOT.

OEUVRES

COMPLÈTES

DE PIGAULT-LEBRUN.

TOME TROISIÈME.

A PARIS,

CHEZ J.-N. BARBA, LIBRAIRE,

ÉDITEUR DES OEUVRES DE M. PICARD ET DE M. ALEX. DUVAL,
PALAIS-ROYAL, N° 51, DERRIÈRE LE THÉATRE-FRANÇAIS.

1822.

ANGÉLIQUE
ET
JEANNETON.

PREMIÈRE PARTIE.

CHAPITRE PREMIER.

INTRODUCTION.

Je disais à mon voisin, homme de mérite et de bon conseil : « Ce soir je commence un roman.
« — Hé, pourquoi un roman, répondit le voisin ?
« Vous avez fait des comédies assez drôles ; que
« n'en essayez-vous encore une ? — Ma foi, mon
« ami, c'est que cela ne rapporte rien. La plu-
« part des directeurs des théâtres de Paris et des
« départemens préparent, dès le jour de leur
« ouverture, la banqueroute frauduleuse qui n'é-
« tonne personne, et qui écrase, *sans qu'il y*
« *paraisse*, une foule d'individus. — Sans qu'il y
« paraisse ? — Sans doute, puisqu'on les laisse

« faire. Il est pourtant assez facile d'apprécier le
« tort que font ces gens-là à toutes les classes de
« la société. Quarante acteurs qu'on ne paie plus,
« doivent à quarante boulangers, à quarante bou-
« chers, à quarante marchands de vin, à qua-
« rante cordonniers, à quarante tailleurs, à qua-
« rante blanchisseuses, et quand le crédit de ces
« pauvres diables est épuisé, ils doivent à qua-
« rante commissionnaires du Mont-de-Piété, qui
« s'en moquent, parce qu'ils sont nantis.

« Cependant les boulangers, les bouchers, les
« marchands de vin, les cordonniers, les tailleurs,
« les blanchisseuses font attendre, au moins, s'ils
« ne font pas aussi banqueroute, le farinier de
« Senlis ou de Gonesse, le bouvier de Mortagne
« ou d'Argentan, le vigneron de Mâcon ou de
« Beaune, le tanneur de Pont-Audemer ou de
« Caudebec, le fabricant de Sedan ou de Lou-
« viers, l'épicier-savonnier du Gros-Caillou ou
« de la Grenouillère, et si j'ajoutais à cela les
« couleurs, les brosses et la toile fournies au
« décorateur, les bois livrés au machiniste; si je
« parlais du marchand de pantoufles du Palais,
« pour les pièces turques, du bonnetier pour les
« pantalons de tricot dans les pièces espagnoles;
« si je mettais sur ma note le fabricant de galon
« de cuivre ou d'étain de la rue aux Fers; si j'y
« ajoutais le limonadier, la fruitière, la marchande
« d'huîtres; si enfin je multipliais le tort que font
« mes quarante acteurs d'un seul théâtre, par

« vingt spectacles ouverts à Paris, ma note pré-
« senterait un total effrayant à ceux qui n'aiment
« pas les banqueroutes, et tout cela, parce que
« le premier agioteur peut se dire : Demain je
« loue une salle, j'engage une troupe, et j'affiche.
« Si je ne fais rien, je ne paie pas. Si je fais,
« j'assure d'abord ma fortune; je porte chez moi
« les deux tiers des recettes, et je partage le troi-
« sième entre mes créanciers. D'abord ils se plai-
« gnent, je n'y prends pas garde; ils crient, je
« crie plus haut qu'eux, ou je les endors avec
« des contes en l'air, et je vais mon train. N'est-il
« pas affreux... — Ah! le voisin a de l'humeur.
« — Et le voisin a raison d'en avoir. Si notre gou-
« vernement assure à chacun le libre exercice de
« son industrie, ce brigandage dramatique peut-il
« être confondu avec le travail honnête, utile, et
« par conséquent licite? L'art de Molière et de
« Racine doit-il être l'objet des spéculations de
« quelques aventuriers? Le génie de ces grands
« hommes n'est-il pas une propriété nationale?
« Chaque Français n'y a-t-il pas des droits réels,
« et ne peut-il pas dire à ses magistrats : C'est à
« vous qu'il appartient de sauver ces chefs-d'œuvre
« de la honte des tréteaux et de l'oubli où vont
« les plonger les dissensions qui agitent les pre-
« miers théâtres. Toute la France, tous les peu-
« ples de l'Europe, qui venaient jadis admirer la
« scène française, invoqueront-ils en vain des
« lois qui répriment... — Allons, allons, calmez-

« vous voisin ; cela viendra peut-être. En atten-
« dant, commencez votre roman. — C'est ce que
« je veux faire. — Sera-t-il long ou court? — Je
« n'en sais rien. — Triste ou gai? — Je ne le sais
« pas davantage. — Mais enfin quel sujet?... — Je
« n'en ai pas, et je ne m'en embarrasse guère. —
« Quoi, point de plan ! — À quoi bon? un homme
« célèbre a dit, je ne sais où : Je suis bien sûr
« que si ma manière d'écrire n'est pas la meilleure,
« elle est au moins la plus religieuse. J'écris la
« première phrase, et je m'abandonne à la Pro-
« vidence pour le reste. — Je crains bien, voisin,
« que vous ne ressembliez à l'homme célèbre que
« de ce côté-là. — C'est toujours lui ressembler,
« et cette idée me fait sourire. Je remonte chez
« moi, et j'écris ma première phrase. — Bonne
« chance, voisin. Moi, je reprends mon rabot. »

CHAPITRE II.

J'entre en matière.

Un mot, par grace, me dit une voix douce, au moment où je mettais mon passe-partout dans le trou de la serrure. Je me retourne, et, autant que me le permet la lumière fauve du réverbère, je vois une jeune femme assez proprement mise, dont l'attitude était suppliante. J'aime toutes les femmes, quoique je n'aie encore fait de sottises pour aucune : cela viendra probablement.

Lorsque je me retournai, la voix argentine répéta l'invitation. Je m'approchai, je pris une petite main que j'enfermai entre les miennes, et j'écoutai attentivement. Il m'a toujours semblé qu'on entend mieux une jeune femme quand on lui tient la main.

« Voudriez-vous me rendre un service essen-
« tiel? Très-volontiers, répondis-je, après l'avoir
« regardée de plus près. — Vous voyez mon état. »
Je baissai les yeux, et je fus d'abord au fait.
« — Vous vous êtes oubliée. — Oui, monsieur. —
« Votre mère n'est pas indulgente? — Non, mon-
« sieur. — Et vous me demandez un asile? — Oui,
« monsieur. — Vous croyez donc que cette nuit...
« — Ou demain au plus tard. — Mais votre mère...
« — Vous voudrez bien arranger cela. »

J'avais allumé mon rat-de-cave chez le pâtissier, dont la boutique touche à ma porte, et c'est en montant l'escalier que je me permettais cet interrogatoire. La jeune personne, dont l'état exigeait des ménagemens, appuyait fortement son bras sur le mien, et j'en étais bien aise.

Elle ne connaissait pas les êtres, et de la main gauche j'avançais ma lumière; je les connaissais très-bien, et mon œil se portait furtivement sur la plus jolie figure, qu'un air de langueur rendait plus intéressante encore. C'est quelque chose de bien attrayant qu'une femme jeune, jolie, souffrante, et qui se livre aveuglément à vous.

Quand nous fûmes dans ma chambre à coucher, je pensai, en allumant mon feu, et en rangeant ma robe de chambre et mes pantoufles, qu'Antoine m'avait préparées, je pensai que je faisais au moins une imprudence. Dans une ville comme Paris, me disais-je, la friponnerie prend toutes les formes : si cette fille était une... Je tournai la tête. Elle s'était mise sur un canapé ; elle pleurait et me regardait d'un air qui voulait dire : Vous vous trompez. Je ne suis qu'une infortunée, et vous me devez quelque reconnaissance pour la préférence que je vous accorde.

Je pensai alors qu'il y a de la cruauté à juger défavorablement les malheureux. Je m'approchai du canapé ; je repris la main blanchette, et je la baisai en expiation. C'était bien le moins que je pusse faire.

Je sonnai. Antoine entra. Il parut étonné, puis il sourit en me regardant avec malignité. Je lui dis de mettre des draps blancs à mon lit, et de m'arrêter une chambre à l'hôtel de Provence. Antoine me regarda une seconde fois ; mais ne rit plus. Je n'ajoutai pas un mot ; mais je fus flatté de n'avoir rien perdu dans l'estime d'Antoine.

Il est assez naturel de vouloir connaître quelqu'un à qui on donne un asile, et je suis naturellement curieux. Cependant je commandai à ma curiosité.

Je passai avec Antoine dans son cabinet, pendant que la jeune personne se mettait au lit ; mais je rentrai, aussitôt que je crus pouvoir me présenter. Je m'assis près du chevet, et pendant qu'Antoine préparait une rôtie au vin, dans ma petite casserole d'argent, je hasardai encore quelques questions.

Elle répondit à tout avec ingénuité et franchise. Antoine écoutait sans qu'il y parût, et je jugeai, à la manière prévenante dont il présenta sa rôtie, que la jeune personne l'intéressait autant que moi.

CHAPITRE III.

Ma commère Jeanneton.

C'est la fille unique de madame Miroton, la marchande la plus riche et la plus brutale de la place Maubert, bonne femme d'ailleurs.

Elle était accordée à Bastien, garçon charcutier, dont l'extrême propreté donne envie à tous les passans de goûter de ses saucisses. Bastien aime Jeanneton de tout son cœur, et Jeanneton n'est pas en reste avec lui. Le mariage allait se conclure.

Monsieur Thibaut, fils d'un facteur de la poste aux lettres, s'est tant remué depuis quatre-vingt-neuf, qu'il est enfin entré dans un hôtel à lui, n'en sort que dans son carrosse, paie et nourrit bêtes et gens du produit de deux terres considérables qu'il a trouvées dans la ci-devant Beauce.

Monsieur Thibaut aime beaucoup les melons, et madame Miroton en vend d'excellens. Le cocher, *en fouettant à l'hôtel*, s'arrêtait devant la boutique, et Jeanneton, présentait, en rougissant, et avec une petite révérence, le plus beau de ses cantaloups.

Monsieur Thibaut ne ressemble point à la plupart de ses pareils : il a des mœurs. Jeanneton avec ses deux déshabillés, sa demi-douzaine de chemises et trois fichus, dont il me semble qu'elle pourrait se passer, Jeanneton lui parut digne d'être parée des dépouilles de la république.

L'amour n'est pas spéculateur, et Bastien, qui ne possède au monde que dix-huit ans, des cheveux blonds et un teint de rose, est, aux yeux de Jeanneton, bien au-dessus d'un carrosse, d'un hôtel et de toutes les terres de la Beauce.

Cependant madame Miroton, qui n'entend rien à ces calculs de jeune fille, avait notifié sèchement à la sienne qu'il fallait épouser monsieur Thibaut. La timide Jeanneton n'avait osé répliquer, et était allée pleurer à l'autre bout de la place Maubert.

Bastien passait par hasard. Il vit Jeanneton, et l'accosta. La petite le regarda avec complaisance, puis elle pensa à monsieur Thibaut, et se mit à pleurer plus fort.

Une cousine de Bastien, qui est dans la confidence, les fit passer dans son arrière-boutique, de peur que les pleurs de Jeanneton ne la rendissent la *risée* du marché. L'intention était louable.

Mais la cousine était restée sur le devant. Bastien est compatissant de son naturel; Jeanneton était bien innocente, et enfin... enfin...

Ici je l'interrompis, et je lui fis prendre le reste de sa rôtie. Elle se remit un peu, et une rougeur excessive, qu'elle attribuait à l'effet du vin de Bordeaux, se calma insensiblement.

« Ce n'est pas le vin de Bordeaux, lui dis-je à « l'oreille; c'est la pudeur, et cela vaut mieux. »

Jeanneton n'osait contredire sa mère, et elle avait eu le courage d'écrire à monsieur Thibaut : les extrêmes se touchent. Elle s'exprimait de manière à laisser pressentir à son futur le résultat de sa conversation avec Bastien. Elle invoquait sa générosité, et elle s'abandonnait à la Providence.

Monsieur Thibaut, qui ne manque pas d'une sorte de délicatesse, avait ménagé l'infortunée, et rompu avec madame Miroton, sans entrer dans aucun détail.

Bastien n'en était pas plus avancé. La maison lui était toujours interdite; mais la cousine était obligeante, et il était difficile à deux jeunes amoureux de ne pas retourner à l'arrière-boutique.

Cependant le lacet était devenu trop court, et le corset trop étroit. On serrait, on comprimait, et on était arrivé, à travers mille embarras, au moment où j'avais mis mon passe-partout dans la serrure.

« Et pourquoi vous être plutôt adressée à moi ?...
« — La cousine de Bastien aime à causer, et ma

« mère m'ira sûrement chercher chez elle. Mon-
« sieur Antoine prend chez nous votre beurre frais
« et vos petites raves. Il dit sans cesse du bien de
« vous : c'est ce qui m'a déterminée. »

Je regardai Antoine. Il paraissait content de lui,
et j'avoue que je ne l'étais pas moins de moi.

C'est un très-bon domestique qu'Antoine. Il
a une qualité qui paraîtrait un défaut essentiel à
bien des gens, c'est de chercher à tout savoir, de
dire tout ce qu'il sait, et voilà pourquoi je le
garde : il m'impose l'obligation de ne rien faire
que d'honnête.

« Marguerite, dis-je en sortant à la portière,
« vous coucherez dans le lit d'Antoine. Si vous
« entendez la sonnette de ma chambre, vous cour-
« rez à l'hôtel de Provence, où nous allons passer
« le reste de la nuit. »

CHAPITRE IV.

Le baptême.

Il était trois heures du matin, et je ne dormais
pas encore. Je pensais aux moyens de réconcilier
Jeanneton avec sa mère, lorsqu'on frappa à ma
porte à coups redoublés. Antoine s'était jeté tout
habillé sur un matelas; il fut ouvrir : c'était Marguerite qui venait, aussi vite que le permettaient
ses soixante ans, m'avertir qu'on sonnait chez moi
à rompre le cordon.

J'envoyai Antoine en avant, et je lui recommandai de ne laisser entrer personne jusqu'à mon retour. Je ne voulais pas que Jeanneton eût à rougir devant d'autres que moi.

Je m'habillai à la hâte, et je courus chez madame Durand. En cinq minutes elle fut prête, sa lanterne allumée, et nous partîmes.

Madame Durand est très-communicative, et surtout très-questionneuse. Elle me demanda si la grossesse avait été heureuse, quels accidens on avait éprouvés; si j'étais le père, le frère, ou simplement un ami. Je répondis que la première qualité d'une sage-femme est la discrétion, et madame Durand se tut.

J'entrai le premier. Je détachai d'une croisée un petit rideau de linon bien blanc; j'en couvris le visage de Jeanneton, et je l'attachai, avec une épingle, au haut de son bonnet rond. Elle me serra la main : je compris qu'elle me savait gré de l'attention.

Je fis entrer madame Durand, et je lui donnai Marguerite pour l'aider. J'ouvris mon armoire au linge, et je me retirai avec Antoine, après avoir expressément défendu à ces dames de lever le rideau de linon.

Nous n'étions séparés que par une mince cloison. J'entendais des cris étouffés, et je n'étais pas à mon aise. « Ah ! disais-je, est-ce bien du plaisir « ce qu'on paie par tant de souffrances » ?

Jeanneton se tut tout à coup. Une petite voix

aigrelette se fit entendre, et il me sembla qu'on m'ôtait un poids énorme de dessus la poitrine.

Madame Durand passa bientôt devant le cabinet d'Antoine. Elle me fit une profonde révérence; j'entendis ce que cela voulait dire. Je lui rendis son salut, en lui mettant un double louis dans la main, et elle me prodigua révérences et complimens jusqu'à la porte de la rue, que je fermai sur elle.

« Monsieur, me dit Marguerite lorsque je re-
« montai, cette demoiselle-là vous trompe. — Ah,
« ah! — Elle a souvent nommé Bastien. — En vé-
« rité? — Ce Bastien est le plus joli garçon du
« quartier. — Diable! »

« Parbleu! dis-je à Antoine, lorsque Marguerite
« eut fini son bavardage, et que je l'eus éconduite,
« je conçois que l'homme qui a fait à une femme
« tant de bien et tant de mal, doit lui être infini-
« ment cher. Encore un service à Jeanneton : va lui
« chercher Bastien. »

Je levai moi-même le rideau de linon, et je la trouvai bien. Je regardai le nouveau-né; il était bleu. « On fait des fautes, m'écriai-je involontai-
« rement, et pour les cacher, on s'expose à être
« parricide. » Oh, combien je me repentis de cette sortie grossière! La mère fixa son enfant; une larme vint mouiller sa paupière... Je m'empressai de l'essuyer.

Bastien entra. Jeanneton sourit en le voyant. Elle se souleva avec peine, prit son fils dans ses bras, et le présenta à son père. Bastien les baisa l'un et l'autre, il les baisa, les rebaisa encore. Il ne me voyait pas, et je lui en sus bien bon gré.

Il me demanda pardon, et je l'embrassai. Il reprit l'enfant en silence. Son œil se voilait, sa poitrine se gonflait, sa respiration était embarrassée. Il se soulagea en accablant de nouvelles caresses le petit bambin et sa Jeanneton. « Le premier mo« ment, me disais-je, n'était pas à lui ; la nature « l'entraînait. Il a eu le temps de réfléchir, et ce« pendant il est le même : Bastien est un honnête « garçon. »

Il faisait jour, je l'en avertis, et je le priai de se retirer. « Ah, un mot, mon ami Bastien. Sous « quel nom le ferai-je enregistrer ? — Comment « donc, monsieur ? reprit-il avec véhémence. — « Si vous le reconnaissez, madame Miroton... — « N'empêchera pas que je ne sois le père de mon « enfant. Ce pauvre petit, ma Jeanneton et de « l'ouvrage, voilà tout ce que je désire. » Va, brave jeune homme, ajoutai-je tout bas, tes vœux seront accomplis.

J'ai aussi un carrosse quand je veux. Je fis monter avec moi Bastien et Marguerite, et nous nous rendîmes à la maison commune. La naissance du petit fut constatée, et je revins déjeuner à côté de ma commère Jeanneton.

Elle avait prié monsieur Antoine d'aller lui chercher un vieux prêtre de sa connaissance. Il est pauvre et timide comme la plupart des prétres d'aujourd'hui. Il débita pourtant force sottises théologiques, et je le laissai dire : l'infortune mérite des égards.

L'immersion faite, et mon filleul purgé de la tache originèle, le prêtre prit congé de nous. Je le suivis, et je glissai sous sa capote, percée au coude, ma petite casserole d'argent. Je suis bien sûr qu'il l'a vendue; mais je crois que je l'aurais humilié en lui offrant ma bourse.

CHAPITRE V.

La réconciliation.

Il était une heure après midi, lorsque je descendis chez monsieur Thibaut. C'est un homme de bonne mine, qui s'exprime assez correctement, et qui a des qualités. Peut-être Jeanneton a-t-elle eu tort... Mais il y a un enfant, et on ne revient pas là-dessus.

Je ne m'étais pas tout-à-fait expliqué, que monsieur Thibaut ouvrit son secrétaire, et en tira un petit sac qu'il me mit dans la main. « Quoi que « ce soit, dis-je, j'en mettrai autant. » Je compte... mille écus. « Avec six mille francs, Jeanneton peut « commencer sa petite fortune. — Elle vous in-« téresse donc aussi ? — Je lui ai été utile, et « je sens que rien n'attache comme un service « rendu. »

Je quittai mon carrosse au bas de la rue des

Noyers, et j'entrai dans la boutique de madame
Miroton. Je voulais marchander des oranges, car
il faut commencer par quelque chose. La boutique était remplie des commères du quartier, et
madame Miroton criait à tue-tête que la fuite de
sa fille la déshonorait. « C'est une malheureuse,
« c'est une ci, c'est une là », et ses joues étaient
enluminées, son œil était ardent, et elle frappait
le pavé de son sabot.

J'aurais pu lui répondre : C'est vous qui désho-
norez Jeanneton. Si vous aviez su vous taire, on
eût ignoré son escapade, et elle serait rentrée
sans que personne eût remarqué son absence.
Mais je ne l'interrompis point, et qu'y aurais-je
gagné? La colère et la démence se ressemblent
sous bien des rapports, et on ne persuade pas
un fou.

On se lasse de tout, et la femme la plus acariâtre se fatigue même de crier. Madame Miroton,
sans haleine et sans voix, se laissa tomber sur sa
chaise, et les commères delièrent ses cordons, et
lui firent respirer du vinaigre. Elles avaient alimenté, soutenu, partagé son ressentiment; elles
la soulagèrent avec la même vivacité : les commères sont bonnes à tout.

Un profond accablement succéda à la fureur.
Madame Miroton changea de ton et de style. Elle
pleura sur sa fille, qu'elle avait maudite si éner-
giquement : c'est là que je l'attendais. Le moment
était précieux, et je me gardai bien de le laisser

2.

échapper. *Ce qui est différé n'est pas perdu*, dit le proverbe, et moi je dis : *Ce qui est différé ne se retrouve jamais à propos.*

Je tenais une orange de chaque main, et je les faisais sauter : cela me servait de contenance. Je m'approchai de madame Miroton, et je lui dis tout bas, que si elle voulait être bonne mère, la petite Jeanneton reviendrait. « Ah ! monsieur... mon « bon monsieur, pourriez-vous me donner des nou- « velles de cette chère enfant » ? reprit très-haut madame Miroton, qui n'a de secret pour personne, et deux mains larges et potelées me pressaient les deux joues, et deux lèvres épaisses et vermeilles se reposaient sur les miennes.

Les caresses de madame Miroton n'ont rien de séduisant; mais je m'y prêtai de bonne grace : l'intérêt de Jeanneton l'exigeait.

« Vous la verrez, poursuivis-je toujours très-
« bas, vous la verrez aujourd'hui même, et vous
« embrasserez votre petit-fils. Ah, mon Dieu ! ah,
« mon Dieu ! s'écrie plus haut que jamais madame
« Miroton, qu'est-ce que vous me dites là ?... Ce
« petit coquin de Bastien aura fait des siennes !
« c'est lui, n'est-il pas vrai, mon beau monsieur ?
« — Oui, c'est lui, et il a six mille francs pour
« payer les mois de nourrice. — Six mille francs !...
« six mille francs. » !... Et madame Miroton se lève, et, les deux poings sur les rognons, elle danse dans sa boutique, en chantant l'air de la Fricassée. « Je suis grand'mère; ma commère Ca-

« therine, je suis grand'mère, ma commère Fan-
« chon... je suis grand'mère, et je ne m'en doutais
« pas. »

Antoine avait exactement suivi mes ordres. Le carrosse parut devant la boutique. Je donnai le signal, la portière s'ouvrit, et Marguerite parut, le petit-fils dans ses bras. Madame Miroton le barbouilla de tabac, mêlé à ses larmes maternelles. Toutes les commères se le passèrent, en jurant que c'était le portrait de feu monsieur Miroton.

Bastien était resté dans le carrosse, et regardait, du coin de l'œil, ce qui se passait dans la boutique. La bonne humeur de la grand'maman l'enhardit. Il se présenta d'un air décent, mais timide. Je lui remis les mille écus de monsieur Thibaut, et trois billets de la caisse des comptes courans. Stupéfaction, ravissement de la part de Bastien, et bientôt l'assurance que donne toujours l'or, et surtout à celui qui n'en a jamais eu.

Bastien fit à madame Miroton un compliment fort bien tourné, pour un garçon charcutier. « Allons, allons, dit-elle, ce qui est fait est fait :
« à tout péché miséricorde. Où est-elle, cette
« chère enfant » ?

Nous partîmes tous au grand trot de deux forts chevaux, et en un moment nous arrivâmes chez l'accouchée.

Je montai l'escalier en quatre sauts. « La paix
« est faite, criai-je en entrant. La maman me suit,

« préparez-vous à la recevoir. » Madame Miroton était sur mes talons. Elle s'approcha du lit, et prenant un ton aussi imposant que le permettait sa voix rauque, elle dit : « Tu as fait un faux pas, « Jeanneton. Que le bon Dieu te le pardonne « comme ta mère. »

Bastien se mit à genoux, et madame Miroton le bénit aussi avec toute la dignité dont elle était capable.

J'aime les enfans qui croient que la bénédiction de leurs parens est bonne à quelque chose. J'aime les parens qui sont dignes de bénir leurs enfans.

La mère et la fille se tinrent long-temps embrassées, et le visage de Jeanneton était rayonnant, et Bastien était content, il était content !... Et moi, et moi donc !

Je retournai le soir à l'hôtel de Provence, et j'éprouvai que rien ne fait dormir d'un bon somme, comme le bon emploi du temps.

CHAPITRE VI.

La noce.

Il n'était que huit heures, et je ne les attendais qu'à neuf. Le bonheur et la peine font également lever matin.

Madame Miroton avait son *caracau* de taffetas chiné, ses mules de maroquin rouge, et son bonnet de dentelle à trois rangs. Jeanneton et Bastien étaient parés de la jeunesse, qu'embellit le plaisir.

Jeanneton n'avait pas osé mettre la fleur blanche derrière sa coiffure. Marguerite en fit la remarque; je la pinçai à la faire crier. Je ne puis souffrir qu'on humilie personne, même sans intention.

J'étais l'homme par excellence de la petite famille. Pendant qu'Antoine versait le chocolat, madame Miroton me parla du contrat de mariage. Bastien reconnaissait avoir reçu six mille livres de Jeanneton. Je demandai qui avait exigé cette clause. Madame Miroton me répondit que Bastien l'avait voulu ainsi. Il rougit, et baissa les yeux. Rougir d'un beau trait, lorsque tant d'autres !……

Monsieur Thibaut entra sans cérémonie. Je ne l'attendais pas; sa cordialité me fit plaisir. Sa présence embarrassa d'abord mes jeunes amis. Il eut le bon esprit de mettre tout le monde à son aise, en s'y mettant lui-même, et en parlant de toute autre chose que de ce qui avait causé l'embarras.

Il tira une belle chaîne d'or, et demanda à Bastien la permission de la passer au cou de Jeanneton. J'avais deux montres, et il ne m'en faut qu'une. Je pris celle qui restait sur ma cheminée, et je priai Jeanneton de l'offrir de ma part à Bastien. « Il aimera mieux la tenir de votre
« main que de la mienne, et il ne la tirera jamais

« sans se rappeler le jour et l'heure où il aura
« promis de vous rendre heureuse. »

L'église était pleine de monde. Des hommes, la plupart le chapeau sur la tête; de jeunes filles juchées sur des chaises, et ricanant avec indécence ; les enfans des écoles voisines jouant, ou se disputant; des officiers municipaux indifférens à l'acte qu'ils allaient consacrer ; tous parlant plus ou moins haut, et, par-dessus tout cela, des airs d'opéra, tel est le tableau qui s'offrit à moi, et ce tableau me fit de la peine.

Le mariage est la base de tous les liens sociaux. Pourquoi ne pas le rendre respectable ?

Pourquoi ne pas établir le plus grand ordre pendant la cérémonie ?

Pourquoi ne pas chercher à lui donner un caractère auguste ?

Pourquoi les assistans ne seraient-ils pas invités à observer la plus rigoureuse décence, et pourquoi ne chasserait-on pas du temple celui ou celle qui ne sait pas honorer le mariage ?

Pourquoi ne pas placer les épouses et leurs mères d'un côté des magistrats, et de l'autre les époux et leurs pères ?

Pourquoi les jeunes époux, au lieu de venir tumultueusement devant celui qui va les unir, ne lui sont-ils pas présentés par leurs parens, avec respect et modestie ?

Pourquoi le magistrat qui proclame les mariages, se borne-t-il sèchement aux formalités prescrites par la loi ? Pourquoi n'adresserait-il pas aux époux un discours qui leur rappellerait la sainteté des engagemens qu'ils contractent, et qui les féliciterait d'avoir mérité d'être chefs de famille à leur tour, pour avoir dignement rempli leurs devoirs de fils et de fille ?

Ils sentiraient le reproche au fond du cœur, ceux qui ne mériteraient pas l'éloge; ils voudraient peut-être le mériter un jour, ceux qui ne sont encore que simples spectateurs, et les mœurs y gagneraient. Heureux le gouvernement qui arrive par la persuasion où les lois ne peuvent atteindre!

Je voudrais que la cérémonie fût terminée par une hymne, accompagnée par l'orgue, et non de ces chansonnettes qu'accompagnent des violons et des clarinettes. On sort du temple en fredonnant un petit air. On en sortirait pénétré d'un respect religieux.

Monsieur Thibaut avait apporté le vin de dessert et la liqueur des îles. Bastien avait voulu fournir l'andouillette et les pieds à la Sainte-Menehould; l'obligeante cousine, la marée, et madame Miroton, l'abricot, la pêche, et la reine claude. Jamais repas ne me coûta moins, et ne me fit autant de plaisir.

Monsieur Thibaut est un homme fort estimable, à quelques petites choses près. On peut oublier la rapidité de sa fortune, puisqu'il en use bien. Je sens que j'en ferai mon ami.

C'est une assez bonne femme, que la cousine,

et sa grande complaisance est, je crois, son défaut essentiel. Aussi je lui conseillai de ne plus recevoir de jeunes gens dans son arrière-boutique : cela ne réussit pas toujours.

Madame Miroton fait parfaitement bien les honneurs d'un dîner. Elle parle beaucoup, et elle a des idées originales. Elle met des *s* où il faut des *t*, des *t* où il faut des *s*. Oubliez que vous êtes grammairien, et madame Miroton vous amusera.

Jeanneton et Bastien ne disaient mot. Ils se regardaient : cela voulait tout dire.

Jeanneton est très aimante, et il est très-doux d'être aimé. Il est des momens où Jeanneton me donnait des envies de mariage.......... Au reste, je verrai.

Je n'ai pas trente ans, et je puis attendre. J'ai, dit-on, une figure passable, et, ce qui vaut autant, quarante mille livres de rente. Je ne dépense que la moitié de mon revenu, et je peux disposer des économies de quatre ans. Avec cela, on se marie quand on veut, et à peu près à qui on veut.

Nous mîmes Jeanneton et Bastien au lit. C'était une chose à voir et non à décrire. Quand je fus couché, je m'aperçus, pour la première fois, que j'étais seul, et je soupirai.

CHAPITRE VII.

La reconnaissance.

Ils ont loué une jolie boutique au coin de la rue de Bièvre. Ils l'ont arrangée de manière à attirer le chaland. Le goût s'est joint à la grande propreté.

Ils ont aussi une arrière-boutique ; mais ce n'est que pour eux. J'y entre pourtant quelquefois, quand Bastien y est avec sa femme.

Il veut absolument nous rembourser, monsieur Thibaut et moi. Il nous envoie tous les jours ce qu'il a de mieux chez lui, et il écrit.

J'avais d'abord rejeté cet arrangement ; mais monsieur Thibaut, qui a le sens droit, m'a dit : « Laissons-le faire ; la nécessité du travail lui en « fera contracter l'habitude. »

En conséquence monsieur Thibaut, qui tient table ouverte, sert tous les jours à ses convives des entrées de la boutique de Bastien, et je m'accoutume à dîner avec le bout de boudin, le morceau de petit salé, ou la tranche de jambon.

J'aime que Bastien ne veuille rien devoir qu'à lui-même. Je lui donnerai une petite fête le jour où il me présentera un mémoire de mille écus. Cette fête n'aura lieu que dans cinq ou six ans,...... Je voudrais que ce fût demain.

Jeanneton pense aussi bien que son mari, et

elle s'est mise à la tête de mon petit ménage. Elle s'est chargée exclusivement du soin de mon linge, et elle le raccommode à merveilles.

Tous les matins, avant que d'ouvrir, elle vient donner le coup-d'œil chez moi. Souvent elle m'éveille; mais je ne m'en plains pas.

Elle ouvre mes volets; elle s'assied sur la bergère qui est près de mon lit; elle prend ma chemise du jour, elle enfile son aiguille, elle me conte quelque histoire, et quelquefois je me rendors en écoutant. Assez communément je m'éveille davantage; je la considère, et intérieurement je félicite Bastien.

Antoine a beaucoup d'égards pour Jeanneton. Elle passe dans son cabinet pendant que je mets ma robe-de-chambre, et Antoine ne manque jamais d'épousseter le siège rembouré qu'il lui présente.

Bastien ne veut pas que sa femme aille au Grand-Salon. On y entend, et on y voit, dit-il, ce qu'une femme décente ne doit ni voir ni entendre. Mais Bastien la conduit chez moi, l'y laisse, vient ou ne vient pas la reprendre. Quel intérêt de mon argent !....... Oh ! j'en prêterai encore.

Ce matin elle était sur ma bergère; il ne manquait rien à ma chemise, et nous causions. Elle me parlait de son bonheur; cette idée me riait. Je lui parlais de mes espérances ; ce qui m'intéresse lui rit aussi. « Mariez-vous, me disait-elle d'un « air de langueur. — Ah ! si je trouvais une Jean- « neton........ »

Je ne sais comment cela s'est fait..... elle n'était plus sur la bergère; elle était assise sur le bord de mon lit. Je tenais une de ses mains, et je crois que je l'ai baisée. Je lui ai adressé quelques mots sans suite ; elle m'a répondu de même, et nous déraisonnions tous les deux. Je lui ai dit je ne sais quoi de très-sentimental ; sa charmante figure s'est colorée. Jai soupiré, et elle m'a embrassé..... peu s'en est fallu que j'aie osé...... heureusement j'ai pensé à Bastien.

Je ne veux plus de ces baisers-là. Si Jeanneton n'est pas faible, je me brouillerais avec elle; si elle l'était, je me brouillerais avec moi.

J'ai sonné. « Marguerite, toutes les fois que « Jeanneton viendra, vous monterez, et vous ne « descendrez qu'avec elle. — Qu'avez-vous à crain- « dre, monsieur ? Jeanneton est une honnête « femme. — Oui, et je veux qu'elle le soit tou- « jours. »

Toute autre se serait permis des plaintes, peut-être même des éclats : elle m'a entendu, et n'a point paru humiliée. Elle s'est retirée en me disant, avec une douceur angélique : « J'aurai peut- « être une fille, et c'est à vous que je la confierai. »

Un quart-d'heure après, Bastien est entré. Il s'est jeté dans mes bras, en versant des larmes de tendresse. « Oh, me suis-je dit, elle lui a tout « confié ! Jeanneton est une femme estimable, et « j'ai toujours des droits à l'amitié de Bastien. »

Oui, si je trouve une Jeanneton, je l'épouserai.

Mais la femme d'un autre ne s'asseoira plus, ni sur ma bergère, ni sur le bord de mon lit. Un éclair de plaisir......... Mais le déshonneur du mari, les larmes de l'épouse séduite, les remords du séducteur..... Non, je n'embrasserai plus que Bastien, et je penserai, en l'embrassant, au danger d'embrasser sa femme.

CHAPITRE VIII.

La succession.

Tout est mêlé de bien et de mal. Le pauvre a ses jouissances comme le riche, et il y est plus sensible, parce qu'elles sont plus rares.

C'était un jour de fête. Il y avait illumination, feu d'artifice, tout ce qui fait courir les badauds, et nous le sommes tous plus ou moins.

Bastien avait conduit sa Jeanneton aux Champs-Elysées. Fatigués de s'être soutenus sur la pointe des pieds, et d'avoir tendu le cou pour mieux voir les fusées volantes, ils étaient entrés dans un café.

En faisant mousser la bière de mars, en goûtant l'échaudé, en regardant sa femme, en jouissant de la manière dont la regardaient ceux qui allaient et venaient, Bastien avait pris je ne sais quelle gazette, qui était là pour servir de maintien à ceux qui ne savent que dire, et qui sont bien aises d'avoir l'air de penser.

« Oh, Jeanneton...... ma chère Jeanneton »!....
Et il se lève tout-à-coup, et il embrasse sa femme
d'aussi bon cœur que le jour où il s'était trouvé,
pour la première fois, avec elle, dans l'arrière-
boutique de la cousine.... Vous vous rappelez
bien ?

Jeanneton, stupéfaite, ouvre ses grands yeux
bruns, et Bastien saute par le café, la bienheu-
reuse gazette à la main.

On le croit fou, on se le dit, il l'entend. « Oui,
« je suis fou, mais c'est de ma Jeanneton, et je
« compte bien ne pas retrouver ma raison de
« sitôt. Tiens, femme, ... lis ... lis donc. »

C'était le juge de paix de Caudebec qui avertissait ses concitoyens, que Paul Herbin venait
de mourir; qu'il laissait vingt mille francs en
espèces sonnantes, et qu'il avait déclaré avoir à
Paris un cousin assez éloigné, qui était son unique
héritier.

« Ce cousin-là, c'est moi, ma Jeanneton. Tu
« n'auras pas encore un carrosse, mais tu ne
« gâteras plus tes jolies petites menottes; tu ne
« te lèveras plus avant le jour; j'aurai un garçon,
« et tous les matins je resterai une heure de plus
« à tes côtés. Nous rendrons à monsieur Thibaut,
« et à cet autre que j'aime bien davantage, ce
« qu'ils nous ont prêté... Allons, viens, viens...
« Prenons un fiacre, pour arriver plus vite. On
« peut se permettre cela, quand on hérite de
« vingt mille francs. »

J'allais me coucher. J'entends frapper à grands coups à la porte de la rue. Bientôt on sonna comme Jeanneton sonna une certaine nuit... vous savez?

J'ouvris avec assez d'inquiétude, et je souris aussitôt. C'est toujours ce qui m'arrive quand je les vois.

Jeanneton me fit des excuses sur l'heure... « L'heure n'y fait rien, lui dis-je ; je ne compte « que celles où vous n'êtes point ici. »

Le cerveau de Bastien ressemblait à un volcan. Il voulait que je le devinasse avant qu'il eût parlé. Il me présentait la gazette, et il voulait que je lui répondisse avant que d'avoir lu.

Nous nous expliquâmes enfin. Il tira de son petit porte-feuille vert son extrait de baptême, les actes de mariage de son père et de son aïeul, et je fus convaincu que Bastien était le cousin dont parlait le juge de paix.

Il extravagua quelques minutes encore. Son imagination se fit enfin à l'idée de sa nouvelle fortune. Il se calma; mais il commença à éprouver l'embarras des richesses. Où serrer tant d'argent, quel emploi en faire quand on l'aurait, comment tirer ses fonds de Caudebec? Il fallait y aller... Y aller! il fallait donc abandonner son petit négoce pendant quinze jours, et peut-être un mois. Les pratiques pouvaient s'éloigner... on s'en serait consolé; mais s'éloigner de Jeanneton!

Et puis que faire à Caudebec? On n'entend

pas les affaires, et les gens de chicane les entendent si bien! et l'homme qui n'a pas un certain extérieur, a tant de peine à se faire rendre justice!

A chacun des obstacles qu'il prévoyait, il s'arrêtait et me regardait. Je voyais où il allait en venir : je voulus avoir le mérite tout entier de cet autre service.

« J'irai à Caudebec. » J'eus à peine prononcé ces trois mots, que Bastien me sauta au cou. Jeanneton me serra la main... Elle n'ose plus m'embrasser.

Son mari était là ; je la baisai au front, et cependant je sentis... Oui, j'irai à Caudebec; il est bon que je m'éloigne d'elle. C'est un sacrifice; mais je lui serai utile, et cela me dédommagera.

CHAPITRE IX.

Le départ.

Je ne connais rien d'aussi ennuyeux qu'un voyage dont les relais, les dîners, les couchers sont arrêtés d'avance.

Au bas de son escalier, on trouve son carrosse. On monte, on s'enferme, on marche, on s'arrête méthodiquement; on bâille, on dort, on digère; on fait cent lieues, on n'a rien remarqué, on n'a joui de rien. On est dans une autre ville, voilà tout. C'est, au temps perdu près, comme si on passait, de sa chambre à coucher, dans un salon nouvellement décoré, et qu'on n'a pas vu encore.

Cette manière de voyager n'est supportable qu'autant qu'on a dans sa voiture quelqu'un qui... Avec elle, par exemple, je passerais des mois entiers dans mon carrosse... Allons, allons, plus de ces pensées-là. Si elles reviennent, pourtant...

J'ai fait partir d'avance mon équipage, et je l'envoie directement à Caudebec. Je ne connais point ce juge de paix, et je sais qu'un homme qui descend d'une élégante voiture, commande ordinairement l'attention.

J'ai mis à la diligence une valise pour Rouen. Jeanneton n'y sera pas ; mais la propreté est partout un besoin.

Je partirai à pied. Il fait le plus beau froid ! J'aurai à peine dépassé la barrière, que mes souliers seront poudreux comme au mois de mai ou de floréal. Je préfère floréal : ce mot me peint la nature parée de ses plus riches couleurs.

Je m'arrêterai quand je voudrai. Je resterai dans un bourg, dans un hameau aussi long-temps que je m'y plairai. Je m'en irai quand je ne m'y plairai plus. Je prendrai même la poste pour m'éloigner plus vite des lieux où rien ne parlera à mon cœur. Ce qui ressemble à tout, ne mérite pas un coup-d'œil de l'homme sensible.

Mais un site agreste et romantique ; ces chênes respectables ; ces rochers blanchis par les ans ; une vallée riante et fertile ; le laboureur souriant à l'espoir d'une abondante moisson ; le vieillard, courbé sur sa charrue, appuyant légèrement sa main sur celle de son petit-fils, qui trace son premier sillon; la fête champêtre, où le jeune époux danse, boit avec sa compagne, et la caresse à faire croire aux habitans des villes que sa femme n'est pas la sienne, c'est là que je m'arrêterai à chaque pas, c'est là que tout sera jouissance.

Mais je crois que je déraisonne encore. C'est le printemps que je peins, et nous sommes au fort de l'hiver. Ma pauvre tête... Cette femme-là renverse toutes mes idées.

Hé bien, je ne verrai rien de tout cela. Mais les frimats suspendus aux arbres; la terre couverte de neige; l'uniformité momentanée de la nature, n'ont-ils pas aussi leur agrément? J'aurai Werther dans ma poche; je lirai en marchant, dussé-je souffler sur mes doigts.

Ce Werther ne m'a pas toujours plu; j'en raffole aujourd'hui. Serait-ce à cause de certains rapports... La voilà qui revient encore... Il faut la fuir à l'instant, à la minute, et je crains bien de la retrouver partout.

« Antoine, prenez ces sacs d'écus, faites-les
« porter chez monsieur Thibaut. Vous lui direz
« que je le prie de les garder jusqu'à mon retour.
« Il vous présentera une reconnaissance; vous la
« déchirerez. Il insistera, vous sortirez. »

Antoine et mes écus rangés dans un fiacre, j'ai mis une chemise dans une poche, un bonnet de coton dans l'autre; j'ai fermé ma porte, j'ai donné

3.

la clé à Marguerite, je lui ai recommandé mon petit mobilier et mon vieux domestique.

Je l'aurais volontiers pris avec moi ; mais il aurait eu peine à me suivre, et je ne veux pas gêner le bon Antoine. D'ailleurs, son premier soin, en entrant dans une maison, serait d'instruire le maître, la maîtresse, les enfans, de ce que je suis, de ce que je fais, de ce que j'ai, et s'il m'arrive d'être favorablement accueilli quelque part, je n'en veux avoir obligation ni à mon carrosse, ni à mes quarante mille livres de rente.

C'est pourtant tout cela qui l'a prévenue en ma faveur. Heureusement, très-heureusement, elle a oublié ces bagatelles, et quand elle me sourit, c'est bien à moi que son regard s'adresse.

Me voilà dans la rue. Je demeure près du collège de Navarre, et mon chemin est par la rue Galande. Pourquoi tourné-je du côté de la rue de Bièvre ? Irai-je, ou n'irai-je pas ?

Pendant que je me consulte, mon œil darde au fond de la boutique de madame Miroton. J'entrevois un juste de piqué blanc, un jupon de cotonnade rouge, un chignon flottant, arrêté par un bonnet rond, dans les plis duquel paraissent jouer les Graces...

Je pense que je ferai bien de prendre quelques fruits. On peut avoir soif en route, et une orange vaut bien le vin d'un cabaret de village. J'entre chez madame Miroton.

Le juste blanc se tourne de mon côté. « Hé,

« où allez-vous? dit la voix argentine. — A Cau-
« debec. — Comment, à pied! — Je serai seul
« et plus libre de penser... — Mais vous ne m'a
« vez rien dit de cela? — Oh, je ne vous dis pas
« tout. — Combien je suis sensible à ce que vous
« faites pour nous... » Sa sensibilité s'exprime
d'une manière... Elle a un regard... Cette main,
que je ne cherche jamais, se trouve toujours à
côté de la mienne, et on ne pense pas à la retirer.

Le sentiment s'insinue par tous les pores. Il
est un être dont je ne devrais pas même toucher
le vêtement.

Je faisais cette réflexion en courant le long des
quais. Je ne me suis arrêté qu'à Passy. Je me suis
retourné, et je n'ai vu personne. J'ai eu un moment d'humeur, et je l'aurais battue si elle avait
été aussi folle que moi. Les hommes sont inexplicables.

CHAPITRE X.

Vingt et une livres.

Rien de ce que j'avais prévu n'arriva. Tous les
objets me parurent maussades, fatigans. Je crois
qu'il faut être de bonne humeur pour voir les
choses en beau, et j'étais triste... ah!...

J'étais entre Neuilly et Courbevoie. Je tirai Werther de ma poche, et j'ouvris le livre à la fin. Je

ne sais pourquoi je l'ouvre souvent là. Serait-ce un pressentiment ?

J'en étais au coup de pistolet. J'entends du bruit... Trois enfans jouaient et se roulaient dans la neige. Ils étaient gros, frais, gaillards... On les eût pris pour des amours, sans les haillons qui leur couvraient une partie du corps.

Je m'arrêtai pour les regarder. Ils se jetaient des pelottes de neige ; il m'en vint une au milieu du front ; j'en renvoyai vite une autre, et voilà la connaissance faite.

J'en recevais toujours trois pour une ; j'étais blanc de la tête aux pieds. Je me piquai, je courus sur mes trois adversaires, je glissai, je tombai, et en trente secondes me voilà enseveli au milieu du grand chemin.

L'un me tenait les deux bras, que je lui abandonnais ; le second s'était assis sur mes jambes, le troisième me couvrait de neige, et ils riaient aux éclats, et je riais comme eux.

Une pauvre mère, déguenillée aussi, vint gronder, et très-fort. Elle avait une houssine à la main : personne ne rit plus. Mes petits drôles craignaient d'être battus ; je craignais qu'on ne les battît.

J'entrai avec eux dans leur chaumière. Je trouvai une escabelle vermoulue et boiteuse, et je me chauffai à une poignée de paille qui finissait de brûler.

La bonne mère souffla. « Le feu, lui dis-je, a

« besoin d'aliment. Il en est auquel il faut craindre
« d'en donner... Mais je rallumerai le vôtre : ce-
« lui-ci n'est pas dangereux. »

A quatre pas était un cabaret. J'y courus, et je revins une falourde sous chaque bras. La pauvre mère caressait ses enfans, comme si elle eût pu s'applaudir de leur avoir donné l'existence.

Voilà, me dis-je, un tableau plus salutaire que ceux que m'offre ce Werther. Dans l'asile de la misère, j'apprends ce que vaut l'existence, et les avances de ces marmots me prouvent que mon être n'est pas à moi seul.

Je déchirai les derniers feuillets de Werther, et j'en allumai ma falourde : ce livre-là m'aurait fait faire quelque sottise.

Je me levai, après m'être chauffé encore quelques minutes, et je rentrai au cabaret. Un gros jambon pendu au plancher... Sur le dressoir, une miche de dix à douze livres... Des sabots et des chaussons étalés en dehors d'une petite fenêtre... Quelle rencontre ! j'envoyai tout cela à ces pauvres petits.

Je payai. Neuf francs !... Quelle misère, comparée au plaisir que j'étais sûr de leur faire !

J'allais continuer ma route. Je ne pus m'empêcher de me tourner vers la chaumière. Voulais-je m'assurer que le petit cadeau fût arrivé à sa destination ? Voulais-je recueillir le prix d'une bien faible action ? Il y a de l'homme partout, et je crois vraiment que ce fut un mouvement d'amour-propre qui me fit retourner.

La mère et ses trois enfans étaient à genoux au milieu du grand chemin; leurs cuisses, à peu près nues, étaient enfoncées dans la neige; leurs mains jointes, leurs yeux reconnaissans étaient tournés vers moi : j'étais leur providence.

Des actions de graces pour neuf francs ! Je me sentis humilié. Je revins, je relevai les bonnes gens, et je glissai deux *gros* écus. Que de bénédictions je reçus encore, et tout cela pour vingt et une livres !

Voilà, disais-je en suivant mon chemin, voilà des gens qui m'aiment, et que je n'ai vu qu'en passant. Que serait-ce donc, si ces trois marmots étaient les miens, que je leur consacrasse mes soins, ma tendresse, tout moi?... Oh, j'aurai des enfans, et ils me feront aimer la vie.

J'aurai des enfans ! Mais leur mère ?... Hé bien, ce ne sera pas Jeanneton; mais ne peut-on aimer qu'elle au monde ? Oh, j'en ai peur.

CHAPITRE XI.

Le petit monsieur.

Je dînai à Nanterre. On m'offrit des petits gâteaux; c'est tout ce qu'il y a de remarquable à Nanterre.

Un moment, donc... Mais sainte Geneviève était

de Nanterre. Sans elle, point de génovéfins; sans eux, rien de ce monument... Remercions au moins Nanterre de nous avoir donné le Panthéon.

Et celui qui l'a bâti? son buste est à la Bibliothèque : c'est tout ce qu'on peut pour des cendres éteintes.

Les grands hommes meurent aussi ! celui-ci laisse son Panthéon, et que restera-t-il de moi? mon image dans le cœur des trois marmots. Je les verrai en repassant, et je ferai en sorte qu'ils me bénissent encore. On admire Soufflot; ils pleureront peut-être sur ma tombe.

Comme ces pensées étendent l'imagination ! Comme elles mènent naturellement à des idées grandes et sublimes ! C'est le vermisseau qui oublie son néant, qui cesse de ramper, et duquel jaillit une étincelle qui s'élance vers l'immensité.

L'immensité ! quel mot ! avec quel orgueil on le prononce ! qu'il est ridicule de le prononcer ! Rien de moi ne m'appartient. Mes idées, mes actions, ma volonté même ne dépendent pas de moi, et mon œil faible et vacillant voudrait percer l'obscurité... Oh, homme, homme, jouis de la vie, puisque tu l'as; prépare-toi à mourir sans remords, et sois tranquille sur le reste.

Je parlais très-haut, et je gesticulais, selon ma coutume. Un petit monsieur en perruque nouée, en chapeau bordé, en habit de camelot gris doublé de taffetas bleu, en bas de soie troués, dont je n'ai pas distingué la couleur, un petit monsieur m'aborda familièrement en se frottant les mains, en me souriant d'un air agréable, et en s'inclinant un peu. « Monsieur va peut-être à « Mantes ? — Oui, monsieur. — Et il est sans « doute de l'état ? — Duquel parle monsieur? — « Répétait-il Orosmane ou Zamore, le Dissipateur « ou le Glorieux? car on ne joue que les amans, « avec une figure comme celle-là. »

Je partis d'un éclat de rire, et j'oubliai sainte Geneviève, le Panthéon et l'immensité.

Mon petit monsieur avait le nez violet, les mains bleues, la voix aigre, l'habit diaphane, l'abdomen adhérent aux reins, et les manières accortes. Il me parut ressembler au vent de bise, qui siffle et s'insinue partout : je gelais en le regardant.

Il ne se couvre pas davantage, parce qu'il faut être l'homme de toutes les saisons.

Il voyage à pied, parce que la nature ne nous a pas donné des jambes pour nous faire traîner.

Il vit très-frugalement, parce qu'un estomac chargé rend la tête pesante, et que de la clarté des conceptions dépendent les succès d'un artiste.

Il a l'honneur d'être membre d'une excellente troupe de comédiens qui fait les délices de Mantes. Il a été près de débuter aux Français; mais il a eu l'imprudence, en rendant visite à monsieur le semainier, de laisser échapper quelques vers, et la cabale l'a exclu.

Au reste, il y a des juges à Mantes comme ailleurs, et, comme le disait très-bien César, il vaut mieux être le premier dans une bicoque, que le second dans Rome.

Mon petit monsieur s'appelle Bella-Rosa. Il est pourtant excessivement fané ; mais il observe qu'un artiste, qui a quelque célébrité, tient nécessairement à son nom.

Il donnait le lendemain une représentation à son bénéfice, et il était allé à Paris emprunter une partition. Il pouvait à la vérité la faire venir par la poste ; mais cela eût absorbé un quart de la recette. D'ailleurs un homme comme lui va plus vite qu'un courrier, qui repose de deux jours l'un.

En effet, j'avais peine à le suivre, et j'avais chaud comme au mois de juin. « Mon frac me suf-
« fira ; prenez ce surtout fourré. — Il vous incom-
« mode ? — Beaucoup. »

Monsieur Bella-Rosa ne se fait jamais prier. J'avais à peine répondu, qu'il m'avait déshabillé. Mes manches, excessivement longues, lui donnaient l'air d'un Gilles, et le bas du surtout, qui faisait queue dans la neige, me rappelait les présidens à mortier.

Il ne suffit pas d'être philosophe pour courir, il faut en avoir l'habitude. Je ne l'avais point, et je demandai quartier à mon petit monsieur.

Nous étions assis sur le revers d'un fossé. Une berline à vide passa. « La jolie occasion, s'écria-t-

« il, pour quelqu'un qui aurait de l'argent ! —
« Mais la nature ne vous a pas donné des jambes
« pour vous faire traîner. — Oh, je n'en parle
« que par égard pour vous. — C'est trop honnête,
« en vérité. »

Le cocher allait coucher à Flins. « C'est préci-
« sément votre affaire, dit mon petit homme en
« ouvrant la portière, et je vous tiendrai compa-
« gnie, si vous le permettez. Demain je n'aurai
« que trois lieues à faire, j'arriverai à Mantes frais
« et dispos. Mon organe aura repris son velouté,
« et pour peu que cela vous arrange, vous me
« verrez jouer Turcaret et Midas. Je vous éton-
« nerai. »

Il n'avait pas fini qu'il était dans le fond de la
berline. J'y montai après lui : je n'étais pas fâché
d'avancer en me reposant.

« Il me paraît, dis-je, que monsieur joue les
« financiers ? — Et les Laruette. — Monsieur a
« sans doute une très-belle garde-robe ? — Pas du
« tout. Je n'ai que l'habit que vous voyez, et il
« ne m'en faut pas davantage. A Paris, le mérite de
« beaucoup d'acteurs consiste dans une douzaine
« d'habits brodés : je parais à Mantes comme me
« voilà, et on m'écoute. »

Il ne prononçait pas quatre mots, que je ne
me rappelasse la grenouille de La Fontaine. Le
pauvre petit homme s'enflait quelquefois à crever.
Je le laissai dire : il m'amusait.

Nous arrivâmes à Flins à dix heures du soir.

Monsieur Bella-Rosa marchanda avec le cocher jusqu'à se disputer. Il tenait beaucoup à mes intérêts; mais je payai, comme de raison.

Une jolie femme, qui tient l'auberge des *Rois détrônés*, nous éclaira et nous conduisit. Je la regardai d'abord avec une sorte de déplaisir, et bientôt... Je ne vois pas de femme qui ne me la rappelle, et je n'en vois pas que je puisse lui comparer.

CHAPITRE XII.

L'érudition.

La broche tournait, deux ou trois casseroles bouillottaient sur les fourneaux. Nous étions auprès d'un bon feu dans la chambre voisine, et mon petit monsieur, qui avait grand soin de l'attiser, faisait aussi tous les frais de la conversation : c'est un homme fort utile.

L'homme de loi parle jurisprudence; l'officier, tactique; la jolie femme, pompons; Bella-Rosa ne tarissait pas sur la comédie.

Il a beaucoup lu, et il a de la mémoire : c'est quelque chose.

En 1600, les comédiens français jouaient à l'hôtel d'*Argent*, rue *de la Poterie*. Ils se sont établis depuis au *Marais*, à l'hôtel de *Bourgogne*, au *Palais-Royal*, au haut de la rue *Dauphine*, aux *Tuileries*, à l'*Odéon*, à *Louvois*, à *Feydeau*, à la *République;* d'où monsieur Bella-Rosa conclut que tous les comédiens sont ambulans, et que cette dénomination, qui ne lui paraît qu'un humiliant pléonasme, doit être supprimée.

En 1600, les comédiens de la rue de la Poterie commençaient à deux heures, et finissaient à quatre et demie. Ils prenaient cinq sous au parterre, et dix aux premières loges. A Mantes, on commence à cinq heures, on finit quand on peut, et on prend douze et vingt-quatre sous. Il est clair que la troupe de Mantes, qui tient un milieu honorable entre les comédiens Français de 1600 et ceux de l'an 7, qui lèvent le rideau à six heures et demi, et qui perçoivent six francs, peut, sans ridicule, se mettre en ligne avec eux.

D'ailleurs, on ne joue la comédie à Mantes ni en anglais, ni en allemand : on ne peut donc contester à monsieur Bella-Rosa le titre de comédien français.

Il n'y avait rien à répondre à cela. Loin de vouloir réfuter le petit monsieur, je pensais... Y penserai-je donc toujours !

Il ôta sa perruque, il tira de sa poche une bande de gaze vert et argent; il s'en fit un turban, il but un verre d'eau, et arrangea la couverture d'un des deux lits. Je lui demandai s'il ne soupait pas. Il me répondit que ce n'était pas sa coutume, et son air me disait qu'il en prendrait bien volontiers l'habitude.

Je crois que le superflu de l'opulence est le

patrimoine des talens. Cependant je ne voulais pas humilier le petit monsieur en payant toujours pour lui. Je lui proposai de jouer au piquet le souper et le coucher, bien décidé à écarter mon jeu.

Il hésita; il craignait probablement de payer pour deux, et le pauvre diable... je lui donnai à entendre que je jouais assez mal, et que j'étais fort distrait.

« Avez-vous lu le père Daniel, me dit-il, mon-
« sieur, pendant qu'on allait nous chercher des
« cartes?—Non, monsieur.—Vous ne connais-
« sez donc pas l'antiquité, la profondeur, le su-
« blime du jeu que vous allez jouer? Je ne m'é-
« tonne pas que vous l'ayez négligé jusqu'ici.

« Les cartes, monsieur, furent imaginées en
« 1392, pour amuser Charles VI, pendant sa
« démence. — Je vous avoue, monsieur, que je
« ne savais pas cela.

« —On lit dans un compte de Charles Poupart,
« argentier de ce prince : *Donné à Jacquemin*
« *Gringonneur, peintre, pour trois jeux de cartes*
« *à or, et à diverses couleurs, pour porter devers*
« *ledit seigneur roi, pour son ébattement, cin-*
« *quante-six sols parisis.* — Voilà une preuve sans
« réplique.

« —Le père Daniel démontre, monsieur, que le
« piquet est symbolique, allégorique, politique et
« historique. — Diable !

« — *As* est un mot latin qui signifie, dit-il,
« une pièce de monnaie, du bien, des richesses.

« Les *as*, au piquet, ont la primauté, même sur
« les rois, parce que l'argent est le nerf de la
« guerre ; et que c'est bien peu de chose qu'un roi
« sans argent.

« Le *trèfle*, herbe si abondante dans les prai-
« ries, indique qu'un général ne doit jamais éta-
« blir son camp que dans des lieux où il puisse
« aisément faire subsister son armée.

« Les *piques* et les *carreaux* désignent les ma-
« gasins d'armes. Vous vous rappelez les piques,
» monsieur ? — J'en ai porté. — Moi, je m'en suis
« servi. Les carreaux étaient une espèce de flèches
« fortes et pesantes, qu'on nommait ainsi parce
« que le fer en était carré.

« Les *cœurs* sont évidemment le symbole de la
« valeur des chefs et des soldats. *David*, *Alexan-*
« *dre*, *César* et *Charlemagne* sont à la tête de
« chaque quadrille, ce qui veut dire que les meil-
« leures troupes ne sont quelque chose que par
« l'expérience et le courage des généraux.

« Vous concevez, monsieur, qu'une position
« désavantageuse ne permet pas de disputer la
« victoire. Il faut alors perdre le moins possible,
« et voilà pourquoi, quand on a contre soi les *as*,
« les *quintes* et les *quatorzes*, il faut au moins tâ-
« cher d'avoir le *point*, pour éviter le *repic*.

« Quand nous étions barbares, le titre de *var-*
« *let* était honorable, et les seigneurs le prenaient

« jusqu'à ce qu'ils fussent armés *chevaliers*. C'est
« pour cela qu'on a nommé les quatre *valets*,
« *Ogier*, *Lancelot*, *la Hire* et *Hector*, capitaines
« distingués du règne de Charles VII.

« Mais, monsieur, repris-je, je ne vois plus
« de *Lancelot* dans nos jeux de cartes?—Le mar-
« chand cartier a substitué son nom à celui du
« valet de trèfle, sans que pour cela il soit un
« grand capitaine : il n'en est pas moins connu,
« et il vend ses cartes. »

Monsieur Bella-Rosa continue : « L'anagramme
« de *Regina* est *Argine*; c'est Marie d'Anjou,
« femme de Charles VII. *Rachel* est la belle Sorel.
« *Pallas* représente la Pucelle d'Orléans, fière et
« sage, dit-on, et *Judith* n'est pas celle de l'ancien
« testament, qui coucha avec Holopherne pour
« lui couper le cou plus commodément; mais Isa-
« beau de Bavière, qui ne tua personne, et qui
« aimait la bagatelle autant au moins que l'héroïne
« de Béthulie.

« Vous reconnaîtrez aisément Charles VII dans
« le roi de *pique*. *David*, persécuté par son beau-
« père Saül, attaqué par son fils Absalon, repré-
« sente Charles VII, déshérité et proscrit par Char-
« les VI, reprenant ses états à main armée, tour-
« menté, poursuivi depuis par son fils Louis XI,
« qui lui fit la guerre, et qui même causa sa
« mort.

« Vous voyez, monsieur, qu'un jeu de cartes,
« qui paraît une chose frivole et indifférente, n'est

« pourtant pas indigne de l'attention d'un philo-
« sophe ou d'un comédien. »

Le jeu de cartes n'était pas encore ouvert, et on avait servi. L'odeur des mets attirait, fixait, repoussait le petit monsieur. Tous ses mouvemens étaient significatifs.

La crainte trouble la digestion, elle empêche même de manger, et je prévoyais qu'il souperait mal, s'il n'était certain d'avance qu'il ne lui en coûterait rien.

J'étendis sur un coin de la nappe son livre du destin. Il tira la main, et la gagna. La fortune continua de le servir : du premier coup je fus repic et capot... Il fit un saut qui faillit à renverser la table.

Cependant il m'offrit poliment ma revanche. Je répondis que le souper refroidirait, et que j'aimais, comme Strabon, à manger chaud et à boire froid.

Il se garda bien d'insister, et il se mit à table. Je n'avais encore vu personne s'y mettre aussi gaîment, ni manger d'aussi bon appétit.

Un copieux ragoût de veau, trois pigeons en compote et un chapon rôti furent à peine suffisans... Combien de temps avait-il passé sans rien prendre? Je n'osai le lui demander.

Quand il eut fini, car il faut finir enfin, je lui rappelai qu'il jouait la comédie le lendemain, et qu'un estomac chargé rend la tête pesante. Il me répondit qu'il comptait bien se coucher sur son appétit. Je l'aurais défié d'avaler seulement une cerise.

Il se mit en effet au lit, et cinq minutes après, il ronflait à ébranler la maison. « L'heureux mor« tel, disais-je en me déshabillant! il ne mange « pas tous les jours, mais il ne s'est pas arrêté au « coin de la rue de Bièvre, et il dort d'un bon « somme. »

CHAPITRE XIII.

Le spectacle de Mantes.

Mon petit homme me présenta à madame Bella-Rosa. C'est une femme de cinquante ans, de cinq pieds sept pouces, à qui il reste peu de dents, et dont les bras longs et décharnés ne ressemblent pas mal à des brancards de cabriolets; elle joue les premiers rôles.

Sa fille, mademoiselle Bella-Rosa, a quinze ans, et son nom lui va bien.

Elle joue les ingénuités. Puisse-t-elle, me disais-je tout bas, être long-temps dans l'esprit de ses rôles.

Mon petit monsieur voulait à toute force me donner à dîner. Je me défendais; il me pénétra. Il me dit que son nom était sur l'affiche; que la salle serait pleine à crouler, et que ceux qui protégent les arts, ont des droits à leur produit.

4.

Il m'est plus facile de faire un mauvais dîner que de désobliger celui qui me l'offre de bon cœur. Je restai.

Deux livres de pain humectées à peine par un bouillon blanchâtre, un bouilli desséché, deux merlans grillés, et du cidre à discrétion ; les mains charbonnées de madame Bella-Rosa, son perroquet, qui de temps à autre me pinçait l'oreille ; un chien affamé qui ne cessait de m'égratigner les jambes ; mais de la cordialité, qui fait tout passer, et je dînai mieux que je ne l'aurais cru.

Je menai mon petit monsieur au café, pendant que madame se préparait à jouer la femme de qualité. Les amateurs de Mantes y étaient rassemblés, et j'entendais Bella-Rosa leur dire alternativement à l'oreille, que j'étais un député, venu exprès de Paris pour lui voir jouer Turcaret.

Ces messieurs me firent beaucoup de politesses, et me gagnèrent quelques verres de liqueur au *domino*.

Quatre heures sonnèrent, et mon petit homme m'avertit qu'il allait faire sa toilette. Il n'avait qu'un habit, et je ne voyais pas trop ce qu'il entendait par sa toilette. Je le suivis : il fit sa barbe, poudra sa perruque, et décrotta ses souliers.

Nous nous rendîmes au théâtre. Il était construit dans une grange, et madame Bella-Rosa était déjà en travers de la porte, assise devant une petite table, sur laquelle étaient deux flambeaux, plus une assiette, pour recevoir les *suppléments*, si le ciel en envoyait.

A sa gauche était son boucher; son boulanger, comme le plus nécessaire, avait pris la droite. Ils avaient des droits trop réels à la recette.

Je mis un écus de six francs dans l'assiette. «Vous « êtes comédien français, dis-je à Bella-Rosa : c'est « le prix. — Cinquante hommes comme vous, ré- « pondit-il en me serrant la main, et ma fortune « est faite. »

Je me présentai à la porte intérieure, et il fut expressément recommandé à un vétéran, qui faisait la police, pour dix sous, de me laisser aller *à toutes places.*

L'avant-scène était éclairée par quatre lampions du genre de ceux qu'on emploie à Paris pour les illuminations. J'étais seul, et j'examinai les différentes parties de la salle.

Un fort pilier de bois, qui soutenait la charpente, coupait le théâtre par le milieu, à six pouces en avant du trou du souffleur.

Cette charpente était drapée en toiles d'araignées, auxquelles la poussière de plusieurs années avait donné une sorte de consistance.

Deux chaises, séparées par une tringle de sapin des bancs destinés au public, m'annoncèrent l'orchestre, et on allait jouer le jugement de Midas.

Derrière le théâtre était un réduit coupé en deux par une vieille robe de procureur, qui servait à jouer les commissaires et les médecins. D'un côté s'habillaient les dames, de l'autre, les messieurs.

Deux terrines, avec de la braise, chauffaient les deux foyers, qui n'en faisaient plus qu'un quand on donnait le *Médecin malgré lui*, ou *l'Avocat patelin*.

Il entrait fort peu de monde, et je souffrais pour mon ami Bella-Rosa. Ce boulanger, ce boucher!... Je me sentis alors l'estomac surchargé de ce que j'avais pris chez lui.

Le rideau, sur lequel on avait pieusement conservé le *castigat* de Santeuil, se leva enfin, et je démêlai les restes d'un salon mesquin, souvent détrempé par la pluie sur la charrette commune.

On commença. La comtesse était en robe d'indienne, en gands de fil, et son bonnet de gaze roussie était surmonté de quatre plumes, dont il ne restait guères que les tuyaux.

Le marquis était en habit de burat capucine, paremens, doublure et veste de même étoffe vert-clai, boutons jaunes.

Le chevalier me parut être le *matador* de la troupe. Il avait un habit complet de damas fond gris, à grandes fleurs rouges. Un seul pavot lui couvrait les deux épaules, et la queue allait se perdre agréablement dans les plis.

Le reste était mis dans le même genre, et le talent était en proportion de la garde-robe.

Je ne sais précisément quels rapports il y a entre la troupe de Mantes et les comédiens français de 1600; mais elle ressemble à ceux de l'an 7, comme un bossu à Hercule.

Je n'en riais pas moins de tout mon cœur : il faut savoir s'amuser de tout.

Une malheureuse basse et un pauvre violon commencèrent l'ouverture de l'opéra. Les coquins me déchiraient les oreilles! Ah!

L'acteur qui jouait Apollon, a une très-belle voix, mais il chante comme une fileuse, il est borgne et boiteux, et une guitare lui tenait lieu de lyre.

L'organe de la basse-taille ressemble à celui de l'obligeant personnage qui criait autrefois à la porte de l'Opéra : *Les gens de monsieur le comte, le carosse de madame la marquise.*

Je suis très-lié avec Grétry : je pensai à lui, et je ne ris plus.

Je tins ferme cependant, par égard pour Bella-Rosa. Il ne paraissait pas au premier acte. Il était venu se mettre auprès de moi, et il faisait applaudir tous ceux qui étaient autour de lui! « Ah! « la délicieuse roulade! Quelle manière de filer « un son! Allons, messieurs, allons donc... » Et pan, et pan, j'en avais mal aux mains.

A la fin de l'acte je n'y pouvais plus tenir. Je m'esquivai adroitement, bien décidé à ne jamais retourner au spectacle de Mantes.

Je trouvai la petite Bella-Rosa à la porte. Elle

était dans un embarras cruel. Elle ne savait comment défendre son assiette des attaques du boucher et du boulanger. Il leur était dû soixante francs, ils n'en voyaient que quarante à la recette : ils voulaient au moins ne pas perdre cela.

La pauvre enfant avait ses deux petites mains sur la précieuse assiette, et son regard me disait : Défendez-moi donc.

« Cinquante hommes comme vous, m'avait dit « son père, et ma fortune est faite... » Je pouvais faire sa fortune... mais douze louis !...

Depuis quelques temps j'ai envie d'une jolie bague, et cette somme pouvait la payer en partie. Je retirai ma main, que j'avais déjà mise dans ma poche. Mon premier mouvement avait épanoui le visage de la petite; le second le resserra.

Je souffris plus en ce moment que si j'eusse perdu la bague. « Supposons qu'elle le soit, me « dis-je » ; et les douze louis sont dans l'assiette, et je me sauve à l'autre bout de la ville, et je disais en courant : « J'aime mieux trouver un ami « en arrivant dans une ville, qu'un solitaire dans « mon tiroir. »

CHAPITRE XIV.

Les patins.

C'est pour elle que je marchais, et j'avais perdu un jour! Je voulus le regagner, et j'envoyai chercher, une voiture à la poste.

J'arrivai le soir à Rouen, sans avoir rien vu, rien entendu que les aubergistes de la route. Je m'étais ennuyé tout le jour... ah!

Voilà ce que c'est que de voyager en poste.

Je soupai avec un officier de hussards, qui avait fait toutes les campagnes de la révolution. Il ne me fit grace ni d'une escarmouche, ni du moindre buisson, quoique je lui eusse plusieurs fois répété que je lisais exactement les journaux. Il était d'ailleurs très-poli; mais il me donna la migraine, et je n'en fus pas fâché : ce fut un prétexte honnête pour m'aller coucher.

Je repartis au point du jour, et je me trouvai de très bonne-humeur : j'étais à pied.

J'approchais de Marome. Un ruisseau qui a sa source à Cailli, s'était débordé et avait couvert quelques prairies voisines. Je voyais des gens qui allaient et venaient sur la glace avec une certaine rapidité... J'avançai, les objets s'éclaircirent, et bientôt je distinguai, sur ma gauche, une douzaine de patineurs.

J'aime tous les exercices du corps, et j'y réussis bien. Je m'écartai aussitôt de la grande route, sans autre intention que de regarder un moment.

Un jeune homme très-bien tourné, en gilet rouge, en pantalon serré, les cheveux tressés sous un chapeau rond, fixait tous les yeux. Trois dames, qui étaient à l'autre extrémité de la glace, le regardaient avec intérêt, et, à chaque instant, il trouvait de nouvelles graces qui soutenaient l'attention.

Je sentais que je pouvais en attirer ma part. Les trois dames, dont je ne démêlais pas les traits, piquaient pourtant mon émulation. Si vous saviez, aimables françaises, combien vous êtes fortes de notre faiblesse; combien vos charmes, votre gaîté piquante peuvent opérer de prodiges, vous auriez plus d'amour-propre encore, quoique vous n'en manquiez pas.

Un jeune pâtre m'examinait. La nature est la même chez tous les hommes, et dans les États civilisés ils ne diffèrent essentiellement que par la manière de rendre leurs idées, qui se ressemblent toutes, parce qu'ils sont tous, à quelque chose près, également frappés des mêmes objets. Ce qu'on appelle *intelligence*, *génie*, n'est qu'un tissu plus ou moins tendu, qui renvoie la balle avec plus ou moins de force.

Pour revenir, et ne pas m'enfoncer dans une dissertation métaphysique, assez inutile à propos de patins, le jeune pâtre, qui lisait sans doute, sur ma physionomie animée, le désir de me distinguer aussi, m'offrit les siens avec amabilité. Un instant plus tard, il perdait le mérite de son offre obligeante : j'allais les lui demander.

J'attache mes patins. Je donne en nantissement au pâtre le surtout fourré et le frac de Ségovie, et me voilà, comme mon antagoniste, en gilet satin vert piqué, et en pantalon de tricot chamois.

Il passe devant moi en décrivant la plus ferme des carres, et il m'invite, de la main, à le suivre. Je m'élance, et en quatre coups de talon je suis au bout de la pièce.

Je grillais de briller à mon tour aux yeux des trois dames; mais je ne voulais m'arrêter devant elles qu'après avoir acquis des droits à leurs éloges.

Je repars en dedans, en dehors, en avant, en arrière; je m'allonge en *Renommée*, et d'un trait de patin je sillonne le pourtour de la plaine glacée. Des applaudissemens m'encouragent, et je me sens électrisé. Je plane, je vole; c'est l'hirondelle qui caresse la surface de l'eau.

Les applaudissemens redoublent, je m'arrête... on devine où je m'arrêtai.

Le jeune homme au gilet rouge vint me féliciter. C'était peu de chose... mais les trois dames!...

Il était midi, et je n'avais rien pris encore. J'étais soutenu par ma petite vanité et le désir de plaire. On retrouve l'homme partout.

La plus âgée portait au bras un petit panier qui renfermait quelques provisions. Le jeune homme s'approcha d'elle, et prit le panier. Des patineurs ont bientôt fait connaissance. Il me proposa cordialement de déjeûner avec lui; j'acceptai sans façon. Nous nous assîmes aux pieds de ces dames.

La conversation s'engage en mangeant un morceau sous le pouce. Il est des gens qui se plaisent au premier coup-d'œil, et nous sentîmes que nous nous convenions tous.

C'est la mère et ses deux filles. La mère est encore bien.... Mais les jeunes personnes !... Je les comparai à l'enchanteresse de la rue de Bièvre, et elles me parurent encore jolies.

CHAPITRE XV.

L'hospitalité.

Elle s'appelle madame Elliot. Elle est veuve d'un colonel tué au passage du pont de Lodi. Peu de fortune et une pension... Une pension !... Les temps deviendront moins difficiles, et la nation s'acquittera.

La maison et l'ameublement sont simples, mais élégans. Vingt hectares sont tout le patrimoine, et cependant tout annonce une honnête aisance : on se prive quand on est seul.

Dans les momens de gêne, et ils sont fréquens, la famille passe dans un cabinet, et relit une lettre soigneusement mise sous verre : c'est celle que Bonaparte écrivit à la veuve le lendemain de l'action.

Le style est d'un homme qui sait honorer l'amitié, comme il sait battre l'ennemi. L'amour de la gloire n'étouffe donc pas toujours celui de l'humanité.

Il n'arrive pas un étranger, qu'on ne lui fasse

lire la lettre; c'est lui dire : *N'oubliez pas que le chef de cette famille hospitalière est mort en vous défendant.*

Telle est l'idée qui me vint en lisant, et cette idée commande le respect.

Monsieur Montfort, le jeune homme au gilet rouge, possède cent cinquante hectares à Marome. Il a eu le bon esprit de sentir qu'une femme aimable vaut mieux qu'un surcroît de fortune.

Il s'est attaché à Adèle ; c'est l'aînée des demoiselles Elliot. Vingt et un ans, de la taille, des graces, de la beauté, et la douceur d'un ange, voilà sa dot.

Montfort laisse à madame Elliot la jouissance entière de son petit bien. Je vous estime lui dis-je, et je le lui dis d'un ton qui lui persuada que j'étais digne de le juger.

Angélique est moins belle que sa sœur; mais elle est bien plus jolie. La vivacité, la multiplicité de ses sensations lui donnent à chaque instant une figure nouvelle. C'est bien dommage qu'elle soit si vive... Les femmes vives n'aiment que le plaisir.

On ne sait rien en astronomie, en géométrie, en géographie ; mais on dessine comme peignait l'Albane ; on fait valoir la musique de Grétry, et on fait parler le piano et la harpe. Pas un mot d'italien ou d'anglais ; mais on rend le français plus aimable; on sait plaire enfin... c'est pour cela que les femmes sont faites.

Montfort a une belle basse-taille, et chante

avec goût. Il exécuta, avec son Adèle, l'admirable duo du *Sylvain* : *Dans le sein d'un père...* Je te remercie, auteur précieux, des doux momens que tu me procures partout.

Je me mêle aussi de musique, et j'accompagnai la piquante Angélique. Elle chanta, avec la grace folâtre qu'elle met à tout, l'ariette du même œuvre : *Je ne sais pas si ma sœur aime*, et l'espiègle regardait sa sœur en dessous, et sa sœur rougissait en regardant Montfort.

Vous pensez bien que ce n'est pas sur la plaine glacée que j'ai entendu chanter, que j'ai lu la lettre, et que j'ai appris ces particularités.

Après le morceau *sous le pouce*, on s'était remis à patiner. J'avais envoyé mon petit pâtre chercher trois chaises à la modeste habitation : il fallait que ces dames s'amusassent aussi.

Les trois chaises avaient été métamorphosées en traîneaux. Montfort poussait son Adèle. La paume de sa main était appuyée sur la barre d'en haut, mais ses doigts effleuraient les épaules d'albâtre.

Je conduisais madame Elliot. Elle parle peu, mais ce qu'elle dit est d'une extrême justesse. Elle plaira toujours à l'homme estimable; elle plairait à beaucoup d'autres, si elle n'avait pas deux filles.

Angélique avait regardé autour d'elle, n'avait plus trouvé que le petit pâtre, et après avoir déploré le sort des cadettes, elle s'était abandonnée à son adresse. Il trottait de son mieux; mais il avait repris ses sabots, il glissait, il tombait, il entraînait quelquefois la chaise. Angélique tombait aussi, riait, se relevait, et continuait jusqu'au premier événement.

La fatigue, à la fin, avait chassé le plaisir. Le soleil, si précieux en hiver, se cachait derrière la forêt de Roumare. Il était quatre heures, et je ne m'en doutais pas.

Madame Elliot avait accepté mon bras, Angélique avait pris l'autre; Adèle et Montfort marchaient devant ou derrière : l'amour heureux n'aime pas les témoins.

J'avais voulu prendre congé à la porte. Madame Elliot m'observa qu'il restait à peine une heure de jour; elle m'assura que je ne trouverais que de mauvais gîtes; elle me représenta qu'en partant un peu matin, je regagnerais facilement la lieue que je perdais le soir.

Il faut nécessairement se rendre à de bonnes raisons, quand on n'est pas opiniâtre ou entêté. Je ne suis ni l'un ni l'autre; cependant je balançais.

« Monsieur veut se faire prier, disait Angéli« que : il n'a pas besoin de cela pour donner du « prix à sa complaisance, » et elle me faisait une légère révérence, et une petite mine si drôle et si engageante !

Je m'étais rendu à la révérence et à la petite mine. La vérité est que je ne demandais pas mieux.

Je fus comblé d'honnêtetés, et on ne savait pas que j'ai un carrosse et quarante mille livres de rente. Que je me sus bon gré d'avoir laissé Antoine à Paris !

CHAPITRE XVI.

Bar-y-va.

Je m'étais levé de très-bonne heure, et je croyais partir sans déranger personne. Madame Elliot était levée avant moi. Mon déjeuner était prêt.

On peut faire plus somptueusement les honneurs de chez soi ; on n'inspire pas plus promptement la confiance et l'amitié.

Elle était à son aise avec moi, comme si elle m'eût connu depuis dix ans. J'étais chez elle comme chez moi.

Le mariage devait se faire le décadi suivant, et elle me pressa de revenir, si je ne voulais pas rester.

« J'ai entrepris ce voyage pour une femme, qui,
« sous bien des rapports, ressemble à mademoi-
« selle Adèle, et on ne néglige pas ces femmes-là.
« — Partez donc ; mais vous reviendrez ? — Oui,
« madame ; nonidi, au plus tard. — Vous me le
« promettez ? — Et je tiendrai ma promesse avec
« plus de plaisir encore que je ne la fais. »

Je marchai une heure avant de penser que j'avais encore perdu un jour : j'étais occupé de l'intéressante famille... Je revins à quelqu'un dont les droits étaient plus anciens et plus forts, et je repris la poste au premier village, pour me punir de l'avoir oubliée un moment.

J'aime les comparaisons, et je comparais, en courant, Adèle à Angélique, et Jeanneton à toutes les deux.

Selon moi, l'homme le plus heureux est l'époux de Jeanneton. Après lui, c'est l'époux d'Adèle, si ce n'est pourtant celui qui obtiendra Angélique.

C'est une fille unique qu'Angélique. Il n'est pas possible de s'ennuyer avec elle, et celle qui tient toujours l'imagination éveillée, ne peut cesser de plaire.

Oui... mais elle peut cesser d'aimer, et alors... toutes réflexions faites, Jeanneton et Adèle sont préférables à Angélique.

J'arrivai à Caudebec sans m'en apercevoir : le temps vole, quand on cause avec son cœur.

Je descendis à l'auberge où devait m'attendre mon cocher : il était arrivé de la veille. La voiture était lavée, les chevaux reposés, leur crinière tressée. Il ne me restait qu'à faire pour moi ce que mon cocher avait fait pour mes chevaux.

Je m'habillai sur-le-champ, je montai en carrosse, et je me fis conduire chez le juge de paix.

C'est un homme affable, de mœurs douces, avec qui il suffit d'avoir raison.

Il ne s'aperçut pas que je sortais d'une très-jolie

voiture, et que j'avais un habit neuf : il n'examina que les papiers de Bastien.

Avant la révolution, il avait un emploi lucratif. Il en occupe un aujourd'hui, où on n'arrive que par la confiance et la considération publique : un honnête homme trouve toujours sa place.

Il se rendit avec moi au domicile d'Herbin, leva les scellés, et me mit en possession de l'héritage. J'emportai les vingt mille francs à mon auberge. Je fis faire le lendemain la vente du mobilier; j'en touchai le produit, et je retournai chez le juge de paix.

Je retourne toujours où on m'accueille, et où je me trouve bien.

Je suis, en vérité, trop heureux. Le juge de paix me reçut comme madame Elliot. Il me présenta à sa sœur et à sa cousine. C'est encore une famille à connaître, et j'aime, après bien des années, à lui prouver que je n'oublie rien.

Ceci n'est pas clair pour tout le monde; mais le juge de paix de Caudebec, sa sœur et sa cousine me liront, je l'espère. Sentiment de reconnaissance, soupir d'amour, arrivent toujours à leur adresse.

Je ne savais comment envoyer mes fonds à Paris. On vole quelquefois les diligences; quelquefois aussi les banquiers font banqueroute. C'est encore la faute du temps; mais je ne voulais pas que mon ami Bastien fût la dupe ni du temps, ni de ceux qui ne sont pas fâchés d'étayer leur honneur délabré des tristes circonstances qu'ils savent quelquefois amener.

Mon juge de paix a un frère à Paris, et il partait le lendemain pour aller passer quelques jours avec lui. On n'attaque point un juge de paix : l'emploi n'est pas lucratif. Je le priai de se charger de ma somme, et je lui donnai une lettre pour Jeanneton.

« Vous la verrez, lui dis-je, et le port sera
« payé. »

Il voulait me donner une reconnaissance; je le traitai comme monsieur Thibaut. J'ai toujours jugé les hommes au premier coup d'œil, et je me suis rarement trompé.

Je renvoyai mon cocher, mes chevaux, mon carrosse et mon habit neuf à Paris. J'avais promis de repasser à Marome; mon goût m'y portait au moins autant que ma promesse : voilà pourquoi je ne voulais pas d'entourage. Tout pour moi seul : je suis parfois égoïste.

Je ne quitte pas un endroit sans voir ce qu'il y a de curieux. C'est une bonne ville que Caudebec, et voilà tout... Mais le quai, mais les rochers qui bordent la Seine jusqu'à Bar-y-va !...

Il faut vous dire ce que c'est que Bar-y-va.

On appelle *la barre*, les premiers flots de la marée montante, qui, comprimés par les deux rives de la rivière, s'élancent avec impétuosité au-dessus du paisible courant.

En je ne sais quelle année, cette barre couvrit

le chemin, élevé de quarante ou cinquante pieds au-dessus du lit ordinaire. Les parties basses furent inondées, comme vous le pensez bien, et sur la partie haute, nommée depuis Bar-y-va, on bâtit une chapelle à la Vierge.

C'était sans doute pour la prier de ne plus faire de miracles de ce genre-là, et dans ce cas, la chapelle ressemblait fort à la chandelle que la bonne femme brûlait au diable.

Quoi qu'il en soit, je passai un jour à rêver dans les rochers de Bar-y-va. J'y retrouvai mes douces sensations, et je n'étais arrêté ni par les convenances, ni par la crainte de mal faire.

La chaleur pénétrante du soleil me rappelait Jeanneton, Adèle, Angélique, si insinuantes, si belles et si pures !... Les branches que le vent agitait, les feuilles desséchées qu'il froissait, peignaient assez exactement l'état de mon cœur.

Oh, pourquoi ai-je un cœur, et à qui sera-t-il enfin ?... Je ne peux vous le laisser, Jeanneton... Mais à qui le donnerai-je ?

CHAPITRE XVII.

L'examen.

Il faut que je le donne. Il me pèse, il me fatigue, il me suffoque.

Presque jamais, dit-on, une femme n'épouse l'homme qu'elle aurait choisi. Sommes-nous plus heureux, avec la liberté de porter nos vœux partout ? La première est mariée, la seconde va l'être ; la troisième... si elle était moins vive... Peut-être est-ce impatience de se fixer ; peut-être son premier soupir sera-t-il l'aurore de sa raison, et la raison que voile la gaîté, est moins auguste, mais plus aimable.

La reconnaissance d'ailleurs.... N'y comptons pas : l'amour ne connaît que des échanges, et en effet, le bonheur qu'on reçoit vaut-il plus que celui qu'on donne ?

Mais l'habitude... Oh, qu'elle est froide ! Son nom seul tue le sentiment.

Cependant une femme vive, enjouée est tous les jours nouvelle. Avec elle, point d'uniformité, ainsi point d'habitude, à moins que ce ne soit celle d'aimer.

Oui, pour le mari sensible. Mais cette femme vive, enjouée, est-elle capable de se fixer ? C'est là ce qu'il faut examiner, et très-sérieusement. Le souvenir de la félicité perdue est le plus cruel des souvenirs.

A la vérité, avec du mérite... Hé, qui te prouve que tu en as ? Qui te persuade que ton mérite soit celui qui lui convienne, et, en admettant tout cela, qui te répond que sa légèreté ne l'entraînera pas vers un objet qui en aura plus ou moins que toi ?

S'il en a moins, tu mépriseras doublement ta

femme... Il est affreux de mépriser ce qu'on a tant aimé, ce qu'on aime peut-être encore.

S'il en a plus, quelles seront tes ressources? Tu invoqueras la décence, la morale, les mœurs, et une femme passionnée ne veut de joug que celui des passions.

Mais une femme d'un caractère tranquille ne peut-elle pas aussi?... Hé, mon Dieu, tout comme une autre : ces femmes-là y mettent de l'entêtement.

Oh, qu'il est difficile de se marier!

Hé bien, j'aurai une maîtresse... Fi donc!

L'amour est-il à vendre, et qui pourrait le payer?

Il est pourtant des hommes... Oui, sans doute il en est. Il est aussi des boueurs qui se familiarisent avec les immondices qu'ils ramassent.

Non, je ne me dégraderai pas. Le spectacle des caresses pures de Jeanneton et de Bastien, de l'abandon modeste d'Adèle, et le cri de ma délicatesse, voilà mes garanties, ma sauve-garde.

Quoi! je peux prétendre à une fille honnête, t je balancerais! je serais arrêté par des craintes puériles! N'ai-je pas eu une mère vertueuse, et pourquoi celle de mes enfans ne le serait-elle pas aussi?

On remarque une femme galante, on ne s'occupe pas de celles qui vivent pour leurs époux. Peu de femmes ont le malheur de fixer l'attention, et si l'attention ne se fixe que sur les objets qui alimentent la malignité, il est donc beaucoup de femmes estimables.

Oui, je me marierai... Ma foi, non, je ne me marierai pas... Mais vivre seul, c'est bien dur; cela ne se peut pas. Que ferai-je donc?

« Vous vous marierez, me dit un homme à
« cheval, qui m'écoutait comme mon petit mon-
« sieur. Bah! lui fis-je. — Composer avec le désir,
« n'est-pas déja se rendre? — Je crois que vous
« avez raison.

« Et où allez-vous donc, continuai-je? — A
« Marome. — Et moi aussi. — Pour une noce. —
« Moi de même. — L'épousée n'en dira mot;
« mais elle sera aussi aise que celle que vous choi-
« sirez: mon neveu est presque aussi joli garçon
« que vous. — Son nom? — Montfort. — Mont-
« fort! — Vous le connaissez »?

Nous étions en face d'une auberge, et j'engageai l'oncle de Montfort à faire connaissance le verre à la main.

C'est un drôle de corps que cet oncle. Il voulut payer, parce qu'il était à cheval, et moi à pied. Oh, je le laissai faire.

Va, va, me dis-je en moi-même, je ferai peut-être venir mon carrosse à Marome, et nous verrons si tu tireras encore vanité de ton bidet.

CHAPITRE XVIII.

Les présens de noce.

C'est un marchand de bœufs, mais de ceux qui ont des herbages de trois quarts de lieue de long, et qui fournissent le marché de Poissy.

Il a quarante ans; il est très-gai, et il se permet de dire tout ce qu'il pense.

Il demeure entre Argentan et Mortagne. C'était son quatrième jour de route; le bidet était un peu fatigué. Il le laissait aller au petit pas, la tête basse, les oreilles pendantes, et il causait d'amitié avec moi, parce que je suis, dit-il, un garçon tout-à-fait revenant.

Il aime beaucoup son neveu, et il espère aimer aussi sa future : c'est de quoi je lui répondis.

Il boit sec, et nous ne passâmes aucun bouchon sans y faire une station. Plus il en fait, plus il est drôle, et il vous prend au collet quand vous parlez de payer.

Cette manière d'être poli me parut assez singulière; mais on se fait bientôt aux ridicules des bonnes gens.

Nous allâmes ainsi jusqu'à Thomas-de-la-Chaussée. C'est là que j'avais dit à mon cocher de déposer ma valise, au premier cabaret en entrant dans le village.

Il n'y eut qu'une difficulté, c'est qu'on ne voulait pas me la rendre, à moins que je prouvasse que je fusse bien moi, et comment le prouver à des gens qui ne m'avaient jamais vu?

Je tenais très-peu à la valise, mais beaucoup à mes besoins. A la campagne, on peut danser en gilet de satin vert; mais encore faut-il la chemise blanche.

« Hé, parbleu! je vous en prêterai, me dit mon « brave marchand. — Oui? Adieu donc à la valise, « ne perdons pas de temps : j'ai hâte d'arriver chez « madame Elliot ».

J'avais à peine prononcé son nom, que le cabaretier m'avança une chaise, me fit des excuses, m'apporta la valise, et me dit que ceux qui connaissent madame Elliot, n'ont pas besoin de répondant.

L'éloge n'était pas suspect; elle ne l'entendait pas. Je le lui rendis plus tard : elle n'en parut pas surprise, mais elle n'en fut pas plus vaine.

Il était midi lorsque nous arrivâmes en vue de la prairie inondée. Je reconnus mon petit pâtre; mais point de gilet rouge, point de dames. Les patins ne conviennent qu'aux gens désœuvrés, et on ne l'est pas la veille d'un mariage.

Nous tournâmes court vers la maison. Une croisée était ouverte au midi, et une jeune personne paraissait observer ceux qui passaient sur la grande route.

Ce n'était pas Adèle; Montfort y eût été aussi : c'était donc Angélique.

Mais pour qui serait-elle là?... N'allai-je pas m'imaginer?... très-heureusement je n'en dis rien.

Ce n'était ni l'une, ni l'autre. L'oncle avait écrit qu'il arriverait le nonidi, et on avait mis en vedette une petite amie du village. Le guetter au passage, c'était la consigne; gros, court, les joues vermeilles, et le cheval pie, c'était le signalement.

La petite personne disparut dès qu'elle put juger l'oncle et sa monture. L'instant d'après, la porte s'ouvrit. Montfort et les trois dames vinrent au-devant de lui. Tout s'expliqua, et je rougis, comme si on eût pénétré l'idée vaniteuse qui m'avait abusé.

L'oncle descendit de cheval, se passa la bride au bras, et, en marchant, il examinait attentivement les jeunes personnes. « Je voudrais que ce « fût celle-ci, dit-il », et il montrait Adèle.

Angélique avait lieu d'être piquée; cependant elle n'en fit rien paraître. « Oh, oh, me dis-je, « elle se possède quand on blesse son amour-« propre : c'est beaucoup, cela. »

Montfort essaya de réparer l'incivilité de son oncle. « Point d'excuses, répondit-elle, l'oncle de « mon frère ne peut en avoir besoin. » Montfort lui serra la main. Il me semble que j'aurais fait mieux.

On m'avait salué comme quelqu'un qu'on est bien aise de revoir. Cependant toutes les attentions étaient pour l'oncle, et quoiqu'il fût un peu grossier, je ne pouvais me plaindre de la préférence. Honorons nos grands parens. C'est un bon exemple à donner à ses enfans : on retrouve cela plus tard.

Angélique surtout s'attachait à pénétrer, à prévenir ses désirs, et elle devinait toujours juste. Sa manière de se venger n'échappa point à l'oncle, qui ne manque pas de bon sens.

« Il me serait égal maintenant que ce fût vous, « lui dit-il »... Il avait senti sa sottise... « Vous êtes « charmantes toutes deux; mais entre l'œillet et « la rose, il n'y a que le goût qui décide. »

Le compliment était très-bien tourné pour un marchand de bœufs. Elle l'embrassa avec une cordialité qui me fit plus de plaisir qu'à lui. « Oh, « oh, me dis-je encore, elle revient aisément : « mais c'est une qualité, cela. »

Elle me prit la main. « Venez, dit-elle, que « je vous fasse voir quelque chose. Serais-je de « trop, dit l'oncle? Vous ne le croyez pas, ré-« pondit-elle avec un sourire si doux! » Et elle lui prit aussi une main.

Elle nous fit entrer dans une chambre jolie, mais jolie!... C'était la sienne : voilà peut-être pourquoi elle me plut tant.

Les chaises étaient chargées de robes, de rubans, de dentelles; cinq à six bonnets sur une commode, et tout cela d'une élégance, d'une fraîcheur... C'étaient les présens de noce.

Pauvre petite ! elle n'avait presque rien : Montfort lui a fait un trousseau tout entier.

« Diable ! diable ! dit l'oncle en se grattant l'o-
« reille, ce coquin-là n'arrivera pas.

« Je n'aurais pas cru, dis-je à la jolie proprié-
« taire, qu'on eût autant de goût à Rouen. —
« Oh, tout cela vient de Paris : Montfort a chargé
« de ses emplettes un ancien ami de mon digne
« père... — Il fait très-bien ses commissions. —
« Si jamais je me marie, je n'en chargerai pas
« d'autre que monsieur Thibaut. Monsieur Thi-
« baut ! m'écriai-je, » et je me repentis de m'être
écrié : il fallut convenir que je suis très-lié avec lui.

Il doit une partie de sa fortune au colonel Elliot. C'est par lui qu'il a obtenu une entreprise considérable à l'armée d'Italie.

L'oncle nous laissa : il ne se connaît point en parure, et ces détails lui étaient indifférens. Il descendit ; il regardait sur la route par où nous étions arrivés, et se grattait toujours l'oreille ; quelque chose le tracassait.

Moi, je pensais aux suites de mon indiscrétion. Pour peu que j'intéresse, au premier mot qui me décèlera, on ne manquera pas d'écrire à Thibaut. Il fera un étalage de richesses... Et, si on m'accepte, je ne saurai point si c'est moi ou mon carrosse qu'on aura épousé.

Je demandai du papier à la séduisante fille, et pendant qu'elle essayait tous les bonnets, qu'elle drapait ses étoffes de cent manières, j'écrivais à Thibaut :

« Si on vous demande des renseignemens, dites
« franchement ce que vous pensez de ma per-
« sonne, mais ne me faites pas riche à éblouir.
« Ne me faites pas non plus d'une pauvreté telle
« qu'on ne puisse recevoir ma main sans avoir
« perdu la tête : ce serait être trop exigeant. Six
« mille livres de rente, entendez-vous? »

Il y a une boîte aux lettres à Marome, et j'y portai la mienne : dans les affaires importantes, je ne m'en rapporte qu'à moi.

En revenant, j'aperçus sur la grande route une nuée de poussière. L'oncle riait ; il ne se grattait plus l'oreille. « Le voilà enfin, le voilà, ce ma-
« raud-là. »

Il saute à poil sur le cheval pie, et court au-devant du maraud. Je ne prévoyais pas quelle espèce d'homme pouvait obscurcir ainsi l'air.

Le nuage s'approche, il m'enveloppe, et le maraud, son bâton à la main, fait arrêter son détachement.

« Voilà mon présent de noce, à moi, dit l'oncle
« à son neveu. C'est du fruit de mes herbages,
« et de la première qualité : cela ne déparera pas
« tes prairies. »

C'étaient un taureau et douze vaches du pays d'Auge. L'oncle soutint que son cadeau était plus solide que les brimborions qu'il avait vus là-haut, et nous fûmes tous de son avis.

CHAPITRE XIX.

Premières sensations.

Le troupeau était encore dans la cour. Angélique y était restée. Je l'ai déjà dit, je reste où je suis bien, et je me trouvais au mieux auprès d'elle.

Elle tenait une badine. Elle agaça le taureau : ceux du pays d'Auge entendent mal la plaisanterie.

Celui-ci mugit, baissa la tête, frappa la terre du pied, et courut sur Angélique. Ses traits se décomposèrent; je frémis, mais je me déterminai à l'instant. Je l'enlevai dans mes bras... Le taureau fondit sur moi... Elle jeta un cri perçant

J'étais accolé à un bâtiment. L'animal demeurait immobile devant moi, et il faisait des efforts violens. Je croyais fermement que ses cornes m'étaient passées au travers du corps. Cependant je ne sentais pas de mal, et cela me paraissait extraordinaire.

Montfort accourut. Il prit Angélique, et la remit à sa mère et à sa sœur, pâles et terrifiées. Il me dit de me baisser; je le fis assez machinalement, je l'avoue, et je fus très-étonné de n'éprouver aucune difficulté.

L'indigène du pays d'Auge gardait fièrement son attitude, et je ne concevais rien à son opiniâtreté. Je me remis, je l'observai, et je finis par rire d'un incident qui pouvait avoir des suites funestes.

Je m'étais trouvé pris entre ses cornes très-ouvertes, et il s'était lancé si vigoureusement, qu'elles avaient percé une cloison en plâtre et en chêne. L'animal, qui ne savait pas se baisser à propos, restait accroché à une traverse en bois, et sa position, que je croyais l'effet d'une noble fierté, n'était que celui de la résignation.

« Tu es un brave garçon, » me dit l'oncle, et il me secoua fortement la main. La famille se pressa autour de moi, me remercia, me caressa... Angélique surtout... Je regrettai presque de n'avoir pas été blessé.

Des attentions, des soins si délicats, des prévenances si flatteuses, une reconnaissance si profondément sentie !... Elle ne sait pas qu'en la sauvant, je n'ai rien fait que pour moi.

Elle répétait vingt fois qu'elle me devait la vie... Je lui devrai peut-être davantage.

Je l'aurai ce taureau ; j'en rendrai deux à Montfort. Mais la fille charmante n'aura plus de badine; elle ne l'approchera même plus. C'est moi qui lui porterai la mesure d'orge et la poignée de luzerne, et je m'acquitterai envers lui.

Un évènement de ce genre établit une sorte d'intimité entre deux jeunes gens disposés à quelque chose de plus. Nous n'avions qu'un jour et demi à être ensemble, et les cœurs se rapprochent en raison de la crainte qu'on a de se quitter. Pas un mot cependant que je pusse favorablement interpréter ; mais un ton si doux, si affectueux, et quelquefois un air rêveur, peiné même... On voit bien, quand on a intérêt à bien voir.

J'étais assis près d'elle ; je la regardais, et je rêvais aussi. Madame Elliot avait l'air de travailler... Je la crois observatrice, et je soupçonne qu'elle pensait de son côté.

Elle me parla pour la première fois des occupations de ma première jeunesse, de l'état actuel de mes affaires. C'étaient des mots, de loin en loin, qui paraissaient jetés au hasard et sans intention... Il y en avait beaucoup.

Je ne sais pas mentir. J'avouai que je suis le fils d'un président du parlement de Besançon ; je déclarai six mille livres de rente, et c'était encore la vérité : qui a plus, a moins.

Madame Elliot sortit sous quelque prétexte. Je restai seul avec Angélique, et j'éprouvai de l'embarras. Je sentais que l'affaire s'engageait, et que le parti le plus simple était d'annoncer sans détour... N'est-il pas des choses qu'une jeune personne aime autant deviner qu'entendre ? Je l'aurais embarrassée aussi. D'ailleurs, avec l'esprit qu'elle a, pouvait-elle s'y méprendre ?

Le domestique de Montfort passa devant la croisée ; il tenait une lettre. Madame Elliot rentra ; un de ses doigts était taché d'encre. Oh, que j'ai bien fait, pensai-je, d'avoir écrit à Thibaut!

Elle me demanda, le décadi matin, comment je la trouvais mise. « Trop bien pour ces gens-là : ils « ne remarqueront peut-être que vos ajustemens. « Moi, je trouverai toujours Angélique ; mais j'ai- « merais à la chercher moins. »

Elle ne répondit pas, et je craignais de lui avoir déplu. Elle revint un moment après. Elle avait des guirlandes, des bouffettes, des plumes de moins ; mais des graces de plus, et c'est la véritable parure.

Elle me jeta un coup d'œil en dessous ; je lui souris, cela voulait dire pour nous : « Voyons s'il « me tient compte de ma complaisance. — Oui, « sans doute, et je vous en remercie. »

L'oncle conduisait Adèle ; Montfort donnait la main à madame Elliot. Il était tout simple que je lui offrisse mon bras ; elle me le demanda.

Il y a assez loin du domicile à la municipalité. Nous avions le temps de nous dire bien des choses, et nous ne dîmes presque rien. Souvent ce bras, qu'elle avait préféré, pressait légèrement sa main ; une rougeur presque imperceptible répondait à chacun de mes mouvemens... C'est causer, cela.

Pendant la cérémonie, son maintien fut réservé, austère, même. Je m'aperçois qu'elle a toujours l'esprit du moment, et je l'accusais de frivolité !

III. 6

Nous revenions. Un soupir expira sur ses lèvres. Peut-être répondait-il à ceux que je ne pensais plus à retenir. « Montfort est heureux, lui dis- « je. — Ma sœur ne l'est pas moins... » Mon bras pressa aussitôt sa main. « Vous vous trompez, « monsieur; je ne parle que d'Adèle. » Et elle rougit, elle rougit !... Je ne trouvai pas un mot; je n'eus pas même assez de force pour reprendre cette main qu'on avait retirée. Je marchais à côté d'elle d'un air si gauche, j'étais tellement décontenancé... Elle eut pitié de moi; elle reprit mon bras.

Est-il nécessaire de l'étudier davantage, puisque je sais tout ce qu'elle pense? Un visage candide est un prisme où se réunissent toutes les nuances, mais où l'œil les distingue aisément.

CHAPITRE XX.

L'explosion.

L'insipide dîner! je suis à une lieue d'elle! l'oncle s'en est emparé.

Il est bien extraordinaire cet oncle! Elle lui déplaisait hier, il l'obsède maintenant, et il me tourmente, moi... Que ne restait-t-il dans son pays d'Auge!

Aurait-il des projets? Ces vieux garçons sont si bizarres!... Ah! elle doit plaire à tout le monde, et si l'aimer n'est pas raison, je suis le plus fou de tous les hommes.

L'oncle est entre les deux sœurs. Adèle n'écoute pas : elle est toute à Montfort. Qu'il me paraît bien ! Rien ne sied comme le bonheur.

Angélique soutient seule une conversation, qui, peut-être, ne l'intéresse pas, je m'en flatte du moins... Cependant elle y met une complaisance... Je l'examine, cet oncle, il ne me semble ni si court, ni si gros... Il n'est pas de rival à dédaigner.

Le regard, le langage, le silence même d'Angélique, tout ne me permet-il pas d'espérer ?... Il y a un moment, je me flattais de lire dans son cœur, et je tremble maintenant... Je tenais à Jeanneton par le besoin d'aimer : je tiens à la charmante fille par le besoin d'elle-même.

Montfort à fait venir d'excellens vins. L'oncle se monte l'imagination; il continue de parler; sa figure est animée, son geste expressif, et il a cent mille écus... Hé bien, j'en ai trois fois autant, douze ans de moins, de la taille, de la figure, et peut-être quelques qualités... Non, il ne l'épousera pas.

Cependant plus de prétexte pour rester ici. Il faut partir demain, ou s'expliquer nettement ce soir... Je ne partirai pas.

Je ne peux les entendre, et pour achever de me désoler, une dame de Marome, qui, je ne sais pourquoi, s'est assise à ma droite, me parle agriculture, basse-cour, potager... Hé, que m'importent ses foins, ses choux et ses dindons?... Je crois, en vérité, qu'elle me presse le genou... C'est inutile, madame, cela ne se peut pas... J'ai envie de le lui dire.

Oh! encore cet oncle! il ne finira pas. Je souffre... Je souffre!... Ah! elle prend tout à coup un air froid et réservé... Cela me rafraîchit le sang... Grace, mille graces, d'avoir daigné me rassurer... Elle me devine donc aussi!........
....

Un moment... que je classe mes idées... Je ne sais plus où j'en suis de mon récit... Ah! m'y voilà.

On avait quitté la table. Je la cherchais, j'allais la joindre. L'impitoyable oncle s'empara aussi de moi... Je l'aurais brusqué, s'il ne tenait pas à la famille.

« Corbleu! mon garçon, sais-tu qu'Angélique
« est charmante? » A qui le disait-il! « J'aime mon
« neveu, mais je ne l'ai pas institué mon héritier. »
Je rougis, je pâlis... « Elle n'a rien, cette Angéli-
« que, mais j'en ferai la première herbagère du
« pays d'Auge. »

Il ajouta qu'il est désagréable de faire soi-même la demande. Angélique ne s'était pas clairement prononcée, et elle pouvait le refuser. C'est à moi qu'il réservait l'honneur de la persuader.

Il eût volontiers donné la préférence à Montfort;

mais les neveux n'aiment pas à marier les oncles; d'ailleurs, j'étais franc, loyal, considéré dans la maison, l'homme enfin qu'il lui fallait.

Je n'ai jamais éprouvé de situation aussi pénible. La crainte, la colère m'agitaient, me bourrelaient; je n'y pouvais suffire. Mon cœur crevait.

Avec cela une fièvre d'amour!... J'étais dans un désordre extraordinaire : il fallait avoir bien dîné pour ne pas s'en apercevoir.

« Je la verrai! m'écriai-je. — Tu la verras? — « A l'instant même; mais je ne sais pas tromper, « et c'est pour moi que je lui parlerai. » Je ne sais ce qu'il répliqua; j'allais, je venais, je courais la maison comme un frénétique qui a rompu ses liens. Je la trouvai, je ne me rappelle pas où, et je tombai à ses pieds. Madame Elliot ne m'avait pas perdu de vue; elle était derrière moi... Mais la lave ne connaît pas de barrière. Elle couve, elle fermente, elle s'échappe, elle se répand.

Je délirai long-temps, et je ne me souviens pas de ce que je dis. Je me trouvai sur un fauteuil de canne; madame Elliot était assise auprès de moi. Elle tenait une de mes mains, et me regardait avec bonté. L'aimable fille était debout, les joues colorées, l'œil humide, la respiration embarrassée.

Je me levai, je demandai pardon. « Allons, mon « Angélique, dit madame Elliot, rends-le tout-« à-fait à lui-même. Un mot de consolation et d'es-

« poir. — Hé, maman, que lui dirai-je qu'il ne
« sache déjà ? »

De quel poids je me sentis déchargé ! Un baume bienfaisant coulait dans mes veines. Je retrouvai ma raison, mon jugement, et les expressions suivies de la plus vive reconnaissance... En effet, que ne devons-nous pas à ces êtres charmans, qui veulent bien se charger de la tâche pénible du bonheur de notre vie !

Le reste de la journée, elle évita l'oncle, et il me fit la mine. Toujours opiniâtre, il s'adressa directement à sa mère : elle le refusa poliment. Il se le tint pour dit, il enfourcha le cheval pie, et retourna au pays d'Auge.

Je ne pus m'empêcher de le plaindre : il doit être affreux de perdre ce qu'on aime... Il boit... cela console de tout.

CHAPITRE XXI.

Mes dispositions.

Elle reprend toute sa gaîté. C'est mon aveu, dit-elle, qui la lui rend. Elle a été, aussi, inquiète et craintive, et elle veut bien me l'avouer.

Oh, comme elle sait aimer ! La sensation qu'elle inspire est toujours celle qu'elle éprouve ; le mot que j'attends est celui qu'elle m'adresse.

Elle m'abandonne sa main, et quelquefois elle

prend la mienne. Je ne l'ai pas embrassée encore, et mon respect la flatte autant que mon amour.

Elle m'estime, elle me le dit, et mon bonheur est de la croire : je lui sacrifierais ma fortune, mon repos, ma vie, tout, hors son estime.

Aussi elle est confiante! je suis des heures avec elle dans une chambre, dans un cabinet... Madame Elliot le sait; mais elle a mis l'innocence sous la sauve-garde de l'honneur.

J'ai vingt-neuf ans, et j'ai toujours été sage... Il m'en a coûté souvent; mais je n'ai fait aucun sacrifice qui n'ait apporté sa récompense. Jeanneton rougirait peut-être devant moi; elle me reverra comme son meilleur ami.

Honorons les femmes, et nous les rendrons respectables.

Je passe les journées chez madame Elliot; mais je couche chez Montfort : c'est Angélique qui l'a voulu.

Comme elle sympathise avec moi! Comme ses idées vont au-devant des miennes! J'allais demander une chambre à Montfort; elle m'a prévenu, et ce n'est ni pour elle ni pour moi; mais l'opinion, dit-elle, est la reine du monde, et la réputation d'une jeune personne est une fleur que le moindre hâle ternit.

Elle a des connaissances, du savoir même, et je ne m'en suis aperçu que dans notre intimité.

Une femme savante étonne; une femme aimable attire, et elle ne veut pas m'étonner.

Ah! quel trésor j'ai trouvé là!

Voyagez donc en poste, vous qui appelez l'objet qui doit enfin vous fixer! Viendra-t-il vous chercher entre quatre verres de Bohême? L'amour peut s'y renfermer, mais il faut l'y conduire par la main.

Je l'y placerai entre Angélique et moi.

A propos, j'oublie de vous rendre compte de mes petits arrangemens... Je ne sais pas m'arrêter quand je parle bonheur.

Montfort m'a dit ce matin : « Vous connaissez « la fortune de madame Elliot; elle ne peut presque « rien pour sa fille. — Elle me la donne; c'est un « présent inestimable. J'aime les bons exemples, « et je suivrai le vôtre. »

En effet, disais-je en me renfermant le soir, je n'ai pas pensé aux dispositions... et le temps qu'on perd aujourd'hui, est un vol fait au lendemain. Hâtons-nous.

Je prends du papier, et j'écris mes notes.

« Dix mille livres de douaire. » Si l'aisance ne console pas toujours, elle aide au moins à supporter la douleur.

« Trois mille livres de rente viagère à madame « Elliot, et cette pension-ci lui sera payée. » C'est peu de chose pour celle à qui je dois Angélique; mais je peux avoir des enfans... Il faut être juste envers tout le monde.

Voilà pour l'essentiel : voyons l'agréable.

« Un appartement complet dans le plus beau « quartier de Paris. L'ameublement pris au coin « de la place Dauphine. » Cet homme est cher ; mais on n'a chez lui que l'embarras du choix.

« Un carrosse neuf et du dernier goût. Les pan- « neaux gris-de-lin. Au milieu, l'amour brisant la « faux du temps. L'intérieur bleu-de-ciel, brodé en « fleurs par des mains habiles. » Je me réserve le plaisir de les voir effacer toutes.

« Deux chevaux soupe-de-lait. Les harnais pi- « qués en argent ; les cocardes, les crinières, les « rênes, tressées argent et bleu.

« Vingt robes prises chez madame Lisfranc, et « qu'on la priera de bien coudre... » Ah ! et sa mesure !... je volerai un de ses corsets.

« Une chaîne en diamans, de cinq à six tours. « Quelques jolies bagues pour une main mignonne « et effilée.

« Un bracelet qui renfermera mon portrait en « miniature. On le fera sur celui que j'ai laissé « chez moi... » Non, non, pas de portrait. Qu'en ferait-elle ? Je ne la quitterai plus.

« Ah ! mon dieu !... j'oubliais... un habit neuf « à Antoine ; une montre d'or », il y a long-temps qu'il en a envie.

« Il montera dans mon ancien carrosse. » Il sera au mariage ; il y doit être : c'est mon plus ancien ami.

« Il aura en route la haute-main sur les deux
« cochers ». Je le fais mon représentant.

« Qu'on se garde bien de monter dans l'équi-
« page gris-de-lin : c'est une offrande à la beauté.
« Qu'elle arrive intacte comme elle : un cadenas
« à chaque portière.

« Que tout cela arrive au plus tard dans huit
« jours, et plutôt s'il est possible. Employez cin-
« quante ouvriers... employez-en mille.

« Les équipages et les gens s'arrêteront au Bois-
« Guillaume à une demi-lieue d'ici. Antoine se
« détachera et viendra m'avertir. Il ne parlera qu'à
« moi... Qu'à moi, entendez-vous, Antoine, ou je
« me brouille avec vous ? »

Récapitulons un peu. Tous ces articles peuvent
aller à trente mille francs. « Je vous en ai laissé
« quatre-vingts, mon cher Thibaut : j'ai donc en-
« core cinquante mille livres à ma disposition.
« Voyons s'il ne manque plus rien. »

« Ah !... de la vaisselle platte pour deux mille
« écus. De la porcelaine pour moitié. »

Et Adèle... Adèle, donc... Je suis comme un
fou. Le portrait sera pour elle : c'est un souvenir
d'amitié. « Un entourage de brillans... quatre mille
« francs environ.

« Encore un mot : dites aux amis de la rue de
« Bièvre, que je me marie, et que je me marie
« selon mon cœur. Cette nouvelle leur fera plai-
« sir.

« Je vais à Rouen, dis-je à madame Elliot. J'ai
« deux heures à passer avec un notaire... Je les re-
« gretterais, si je ne me flattais de rendre tout
« le monde content. Je m'en rapporte à vous, ré-
« pondit-elle ; je signerai aveuglément. »

Angélique me conduisit à deux cents pas. Son joli bras s'était arrondi autour de moi ; son œil avait perdu sa vivacité ; mais sa langueur était si expressive ! « A demain, donc, à demain, me di-
« sait-elle, quand je l'eus quittée. A demain, »
« répétai-je en m'éloignant à reculons... » Je ne la voyais plus... je la cherchais encore.

CHAPITRE XXII.

Le notaire.

Croyez-moi, c'est une règle à peu près générale, l'homme modeste, qui se présente simplement et sans entourage, n'attire pas la moindre attention. Nous sommes de grands enfans ; nous voulons des hochets.

Mon carrosse m'avait été inutile à Caudebec ; il m'eût été nécessaire à Rouen.

Le notaire ne concevait pas qu'on pût parler de neuf cent mille francs, quand on arrive à pied, et sa manière de s'étonner avait quelque chose d'impertinent.

J'entrai dans des détails. Il me crut à la fin ; mais il me prit pour un original.

Ma façon de l'être ne fait au moins de mal à personne, et la sienne me choquait. Je pris le ton tranchant de l'opulence, je le menai lestement : je me donne des airs tout comme un autre, quand je veux bien descendre jusque là.

Je notifiai mes intentions en jetant sur le bureau un rouleau de vingt-cinq louis pour le papier marqué, pour ne pas attendre, et pour convaincre qu'on ne serait pas dupe du piéton.

Comme ce chien de métal rapproche les hommes ! Mon ton, plus que familier, avait remis celui-ci à sa place ; mon rouleau me valut une considération, des égards dont j'étais presque honteux. Il me fit pitié ; mais j'avais besoin de lui : je restai.

Il prenait des notes pour la rédaction du contrat de mariage ; il minutait une procuration qui autorisait Thibaut à remplir à Paris les formalités d'usage... Les opérations des notaires n'ont rien de fort amusant, même pour la clientelle : pendant qu'il écrivait, je bâillais, moi, en lisant les affiches qui tapissaient l'étude.

Vente après décès... Bail emphytéothique à céder, et je bâillais de plus belle, comme autrefois sur le rudiment, qu'il fallait que j'eusse l'air d'étudier.

Ah !... *Jolie maison de campagne entre Marome et le Bois-Guillaume...* A un quart de lieue du petit domaine de madame Elliot ! Voyons cela, et je deviens attentif... Bon, elle est assez petite pour qu'on s'y trouve toujours, sans s'y chercher jamais ; elle est assez grande pour recevoir quelques amis... *Toute meublée!* Mais c'est très-commode... *Potager, parterre, jardin anglais, petit bois...* Ah, un petit bois... Est-il bien touffu, citoyen notaire ?

J'y mettrai un lit de gazon : quels heureux momens nous passerons en été dans ce petit bois ! c'est là que nous jouirons de nous-mêmes.

L'hiver, la musique, la chasse... Mais que fera-t-elle pendant que je chasserai ?... Non, non, cela n'est pas juste. Elle est jeune ; il faut qu'elle s'amuse, je le veux. Le plaisir est à la beauté ce que le soleil est aux fleurs. Nous passerons les hivers à Paris. Elle sera toute à la société, et elle en fera les délices... C'est fort bien ; mais moi, que deviendrai-je à mon tour ? Les nuits d'amour sont trop courtes quand les journées paraissent longues.

N'importe, je ne l'aime pas uniquement pour moi ; l'amour, d'ailleurs, se nourrit de ses sacrifices : c'est un point résolu, elle verra Paris.

Mais aussi, à peine les feuilles commenceront à poindre, que je m'emparerai d'elle exclusivement. Nous viendrons rire, folâtrer, faire l'amour à la campagne. Nous reverrons le petit bois...

« Combien la maison, citoyen notaire ?—Trente
« mille francs. — J'en donne vingt, et je paie
« comptant. — Mais... — Pas de mais. Affaire con-
« clue ou manquée ce soir : je ne resterai pas

« demain, me donnât-on la maison pour rien...
« Ah ça, pas de mineurs, de douaire, d'hypothè-
« ques...— Je garantis la véracité de l'affiche.—
« C'est assez : la parole d'un notaire est respec-
« table pour moi. Finissons, si cela vous con-
« vient. »

Et il commence un sous-seing-privé, et j'é-
cris à Thibaut d'envoyer au notaire du Vieux-
Marché les trente-sept mille livres qui lui reste-
ront, et je recommande bien à Antoine de prendre
les clefs en passant à Rouen, *et cætera, et cætera.*

Je signe gaîment l'écrit du notaire, qui me
reconduit humblement jusqu'au milieu de la rue.
Je gagne l'auberge où j'ai déjà logé. J'y retrouve
mon officier de hussards... Je crois, en vérité, qu'il
avait encore envie de souper avec moi. Je déclarai
que je mangerais seul, parce que j'avais des affaires importantes. En effet, je voulais penser à
elle le reste de la soirée.

J'étais levé avant le soleil; il y avait dix-huit
heures que je l'avais quittée. Je courus prendre
un bidet à la poste... On s'éloigne au petit pas ;
on revient volontiers au galop.

Je m'arrêtai cependant à la maison que j'avais
achetée. Je donnai un coup d'œil rapide, et je
fus content de tout. Je remarquai entre autres, la
plus jolie petite chambre ! fraîche, élégante, commode... et une alcove enfoncée... Ce sera la sienne,
disais-je en remontant à cheval ; c'est dans cette
chambre... Et pensers d'amour galopaient avec
moi.

J'approchais de chez madame Elliot, je regardais... La croisée au midi était ouverte. Une jeune personne avec une longue-vue... « Oh, c'est bien « elle, et aujourd'hui c'est pour moi qu'elle y est. »

Elle me fait signe de la main, et je l'entends, et vite je saute de cheval, et je renvoie le postillon. Elle sort, et elle est seule : je l'avais prévu, et je ne fais plus un pas. Je distingue successivement les plis ondoyans de la robe, le fichu, confident discret, le sourcil noir, l'œil bleu, le nez en l'air, les lèvres rosées : chaque seconde amène une jouissance.

« Ah, méchant, me laisser faire tout le chemin ! »
« — J'en aurais perdu la moitié en courant au-« devant de vous. » Et le bras électrique reprenait sa position, et nous allions doucement, si doucement !... Nous craignions d'arriver... Et son œil me disait : Il y a un siècle que je ne t'ai vu, et le mien répondait... Il répondait juste, car elle sourit si tendrement !

CHAPITRE XXIII.

Inquiétudes, impatience.

Je suis tourmenté par mille idées différentes, et qui toutes se rapportent à un seul objet.

Thibaut fera-t-il tout ce que je lui demande ? fera-t-il tout bien ? fera-t-il tout assez promptement ?

En pensant à cette foule de détails, je me reprochais les courses, les peines, les embarras que je lui causais.... Avec deux mots je calmais mes craintes : « Il se mariera peut-être, et j'en ferai « autant pour lui. »

Quand je la vois d'ailleurs, il me semble qu'on ne peut trop faire pour elle : je serais son meilleur ami, si je n'étais son amant.

Encore quatre mortels jours avant la signature du contrat; deux ensuite avant celui si désiré... Que le temps est bizarre! il vole, ou il s'arrête impitoyablement.

J'aurais pu hâter sa marche : je n'avais qu'à déclarer ma fortune, mes projets, terminer de suite, et laisser arriver mes gens quand ils pourraient. Mais la surprise que je lui réserve, le plaisir que lui causera cet entourage imprévu et complet d'opulence et de luxe, tout cela eût été perdu pour elle. Attendons, attendons patiemment, et qu'elle ait une jouissance de plus.

Peut-être aussi ai-je fait une imprudence. Si, trop sensible à cet éclat, elle se montrait moins empressée, moins tendre... Elle ne serait qu'une femme ordinaire; cela ne se peut pas... Ingrat! tu le sais bien.

Nous sommes injustes, nous autres hommes.

Quelquefois elle me demande si nous habiterons Paris, ou si je consentirai à me fixer auprès de sa mère; si je prendrai un état; s'il en est qu'on puisse exercer chez soi, près de sa femme, sauf à avoir quelques distractions; si je suis répandu; si ma société est dispendieuse... Il est des momens où mon secret vient errer sur mes lèvres, où je le sens qui s'échappe : mon cœur alors me tire d'embarras. Un mot sentimental détourne la conversation, il amène ces longs et doux épanchemens, pendant lesquels on oublie fortune, ambition, passé, avenir, tout, hors le présent et l'amour.

Une autre fois elle arrange son petit plan de ménage. C'est un logement propre et agréable, à un second ou troisième étage; une table frugale, mais saine; une mise simple, mais élégante; très peu d'amis, et de la classe mitoyenne; de fréquentes promenades l'été; des lectures pendant les soirées d'hiver; rarement au spectacle, il est cher à Paris, et la foule effraie les amours. Elle sait broder, tailler une robe, chiffonner un bonnet; elle fera à peu près tout elle-même; elle trouvera dans ses économies la dot qu'elle ne m'apporte pas.

Et tout cela est dit avec tant de candeur, semé de réflexions si justes, d'idées si ingénues et si piquantes à la fois! des expressions si flatteuses, un abandon si vrai, et toujours ce regard si modeste et si tendre! enfin, que sais-je moi ?..... Délicieuse créature!

Ah! je le sens, je l'aimerai toute ma vie.

Comment peut-on être inconstant!

L'amour est le délire du cœur : l'inconstance n'est que celui du cerveau.

Ce premier, dit-on, ne dure pas toujours : le second le remplace-t-il jamais?

Je conçois que le désir change d'objet; mais on n'aime qu'une fois, et quand c'est Angélique, que peut-on désirer après?

Le sentiment du bonheur perce et s'échappe malgré nous; il s'étend, il pénètre tout ce qui nous environne. Sa mère et sa sœur étaient heureuses déjà : je crois qu'en nous regardant, elles le sont davantage.

On n'a pas ses lettres quand on veut à Marome. J'en attendais de Paris, et chaque instant ajoutait à mon impatience. J'avais envoyé un homme à Rouen, et, en attendant son retour, nous étions tous rassemblés autour d'un bon feu. Elle s'était mise près de moi; nous chantions, et sa main répondait à la mienne. Mon coureur arrive avec deux paquets, l'un pour moi, l'autre pour madame Elliot. On se lève, on court, et on se retire chacun dans une embrasure de fenêtre.

Elle lisait par dessus l'épaule de sa mère, et cependant elle suivait tous mes mouvemens : c'est assez son habitude. Elle voyait le plaisir que j'éprouvais en lisant : elle eut la discrétion de ne pas m'interroger, et moi, la petite cruauté de ne lui rien dire.

Thibaut me mandait que mes ordres étaient

exécutés. Il en avait coûté un peu cher; mais tout était prêt, et le lendemain à midi, Antoine devait être à Marome. Demain, fille charmante, tu ne penseras plus à ton troisième étage, ni aux économies, ni aux privations... Tu n'auras pas de désirs qui ne soient satisfaits, car tu n'en auras que de raisonnables.

Dans ma lettre était celle que madame Elliot avait écrite à Thibaut. Qu'elle était flatteuse pour moi! « La candeur de son ame, disait-elle en fi-
« nissant, se peint dans tous ses traits. Ce sont
« moins des conseils que je vous demande, que
« le plaisir de vous voir confirmer l'opinion avan-
« tageuse que nous avons tous de lui. »

Je ne dis rien à madame Elliot de l'aimable trahison de Thibaut; mais je l'embrassai de tout mon cœur.

CHAPITRE XXIV.

Le grand étalage.

Il est des nuits dont on ne voit pas la fin. Celle-ci me parut longue... Ah!

Le jour vint.... il me semblait plus clair, la neige plus blanche, ma chambre plus gaie... C'est un reflet de bonheur qui brillantait tout cela.

Je cherchais, en m'habillant, à arranger les petits mensonges qu'il faudrait faire encore quand Antoine serait arrivé... Ah!... je me rappelai que je n'avais pas rendu compte de la lettre de la veille. « Bon ! elle sera du notaire ; il nous attend ce « soir, et il m'envoie une voiture. L'essieu sera « cassé en route ; il est donc indispensable de « marcher jusqu'à la poste du Bois-Guillaume »... Antoine dira tout cela.

Maison, meubles, jardins, heureux petit bois, gens, chevaux, équipages, garde-robe, bijoux, il faut que l'ensemble frappe l'œil, que tout séduise à la fois.

« Mais il est comme moi, cet Antoine : quand « il ment, il est d'un gauche !... Il se laissera pé-« nétrer... Diable, diable »!... Et je me gratais l'oreille, comme l'oncle du pays d'Auge, lorsqu'il attendait son bouvier.

Il fallait pourtant prendre un parti. Je me décidai à faire pour le mieux : c'est là ce qui s'appelle *raisonner*.

J'arrivai chez madame Elliot : « Éveillez-vous « donc, charmante espiègle, dis-je en grattant à « sa porte. — Ah, monsieur croit qu'on dort ? — « Vous avez passé une mauvaise nuit ? — Au con-« traire. — Et vous n'avez pas dormi plus que moi ? « — Laissez-moi donc mes secrets, homme exi-« geant. Ils sont à moi pour deux grands jours en-« core. — Oh, oui, deux jours bien longs. — « Voyons, mon ami, que me voulez-vous » ?

Je voulais d'abord ne pas causer par le trou de la serrure : cela n'est pas commode du tout. Je priai, je suppliai... Elle tira son cordon, la porte s'ouvrit, et, pour la première fois, je la contemplai dans son joli lit blanc, enveloppée jusqu'au menton, plus fraîche que le ruban rose qui attachait son bonnet.

Oh! l'enchanteresse, qu'elle était bien!... Si bien, que je n'osai passer le seuil de la porte... Tant pis pour qui me trouvera ridicule.

Je voulus commencer mes contes, mes mensonges, mes perfidies, comme on voudra, et je ne savais ce que je disais, car souvent elle riait aux éclats. Je m'arrêtais, je la regardais, et ce n'était pas le moyen de retrouver le fil de mes idées. Il faut en vérité être fou, pour s'imaginer conserver sa tête auprès de la plus jolie femme, et qui vous reçoit au lit. Je me dépitai contre moi-même, je tirai la porte, et je m'en allai comme j'étais venu, comme un sot, ou à peu près.

Elle n'en parut pas fâchée, lorsqu'elle descendit. La femme la plus sage aime assez à voir déraisonner l'homme qu'elle estime simplement... Et quand elle l'aime, donc!..

J'annonçai en déjeunant qu'il fallait être prêtes à midi. On m'interrogea : oh! je mentis alors avec des graces, avec une facilité... Elles étaient trois.

Il était onze heures et demie, et je ne voyais arriver personne. J'étais distrait, j'étais impatient, j'étais presque de mauvaise humeur. Cloué à une croisée, je ne répondais plus qu'à Angélique, et je lui répondais sans tourner la tête. Vinrent les plaisanteries, les niches même. Peines perdues que tout cela : j'étais inébranlable à mon poste.

Enfin mes yeux fatigués démêlent un individu ; je les fatigue davantage en cherchant à le reconnaître dans l'éloignement. Il approche, mais si lentement !... comme l'espérance au cœur d'un malheureux. Cependant.... Mais oui.... non.... si fait, si fait. Habit de ratine brune, veste rouge, bordée d'un petit galon d'or, culotte de velours noir, bas de soie gris, le gros bouquet, les gants blancs, la chaîne de montre qui tombe au milieu de la cuisse... C'est Antoine, c'est lui. Ah ! je respire.

Je ne l'attends pas. Je cours, je le joins, je lui fais la leçon... Le coquin ! Je le croyais un maladroit, et il me trompait moi-même.

Il la jugea au premier coup d'œil ; il la salua avec un air de la vieille cour ; il lui tourna un compliment très-passable ; enfin il arrangea sa fable avec une bonhomie à persuader les plus fins.

Il fallait déterminer ces dames à faire une demi-lieue à pied, par la gelée la plus belle, mais aussi la plus piquante. Elle aimait mieux marcher qu'attendre : sa mère et sa sœur n'étaient pas si pressées. Elle lève les difficultés ; elle apporte des coiffes, des pelisses ; elle enveloppe tout le monde, elle prend Adèle sous un bras, elle donne l'autre à madame Elliot ; elle cache son nez agaçant dans son mouchoir, et nous voilà en route.

Quel changement une heure va produire dans

tous les esprits ! moi-même je ne serai plus l'homme obscur, qui n'a dû qu'à lui le cœur de la séduisante fille. Puissé-je le garder au milieu de tout cela... Encore des inquiétudes !... Oh, oui, il est à moi ce cœur, et il est à moi sans retour.

L'impatience n'est pas un mal qui se gagne : madame Elliot n'avançait pas. « Mon cher Mont-
« fort, chargez-vous d'Adèle et de notre maman ;
« moi, je m'empare de mon Angélique. » Je la cache à peu près sous mon habit fourré ; je la soutiens, je l'entraîne, je l'enlève ; nous volons, nous arrivons à la grille.

Elle parut frappée des panneaux gris-de-lin, de la tournure fringante des chevaux, de l'élégance des harnais. Je le fus, moi, de trouver dans la cour une troisième voiture, sur laquelle je ne comptais pas. Antoine riait dans sa barbe... Le fripon !

Il nous fait monter le péristile, traverser une ou deux pièces. Il ouvre une porte, et deux personnes, que je n'ai pas le temps de reconnaître, me pressent dans leurs bras : c'étaient Thibaut et Jeanneton. « Quand on n'invite pas ses amis, me
« dirent-ils, ils ne s'en fâchent point ; mais ils
« arrivent. »

Elle regardait Jeanneton d'un air qui disait clairement : Pourquoi connaître une aussi jolie femme ? Pourquoi ne m'en avoir rien dit ? Pourquoi surtout cette familiarité ?... La jolie femme ne me paraissait plus si bien. Jeanneton pourtant est toujours la même : elle n'a perdu que dans mon cœur.

Jamais le plus léger nuage ne troublera le repos d'Angélique. Je la dissuadai, je lui fis un précis de l'intéressante histoire, et elle offrit son amitié à Jeanneton avec une franchise, une cordialité dont je lui sus bien bon gré.

Madame Elliot, Adèle, Montfort arrivèrent enfin. Je ne pouvais empêcher Thibaut de donner un moment à l'amitié... Mais j'abrégeai, j'abrégeai... et nous commençâmes à courir la maison.

Antoine, mon maréchal-des-logis, marche en avant. Il nous conduit à la salle à manger, ouvre un riche buffet, et demande à l'aimable fille si elle veut être servie en porcelaine, ou en vaisselle platte. Elle répond avec indifférence, que cela lui est égal. Antoine passe, nous le suivons.

Toutes les chambres sont propres, rangées, grand feu partout. Il indique à chacun son logement, et chacun se trouve fort bien. Madame Elliot demande simplement si c'est là que se fera la noce.

Nous entrons enfin dans sa chambre... Vous savez bien, la chambre à alcove? Un jardinier, deux cochers, un cuisinier, une jeune personne bien faite, paraissent aussitôt, lui offrent des bouquets, et lui demandent ses ordres... Ah ! elle commence à s'étonner.

La jeune personne l'invite à choisir ce qu'elle

mettra le soir. Trois armoires sont dégarnies en un clin d'œil. Les robes, les dentelles, les fleurs, les pierreries sont étalées sur le lit, sur l'ottomane, sur les fauteuils... Ici l'étonnement redouble, on m'interroge, on me presse...

Je ne réponds rien, mais je deviens acteur. Je prends la chaîne en diamans, je la lui présente, je l'attache; ses jolis doigts sont couverts d'or et de brillans ; mon portrait enfin est entre les mains d'Adèle... stupéfaction, enchantement sur toutes les figures... Un reste d'incertitude rembrunissait de temps en temps le tableau. « Mais, mon dieu, « où sommes-nous donc, me dit-elle enfin ? — « Vous êtes chez vous. — Quelle plaisanterie ! « Toutes ces richesses ?... — Sont les vôtres. — « Et ce superbe équipage ?... — Est à vous ; tout « est à vous, avec quarante mille livres de rente... « Je t'ai trompée, fille adorable, mais par excès « de délicatesse : j'ai voulu te devoir à moi seul. « Reçois l'hommage de ma reconnaissance, comme « tu as reçu celui de mon amour. »

L'extrême sensibilité est muette. Personne ne parla : je les entendais tous.

J'avais oublié Thibaut et Jeanneton; je n'avais pensé ni à une femme-de-chambre, ni à un cuisinier, ni à mille détails. Thibaut avait tout prévu... Il n'est pas amoureux.

On se mit à table. Je voulus que dès ce moment elle jouât le rôle de maîtresse de maison. Elle le remplit comme elle fait tout. La facilité, le sentiment, la saillie, les graces, rien ne lui est étranger, et jamais rien qu'à propos.

Pendant ce dîner, que la joie intérieure, l'amitié, l'amour embellissaient de concert, Justine préparait ce qu'il lui fallait pour paraître à Rouen avec un certain éclat. Antoine disposait, de son côté, ce qui m'était nécessaire : sans vanité, nos équipages demandaient de la toilette.

Montfort avait envoyé son domestique prendre chez madame Elliot ce qui manquait aux deux dames. Chacun s'enferma dans sa chambre. Je l'avais conduite à la sienne : j'aime tant à voir cette alcove !

Antoine s'était surpassé dans ma coiffure, dans le choix du frac et du gilet. « Encore une triche-
« rie, dit-elle, quand on se rassembla. Il a dédai-
« gné jusqu'ici de faire valoir ses agrémens per-
« sonnels... Le méchant ! il sait trop qu'il n'a pas
« besoin d'art. »

Je me regardai un moment.... Je fus presque de son avis. Je lui pris la main ; ses bagues me piquèrent ; je les ôtai toutes... « Le luxe pour les « autres, lui dis-je, la nature pour moi. »

Je levai moi-même les cadenas de l'élégant carrosse, et j'exigeai que la divinité du petit temple y entrât la première. Sa mère se plaça auprès d'elle ; Adèle et moi nous prîmes le devant. Montfort, Jeanneton et Thibaut montèrent dans l'autre carrosse.

Combien cette estimable famille paraissait satisfaite ; combien il est doux d'user ainsi des dons de la fortune !

Avant de procéder à la lecture du contrat, le notaire nous dit les choses les plus flatteuses, et ce qu'il disait n'était pas étudié... Je le crois bien, parbleu : j'avais avec moi les trois plus jolies femmes que j'aie vues de ma vie.

On se rangea, on s'assit, il lut. Les dix mille livres de douaire ne produisirent sur son visage aucune altération sensible. Mais les trois mille francs de pension à sa mère !... Elle ne tint pas contre ce dernier trait. Elle se leva, les bras ouverts, vint à moi, m'embrassa avec une tendresse !... des larmes coulaient sur ma joue.... C'était le premier baiser ; il me brûla. Ses pleurs, qu'arrachaient la piété filiale, me rafraîchirent et me calmèrent.

Je voulais les conduire au spectacle, faire préparer un souper et des lits à l'auberge. « Non, « non, dit-elle, en essuyant ses yeux, les plus « beaux yeux du monde, point de spectacle, « point d'auberge. Retournons au Bois-Guillaume ; « laisse-moi jouir de tes bienfaits. Que des étran- « gers ne gênent ni les expressions de mon amour, « ni la reconnaissance de ceux sur qui tu répands « le bonheur. Épuise pendant cette délicieuse « soirée tous les tributs que peut ambitionner « l'homme de bien. »

CHAPITRE XXV.

Elle est ma femme.

Non, non, point de détails... Vous savez tout, si vous savez aimer...

Point de détails, vous dis-je. Je ne trahirai pas les secrets de la pudeur.

CHAPITRE XXVI.

Le lendemain.

Les convives, les fâcheux sont partis. Il ne reste, avec les tendres époux, que de bons parens et deux vrais amis : on est tout à soi.

C'est l'heure du déjeuner, il est prêt. Justine vient nous avertir. Je lui ouvre, elle passe la robe du matin... Quel embarras, quelle rougeur à l'aspect de Justine ! Cette fille a déjà servi sans doute de nouvelles mariées : elle a l'air de ne s'apercevoir de rien.

Je donne la main à ma femme... à ma femme, entendez-vous ? et je la conduis au salon. Elle rougit encore en embrassant sa mère, Adèle et Montfort... Je la prends sur mes genoux, je tourne son joli visage contre mon sein ; je la cache à tout le monde, mes baisers effacent ceux qu'elle vient de recevoir, et elle rougit davantage : la modestie est le fard de la beauté.

C'est sur mes genoux qu'elle déjeune, c'est moi qui la sers, c'est elle qui veut me servir. Échange de soins, de prévenances, et peut-être accroissement de tendresse... Oh, non, cela ne se peut pas.

Rousseau a dit : Femmes, voulez-vous savoir si votre amant vous aime; examinez-le en sortant de vos bras... L'enchanteresse a lu Rousseau : elle me regarde, et elle paraît contente de moi.

Combien je le suis d'elle, de sa famille, de Jeanneton, même de mes gens ! Tout ce qui m'environne semble ne respirer que pour moi... Est-ce une sorte d'épidémie que la félicité, cela se communique-t-il ?

Jeanneton la prévient, la caresse; elle sait donc l'apprécier : c'est un mérite de plus.

Le bon Antoine est si gai, si affectueux ! Il est si empressé près d'elle, et en même temps si rempli d'égards ! Pas un mot qui n'annonce le respect, et qui n'exprime un sentiment.

Tous les cœurs volent au-devant d'elle; pourquoi n'en a-t-elle qu'un?... En eût-elle mille, je les lui demanderais tous.

« Qu'ai-je donc fait pour être aimée ainsi, me
« dit-elle ? — Que te répondre, femme accomplie ?
« L'affection est la seule chose qui ne se com-
« mande pas, et qu'on ne puisse te refuser. »

Après le déjeuner, Montfort propose une promenade à pied. On accepte, et chacun va prendre sa pelisse ou sa capotte. Jeanneton rit en sortant... Moi, je ne vois rien de plaisant à cela.

Je monte dans une chambre, je cherche certain déshabillé que j'avais dit à Antoine de tenir prêt; je ne le trouve pas. Je retourne tout; peine inutile. Je ne sais par quel hasard le gilet de satin vert et le pantalon chamois se présentent sur un fauteuil... Il me semble les avoir serrés.

Les mettrai-je? non, je ne veux pas les user... Mais où est donc ce chien d'Antoine? Je sonne, je l'appelle; pas d'Antoine, et le temps s'écoule... Je me décide; je passe le gilet vert, je chausse le pantalon chamois, l'habit fourré la-dessus, et je descends.

« Hé bien, où sont-ils donc? Madame est sortie, « répond Justine d'un air ingénu. — Comment, « madame est sortie! et sans moi! Le tour est pi- « quant. Et les autres? — Ils sont sortis ensemble. « — Et où sont-ils donc allés? — Dans les jar- « dins, je pense. » La rusée! Me voilà cherchant dans le parterre, dans le petit bois, dans la serre. Je m'agite, je me démène, je m'impatiente. Je rentre, j'ouvre les chambres, les armoires, en haut, en bas... personne, absolument personne. « C'est une niche, cela, disais-je en gagnant la « cour : vous me la paierez, espiègle. »

Je vois les chevaux à un carrosse, et mon ancien cocher sur le siège. « Que fais-tu là? — Je « vous attends. — Comment, tu m'attends! je « n'ai pas donné d'ordres. — Mais madame en a « donné. — Il est fort plaisant qu'on me fasse

« voyager sans que j'en sache rien. Et où pré-
« tends-tu me conduire ? — Madame m'a défendu
« de parler. — Et moi, je te l'ordonne. — Per-
« mettez-moi de vous désobéir pour cette fois
« seulement. Que le diable t'emporte. Pars donc,
« et ventre à terre : il y a une grande heure que
« je ne suis pas avec elle. »

« Ah, il prend la route de Marome. On dîne
« sans doute chez madame Elliot, ou chez Mont-
« fort. Le beau mystère ! C'était bien la peine de
« me délaisser pour cela ! » Je boudais... mais je
boudais tout de bon.

« Hé bien, cet étourdi ne va-t-il pas me verser !
« Je crois en vérité qu'il descend le revers de la
« grande route... Me voilà en plein champ : que
« veut dire tout ceci ? » Je tire le cordon pour
arrêter les chevaux ; le cordon vient à moi tout
entier, et nous courons toujours. Je veux baisser
les glaces ; les tresses, les glands, tout est ôté.
« Ah, ah ! madame a tout prévu. » J'essaie au
moins à enlever de dessus le verre la vapeur de
mon haleine : elle se reproduisait avant que je
pusse rien distinguer. « Allons, me voilà le pri-
« sonnier de madame : nous verrons ce qu'elle a
« ordonné de moi. »

Le traître de cocher arrête enfin, et vient en
riant m'ouvrir la portière. Je ne savais trop si je
devais me fâcher ou rire avec lui : il est plus
agréable de rire, et c'est le parti que je pris.

« La fin de tout ceci, voyons ? Tu me descends

« en rase campagne : que veux-tu que je fasse
« là ? » Il m'invite à faire le tour de la voiture, et
je me trouve au bord de la prairie inondée par
le ruisseau de Cailli, à l'endroit même où j'étais
descendu sur la glace, trois semaines auparavant.
Je lève les yeux... Le petit pâtre avec ses patins ;
plus loin le jeune homme au gilet rouge, et à
l'autre bout, tout au bout, les trois dames précisément à la même place; les mêmes robes, la
même attitude, et le même panier passé au bras
de madame Elliot.

« Elle ne craint pas que j'oublie jamais le jour
« précieux... Elle ne veut pas même me le rap-
« peler ; elle veut que nous le fêtions ensemble :
« ce sont les actions de graces du lendemain.

« Hé vite, vite, dis-je au petit pâtre, tes patins,
« mon ami, tes bienheureux patins. »

Une seule de ces dames suivait alors les mouvemens du jeune homme au gilet rouge ; la seconde ne voyait que moi ; l'attention de la troisième était partagée entre nous.

Point de carrés, point de *renommée*. La course,
rien que la course, et sur la ligne la plus droite.
J'arrive, je m'assieds à ses pieds, et je la remercie
de l'aimable surprise.

On n'avait pas oublié la moindre particularité.
Tout était là, jusqu'aux trois chaises. Le petit
pâtre se présenta : « Non, non, dit-elle ; aujour-
« d'hui j'ai quelqu'un à moi, et ses services me
« seront plus agréables que les tiens. »

Elle paya les patins du petit pâtre. Je ne lui demandai pas combien : c'eût été la forcer à me dire le prix qu'elle y attache. Ne le savais-je pas déjà ?

Jeanneton et Thibaut vinrent nous avertir que le dîner était prêt. Les fripons ! Angélique avait à peine trouvé la veille le moment de leur dire un mot, et c'étaient eux qui avaient tout arrangé.

Elle voulut coucher à Marome. Nous avions plus de commodités chez nous ; d'ailleurs je craignais d'incommoder madame Elliot, et je préférais retourner au Bois-Guillaume. « Cette petite « chambre, me dit-elle à l'oreille, cette petite « chambre qui te plaît tant, ce petit lit, témoin « discret de mes premiers soupirs, ne le seront- « ils pas aussi de mon bonheur ? »

CHAPITRE XXVII.

Départ pour Paris.

Bastien n'avait donné que huit jours à sa femme, et elle n'en voulait pas davantage. Elle se plait beaucoup avec nous ; cependant au Bois-Guillaume, il lui manquait quelque chose.

Le petit congé tirait à sa fin. Thibaut avait promis de la ramener : ils disposaient tout pour se remettre en route.

La fin de l'hiver approchait. Il est à Paris des plaisirs pour toutes les saisons. Je marquai quelque envie de faire jouir la charmante femme des deux mois qui restaient encore. Elle répondit que Paris, le Bois-Guillaume, une cabane, tout lui serait égal, pourvu qu'elle fût avec moi.

Nos amis me pressèrent. Ils firent valoir l'agrément de voyager ensemble, et je me déterminai.

J'ordonnai au jardinier, que j'établis concierge, de suivre en tout les instructions de Montfort. Je priai celui-ci de veiller sur cette partie de nos propriétés. Nous prîmes congé des lieux fortunés qui avaient vu naître et couronner nos amours, et nous partîmes.

Nous montâmes tous quatre dans mon ancien carrosse. Antoine, Justine et le cuisinier se mirent dans l'autre. L'équipage gris-de-lin menait madame Elliot, Adèle et Montfort, qui voulurent nous conduire jusqu'à Rouen.

L'officier de hussards mange habituellement à cette auberge. Il fut frappé d'abord de la somptuosité des équipages. Il le fut davantage de la tournure et des graces de ces dames. Il ne paraissait pas bien sûr que je fusse le même homme qu'il avait vu, voyageant à pied, avec le costume le plus modeste ; je le pense au moins, car il me parut froid. Peut-être me prit-il pour l'intendant.

Pour le désabuser, je le priai à souper. Je ne suis pas fâché qu'on me connaisse, quand le cœur n'y peut rien perdre. Je suis bien aise aussi qu'on sache combien je suis heureux. D'ailleurs, pendant qu'il parlera batailles à Thibaut et à Montfort, nous parlerons tendresse, et il n'y aura pas de temps perdu.

Il parut très-flatté de la proposition, et il accepta sans se faire prier. C'est un homme très-aimable, quand il en veut prendre la peine. Pas un mot de guerre, ni même de lui. Il entretient ces dames avec l'élégante facilité qui annonce une éducation distinguée. J'essayai de le remettre sur ses campagnes ; cela ne prit pas, et je m'en consolai : la nuit commence pour moi quand je veux.

Nous nous séparâmes, le lendemain matin, des bons parens. Des larmes roulaient dans tous les yeux. On les sécha, en se promettant de se revoir.

Nous arrêtâmes devant la chaumière des trois marmots : je lui avais conté leur histoire. Elle déposa aussi son offrande, et elle emporta sa part de leurs bénédictions.

Nous allions à très-petites journées. Quand on est ensemble, on n'est pas pressé d'arriver.

D'ailleurs nous avions le carrosse gris-de-lin, qui marchait à vide, et, sans y penser, nous y montions quelquefois. Il est des momens où on a besoin de se recueillir, de parler fermages, détails de maison... et d'autre chose aussi.

Nos amis souriaient quand nous les rejoignions... Elle rougit beaucoup moins, elle commence même à sourire aussi... On se fait à tout.

DEUXIÈME PARTIE.

CHAPITRE PREMIER.

Ce qu'elle pense de Paris.

Elle a été élevée à Marome, et elle n'a, d'un certain monde, que les idées qu'en donnent la lecture, un jugement droit, et beaucoup d'esprit naturel. Cependant Paris ne lui paraît pas une merveille. Elle jouit de tout sans s'étonner de rien. La raison en est simple.

Allons-nous voir la colonnade du Louvre? la vilaine église de Saint-Germain-l'Auxerrois semble plantée là exprès pour faire gémir sur le mauvais goût.

La mené-je aux Tuileries? il faut passer le marché serré et infect de la rue Traversière.

Aux Champs-Élisées? il faut s'asseoir, ou être coudoyé sans cesse.

Aux boulevards? la poussière vous aveugle, et vous êtes arrêté à chaque pas par des êtres, dont les infirmités dégoûtantes vous font retirer précipitamment la main qui les soulage.

Au Palais-Égalité ? une noble architecture, de très-belles boutiques; mais un jardin dégradé, des filles perdues, des agioteurs, des escrocs, des filous.

Au Muséum ? elle regrette que des jours détestables fassent briller les vernis, et empêchent de voir la peinture.

A l'Institut national ? des médecins dissertent devant des mécaniciens; des chimistes devant des peintres, et des mathématiciens parlent problêmes à des poëtes.

Au Conseil des cinq-cents ? son œil est blessé à l'aspect d'une carrière entassée sur des bases délicates. Entrons-nous dans la salle ? une heure passée au bas de l'escalier a fait naître l'impatience et même l'humeur. On a des cartes qui abrégent les préliminaires, et j'en aurais comme tant d'autres; mais je ne vois pas pourquoi j'entrerais d'autorité, parce que je connais tel représentant, lorsque l'homme qui me vaut à tous égards, attend ennuyeusement à la porte, parce qu'il n'est connu de personne.

Traversons-nous les plus beaux ponts ? la voie publique est obstruée par des étaleurs à six sous la pièce.

Dînons-nous chez un restaurateur ? nous sommes parfaitement servis, on ne nous donne rien que d'excellent ; mais nous faisons un dîner en six actes, si nous demandons six plats.

Allons-nous à Longchamp? elle ne conçoit pas qu'on passe deux heures à la file, uniquement pour se faire voir, et sans qu'on puisse avancer ni reculer, qu'autant que le trouvent bon ceux qui sont devant ou derrière.

A l'Opéra? elle tremble que les héros de la fable n'incendient ceux des sciences et des lettres.

A la Comédie-Française? on la cherche à deux ou trois théâtres : elle n'existe vraiment nulle part. C'est ainsi que le voyageur étonné admire encore quelques colonnes du temple de Palmire, et pleure sur celles que la barbarie et le temps ont couvertes de sable et de ronces.

Voulons-nous terminer la journée par le bal? les entrepreneurs distribuent des billets à des filles qui occupent le parquet, et la femme qui se respecte craindrait, en dansant, les méprises de l'homme qui ne respecte rien.

Son cocher veut-il nous ramener par le chemin le plus court? il prend ou par la rue de la Huchette, ou par Saint-Jacques-du-Haut-Pas, ou par la rue de la Tixeranderie, ou par la rue Maubuée, ou par celles du Renard, du Pet-au-Diable, du Cœur-Volant, ou par celle des Boucheries, dont le ruisseau roule sans cesse un sang noir et épais, où vous entendez assommer un bœuf à droite, où vous voyez dépecer un agneau à gauche, où vous passez à côté d'hommes dont les bras nus, les mains et le visage rougis, attestent la profession meurtrière.

Voit-elle ce qu'on appelle *la bonne société?* des hommes estimables, quelques femmes intéressantes; mais des repas splendides sans gaîté; des jeunes gens qui ne savent pas se présenter dans un cercle; qui saluent du menton, et qui ne connaissent de la langue que vingt ou trente mots qu'ils placent à tort et à travers; qui mènent l'amour à peu près comme les grenadiers de l'ancien régime, et dont les bottes noircissent une robe, par soirée, à celle qui est assez bonne pour écouter des sornettes.

Des madame Miroton, qui croient se cacher sous un amas de soieries, de dentelles et de bijous, et qu'on devine au simple geste, au premier mot.

La conversation la plus plate, parce que les gens de mérite dédaignent de parler et même de répondre à ces dames Miroton, qui sont pourtant très-considérées de quelques individus, qui comptent emprunter de l'argent à leurs maris.

Enfin la bouillotte, qui dispense de penser. On remue des cartes jusqu'à satiété; on se retire à minuit, le cœur, la tête, et quelquefois la bourse vides, et on prétend s'être amusé.

Le moyen, dit-elle, de s'étonner et d'admirer? De l'or pur de tous les côtés; mais il faut le démêler de la fange, et c'est un travail fatigant.

CHAPITRE II.

Ses amis.

Elle se prête cependant à tout. Elle est persuadée qu'il est plus aisé de se plier aux travers communs que de les corriger.

D'ailleurs nous sommes toujours ensemble, et nous trouvons partout un remède contre l'ennui et le dégoût.

Elle s'occupe à se faire une société peu nombreuse, mais choisie. Elle observe, elle examine, elle juge. Les avances qu'on lui fait sans cesse, les éloges prodigués, même par les femmes, ne sont pas des titres à son intimité.

Cette extrême prudence lui donnerait peut-être un ridicule, si la plus jolie, la plus aimable, et peut-être la plus sensée pouvait jamais avoir tort.

Bastien a fermé sa boutique; il fait le commerce en gros. Jeanneton est moins occupée, et tous les matins elle déjeune avec nous. C'est l'heure de la confiance, de la franchise et de la gaîté.

Thibaut vient aussi souvent nous demander à dîner. Assez communément il reste jusqu'à la nuit, et je ne m'en plains pas. L'amour aime à se reposer au sein de l'amitié. Il est même bon d'oublier un moment son cœur; on le retrouve avec plus de plaisir.

Il sent renaître une forte envie de mariage.

Rien n'est séduisant comme l'aspect du bonheur...
Pauvre Thibaut ! il n'a pu obtenir Jeanneton, et
il n'est qu'une Angélique.

Il nous a fait connaître madame Denneterre.
Elle passait pour la plus jolie femme de Paris,
avant que nous y fussions. Elle a un mari qui ne
s'occupe que de ses affaires, qui la néglige, et
elle s'en dédommage en se livrant à tous les
plaisirs avoués par la décence. Elle tient une excellente maison, et elle en fait seule les honneurs.
Monsieur Denneterre passe du cabinet à table,
et de la table au cabinet. On joue la comédie, on
danse chez lui ou à sa campagne ; il ne s'en inquiète pas. Il ne compte jamais avec sa femme,
et il ne lui refuse rien. Elle est, dit-elle en plaisantant, la veuve la plus heureuse de France.

Son caractère enjoué, sa tournure d'esprit, ont
beaucoup de rapports avec la manière d'être de
la femme charmante ; aussi se sont-elles liées dès le
premier moment. Elle efface cependant madame
Denneterre ; mais elle a l'art de se faire pardonner
sa supériorité.

On rencontre dans cette maison la simplicité et
l'importance, la frivolité et la raison, les graces
modestes et la coquetterie, des qualités, des ridicules, des vertus, et peut-être des vices. Voyez
six mois madame Denneterre, et vous connaîtrez
le monde.

On y trouve ordinairement une petite blonde,
étourdie par principes, prodigue par faiblesse,

inconséquente dans ses discours. Elle a toujours à sa suite trois ou quatre de ces petits messieurs qui peuvent plaire pendant une décade à des femmes à fantaisies. Tous les hommes la recherchent, et personne n'a l'air de l'estimer. Madame Dercourt enfin a beaucoup trop de célébrité.

Elle prévient Angélique en tout. Elle lui offre sa loge aux Italiens; elle l'invite à ses concerts; elle propose des soupers. Angélique embarrassée, sent que cette femme ne lui convient pas; elle me jette un coup d'œil, et je me garde bien de répondre pour elle. Dicter le devoir à son épouse, n'est-ce pas lui ôter la satisfaction de le remplir?

La contrainte et l'amour n'habitent pas ensemble. L'amant et l'époux s'évanouissent, dès que le maître paraît.

Non, jamais je ne serai le tien, jamais même de représentations, de conseils. Je ne te montrerai que l'amant, toujours empressé de te plaire. Je me repose du reste sur ta prudence et sur ton cœur.

Pauvre enfant! elle a tant de peine à trouver une réponse évasive! Elle est si contente quand elle a pu se soustraire à quelque nouvelle importunité!... Comment, avec de l'esprit, madame Dercourt ne voit-elle pas que nous évitons des relations trop directes?... C'est donc de l'opiniâtreté?

Madame Denneterre prétend, quand nous sommes entre nous, que la petite blonde a des vues sur moi. Je crois plutôt qu'elle serait bien aise de se montrer en public avec une femme estimable, et de parer de l'honneur d'Angélique une réputation équivoque.

Avoir des vues!... Cela serait d'une présomption, d'une impertinence!... Il n'est pour moi qu'une femme au monde. Que les autres se rendent justice, et que la plus fière se contente du second rang.

CHAPITRE III.

Les petites fêtes.

Thibaut ne veut pas user du privilège des garçons. Il n'entend pas voir toujours ses amis chez eux; il prétend les traiter à son tour, et il traite somptueusement.

Il voulait nous rassembler tous; mais les détails qu'exige cette fête lui sont à peu près étrangers, et il s'en effrayait sérieusement. « Charge-« t'en, ma bonne amie, dis-je à l'enchanteresse », et la voilà qui range le menu, qui distribue les lustres, les candelabres, qui monte le buffet, qui place l'orchestre, qui fait la liste des gens à inviter, et tout cela en dînant chez nous, sur une feuille de papier que je tenais sur le revers d'une assiette transformée en pupitre; de l'encre dans une salière, et la plume passée dans son chignon pendant qu'elle réfléchit.

C'est son chignon, c'est le sien. Elle ne veut pas de ces perruques plates et écourtées, qui rappellent la coiffure des vicaires de village. Elle soutient que ses cheveux sont faits pour son visage, son visage pour ses cheveux, qu'une nuance de plus ou de moins détruit l'harmonie, et elle a raison.

Revenons. Elle en était à la liste des convives; elle avait écrit quelqu'un qu'elle effaça avec vivacité : c'était madame Dercourt. Elle déchira sa liste, se disposa à en recommencer une autre, et pria Thibaut de dicter. Il va chez la petite blonde, il la nomma avec vingt autres : elle fut donc invitée.

Rien de mieux ordonné que la fête de Thibaut. Rien de plus gai, à quelques incidens près : c'est elle qui avait tout fait. Les femmes ont une délicatesse, un tact que nous admirons, nous autres hommes, quand nous sommes de bonne foi; mais dont nous n'approchons jamais.

Je dansais avec elle, et cela paraissait un peu extraordinaire. On danse avec sa maîtresse, et on ne danserait pas avec sa femme! En quoi d'ailleurs ai-je blessé le préjugé barbare? Ne suis-je pas toujours son amant?

Je crois que je me répète un peu; mais quand l'amour remplit le cœur, son nom vient toujours à la bouche.

Elle a aussi le bon esprit de ne pas rougir de sa tendresse, et elle ne cherche pas même à la dissimuler. Elle est partout la même avec moi... autant que les bienséances le permettent.

Nous dansions donc ensemble, et la petite blonde vint m'engager pendant un moment de repos. « Ce n'est pas l'usage, dit-elle ; mais je dois « ce service à la société. Vous vous emparez ex- « clusivement de madame : vous ignorez donc « qu'une jolie femme est une pièce d'or qui est « faite pour circuler ? — Entre les mains d'un pro- « digue, reprit ma danseuse en riant. Je le con- « nais ; c'est un avare, il veut garder son trésor. « — Hé bien, madame, je me saisis du vôtre, et « je n'imagine pas que monsieur me refuse. » Que répliquer à cela ? Une profonde inclination, et je finis ma contre-danse.

Madame Dercourt vint me prendre. « Jusqu'à « quand, dit-elle, serez-vous amoureux de votre « femme ? — Jusqu'à ce que j'en rencontre une « aussi aimable et aussi aimante. — Sans doute, « monsieur, cela ne se peut pas. — Ce que vous « dites en plaisantant, madame, moi, j'en suis « convaincu, et si c'était une erreur, personne ne « gagnerait à la détruire. »

Elle ne dit plus un mot ; elle dansa d'un air distrait, et je la remis respectueusement à sa place.

Je crois que je me suis exprimé un peu crûment. Mais il est bien extraordinaire qu'on veuille se déclarer la rivale d'Angélique, comme si elle pouvait en avoir jamais... Oh, je n'entends pas raison là-dessus.

Cette femme d'ailleurs est assez bien pour donner des inquiétudes, et je ne me consolerais pas d'en avoir fait naître. « Oh, je romprai avec « elle, dis-je à madame Denneterre. — Pourquoi « rompre, pourquoi brusquer? Il faut qu'une « femme soit bien raisonnable ou bien modeste « pour rechercher long-temps la vôtre. La plupart « de celles-ci s'en éloigneront volontiers. Soyez « froid, seulement, et on ne fera plus d'attention « ni à elle, ni à vous.

« Ce pauvre globe est un mélange de bien et « de mal : il faut donc vivre avec tout le monde. « On n'arrache pas un rosier, parce qu'on s'y « pique quelquefois. — Tout cela est fort bien, « mais je rendrai ces fêtes, et bien certainement « elle n'y sera point. Ce sera clair, je l'espère. « Cela voudra dire : Vous me faites bien de « l'honneur; mais, de grace, laissez-moi tran- « quille.

« Vous auriez tort, reprit madame Denneterre, « de ne pas la ménager : son mari est un de nos « premiers magistrats. — Eh, que m'importe, à « moi? L'ai-je élu pour me protéger ou me nuire? « Je respecte, j'observe les lois, et je ne crains « personne.

« Quel est d'ailleurs l'homme raisonnable qui « se fâche parce qu'on lui laisse sa femme? c'est « tout ce qu'il pourrait faire si on voulait la lui « ravir.

« Tenez, tenez, voyez-vous Angélique seule

« au milieu de ceux qui l'environnent, sourde aux
« choses flatteuses qu'on lui adresse sans doute ?
« La voyez-vous rêveuse et pensive ? Je vais la
« rendre à elle-même. Retirons-nous, ma chère
« amie. J'ai fait danser madame Denneterre ; j'ai
« dansé avec toi : je n'ai plus rien à faire ici. »

Ah !... son œil se ranime, le sourire reparaît
sur ses lèvres, sa jolie main presse la mienne.
« Enfant que tu es, ne me fais donc pas de ces
« injustices-là. — Ah, si un homme aimable me
« faisait la cour !... — Je le plaindrais, et je ne
« le craindrais point. — Tu le crois ! »

CHAPITRE IV.

Une reconnaissance.

Un billet de madame Denneterre. Son beau-
frère est arrivé ; elle nous attend à souper. Il n'y
aura que nous et Thibaut. Tant mieux ; je ne
craindrai pas les railleurs, et je reviendrai l'aimer
ici quand bon me semblera.

Quel est donc ce beau-frère, dont on ne nous
a pas parlé jusqu'ici ? Sans doute encore un
homme de cabinet, qui vient, du fond de quelque département, parler d'affaires à l'infatigable
mari. Si ces gens-là ne sont point aimables, au
moins ne sont-ils pas importuns.

Justine lui fait une demi-toilette. Le cocher touche, nous arrivons. On nous présente le beau-
frère... C'est l'officier de hussards avec qui nous

avons soupé à Rouen... Il m'embrasse... Ah, c'est pour arriver à Angélique. Précisément, il l'embrasse aussi... Cela n'était pas nécessaire... Allons, allons, la circonstance le permet; il a bien fait d'en profiter.

Nous sommes tous trois surpris et flattés de nous revoir. Nous ne savions pas son nom; il ignorait le mien. Il croyait souper avec quelques amis de son frère qu'il ne connaissait pas encore, et il s'applaudit de nous avoir retrouvés.

Il commandait un détachement à Rouen. Son régiment vient en garnison à Paris, et il se propose d'avoir l'*honneur* de nous voir souvent. Je l'y engage très-fort. Le frère de madame Denneterre est notre ami de droit.

Il trouve Angélique charmante; il le lui dit, il le lui prouve par les attentions, par les procédés les plus délicats... Hé bien, tant mieux: l'hommage rendu à ma femme en est un à mon discernement, à mon heureuse fortune.

Il n'est encore que capitaine. Je connais quelqu'un au Luxembourg (1); je verrai à obtenir un régiment. On le lui doit : il a du mérite, il est instruit, et il est du petit nombre des officiers qui prouvent qu'on peut très-bien servir son pays, et n'être pas un ours.

Nous étions à peine à table, que madame Dercourt entra avec un empressement, un air folâtre, un ton caressant, un abandon.... Elle avait appris

---

(1) Le directoire y était établi.

au spectacle l'arrivée de Denneterre, et elle eût été *inconsolable* de ne pas le voir à l'instant. Je crois que cette femme-là aime tout le monde.

Il y a huit jours qu'elle n'a rencontré son mari, et elle en convient avec une aisance... mais elle le cherchera, elle le pressera, l'excèdera ; il n'aura pas un moment de relâche qu'il n'ait signé l'avancement de Denneterre... Je la trouverai donc toujours dans mon chemin ! Elle va m'ôter à présent le plaisir d'être utile. Il y a de cruelles gens !

On l'engage à souper par honnêteté, et elle accepte par goût. Ah ! mon dieu, il y a une place auprès de moi, elle va la prendre. Non, non, elle fait déranger tout le monde, elle s'assied auprès de l'officier, et elle me boude, moi. C'est, depuis que je la connais, la première fois que je n'ai pas à me plaindre d'elle.

Ah ! la conversation s'engage entre eux ; on se parle à voix basse, les physionomies s'animent... Denneterre ne serait-il pas ce que je l'ai cru ? Qu'elle le serve, si cela est ; il ne m'intéresse plus.

Il faut savoir placer ses services : les prodiguer, c'est faiblesse.

Je me suis trop avancé avec ce jeune homme. L'ami de madame Dercourt sera difficilement le mien... Mais n'est-ce pas là de l'originalité ? Hé, qu'importe ? l'original d'aujourd'hui est ce qu'on appelait autrefois un *honnête homme*.

J'ai travaillé vingt ans à acquérir ce titre respectable; je ne le sacrifierai point à l'usage... On me fuira... hé, qu'y perdrai-je? n'ai-je pas Angélique et mon estime? que me faut-il avec cela?

Mais voilà du rigorisme. Faut-il fronder ouvertement ce qui blesse nos goûts, ce qui n'est pas dans nos habitudes? faut-il s'ériger en réformateur?

J'étais plus indulgent autrefois; je le crois, au moins. Est-ce parce que je n'avais à répondre que de moi? Le dépôt précieux que m'a confié madame Elliot m'inspirerait-il des alarmes? craindrais-je enfin la contagion de l'exemple? La femme charmante saura s'en garantir. La sensitive ne se ferme-t-elle pas quand une main indiscrète l'approche?

CHAPITRE V.

Un grain de Jalousie

Monsieur Denneterre est un homme de parole. Il est venu hier, aujourd'hui; il viendra sans doute demain. Il est insinuant avec moi; il cherche à se rendre intéressant auprès d'elle... Peut-être aussi rêvai-je tout cela.

Un jeune homme veut paraître aimable; c'est naturel. Celui-ci d'ailleurs est respectueux... Est-ce bien tant mieux? Ce respect-là peut n'être que de l'adresse.

Ah! il vient nous demander à dîner. Il est sans

façons, le monsieur... Allons, ne l'ai-je pas moi-même engagé à nous voir? Je crois que je deviens humoriste, grondeur. Prenons bien garde à cela : comment vouloir être aimé encore, quand on ne se donne plus la peine de plaire?

Il se met à table auprès d'elle, il ne parle à peu près qu'à elle, et elle répond... Eh! ne faut-il pas qu'elle réponde? Peut-elle lui dire : Laissez-moi, vous m'excédez?

Je ne sais rien cacher de ce qui se passe en moi; j'ai dans les traits une mobilité qui me décèle : l'aimable femme ne s'y trompe pas. Elle me marche sur le pied... oui, j'entends. Voilà l'homme que je dois plaindre, et non redouter... Mais pourquoi cette assiduité? T'ai-je épousée pour qu'on t'obsède et moi aussi?

Ce sont les yeux qui disent tout cela. Une larme furtive s'échappe des siens. Je me lève, je l'essuie, je l'embrasse, le raccommodement est fait, et le fâcheux nous regarde d'un air étonné. Il ne nous entend pas : nous parlons une langue étrangère.

Il a le bon esprit de se retirer, et certes je ne le retiens pas : une larme a coulé, et c'est lui qui en est cause. Oh! je le haïrais, si je pouvais haïr.

Cette larme pèse sur mon cœur; elle le froisse... je ne peux l'en arracher.

Elle voit que je souffre de sa peine, elle s'efforce de paraître gaie; elle est l'offensée, et c'est elle qui caresse... N'avais-tu pas assez de qualités?

9.

Fallait-il que je fusse injuste, pour t'en découvrir une de plus?

Non, je ne suis pas atteint de ce mal funeste qui crée des fantômes, qui tourmente, qui persécute l'objet aimé, qui se nourrit de ses propres fureurs. Je suis jaloux de ton regard, de ton haleine, du son dont tu frappes l'air ; je suis un amant passionné, qui t'estime, qui t'honore, mais qui craint de perdre une parcelle du bonheur dont tu l'enivres.

« Pardonne-moi de te tant aimer... Ton œil exprime de la reconnaissance. De la reconnaissance à moi !... Laissons tout cela, montons en voiture, et allons aux Italiens ; ils donnent ta pièce favorite : tu as besoin de te dissiper. »

Nous prenons une loge ; celle de madame Dercourt est en face de la nôtre ; Denneterre y est avec elle. Est-il ou fut-il son amant?.. Je voudrais n'avoir pas l'air de les voir... Ils saluent Angélique ; il faut que je les salue aussi... Saluer ceux qu'on ne peut estimer !...

Qu'est-ce que tout cela en effet ? Un Dercourt qui ferme les yeux sur les écarts de sa femme ; un jeune homme qui met sa gloire à les multiplier ; une sœur dont la maison est un bureau d'intrigues, et qui n'en rougit pas ! On n'arrache pas un rosier, parce qu'on s'y pique quelquefois ; mais si la piqûre peut être vénéneuse ?...

Madame Dercourt et Denneterre se parlent

confidemment; ils nous regardent de temps en temps, et se cachent quelquefois dans leur mouchoir, pour rire, sans doute. Je leur parais un être bien bizarre... Ah! cela doit être : ce n'est que par mes habits que je ressemble aux gens du bon ton. Elle est avec moi celle qui dédommage de tout; riez, vous autres, moi je sens.

Thibaut frappe à notre loge; il est pâle, défait; il m'effraie. Je sors avec lui, et il m'apprend qu'une faillite inattendue lui fait perdre la moitié de son bien. Il ne désespère pas cependant de sauver quelque chose; mais il faut aller à Bordeaux, et il est venu chez moi me demander ma chaise de poste. Je le conduis au café; je lui fais prendre des spiritueux, et je le remets chez lui.

Je reviens prendre Angélique, et je trouve Denneterre avec elle... Pourquoi choisir précisément le moment de mon absence? qu'a-t-il de particulier à lui dire? Cette idée m'agite, me tourmente; mais je me possède, et mon dépit n'éclatera point. Le souvenir de cette larme est mon préservatif.

CHAPITRE VI.

Je pars pour Bordeaux.

Il y a quatre jours que Thibaut est parti; il devait m'écrire en route, et je ne reçois pas de ses nouvelles. J'en ai besoin cependant; l'amitié, je commence à le croire, est le seul sentiment étranger aux inquiétudes, aux chagrins : il se fortifie de ce que perdent les autres.

Des chagrins? je n'en ai pas, je n'en aurai jamais.. Mes inquiétudes sont déraisonnables, je le sens... Eh, qu'ont de commun la raison et l'amour? Je l'adore, et tout est expliqué.

La sotte ville que Paris, dans certaines circonstances! Je donnerais la moitié de ma fortune pour être resté au Bois-Gillaume.

Si j'y retournais... Y retourner avant le printemps, ce serait lui marquer une défiance injurieuse, une défiance que je n'ai pas. Je peux craindre ce qui l'entoure ; mais elle !

Cet homme oserait-il dire ce qu'elle ne doit pas entendre? Écouterait-elle rien qui pût la blesser?... Elle en est incapable.

Je ne peux me le dissimuler, je suis jaloux. Cent fois je me suis élevé contre cette frénésie, qui agrave tout, et qui ne remédie à rien, et j'en suis atteint à mon tour, et pourquoi?......
Si du moins je pouvais me le dire. Que jamais, non jamais une seconde larme n'ajoute au poids dont me charge la première !

Souvent, au sein des nuits les plus heureuses, dans ces momens où on parle sans penser, où on répond sans avoir entendu, je deviens maître de moi, j'écoute, et c'est mon nom que je recueille sur ses lèvres, c'est mon image que je trouve dans son cœur. Je me repens, je m'accuse, je me condamne... Denneterre paraît, il s'approche, mon sang bouillonne, et je sors précipitamment. Cette larme... oh! cette larme!...

Ah! une lettre timbrée de Bordeaux... Ce n'est pas l'écriture de Thibaut. C'est le maître de son auberge qui m'écrit... Bon dieu! son postillon l'a versé en entrant dans la ville, il s'est cassé le bras droit, il ne peut finir ses affaires; il aurait besoin pendant quelques jours d'un homme de confiance... Non, non, je n'irai pas. Qui sait l'effet que peuvent produire sur une femme de vingt ans les suggestions adroites, les insinuations perfides!... Denneterre, madame Dercourt!... Je suis aimé de l'une, l'autre prétend à plaire; ils ont intérêt à traverser mon bonheur. Non! je ne partirai pas.

Mais abandonner Thibaut malade, l'abandonner au moment où ses affaires sont dérangées, lui donner à penser que je n'étais l'ami que de sa fortune! je ne peux m'y résoudre.

Elle partira avec moi; j'ai le prétexte le plus plausible. Elle ne connaît pas Bordeaux, et c'est une ville à voir... Cent lieues en poste, par le temps rigoureux qu'il fait encore! au commencement d'une grossesse!... Ce projet est d'un jaloux, il est insensé et barbare. Elle restera... Mais la laisser!.

Je vais écrire à madame Elliot. Je la prierai de venir pendant mon absence, de veiller sur sa fille, dont l'état exige des soins... Des précautions injurieuses ! Les a-t-elles méritées ? me flatté-je qu'elle n'en pénètre pas le but ? et cette larme, cette larme !... l'ai-je donc oubliée ?

Antoine me sert depuis quinze ans, il a toute ma confiance; il m'est sincèrement attaché; si je le chargeais d'observer, de suivre... La compromettre avec ses gens, l'outrager bassement ! Non, je ne descendrai pas à ce degré d'avilissement... Mais la laisser !

Eh ! malheureux, sois donc homme un moment. Elle ne vit, elle ne respire que pour toi; que t'importe qu'un autre l'aime ? As-tu cru que la femme la plus accomplie ne plairait jamais qu'à toi, et ne peut-on l'aimer, sans chercher à te ravir son cœur ? Madame Dercourt elle-même s'est-elle expliquée assez clairement pour justifier tes soupçons présomptueux ? Tu te dis honnête homme, et tu supposes le crime; tu prends tes présomptions pour des preuves ; tu dégrades des êtres faibles peut-être, mais qui ne t'ont pas donné encore le droit de les mépriser.

Elle restera, elle restera seule, maîtresse absolue de sa conduite. Elle sait que je suis jaloux, elle ne peut l'ignorer; elle verra du moins que je rougis de mes alarmes, que je veux m'en punir, ou plutôt elle sentira qu'elle n'a rien perdu de ma confiance, et que si je ne peux pas toujours me vaincre, je sais toujours la respecter.

Je lui montre la lettre de Bordeaux; je lui parle,

avec une tristesse profondément sentie, de la nécessité de partir ; je lui déclare avec calme l'intention où je suis de la laisser à Paris.

Elle m'observe attentivement ; elle me tient la main, un de ses doigts est sur l'artère... Mon pouls est tranquille, elle se jette dans mes bras.

Elle me promet de m'écrire tous les jours, et elle ne me demande qu'un mot, un seul mot : j'aime toujours mon Angélique.

Je te l'écrirai ce mot, et j'en ajouterai un second : je t'estime comme je t'aime.

Elle aide à Antoine à arranger une valise ; elle prévoit ce qui peut m'être utile ou agréable. Antoine s'apprête à monter en voiture avec moi, je l'ai voulu ainsi. Mon cœur se serre, j'entends les pas des chevaux ; ils sont sous la porte. L'aimable femme m'embrasse en pleurant... Oh ! je laisse couler celles-ci ; je ne me les reproche pas : elles soulagent son cœur.

Je m'échappe de ses bras, je m'élance ; les chevaux partent... Ils n'ont pas fait vingt pas, et j'ai la tête à la portière. Elle est à la même place, ses bras élevés semblent invoquer le ciel... Je fais arrêter, je descends, je retourne... oh ! non, je ne suis plus jaloux. Sa candeur ingénue, ses caresses naïves me rendent à moi-même.

« Partons ensemble, me dit-elle. — Je le désire
« autant que toi ; mais ton état... — Mais ta tran-
« quillité » !... Et ses larmes redoublent. Oh !

celles-ci, c'est bien moi qui les arrache; mais je ne m'y rendrai pas. C'est pour moi qu'elle veut partir: il faut qu'elle sache que je peux être loin d'elle, sans éprouver de tourment que celui de l'absence.

Le dernier adieu est dit, je suis remonté, j'ai levé les glaces, et je ne les baisserai plus: si je la regardais encore, je ne partirais pas... Ah! Thibaut, tes services sont payés au centuple!

CHAPITRE VII.

Voyage. Ennuis. Consolations.

Antoine est vraiment un homme de bonne société: il ne parle que quand on a l'air de vouloir lui répondre. « Hé bien, Antoine? — Hé bien, « monsieur »? Voilà tout ce que nous dîmes de Paris à Orléans.

En récompense, il chantait d'une voix chévrotante tous les vieux airs qu'il croyait propres à m'égayer, et il se dédommageait, dans les auberges, de l'espèce de contrainte où je le tenais dans la voiture. A la vérité, il m'en coûtait quelque chose de plus, car avant que je fusse servi, on savait, depuis le maître jusqu'au dernier marmiton, que j'ai quarante mille livres de rente, une femme adorable, un ami qui s'est cassé le bras, etc., etc. Mais je ne pouvais raisonnablement exiger qu'il se tût de Paris à Bordeaux, et puisqu'on voulait bien l'interroger et lui répondre à la cuisine, il était naturel qu'il y parlât.

Nous courions jour et nuit, et à mesure que je m'éloignais, j'oubliais ce qui m'avait tant inquiété. Ses qualités, ses charmes, son dernier mot, son dernier baiser, voilà tout ce qui m'était présent, voilà ce que j'emportais. L'absence et la mort se ressemblent à certains égards. La reconnaissance couvre de fleurs la tombe de l'objet qu'on regrette; le souvenir de quelques désagrémens passagers se dissipe et s'évanouit. C'est ainsi qu'au fort de l'hiver on se rappelle le soleil d'été : on oublie qu'il produit des orages.

J'avais pris mon grand porte-feuille de maroquin noir, et je lui écrivais sur mes genoux. Souvent le mouvement de la voiture dérangeait la plume et le papier; je m'impatientais, mais j'écrivais toujours. Ce n'est pas assez de penser à elle, il faut aussi lui parler.

J'avais un paquet énorme et à peu près indéchiffrable lorsque nous entrâmes à Tours. Cependant je le mis religieusement à la poste. Ce qu'elle m'inspire lui appartient : en retrancher une ligne, ce serait lui faire un larcin.

Nous arrivâmes enfin à Bordeaux. Je trouvai mon pauvre Thibaut bien malade, bien triste, abandonné à une garde qui mesurait ses soins sur son salaire. Il se crut chez lui lorsque je fus à son chevet, et il oublia ses douleurs, pour ne sentir que le sacrifice que je faisais à l'amitié.

Il me parla de ses affaires. Elles étaient embrouillées, par conséquent difficiles à terminer. Mon séjour à Bordeaux pouvait être long. Je soupirai; il m'entendit, et n'en fut point offensé. Il sait aussi que je ne suis bien qu'avec elle. C'est le lierre qui veut vivre et mourir avec le jeune ormeau auquel il s'est attaché. Une main barbare le transplante; il languit, il se dessèche.

Pendant que je cours chez son débiteur, chez les avoués, Antoine me remplace à côté du lit du malade. Il lui lit les journaux, il lui fait des contes, il le fait rire quelquefois. De l'ennui de moins, des amis de plus, cela hâte une convalescence.

Et moi, j'agis, je sollicite, je presse, je prévois les obstacles; j'applanis les difficultés; je travaille jour et nuit, et je recevrai un double prix de mon zèle: Thibaut ne perdra que peu de chose, et je la reverrai quelques jours plutôt.

Ah, le facteur!... Je cours au-devant de lui, je prends, je retourne ses lettres... La voici celle que j'attends. J'ai reconnu l'écriture de l'enchanteresse. Je brise le cachet... C'est le cœur le plus pur qui s'épanche, qui parle, qui répond au mien. Ces caractères nous rapprochent; il n'est plus d'espace entre nous, il n'y a que des privations.

Hé, n'est-ce rien que la certitude de les voir

cesser? Les services rendus à Thibaut n'en adoucissent-ils pas l'amertume?

J'écris à mon tour; ma plume court, et je suis étonné d'avoir rempli la quatrième page. Je prends une seconde feuille; j'en aurais pris une troisième, si notre avoué ne fût entré... Adieu, femme charmante, je te quitte pour parler chicane... Oh, c'est bien te quitter !

Tous les jours une lettre, tous les jours une réponse. Je n'en reçois pas qui ne me rappelle notre séparation; je n'en lis point qui ne me console.

Thibaut est bien, et commence à se lever. Il sortira dans quelques jours. Ses affaires s'arrangent. Son débiteur consent à transiger à soixante-quinze pour cent. Tout peut être fini dans la huitaine. Je ne resterai pas un jour, une heure, une minute de plus. Le temps perdu pour le bonheur ne se retrouve jamais.

Voilà l'heure de la poste, et le facteur ne paraît pas. Point de lettre aujourd'hui ! Que la journée sera longue ! et la paresseuse y gagnera : je passerai à lui écrire le temps où je l'aurais lue.

Méchante ! tu as pu être vingt-quatre heures sans m'écrire ! Se seraient-elles écoulées sans que tu aies pensé à moi? Non, non, cela ne se peut pas, ou il n'y aurait plus de sympathie. Quoi qu'il en soit, je ne me plaindrai point. Exiger d'elle quelque chose ! jamais. Hé, qu'y gagnerais-je ? C'est à son cœur à lui faire prendre la plume : la complaisance, les procédés, ne ressemblent jamais à celui-là... Toujours extrêmes, exigeans, voilà les maris, et il faut que les femmes se soumettent à cela !

Ne me corrigerai-je jamais ? Quelque embarras, une légère indisposition, une inadvertance à la poste, en faut-il davantage ? Demain, peut-être, j'en recevrai deux.

Non, il n'y en a qu'une, et j'ose à peine me l'avouer... Je n'y trouve pas ce charme, cette vérité, cette chaleur pénétrante qui animait les premières. Denneterre !... encore cet homme ! que peut-il y avoir de commun entre elle et lui ? J'ai déja été injuste, deviendrai-je tyrannique ?... Cette larme, malheureux, cette larme ne te suit-elle pas partout ? La plaie qu'elle a faite à ton cœur est-elle déja cicatrisée ?

Oserais-je me flatter d'aimer plus qu'elle, et aimai-je toujours de la même manière ? N'est-il pas des momens où mes facultés, reployées sur elles-mêmes, perdent leur force expansive, et sont muettes par l'excès même de leur sensibilité ?

Elle a écrit pour écrire ; à la bonne heure : elle a écrit du moins. Dois-je lui souhaiter une fièvre brûlante et continue, une fermentation destructrice des organes ?... Hé, les volcans eux-mêmes ont des temps de repos.

CHAPITRE VIII.

Retour à Paris.

Encore deux jours, deux jours entiers sans voir le facteur ! c'est trop, je ne peux vivre ainsi. Je partirai demain, si elle ne m'a pas écrit. J'ai fait assez pour l'amitié ; que l'amour reprenne tous ses droits.

La voilà, la voilà ! cette lettre que je désirais si ardemment. Je la tiens, je l'ouvre avec vivacité, je la lis et je me désole. Je n'en saurais douter, son style se refroidit, ses phrases sont contraintes ; le mot *j'aime* est cherché, il n'arrive plus naturellement : elle commence à avoir de l'esprit.

Je prends au hasard parmi celles qu'elle m'écrivait d'abord ; j'en compare une à celle que je reçois : il est trop vrai, il n'y a pas de ressemblance...C'est encore sa main, mais ce n'est plus son cœur.

Un mois, un seul mois a opéré ce changement inattendu, inconcevable !... Il ne fallait pas la quitter ; je ne le voulais pas... Que dis-je, j'ai rempli envers Thibaut un devoir indispensable : je ne peux me repentir. Malheur à l'homme qui rapporte tout à lui, qui ne voit que lui dans la nature.

Je me mets à mon secrétaire. Je lui écris, je me plains ; je lui reproche sa froideur, je demande comment je l'ai méritée, je la conjure, je la supplie de me le dire. Ai-je donc eu quelque tort que je ne soupçonne pas? Je reviens sur ma conduite, sur mes procédés, sur mes actions les plus indifférentes, et je ne vois rien, non rien que de l'amour, encore de l'amour, et toujours de l'amour.

Je relis ma lettre... elle est forte ; quelques expressions me paraissent dures. Des reproches, des réclamations, et à quoi bon? à lui apprendre à dissimuler.

Qu'elle ignore toujours, s'il est possible, l'art cruel de me tromper. Il est moins affreux peut-être de supporter son infortune, que de la craindre sans cesse, de l'attendre, d'y croire sans être convaincu : ce sont deux maux pour un.

Je déchire cette lettre, et j'en commence une seconde. Je m'efforce, en écrivant, d'oublier que je souffre ; j'écris comme je lui parlais quand son cœur volait au-devant du mien, quand son sourire m'invitait au bonheur : je lui apprendrai comme on aime. Elle se ranimera peut-être à l'expression du sentiment le plus vif, le plus pur, le plus vrai... Insensé! que gagnerai-je à être lu, si elle a cessé de m'aimer? L'amour ne renaît pas de ses cendres.

Cesser de m'aimer! ce mot renverse toutes mes idées, il me jette dans un désordre qui approche du délire... je ne sais à quel parti m'arrêter. Denneterre! si c'était toi... Si un plan de séduction combiné avec art, suivi avec adresse... Tremble! c'est toi, c'est toi seul que je punirai! Inconstante, je l'adorerais encore; infidèle je ne pourrais la haïr... Mais toi... toi... « Antoine, des chevaux, « des chevaux à l'instant même. — Mais, mon- « sieur... — Obéissez. — Et votre ami? — Ah, oui... « oui, il faut que je prenne congé de lui; je l'at- « tendrai... Mais allez à la poste, courez, volez. »

Thibaut rentre; il est effrayé de mon état. Il m'interroge, je suis incapable de lui répondre. Je le serre dans mes bras, je le laisse muet, stupéfait, je monte dans une chaise, je repands l'or sur la route, les chevaux ont des ailes, mes roues brûlent le pavé.

Je n'arrête pas. Un bouillon à Angers, un verre de vin à Étampes; j'arrive à Paris en quarante heures.

Je monte à mon appartement, j'en parcours toutes les pièces... Personne. Je sonne, j'appelle, Justine paraît. « Où est madame? — Elle est au « bal. — Chez qui? — Chez madame Denneterre. « — Qu'on l'avertisse de mon arrivée. » Et je tombe de lassitude et de faiblesse. Antoine me déshabille, me met au lit; il m'apporte un consommé.

Je compte les minutes, les secondes; j'entends ouvrir la première porte, je reconnais sa voix; elle s'élance, elle se précipite; ses caresses ne sont pas étudiées; je la retrouve telle que je la désirais, telle que je l'avais toujours vue... je ne sais plus que penser.

Mon sang calmé, mes terreurs dissipées, l'excès de la fatigue l'emporte même sur l'excès de l'amour : je m'endors profondément.

Je m'éveille au point du jour, je tire mes rideaux. Elle était auprès du feu, en robe du soir; elle sommeillait dans une bergère : elle n'avait pas voulu me quitter. Tout cela est incompréhensible.

Je me trouve bien, et je m'habille. Elle s'éveille à son tour, elle s'assure que ma santé n'a pas souffert, et elle me quitte avec la froideur qui m'avait blessé dans ses lettres. Elle s'enferme avec Justine; elle a, dit-elle, besoin de repos. Je ne la revois pas du reste de la journée... Je m'y perds.

Quel trait de lumière !... que je serais heureux de pouvoir m'y arrêter. Les femmes, dit-on, ont dans cet état des irrégularités physiques et morales. Si c'était cela! oh, je n'aurai pas l'air de le remarquer; je me prêterai à tout ce que pourra désirer et vouloir celle qui va me rendre père. L'enfant chéri n'éprouvera pas de secousses avant d'avoir vu la lumière. Qu'il naisse au moins en paix : il lui restera soixante ans pour la douleur.

CHAPITRE IX.

Elle me néglige tout-à-fait.

Ce n'est pas son état, ce n'est pas cela; je m'étais trop flatté. Je l'observe, je l'étudie, je juge sans passion... malheureusement ce n'est pas cela.

C'est avec intention, c'est de sang froid qu'elle se livre au tourbillon qui la séduit, qui l'entraîne, qu'elle me laisse seul avec son image. A mon retour de Bordeaux, un éclair de plaisir m'avait fait tout oublier; il s'est évanoui comme un songe léger.

Pendant qu'elle me délaisse, qu'elle cherche des plaisirs qui lui étaient indifférens, qu'elle prodigue son esprit et ses graces à des êtres qui ne savent pas l'apprécier, je visite ces lieux où je la trouvais si empressée, si tendre. Cette chaise longue, cette ottomane, ce gilet vert, cette petite robe qu'elle avait sur la glace, ce petit soulier jonquille qui chaussait son pied mignon, lorsqu'elle me conduisait sur la route de Rouen, son bras amoureusement passé autour de moi, tout cela est, sous mes yeux, rangé par ordre autour de mon guéridon. Je n'existe que de mes souvenirs.

Hé bien, ces souvenirs me tourmentent encore; ils me rappellent plus cruellement son absence.

Antoine ne me quitte pas, lui. Il voit que je

ne suis pas bien; je n'ai pu le lui cacher, et il est là, toujours là. Nous parlons d'elle... Être réduit à en parler!

Si je disais un mot, sans doute elle resterait avec moi; mais elle y serait mal, puisqu'elle cherche ailleurs ce qu'elle ne trouve plus ici.

Et puis, que lui dirais-je qu'elle ne sache déja? Rester ici, n'est-ce pas improuver tacitement sa conduite? Elle ne se rend point à cela : sera-t-elle plus docile au reproche? J'ai perdu son cœur; c'est assez, c'en est trop. Je n'encourrai point sa haine : l'aigreur l'amènerait inévitablement. La mésintelligence ouverte, des éclats scandaleux, voilà ce que je prévois, ce qui arriverait. Il vaut mieux souffrir, et me taire.

« A propos, dis-je à Justine, que je rencontre
« quelquefois, pourquoi Jeanneton ne vient-elle
« plus déjeuner? pourquoi ne l'ai-je pas vue
« depuis mon retour? — Il y a quinze jours qu'elle
« ne paraît plus ici. — Et la raison? — je l'ignore,
« monsieur. » J'irai la voir, moi; je n'ai pas oublié le chemin de la rue de Bièvre.

Bonne et aimable Jeanneton! il y a huit jours que je suis à Paris, et elle me croyait encore à Bordeaux. Elle n'a pas changé, elle. Elle est à présent mon unique amie.

Je me suis plaint de ce qu'elle négligeait Angélique; elle s'est chargée de tous les torts. Elle me trompait avec une adresse dont je ne peux m'empêcher de lui savoir gré. Bastien, qui a moins d'usage, s'est contredit, s'est coupé. J'ai compris enfin qu'elle a cessé de la bien recevoir.

— Cesser de la bien recevoir... Ah! j'y suis. Elle aime toujours son Bastien, et sa conduite est la critique parlante de celle d'Angélique. Heureux Bastien!

Je ne serai pas injuste. J'aimerai toujours Jeanneton, je l'estimerai davantage. C'est chez elle que je passerai les momens où je n'aurai pas la force de supporter mes chagrins.

Deux heures du matin, et elle n'est pas rentrée encore! c'est plus que de la dissipation, c'est du désordre, et ma condescendance devient une faiblesse. Que répondrai-je à ceux qui me diront : Elle est perdue, et vous y avez consenti? Il faut agir, la ramener aux bienséances, à la raison; il faut enfin lui conserver l'honneur.

Oui, désormais je sortirai avec elle, je l'accompagnerai partout. Cette assiduité lui déplaira peut-être... Hé, qu'importe, si je la sauve? C'est maintenant tout ce que je peux espérer.

Je rassemblerai toutes mes forces, j'attaquerai, je surmonterai un amour brûlant, impétueux, qu'elle ne partage plus; mais je serai toujours son appui, son guide, son plus sincère ami.

Oublier que je fus son amant, parvenir à ne plus l'être !... je périrais à l'instant où j'en formerais le dessein. Cet amour, quelque malheureux qu'il soit, est toujours inhérent à mon être. Nous nous éteindrons ensemble.

Si tu me connaissais bien, si tu lisais dans ce cœur, qui ne bat que pour toi, et que ton indifférence déchire, tu pleurerais, en larmes de sang, les maux affreux que tu me causes.

Peux-tu les ignorer? mes joues cavées, mes yeux éteints ne te disent-ils pas que je languis, que je me dessèche, que je meurs... et tu es sans pitié!

Et cependant que pouvais-je de plus? n'ai-je pas versé sur toi la portion de bonheur dont je pouvais disposer? Je te donnerais mon sang, oui, mon sang.... je le répandrais, si j'étais sûr que tu le payasses seulement d'un soupir.

Mais laissons ces pensées sinistres, et suivons notre plan. Me voilà donc rejeté dans un monde importun. Je passe des heures au milieu de gens qui me déplaisent, et cela uniquement parce que sa réputation est inattaquable partout où je suis avec elle.

Le croira-t-on? il est des momens où son œil humide se tourne sur moi, où elle paraît compatir à mon état de douleurs. Elle se lève, elle vient à moi, et lorsque mon ame anéantie se retrouve et renaît à l'espoir, elle me laisse, elle s'éloigne. Son Denneterre la rejoint, elle l'écoute, elle lui sourit... Désespoir! fureur!

Cette scène s'était plusieurs fois renouvelée; mais aujourd'hui je ne peux la soutenir; ma patience est épuisée; ma raison est impuissante. Il est officier de hussards; mais j'ai été gendarme, et à Lunéville nous n'avions qu'un mot : *Vaincre ou mourir.* Ce mot là, je ne l'ai pas oublié.

Je sors du cercle fatigant et futile. Je cours chez moi, je charge mes pistolets, je reviens, je me retire dans une allée en face de la porte cochère ; je l'attends. Il n'y a qu'un pas d'ici aux boulevards, et à minuit il n'y passe personne.

Je reste là une heure entière, animé par l'idée d'une vengeance éclatante. Une réflexion tardive, mais d'un effet sûr, me rend à moi-même. « Quelle que soit l'issue du combat, ta femme « est déshonorée. » Ah! malheureux, laissons-lui le seul bien qui lui reste. Souffrons, je le répète, souffrons, et taisons-nous.

Je jette mes armes derrière une borne, je rentre, je me compose, je parais tranquille.... l'enfer est dans mon cœur.

Il est auprès d'elle, toujours auprès d'elle... Y serait-il, s'il n'était sûr de plaire ? Ils me regardent tous deux ; ils se parlent bas; Denneterre ricane... Je ne me connais plus. Je fouille, je cherche dans mes poches... Je n'ai pas mes pistolets... Non, je les ai laissés à cette borne... Ah! tant mieux, j'allais me souiller d'un assassinat.

Encore une réflexion... Le moindre propos, une simple marque de mécontentement peuvent aussi fixer la malignité, et la perdre, comme un combat, dans l'esprit des honnêtes gens. Hé bien, je m'immole tout entier; je ménage un odieux rival; je prends mon chapeau, je m'échappe, je rentre chez moi. Antoine m'attend, je tombe dans ses bras, et j'ai la triste satisfaction de le voir pleurer avec moi.

CHAPITRE X.

Je ne peux pas mourir.

Il n'est pas d'organes assez forts pour résister à cet état violent. Dès cette nuit même, une fièvre ardente me saisit, ma tête se troubla. Je me rappelle qu'elle rentra pendant que le bon Antoine me déchaussait. A travers le voile épais qui déja m'obscurcissait la vue, je la vis prendre un tabouret. Elle s'assit à mes pieds, elle saisit ma main; des larmes corrosives la mouillèrent, et allumèrent tout-à-fait une imagination déja trop exaltée. Je voulus parler; les mots expiraient sur mes lèvres, je ne trouvai pas un son... D'un bras furieux et égaré, je la poussai loin de moi, l'ingrate qui mentait à son cœur... Je ne me souviens plus de rien.

Le mal se calma; je retrouvai ma triste raison. Je regardai autour de moi, j'étais seul avec Antoine. « Quel est ce lit qu'on a dressé vis à vis « du mien? — C'est là que madame s'est reposée « quelquefois. — Elle a couché ici, Antoine? — « Pendant dix-sept jours, elle n'est pas sortie de

« cette chambre. — Et c'est elle qui m'a donné
« des soins ? — C'est elle, monsieur, c'est elle
« seule; elle ne s'en est rapportée à personne,
« pas même à moi. — C'est inconcevable... Hé,
« dis-moi, mon ami, a-t-elle reçu quelqu'un ? —
« Il est venu plusieurs fois cet autre... vous savez
« bien? l'officier... mais madame l'avait consigné
« à la porte. — Tu ne sais pas, Antoine, tu ne
« sais pas le bien que tu me fais : je t'en remer-
« cie... Et Jeanneton ? — Elle s'est aussi présentée.
« Madame a dit sèchement que vous n'étiez pas
« dans un état à être vu. Elle n'a reçu que mon-
« sieur Thibaut. — Thibaut est ici ! — Oui, mon-
« sieur, et il viendra sûrement dans la journée.
« Mais ne parlez pas, votre médecin l'a défendu.
« — Encore un mot, Antoine. Que disais-je
« dans mon délire ? — Vous n'avez pas tenu de
« discours suivi. Vous prononciez souvent le nom
« de madame. — Je le crois. — Vous avez aussi
« nommé Jeanneton. Madame s'approchait en
« pleurant, toutes les fois que vous l'appeliez.
« Elle a pleuré surtout quand les médecins ont
« déclaré qu'ils désespéraient de vous. Elle a été
« deux jours sans rien prendre. J'ai cru qu'elle
« voulait mourir aussi, et j'ai été chercher mon-
« sieur Thibaut. Il lui a dit de très-belles choses.
« Il l'a priée de penser à son enfant, et elle a
« consenti à manger. Mais en voilà assez. Par
« grace, monsieur, ne parlez plus. »

Je me tus, mais je pensais profondément à

tout ce qu'Antoine venait de me dire. M'accorder les soins les plus soutenus, les plus empressés, les plus tendres! Pleurer sur moi! refuser surtout, refuser de voir Denneterre! Elle s'est donc repentie; ses premiers feux se sont donc rallumés! Elle n'avait pas oublié entièrement l'homme qui l'adore, et qui lui fut si cher... Je suis le seul coupable; je l'avais jugée trop sévèrement. Elle a été légère, inconséquente même. Ses erreurs tenaient à son âge; elles ne venaient pas de son cœur.

Que le passé s'efface de mon esprit, comme le souvenir d'un songe pénible; je ne le lui rappellerai point : je l'oublierai moi-même dans ses bras.

La voilà, la voilà, c'est elle. Elle entre, je lui présente la main; elle s'approche, elle m'embrasse. J'ai encore respiré son haleine. Ses traits expriment la joie et la tendresse... Je l'ai donc retrouvée!

Je veux lui parler; ses jolis doigts s'appuient sur mes lèvres. « Le médecin l'a défendu, moi, « je t'en prie. Encore cela pour Angélique. » Elle prie et elle caresse! Il n'en fallait pas tant : je suis muet.

Thibaut est venu aussi. Ils sont assis auprès du feu; ils parlent à demi-voix, sans doute pour ménager ma tête, vide et faible encore. Je ne saisis que des mots coupés... cela m'impatiente. « Non, ne lui en parlez jamais, reprend-il plus

« haut. Je vous ai toujours dit qu'en admettant
« que vos soupçons fussent fondés, cela ne pour-
« rait durer. » Je n'entends pas ce qu'il veut dire,
et elle m'a prié de me taire... Craindraient-ils
quelque nouvelle crise? Je sens bien, moi, que
ma convalescence ne sera pas longue. Mon médecin paraît s'applaudir beaucoup de sa cure : ce
n'est pas lui, c'est elle qui m'a guéri.

Mon ami d'un côté, l'enchanteresse de l'autre...
il ne me manque que Jeanneton. Je ne l'engagerai
pas à venir : je les gênerais l'une et l'autre ; mais,
quand je pourrai sortir, je ménagerai ce raccom-
modement-là. Elles sont faites pour s'aimer : je
dissiperai facilement un nuage léger.

Enfin je peux parler, je peux lui marquer ma
reconnaissance, je peux répondre aux expressions de son amour. Me voilà heureux encore,
plus heureux peut-être que je ne l'ai jamais été.
Après un orage passager, le ciel paraît plus
brillant et plus pur....................
....
....

La faculté n'avait plus d'empire sur moi, le
temps était beau, je me disposais à sortir. Elle
m'offrit de m'accompagner : c'était encore une
faveur. Nous montâmes en voiture, et nous allâmes sur le boulevart neuf, jouir du premier développement de la nature. Il me semblait renaître
avec elle : nous étions à la mi-avril.

Nous revenions par la rue Saint-Jacques. Je

pensai, au coin de la rue Galande, que le logis de Bastien n'était qu'à deux pas : j'ordonnai au cocher de nous y conduire. Jeanneton, disais-je en moi-même, saura gré à l'aimable femme d'avoir fait la première démarche; on se parlera comme de coutume, et on ne pensera plus à rien.

En arrivant au coin de la rue de Bièvre, elle m'opposa une résistance que je n'attendais pas. Elle refusa constamment de descendre; elle trouva des raisons, elle prétexta des affaires, des embarras de ménage ; elle se fit reconduire à la maison. D'où pouvait venir une répugnance qu'à peine elle dissimulait? L'état de Jeanneton est au-dessous du sien; elle ne veut pas aller au-devant d'une réconciliation ; un grain de vanité la retient... Je n'insistai pas, et je lui pardonnai cette faiblesse, la seule que je lui connusse.

Les amis de la rue de Bièvre me retinrent à dîner. Je voulais m'en défendre : il fallut céder à leur cordialité, à leurs instances. Ils me voyaient si rarement! ils désiraient si ardemment de célébrer mon retour à la vie! Bastien d'ailleurs voulait me rendre mes mille écus, et un charcutier ne règle ses comptes que le verre à la main. J'envoyai donc chez moi dire que je ne dînerais point. Nous fêtâmes tour à tour l'andouillette, le jambonneau, et le barbillon, que Jeanneton avait été prendre pour moi chez l'obligeante cousine.

Le repas fut très-gai. Bastien le termina en me

servant un plat tel qu'on n'en trouve à aucune table : il contenait ma somme en or. Cette gentillesse donna lieu à mille saillies, bonnes ou mauvaises; aux saillies succédèrent des traits de sentiment, une explication franche; enfin, je quittai Jeanneton très-disposée à revoir la femme charmante, dès qu'elle voudrait la recevoir.

Je leur avais donné trois heures. Je destinais le reste de la journée à celle qui réunit sur elle seule toutes les sensations; je me promettais une soirée d'épanchement, d'abandon et d'amour. Je me jetai dans un assez vilain fiacre, le premier qui se présenta : je suis toujours pressé d'arriver, quand je retourne auprès d'elle.

J'arrive, je l'appelle... Elle était sortie. Justine me remet un billet; il ne renfermait que deux lignes : « Je vais m'amuser de mon côté; peut-être « ne rentrerai-je que demain. »

Je restai accablé d'étonnement et de douleur. Le ton tranchant et ironique de cet inexplicable billet me rejeta dans les angoises que la nature et ma jeunesse venaient à peine de surmonter. Passer la nuit dehors, sans mon aveu, sans que je susse où, était pour moi une chose aussi nouvelle qu'offensante. Je courus chez madame Denneterre... personne. Mon indignation, mon amour même m'entraînèrent pour la première fois chez madame Dercourt, chez cette femme que je ne voulais pas voir, chez qui je ne devais pas trouver la mienne, et que je fus désespéré de n'y pas rencontrer.

Je rentrai profondément blessé, et décidé à m'expliquer le lendemain en homme incapable de glisser sur une faute aussi grave. Bientôt mon cœur, mon faible cœur, toujours d'intelligence avec elle, s'efforça de l'excuser. La délicatesse, l'honneur même se turent devant son image enchanteresse, que son absence, que mes terreurs rendaient plus séduisante encore.

Je me reprochai ma précipitation, je m'accusai d'injustice. Je crus voir dans sa conduite quelque chose d'extraordinaire, de mystérieux, que je ne pouvais éclaircir qu'avec elle, et qu'elle ne refuserait pas de m'expliquer : je résolus donc de l'attendre. Son assiduité pendant ma maladie, ses tendres soins, sa porte fermée à Denneterre, les expressions de l'amour le plus pur, qu'elle me prodiguait encore le matin, mille circonstances concouraient à me rassurer ; et aussitôt ce billet, ce malheureux billet brouillait, renversait toutes mes idées... Elles devaient être bientôt fixées, et d'une manière désespérante.

CHAPITRE XI.

Catastrophe.

Il était onze heures du soir. J'étais dans un fauteuil, ma tête sur mes genoux, absorbé dans mes réflexions. J'entends frapper à grands coups à la porte de la rue; j'espère, je me flatte, je crois que c'est elle. Je me lève, je saute les escaliers... Un inconnu me remet une lettre, et disparaît.

Je ne crois pas aux pressentimens, et cependant je tremblai en ouvrant cette lettre. Dès les premières lignes, une sueur froide coula de tous mes membres. En lisant les derniers mots, je jetai un cri perçant, et je tombai sur le parquet, privé de sentiment.

Antoine, le cruel Antoine me fit respirer des sels. Il me rendit à moi-même et au désespoir.

Je repris cette lettre fatale... Je n'en croyais pas mes yeux. J'eus le courage de la relire plusieurs fois. « Tu la liras aussi, dis-je à Antoine : tiens, « prends, lis... je veux que tu lises, et à quelques « excès que je me porte, tu les approuveras. »

Il pâlit en lisant, et son profond silence semblait justifier ma fureur. Qui eût pu la condamner? Lisez aussi, et jugez.

« Vous êtes le jouet d'une femme qui vous « trompe indignement. Elle a cette nuit un ren-« dez-vous dans une maison suspecte, rue de Gre-« nelle-Saint-Honoré, n° 52, au troisième étage. « On ne signe pas de pareils avis; mais vous pou-« vez à cette heure même vous convaincre de la « vérité. »

Marchons, dis-je à Antoine; je veux m'assurer de mon malheur. Je veux voir si en effet elle est dégradée, ou si cet écrit est d'un infâme calomniateur.

Angélique sans pudeur, sans vertu, me faisant le dernier outrage, était une monstruosité, une horreur qui me paraissait impossible... Cependant vous pouvez à cette heure même, dit l'écrivain, atrocement officieux, vous pouvez vous convaincre de la vérité... Allons, Antoine, allons.

Nous sortîmes à pied. Mon vieux Antoine devait seul savoir combien j'étais torturé, combien sa maîtresse était vile. Je m'appuyais sur lui, et il avait peine à me soutenir. Mes genoux se dérobaient sous moi.

Nous arrivâmes au coin de la rue de l'Arbre-Sec; j'y trouvai ce carrosse gris-de-lin... Ne parlons plus de ce temp-là. « Où est madame, dis-je au cocher ?
« — Je ne sais, monsieur. — Où a-t-elle passé la
« journée ? — Chez monsieur Thibaut. — Chez
« Thibaut !... Dieu, grand Dieu !... entends-tu
« Antoine ? entends-tu ?... c'est chez Thibaut qu'elle
« a passé la journée. L'anonyme est un scélérat,
« et je respire. Et où t'a-t-elle quitté ? repris-je en
« m'adressant au cocher. — Ici même. Il est sur-
« venu un embarras, des batteries; un monsieur
« est monté à la portière; il a parlé à madame, et
« il a fait avancer une chaise à porteurs. Elle y est
« entrée, et ils sont partis, après m'avoir ordonné
« d'attendre. »

La fin de ce récit dissipa la lueur d'espérance

qui m'avait séduit un moment. Je m'éloignai avec Antoine. « Elle est coupable, elle est coupable, « lui disais-je d'une voix étouffée ; elle n'a été « chez Thibaut que pour me cacher plus sûre-« ment son infamie. Elle n'aurait eu à son retour « qu'un mot à me dire : C'est de chez votre ami « que je sors, et le crime restait enseveli. »

Je ne pouvais plus douter ; il était inutile d'aller plus loin ; mais je prétendais la convaincre, lui ôter les moyens d'abuser de ma crédulité, ou plutôt je cherchais la certitude absolue du malheur de toute ma vie.

Je m'avançai vers cette rue de Grenelle, poussé par la rage qui me maîtrisait. A la lueur pâle et vacillante des réverbères, nous cherchâmes, nous démêlâmes ce n° 52. Une porte ouverte, une longue allée... J'entre, la main sur un couteau à gaîne, que j'avais pris sur moi. Antoine me suit. Je trouve, je prends la rampe de l'escalier.

Nous avons à peine monté quelques marches, que j'aperçois sur le mur le reflet d'une lumière. On ferme une porte, on parle, on descend, je distingue la voix de l'infidèle. « Il est trop tard, « dis-je à voix basse, je n'aurai pas de preuves « réelles... écoutons, du moins. » Je prends Antoine, je le pousse sous l'escalier, je m'y presse contre lui.

Les voilà dans l'allée. J'avance la tête. Elle tient la main d'un homme que je ne vois que par derrière, mais qui n'est pas l'officier. Il fait un faux pas. «Prends garde, mon ami, dit-elle...» Prends garde!... mon ami!... Le couteau est levé, je m'élance... Antoine me saisit le bras et m'arrête. Une femme âgée et très-bien mise, qui portait la bougie, se trouve entre eux et moi. Les coupables sortent paisiblement.

Je me remets dans l'enfoncement, pétrifié, anéanti, et la femme qui les a éclairés remonte sans nous apercevoir.

Je rougis de l'avouer, je l'aimais au point de chercher encore à me faire illusion. Si cet homme, pensai-je, était un parent de madame Elliot ; qu'il l'ait cherchée chez moi, chez Thibaut; qu'il ait enfin rencontré et reconnu sa voiture... Mais pourquoi cette chaise à porteurs, pourquoi entrer ici ?... Cette dame qui les conduisait à l'air honnête. Si je prenais quelques renseignemens... J'en prendrai, et du moins je n'aurai rien négligé pour la trouver innocente.

Nous montons au troisième ; nous entrons. Plusieurs femmes, riant aux éclats, arrivent successivement dans un salon assez propre. Je m'adresse à celle que j'ai vue en bas : les propos dissolus, les provocations obscènes, voilà ce que je vois, ce que j'entends dans ce lieu de débauche, et c'est là, grand dieu ! c'est là que j'ai trouvé ma femme ! c'est de là qu'elle sort, le front calme et serein !... Elle a donc l'habitude du vice !

Je daigne encore adresser la parole à ces prostituées, je les interroge, et je reçois cette réponse foudroyante : « C'est une petite femme charmante, « dont le mari est jaloux, et qui viendra quelque- « fois se dédommager ici de la contrainte où il la « tient. »

Ainsi donc elle m'accuse ! elle rejette sur son déplorable époux des horreurs qu'il croit à peine, après en avoir été témoin. J'étais jaloux... oui, je l'étais ; mais combien j'avais raison de l'être ! Je l'ai contrainte, moi !... hé, je n'ai jamais eu de volonté que la sienne. Pourquoi joindre le mensonge à la perfidie ? A-t-elle besoin d'excuses avec ses complices ? En faut-il auprès des malheureuses auxquelles elle s'est assimilée ? Ignore-t-elle encore que dans ces antres de corruption, il n'est de divinité que le vice ?

Voilà à peu près ce que je pensais, ou ce que je disais à Antoine en m'éloignant avec lui de cette affreuse maison, éperdu, délirant, accablé, atterré sous la verge de fer d'un sort injuste et barbare. Je sentais avec une joie secrète mon orgueil révolté, soutenir, accroître mon ressentiment, et mon amour, mon lâche amour céder enfin au plus profond mépris... Oui, je la méprisais, je la haïssais même... je le croyais, du moins.

Je marchais d'un pas ferme et assuré ; mais je marchais au hasard, incertain de la route que je tenais, incapable de penser d'une manière suivie, et dans l'impossibilité totale de prendre un parti.

Antoine, excédé de fatigue, me supplia d'arrêter. Je regardai autour de moi, et je reconnus le pont de Neuilly. J'entendis sonner deux heures. Toutes les maisons étaient fermées, le froid gagnait mon vieux domestique. Je frappai à plusieurs portes. On ne m'entendit point, ou on ne voulut pas nous ouvrir. Je trouvai quelques brins de paille, je les étendis sur un banc de pierre, j'y fis coucher mon fidèle Antoine, et je le couvris de mes habits. Il résistait, et pour la première fois je lui parlai en maître.

Je me suis toujours rappelé ce trait avec satisfaction : il a quelque mérite dans l'état où je me trouvais.

Je passai les trois heures qui précédaient le jour, à me promener à grands pas. Je pensais à ma honte, aux maux interminables qui allaient empoisonner ma vie ; je formais des projets qui se détruisaient les uns les autres. Tout ce que je pus enfin, dans le désordre où j'étais en proie, fut de jurer par l'honneur de ne point pardonner, et j'étais incapable de manquer à ce serment.

Pour résister à son repentir simulé, à des prières, à des supplications, je n'avais qu'un moyen : c'était de ne pas la revoir, et ce fut encore ce que je me promis.

Je versais des larmes en abondance, en prononçant l'arrêt d'une éternelle séparation, et ces larmes mêmes, qui prouvaient ma faiblesse, me confirmèrent dans ma résolution.

Ma dernière maladie avait des causes naturelles; je le sentis alors : le chagrin ne tue pas, ou il tue lentement.

La nuit, toujours si longue pour le malheureux qui veille, la nuit se dissipa enfin, les portes s'ouvrirent, je relevai mon pauvre Antoine, et j'entrai avec lui dans la première auberge. J'étais glacé aussi. Je fis allumer un grand feu, bassiner deux lits. Nous prîmes un peu de vin chaud, et nous nous couchâmes. Antoine s'endormit bientôt; mais moi!... le sommeil fuit avec le bonheur.

Je ne pus rester au lit; je m'habillai, et je rêvai avec assez de calme aux mesures qu'il convenait d'employer.

La première idée qui me vint à l'esprit fut celle du divorce, et je la rejetai presqu'aussitôt. Faire retentir les tribunaux de mes plaintes, déshonorer publiquement celle que j'ai tant aimée!... Et cet enfant, cet enfant, qui n'a à répondre des fautes de personne, lui faire supporter celle-ci, le rendre étranger à l'un de nous, m'en faire haïr; ou le réduire à la nécessité de rougir un jour de sa mère! Non. Le divorce n'est presque jamais que l'abus de la loi. C'est la ressource ordinaire des libertins, des femmes sans principes. Je n'emploierai pas ce moyen honteux. Qu'y gaguerais-je, d'ailleurs ? la facilité de former de nouveaux liens ?... Mon sort est arrêté : je lui serai fidèle, moi, je le serai jusqu'au tombeau. Hé, qui pourrai-je aimer après elle, et sur qui compter désormais ?

Je m'en séparerai, je le dois, je le veux ; mais sans formalités, sans éclat. Je consens même qu'elle me charge du blâme général, qu'elle m'accuse d'inconstance, d'inconduite, qu'elle obtienne des droits à la pitié, qu'elle en conserve à l'estime : je gagnerai intérieurement tout ce qu'elle n'aura pas perdu ; mais ce sera pour moi, pour moi seul. Jamais, non jamais je ne pardonnerai.

Rappelons le passé, le passé qui rend le présent si affreux ! Elle n'a rien à prétendre qu'à ma mort. Mon revenu entier m'appartient, et j'ai de trop ce que je ne partage plus avec elle. Qu'elle vive dans l'abondance, dans le luxe, et qu'elle se dise quelquefois : Ce superflu est le dernier don de l'époux que j'ai bassement trahi... Non, non, qu'elle ne se dise pas cela ; elle serait malheureuse : c'est bien assez que je le sois.

J'envoie chercher le notaire du lieu. Je fais dresser une renonciation à la plus grande partie de mes biens. Je me réserve deux mille écus : c'est assez pour traîner avec Antoine une vie obscure et misérable. Je lui abandonne le reste.

Je lui donne aussi la maison du Bois-Guillaume

et ses dépendances. Elle vivra près de sa mère et de sa sœur. S'il lui reste une ombre d'honneur, leurs consolations lui deviennent nécessaires.

Les actes sont en bonne forme. Le notaire s'est retiré; il ne me reste qu'à lui écrire, à prendre le ton d'un juge impassible, qui ne consulte que l'équité... le pourrai-je?

Ce n'est pas cela... Voilà du dépit, des plaintes amères; l'amour perce malgré moi... Amour cruel! ne te surmonterai-je jamais?

Ceci est mieux; c'est au moins tout ce que je puis... Celle-ci partira.

« Je romps avec vous, madame, et je romps
« sans retour. Il est inutile de vous humilier par
« des détails que vous connaissez comme moi.

« Je vous ordonne de partir à l'instant pour le
« Bois-Guillaume. Vous direz à *certaines gens*, si
« vous le jugez à propos, que je vous ai devancée,
« et qu'il vous a fallu vingt-quatre heures pour
« faire vos dispositions.

« Les papiers renfermés dans ce paquet vous
« rendent plus riche que moi. J'ai cru pouvoir
« être généreux encore envers celle qu'il ne m'est
« plus permis d'aimer. »

J'allais ployer cette lettre; je m'aperçus qu'elle était mouillée... J'avais arrosé chaque mot... Elle ne saura pas que je la pleure; mes rivaux n'insulteront pas à ma peine.

« Lève-toi, Antoine, lève-toi un moment; je

« ne troublerai plus ton repos. Prends cette
« plume, et copie ceci... si tu peux le lire. »

J'ai signé ; le paquet est fermé, il est à la poste.

Combien je m'applaudis de ma fermeté : c'était une victoire réelle que je venais de remporter sur moi.

« Dors, dors, brave homme ; nous partirons
« demain, ce soir. — Et où irons-nous, monsieur?
« — Je n'en sais rien, et cela est égal. Je serai
« bien partout où je ne serai pas avec elle, par-
« tout où je l'aurai oubliée. — Vous ne l'oublierez
« jamais, monsieur. — Tais-toi, tais-toi, Antoine :
« tu ne vois donc pas que je cherche à me faire
« illusion... Rappelle-moi ses crimes ; ne me parle
« que de cela. »

CHAPITRE XII.

Je trouve un consolateur.

J'avais sur moi les mille écus de Bastien : c'était assez pour le premier moment, assez même pour six mois. Nous montâmes dans un cabriolet de louage qui passa, et nous descendîmes à Saint-Germain. Je vis dans une boutique un homme qui paraissait heureux, et que sa femme trompait peut-être aussi : elle le caressait. Je passai précipitamment ; je continuai de marcher ; je sortis de la ville, et je pris le premier chemin que je trouvai devant moi.

Nous entrâmes dans la forêt. Un méchant cabaret se présenta, j'y fis entrer Antoine, et, après un repas léger, nous nous remîmes en route. Je ne pouvais m'éloigner assez vite de cette rue de Grenelle... Je croyais m'en éloigner, elle me suivait partout.

Un tertre couvert de mousse tournait autour d'un chêne antique. Un vieillard pauvrement vêtu, mais d'une figure vénérable, s'y était assis, et lisait. Il leva les yeux sur moi, et parut étonné. Il me sourit, il me tendit la main, et je m'arrêtai.

« Vous paraissez souffrir, me dit-il. — Oui, « beaucoup. — On a des ressources, à votre âge; « on n'en a plus au mien. — Des ressources ! il « n'en est plus pour moi. — Quoi ! pas même « d'espérance ? je croyais que ce sentiment ne « s'éteignait jamais. — Vous n'êtes pas tout-à-fait « infortuné, puisque vous espérez encore. — Je « n'attends plus rien que de la Providence. Croyez- « y comme moi, jeune homme; croyez-y au moins « pour votre intérêt : c'est la dernière ressource « des malheureux. Asseyez-vous près de moi; que « je vous parle, que je vous console, ou que je « m'afflige avec vous. J'ai l'habitude de compatir « aux maux des autres, et quelquefois je les leur « ai fait oublier. »

C'est le curé des Loges, petit village situé dans la forêt de Saint-Germain. Il n'avait qu'un revenu modique, et cependant il n'y avait pas d'indigens dans sa paroisse. Il avait orné son presbytère, embelli son jardin. Il a perdu son bénéfice, on l'a chassé de sa maison, et il a tenu le serment qu'il a prêté à l'état. « J'étais Français, me dit-il, « avant que d'être prêtre. Je ne prononcerai pas « entre les différens partis : mon ministère est de « prêcher la soumission aux lois, et j'en dois don- « ner l'exemple. Je n'ai plus rien, j'habite une « chaumière, je vis d'aumônes ; je reçois aujour- « d'hui de ceux dont je soulageais la misère ; mais « ils me bénissent encore, et je ne m'afflige que « de l'impuissance de leur faire du bien. »

Il me parla long-temps encore, et il savait se faire écouter. Son langage est simple comme ses mœurs ; mais il a quelque chose d'onctueux, de pénétrant, de patriarchal.

Il craignait d'être indiscret. Il ne m'interrogeait pas ; il cherchait la blessure. Il peignit tour à tour les écueils qu'on trouve à chaque pas dans le monde, le vide insupportable et quelquefois les regrets qui suivent les jouissances qui nous sédui- sent et nous abusent. Je ne répondais rien. Il parla enfin de l'amour : c'était mettre le doigt dans la plaie. Mon cœur meurtri, déchiré, s'épancha dans le sien. Je ne lui cachai que mon nom et celui de la misérable... Il m'écoutait avec intérêt, il me plaignait, il s'attendrissait avec moi, et je sentais que je souffrais moins auprès de lui.

Il me proposa de me reposer sous son hum- ble toit, de m'y arrêter quelques jours : j'allais lui demander cette grace. Il m'offrit de partager avec moi le peu qu'il devait à la bienfaisance. « Oui, lui dis-je, votre pauvreté, mon aisance, « nous mettrons tout en commun. »

Nous passâmes devant son presbytère ; il soupira en tournant la tête de l'autre côté : « C'est là que « j'espérais vivre et mourir ; c'est là que je recom- « mandais la soumission aux enfans, la fidélité aux « époux, l'amour des hommes à tous ; c'est là que « j'ai quelquefois réconcilié des ennemis : ce n'est « plus qu'un cabaret. »

Nous entrâmes dans une espèce de hutte, que des journaliers lui avaient élevée, en sacrifiant le salaire de quelques heures. « Ils ont fait bien peu, « me dit-il ; mais ils l'ont fait gaîment : c'est le de- « nier de la veuve. »

En effet, quelques bâtons croisés, un peu de bourre et de la terre glaise composaient les murs ; du jonc de marais formait le toit. Une mauvaise table, deux escabelles, quelques poteries grossières et un grabat, c'étaient là ses meubles. Dans l'endroit le plus apparent, il avait élevé un autel de pierres et de gazon. « Partout, me dit-il, on peut « remercier le grand Être, ou se soumettre à sa « justice. »

En m'offrant le partage de sa petite propriété, le digne homme n'avait écouté que sa philantropie : il n'était pas possible que ce réduit nous reçût tous les trois.

Il fallait donc s'éloigner. Je m'affligeai de l'idée de quitter ce bon prêtre. Son entretien m'était nécessaire comme l'appui qu'on donne à l'arbuste battu par les vents.

« Si je voyais au cabaret, me dit Antoine... — « Oui, vois. Une chambre et deux lits, voilà tout « ce qu'il faut. »

On va à la messe le dimanche ; mais on ne boit que le décadi, et on boit peu, parce que l'argent est rare. Le cabaretier fait donc mal ses affaires ; aussi a-t-il des chambres et point de lits : tel fut le rapport d'Antoine.

« Hé bien, voyons ces chambres. — Elles sont « dans un triste état. — Nous les arrangerons. »

Elles ne pouvaient convenir qu'à l'homme occupé d'un seul objet, et indifférent à tout le reste. Je proposai donc au propriétaire de me louer le haut. Il me proposa, lui, d'acheter la maison : il l'avait eue pour une poignée de mauvais papier, et il voulait m'en faire bon marché.

L'idée de réintégrer mon curé, de l'aider à mourir en paix, me fit éprouver une sorte de plaisir. J'allais répondre à l'ouverture du cabaretier ; je me rappelai que j'avais tout sacrifié, jusqu'à la possibilité de faire des heureux : je n'avais plus que six mille livres de rente.

Je me retirais sans répondre, la tête baissée, le cœur navré. Il est rare qu'il ne se présente pas quelques moyens à celui qui veut le bien, et qui le veut fortement : je retournai sur mes pas.

La maison et le jardin valaient au plus quatre cents livres de loyer. J'en offris mille pendant la vie du vieillard, plus six cents francs comptant pour la complaisance qu'aurait le propriétaire de déménager dans la journée, ce qui ne lui était pas difficile.

« Tu es sobre, Antoine; nous vivrons avec cinq « mille livres, n'est-ce pas?—C'est beaucoup pour « moi, monsieur; mais vous?... — Moi, je n'ai « plus de besoins. »

Les vingt-cinq louis étaient étalés sur table. Ils devaient éblouir quelqu'un qui n'a jamais eu le quart de cette somme à sa disposition. Je n'éprouvai pas de difficultés. Deux carrés de papier marqué terminèrent tout.

Mon homme courut le village, en ramena un mauvais cheval et une vieille charrette d'emprunt. Deux futailles, vides ou pleines, occupèrent le fond; un mobilier exigu trouva place par dessus. Le cabaretier fouetta, et partit pour Saint-Germain, où il comptait s'établir plus avantageusement.

J'envoyai Antoine avec lui. Je le chargeai de prendre chez un tapissier ce qui était de première nécessité, et de profiter du retour de la charrette. Je lui donnai ma bourse, et je lui recommandai d'en être économe.

Je revins à la hutte, déja payé intérieurement de ce que j'avais fait. Le bon curé était en prières. Je mis sur son petit autel les clefs de son presbytère; il les reconnut, il les prit et les baisa. Il paraissait inquiet, incertain; il attendait en silence que je m'expliquasse : je lui présentai l'écrit qui le remettait en possession de son asile.

Son visage s'épanouit, ses yeux éteints se ranimèrent, ses mains tremblantes embrassèrent mes genoux. Je le relevai, et il me pressa sur son sein. « Vous le voyez, dit-il en regardant le ciel d'un « air reconnaissant, vous le voyez, il est une Pro- « vidence. — Pour vous, mon père... — Ingrat ! « hé, ne vous a-t-elle pas ce matin envoyé un « consolateur »?

CHAPITRE XIII.

J'en aurai des nouvelles.

Nous étions établis dans le presbytère. Rien de trop ; mais aussi Antoine n'avait rien oublié. Il avait apporté jusqu'à des papiers pour couvrir les murs charbonnés, et il restait encore quinze cents francs dans la bourse commune.

Je m'applaudissais de m'être fixé auprès du bon prêtre. Un grand fond de raison, un esprit passablement cultivé, une philosophie douce et modeste, et surtout le meilleur naturel, m'attachaient à lui de jour en jour. Mes chagrins étaient de ceux que le temps seul peut adoucir, et jamais il ne m'en parlait le premier. C'est par des occupations variées, des lectures attachantes, une conversation animée, qu'il s'efforçait de me distraire. Il me traitait comme un malade affaibli, à qui il ne faut que des remèdes doux.

Il me pria de l'aider à nettoyer son jardin, long-temps abandonné à la seule nature, et où l'ortie avait crû à côté de l'œillet. Il m'apprenait à émonder, à tailler les arbres qu'il avait plantés, et dont un autre avait cueilli les fruits; il me conduisait sous cet if où ses prédécesseurs et lui avaient si long-temps médité; il ouvrait Buffon, et il m'apprenait, en commentant ce grand homme, à ne considérer notre petit globe que comme un point dans l'immensité, ses habitans comme des atomes, leurs peines comme une fumée, leurs plaisirs comme rien. Le héros, comme le pâtre, s'éteint presqu'en naissant. Tous deux, me disait-il, sont le superflu passager de ces rouages éternels.

Le bon Antoine, assis à nos pieds, écoutait avec admiration, ou nous regardait faire une partie d'échecs, qui l'étonnait plus encore, parce qu'il n'y entendait rien. Il nous interrompait pour nous servir gaîment le repas champêtre qu'il avait apprêté, et il avait toujours une historiette pendant que nous mangions. C'est par les soins de ces deux hommes estimables, que le trait poignant s'émoussait quelquefois : il se faisait toujours sentir à de fréquens intervalles. Il n'y a que des trèves à espérer de la douleur.

Les nuits surtout, les nuits étaient cruelles : point de sommeil. Ce recueillement forcé qu'amènent les ténèbres; aucune de ces distractions que produisent les objets extérieurs; le passé se déployant avec tous ses charmes; l'avenir enveloppé d'un voile lugubre; un cœur qu'assaillaient sans relâche le désespoir et l'amour; des heures comme des siècles, telles étaient alors pour moi ces nuits autrefois délicieuses. J'invoquais le retour du soleil; j'attendais qu'il vînt terminer mon supplice, m'arracher à moi-même, et suspendre les larmes brûlantes dont j'arrosais ma couche solitaire.

Si je succombais un moment à la fatigue, je devenais le jouet des songes. Tantôt je la voyais folâtrant avec mes rivaux; je la voyais dans leurs bras, et je me réveillais en sursaut, trempé de sueur, les cheveux hérissés, agité de mouvemens convulsifs. Une autre fois, elle m'accablait des plus tendres caresses; elle me jurait un amour éternel. Tu mens! tu mens! lui criais-je indigné, et je me réveillais encore.

L'idée de cet enfant, qui va naître, m'obsède aussi partout. Je l'attendais comme un bienfait de la nature, et je ne le recevrai pas dans mes bras; sa voix ne me fera pas tressaillir; il n'apprendra point à balbutier mon nom. Il vivra loin de son malheureux père, de son père contraint à élever une barrière entre le monde et lui, de son père réduit à la compassion d'un pauvre vieillard. Il vivra... hé, qui sait si les veilles, si l'excès des plaisirs ne flétriront pas dans son alvéole la tendre fleur qui s'allait développer... Arrête, arrête,

Angélique. Tu as empoisonné ma vie : grace du moins pour mon enfant.

Et j'étais à genoux en prononçant ces paroles; je les lui adressais comme si elle eût pu les entendre; j'écoutais comme si elle eût pu me répondre. Le bruit du vent qui agitait doucement les arbres de la forêt, frappait seul mon oreille.

Je veux savoir si elle se souvient qu'elle est mère, si elle s'est retirée au Bois-Guillaume, si elle a respecté mes dernières volontés.

Ah ! si elle s'était repentie, qu'elle eût sincèrement abjuré de coupables erreurs, qu'elle fût à la campagne, et qu'elle voulût y vivre pour moi !... Ses faiblesses n'y sont pas connues; elles y seraient ensevelies à jamais... Des faiblesses ! des crimes ! Je les connais moi, et je ne saurais les oublier.

Mais ne puis-je savoir où elle est, m'assurer que ce déplorable secret n'est connu que de moi, que l'abandon et le mépris public n'ajoutent pas à son opprobre ? Je crois que je serai moins à plaindre, si elle n'est pas complètement malheureuse.

J'irai à Paris. Je me rendrai secrètement chez Thibaut; je l'interrogerai... Non, non. Si elle brave mon autorité, si elle était restée chez moi, et que je la rencontrasse chez mon ami, je ne peux me le dissimuler, un mot, un regard, une larme amènerait une réconciliation qui me couvrirait de honte.

J'y enverrai Antoine... Antoine, facile et bon,

ne résistera pas plus que moi ; il découvrira ma retraite. Je serai exposé à fuir encore, ou à lutter sans cesse contre les prières, les importunités, contre moi-même.... Insensé, tu te flatteras donc toujours ! hé, t'eût-elle trahi, si elle pouvait s'occuper de toi ? N'importe, Antoine n'est pas l'homme qu'il me faut.

C'était un dimanche ; le bon curé avait fini son office, et il avait la semaine à lui. Je lui laissai entrevoir l'inquiétude où j'étais du sort de cette femme, et, en convenant de ma faiblesse, je le suppliai de s'y prêter. Le digne homme n'a rien, dit-il, à refuser à son bienfaiteur. Son bienfaiteur ! on acquiert ce titre à bon marché. J'ai fait bien plus pour une autre : comment m'a-t-elle payé ?

Je donnai au vieillard des instructions bien longues, bien détaillées, et qui durent lui paraître bien minutieuses : il eut l'honnêteté de n'en rien faire paraître. Je lui fis promettre, sur son honneur, de ne pas révéler à Thibaut le lieu où je vivais, quelques instances qu'il lui pût faire. Il le jura, et monta dans une assez bonne carriole que j'avais louée dans le village. Je restai seul avec Antoine et Buffon.

CHAPITRE XIV.

Je commence à voir clair.

Cette journée s'écoula comme celles qui l'avaient précédée. Elle fut plus agitée peut-être, parce que j'éprouvais deux sensations pénibles, qui ne m'avaient pas tourmenté encore, l'incertitude et l'attente. J'avais ouvert Buffon; je croyais lire, je ne voyais que des caractères, qui ne m'offraient aucun sens. Mon entendement, mon imagination, tout mon être suivait la carriole. J'étais à la fois sous le vieux if, et sur la route de Paris.

J'appelai Antoine : « Demeure avec moi; parle-moi, parle-moi toujours, et force-moi d'écouter. »

Le soleil allait disparaître, et je redoutais l'obscurité et la solitude : « Antoine, fais du feu dans ma chambre; viens-y passer la nuit avec moi. Tu t'iras coucher quand je me leverai. »

Le bon homme avait mis une table auprès de mon lit. Il chantait, il me lisait, il me contait des histoires que j'avais cent fois entendues : c'était tout ce qu'il pouvait.

Il était minuit ou environ, et je m'assoupis en l'écoutant. Je reposais comme l'oiseau sur la branche, qu'une simple feuille intimide et réveille. Je fus frappé du bruit d'une voiture qui roulait rapidement, et qui semblait attelée de plusieurs chevaux. Elle s'arrêta à notre porte, et j'entendis qu'on frappait doucement. Nous étions sans armes, au milieu d'un bois, et Antoine ne voulait pas ouvrir. On frappa plus fort : je pensai que ce pouvait être quelque voyageur égaré, qui venait demander son chemin. Je m'habillai ; je descendis, un flambeau à la main ; je parlai à travers la serrure, on me répondit, et je reconnus la voix du curé.

Quel fut mon étonnement, lorsque je vis Thibaut descendre après lui, d'une chaise de poste « Ah ! mon père, dis-je au vieillard, vous avez « manqué à votre parole. — J'ai cru faire mon « devoir. — Dans quels embarras nouveaux « vous allez me jeter ! — Je ne croyais pas, « reprit Thibaut, que dans aucun temps ma « présence dût vous être importune. — Non, « mon ami, mais... — Je n'aurais pas cru non « plus que vous pussiez prendre un parti déses- « péré avant de vous être ouvert à moi. Tout se « serait éclairci sans doute, et... — Hé, monsieur, « a-t-il dépendu de moi de me refuser à l'évi- « dence ? et quels conseils alors avais-je à deman- « der ? Finissons. Si vous êtes un émissaire de « celle..... — Non, monsieur, on ne m'a pas « chargé d'agir ; mais je suis l'ami de tous deux, « et incapable, surtout, de tromper personne. « Des passions violentes nécessitent des mesures « promptes, et la précipitation fait commettre des « fautes. Entrons, et écoutez-moi. — Des fautes

« répliquai-je, des fautes ! je n'en ai point à me
« reprocher. — Entrons, mon ami, entrons. »

Ah ! me disais-je en le suivant, s'il m'était permis de douter de ce que j'ai entendu !... Impossible, impossible.

On s'assit autour du foyer, et Thibaut continua de parler.

« Rappelez-vous les premiers incidens qui suivi-
« rent votre arrivée à Paris. Madame Dercourt prit
« du goût pour vous ; elle fut rebutée, et il est
« des offenses qu'une femme ne pardonne jamais.

« Je sais cela. Après ?

« Denneterre s'attacha sérieusement à votre
« épouse, et il se garda bien de se déclarer : il se
« fut perdu auprès d'elle ; mais il a été bien avec
« madame Dercourt, et je présume qu'ils se sont
« concertés pour vous détacher l'un de l'autre.

« — Je l'ai toujours pensé ; mais ces détails sont
« étrangers à l'évènement terrible...

« — C'est du raisonnement qu'il faut ici, et non
« de vaines déclamations. Madame Dercourt cacha
« ses vues sous l'enveloppe de la frivolité et des grâ-
« ces. Elle raillait souvent Angélique sur son atta-
« chement pour vous ; elle cherchait à lui inspirer
« le goût de la dissipation. Denneterre, au con-
« traire, était réservé ; mais il s'efforçait de paraître
« aimable, et il voulait être sûr de plaire avant de
« se déclarer. Il crut que la jalousie était un
« moyen infaillible avec une femme qui devait
« être persuadée de ce qu'elle valait, et c'est en

« piquant son amour-propre qu'il vous attaquait
« dans son cœur. Il hasarda de loin en loin quel-
« ques mots sur votre intimité avec Jeanneton...

« — Jeanneton ! la seule femme estimable que
« je connaisse !

« — Je crois que vous en connaissez deux.

« — Ah ! puisse le ciel vous entendre !

« — Ne m'interrompez plus; suivez-moi exactement.

« — Je ne perds pas un mot.

« Angélique ne démêla pas le but de ces insinua-
« tions perfides. Elle ne s'y arrêta pas même d'a-
« bord ; mais elle vous aimait trop tendrement...

« — Trop tendrement !

« — Pour que ces propos, qui paraissaient
« tenus sans intention, ne produisissent pas enfin
« une sorte d'effet.

« — Et elle n'en a rien dit ! La cruelle a pu se taire !

« — Lui avez-vous parlé des alarmes que vous
« inspirait Denneterre ?

« — Je craignais son extrême sensibilité.

« — Et elle a pris le seul parti qui reste à une
« femme prudente, le silence et la résignation. Elle
« souffrait beaucoup en secret, et jusque là, elle
« l'avait caché à tout le monde.

« — Mais, mon ami, d'où savez-vous tout cela ?

« — Nous y viendrons. Mon accident vous amena
« à Bordeaux. D'abord, votre correspondance fut
« tendre et suivie. Vous fûtes huit jours sans lui
« écrire...

« — C'est faux ; demandez à Antoine.

« — Vos lettres ont donc été soustraites ; mais
« par qui ?

« — Par Denneterre, sans doute. Ou par Justine,
« dit Antoine.

« — Par Justine, cela se peut. On fit entendre
« à Angélique que les momens que vous lui dé-
« robiez étaient peut-être consacrés à Jeanneton.

« — Les scélérats !

« — Elle ne la reçut plus qu'avec froideur, et Jean-
« neton cessa de la voir. Bientôt le mécontente-
« ment de votre épouse perça, malgré elle, dans ses
« lettres, et cependant elle vous écrivait tous les
« jours.

« — C'est faux encore, et c'est ce qui m'a fait
« partir si précipitamment.

« — Mais on ne retire pas des lettres de la poste.

« — Et si Justine ne les y a pas mises, reprit An-
« toine. — Vous revîntes à Paris. Angélique apprit
« votre retour, et quitta tout pour aller vous
« prodiguer ses caresses.

« — C'est vrai.

« — Jeanneton ne paraissait plus chez vous ; mais
« vous alliez fréquemment chez elle. On empoi-
« sonna vos démarches, et Angélique, profondé-
« ment blessée, affecta les dehors de l'indifférence,
« et essaya de vous ramener par la jalousie. Elle
« eut pour Denneterre les prévenances, les atten-
« tions qui pouvaient vous inquiéter, sans la com-
« promettre avec cet homme, et, quelquefois,

« maîtrisée par son amour, elle le quittait, elle
« s'approchait de vous avec l'expression de la ten-
« dresse ; mais aussitôt, se rappelant vos torts pré-
« tendus, elle s'éloignait, elle retournait à Denne-
« terre, et s'efforçait de lui sourire.

« — C'est vrai, c'est trop vrai.

« — Vous fûtes attaqué d'une maladie mortelle.
« Votre danger fit disparaître tous les nuages qui
« s'étaient élevés dans son esprit : elle ne vit plus
« qu'un époux adoré...

« — Arrêtez...

« — Je me sers du mot propre. Elle ne vit plus
« qu'un époux adoré, que peut-être elle allait per-
« dre. Baignée dans les larmes, elle passait près
« de vous les jours et les nuits. Jeanneton se pré-
« senta pour vous voir, et la porte lui fut refusée.
« Denneterre, qui lui était inutile alors, fut égale-
« ment éloigné. C'est sur ces entrefaites que j'arri-
« vai à Paris, et que je partageai avec Angélique
« les soins qu'elle vous donnait. A peu près seul
« avec elle, je ne tardai pas à m'apercevoir que
« des peines secrètes l'affectaient sensiblement.
« Rien de ce qui vous touche l'un ou l'autre ne
« peut m'être indifférent : je la pressai, et elle ne
« put résister à mes instances, ou peut-être au
« besoin de s'ouvrir à un véritable ami. Assuré de
« la sagesse de Jeanneton, de son attachement
« pour Bastien, je combattis des idées qui ne me
« paraissaient pas fondées. Je l'engageai surtout à

« ne vous parler jamais d'une faiblesse qui, sup-
« posée ou réelle, ne pouvait durer long-temps.

« — Voilà ce que j'ai entendu avant qu'il me
« fût permis de parler, et ce que je n'ai pu com-
« prendre.

« — Vous guérîtes. Votre reconnaissance envers
« votre épouse, le désordre de vos sens, des ex-
« pressions qui ne partent que d'un foyer brûlant,
« dissipèrent un moment ses soupçons, et la ra-
« menèrent à la douce espérance d'être aimée uni-
« quement.

« Il faisait beau. Vous fîtes mettre les chevaux,
« et la sensible Angélique offrit de vous accom-
« pagner. Vous parûtes touché de son empresse-
« ment; mais une courte promenade ne fut qu'un
« détour qui vous conduisit chez Jeanneton : elle
« le crut, au moins. Votre première visite à Jean-
« neton, un dîner avec elle, une partie du jour
« passée dans cette maison, tout s'accordait à ra-
« nimer des soupçons mal éteints. Le trait acéré
« se fit sentir de nouveau dans le cœur d'Angé-
« lique; l'amour blessé, le dépit, l'orgueil, agirent
« un moment. Elle écrivit un billet inconsidéré, et
« sortit; mais c'est chez moi qu'elle vint, c'est
« chez moi qu'elle déplora un malheur imaginaire.

« — Oh! bien imaginaire, mon ami.

« — Je le crois à présent. Elle me demanda un lit;
« elle me déclara l'intention formelle de ne rentrer
« avec vous que lorsque vous auriez rompu sans
« retour avec Jeanneton. Je m'élevai fortement

« contre un plan de conduite irrégulier et dan-
« gereux; je le combattis sous tous les rapports ;
« mais elle ne raisonnait plus.

« Denneterre entra, et j'en fus étonné : je ne
« le voyais jamais chez moi. Il avait constamment
« alimenté la jalousie d'Angélique, et s'était in-
« sinué jusqu'à un certain point dans son esprit ;
« aussi sa présence ne détourna pas la conversa-
« tion. Elle persista ouvertement dans la résolu-
« tion de vous éviter.

« Les vues de Denneterre ne m'avaient point
« échappé, et ma surprise redoubla lorsque je le
« vis se ranger de mon côté, lui représenter les
« conséquences de sa retraite auprès d'un homme
« seul, et la conjurer de ne pas justifier vos éga-
« remens par cette démarche hasardée.

« Il sortit et revint une heure après. Il employa
« de nouveau les raisonnemens les plus convain-
« cans. Angélique ne se rendait pas encore. Je
« me prononçai nettement, et je lui déclarai que
« je ne me prêterais point à ce qu'elle exigeait de
« moi. Il fallut qu'elle cédât; elle monta en car-
« rosse, et ordonna de toucher chez vous.

« Voilà, jusqu'à l'instant de votre disparution,
« la conduite exacte d'une femme injustement
« soupçonnée, abandonnée d'une façon barbare,
« et réduite au dernier désespoir.

CHAPITRE XV.

Elle est innocente.

« Injustement soupçonnée ! m'écriai-je. Et ce
« lieu de débauche où je l'ai surprise, sortant de
« chez vous, où elle était volontairement, où je
« me suis convaincu de son ignominie ! C'est là,
« monsieur, c'est là ce qu'il fallait d'abord éclaircir,
« ce qu'il vous est impossible de pallier, ce qui
« ne s'effacera jamais de ma mémoire.

« — Je ne vous entends pas. Un endroit où vous
« l'avez surprise... Elle ne vous a pas vu de la
« soirée.

« — Je l'ai vue, moi, je l'ai entendue, et c'est
« assez. Un inconnu... Une chaise à porteurs...
« Et cette lettre ! »... Je lui présentai celle de l'anonyme. « Quelle atrocité, dit-il d'une voix étouf-
« fée ! je n'aurais pas soupçonné cet excès de
« scélératesse ! Denneterre.... madame Dercourt...
« ce sont eux qui ont tout fait. Denneterre n'est
« entré chez moi que pour s'assurer que votre
« épouse y fût. Il est ressorti ; son absence a été
« longue... Cette lettre est de quelqu'un à lui.
« Écoutez, écoutez ce que m'a raconté le lende-
« main leur déplorable victime, en s'applaudis-
« sant de l'accueil honnête de celle qui l'a reçue.

« — Ah ! parlez. Hâtez-vous, si vous avez quel-
« que chose de consolant à me dire.

« — La voiture d'Angélique fut arrêtée au coin
« de la rue de l'Arbre-Sec.

« — J'ai parlé au cocher. Après?

« — Deux fiacres, en travers de la rue, accrochant
« les carrosses, dont le nombre augmenta à chaque
« instant, les deux cochers se querellant, sautant
« de leur siége, se battant ou ayant l'air de se bat-
« tre, se tenant aux cheveux, à la portière même
« d'Angélique, effrayée des coups, des juremens
« et du tumulte qui devient général; le domes-
« tique de Denneterre qui monte à la portière
« opposée, qui lui dit que dans une heure peut-
« être la rue ne sera pas débarrassée; que le
« combat s'engage de proche en proche entre tous
« les cochers; que les maîtres prendront parti
« sans doute; que son état l'expose; qu'il voit une
« chaise à porteurs près de la fontaine; qu'elle
« peut filer le long des maisons, et qu'il va la con-
« duire chez une marchande qui fournit à ma-
« dame Denneterre. Angélique descend, éperdue
« et tremblante, s'abandonne à l'infame émissaire,
« est conduite en effet chez une femme qui la
« reçoit avec décence, et dont les manières...

« — N'achevez pas, Thibaut, n'achevez pas. Je
« suis un malheureux, un forcené. J'ai outragé la
« vertu la plus pure. Je ne voulais point pardon-
« ner!... C'est moi qui ne mérite pas de pardon.
« Ah! mon ami, courons, volons; que je lui jure
« une estime, un respect, un amour éternel. Que
« je tombe à ses pieds, que j'y meure, ou que j'y
« obtienne ma grace.

« — Vous ne serez pas long-temps séparés, je l'es-

« père; les recherches que nous ferons ensemble...

« — Que voulez-vous dire?

« — Angélique n'est plus à Paris.

« — Je le sais; elle est au Bois-Guillaume.

« — Mon ami, il m'en coûte pour ajouter à vos
« peines; mais je l'ai fait chercher en vain au
« Bois-Guillaume, chez sa mère, et chez Montfort.

« — Dieu! grand dieu!

« — On vous cherchait aussi à Besançon, à Rouen,
« à Caudebec, partout où je vous savais des rela-
« tions. Mes démarches ont été doublement in-
« fructueuses, et sans la louable indiscrétion du
« bon curé, j'ignorerais encore la destinée de
« mon meilleur ami.

« — Elle n'est plus à Paris! elle n'est pas au
« Bois-Guillaume! elle me croit coupable, elle me
« hait, elle me fuit... Je ne me plaindrai pas : je l'ai
« trop mérité. Mais, Thibaut, mon cher Thibaut!
« êtes-vous sans espérance? Quoi! pas la moindre
« présomption, nulle idée sur la route qu'elle a
« pu tenir? Racontez-moi les plus simples particu-
« larités. Qu'a-t-elle fait, qu'a-t-elle dit après mon
« départ? Un amant, un époux n'a besoin que d'un
« mot: un seul mot peut être un trait de lumière.

« — Il était deux heures après midi, et j'étais loin
« de prévoir les désastres de la nuit précédente.
« Son cocher entra chez moi. Madame est dans
« un état affreux. Nous ne savons où est monsieur.
« Venez, il n'y a pas un moment à perdre. Je
« ne donne pas le temps de mettre mes chevaux,

« je sors, je cours, j'arrive. Elle était à demi-nue,
« les cheveux épars, le visage couvert de ses mains.
« Elle avait devant elle une table et plusieurs
« papiers. Je lui parlai long-temps sans obtenir
« d'autre réponse que des sanglots prolongés, qui
« me déchiraient. Elle me montra du doigt votre
« lettre ; je la lus, et, je l'avoue franchement,
« elle excita mon indignation et mon mépris.

« Je ne vis qu'un moyen pour calmer l'infortu-
« née Angélique, ce fut d'armer son amour-pro-
« pre contre son cœur. Je lui peignis, avec les plus
« fortes couleurs, ce que votre procédé semblait
« avoir d'odieux ; je lui représentai que sa fierté,
« sa raison, son amour même voulait qu'elle vous
« oubliât. « L'oublier ! eh, je l'adore, le barbare ! »
« Voilà les seules paroles qu'elle prononça jusqu'à
« huit heures du soir.

« Elle ne pouvait résister long-temps à la violence
« de cette crise. De légères convulsions avaient
« déjà agité ses traits ; sa vue s'égarait, elle ne
« trouvait plus de larmes. Dans le désordre où
« j'étais moi-même, je ne pouvais ni conseiller
« ni agir. Un mouvement qu'elle sentit en elle
« la ramena subitement. « Oui, dit-elle, oui, tu
« m'avertis que je dois vivre pour toi : hé bien,
« je vivrai, j'en aurai le courage. Je ne te punirai
« pas des fautes de ton père. »

« Elle se remit par degrés, et nous commençâmes
« à nous entendre. Nous réfléchîmes sur chacune
« des expressions de votre lettre. Elle indiquait de

« votre part de graves sujets de plaintes; mais sur
« quoi étaient-elles fondées? voilà ce que nous ne
« pouvions concevoir. Le billet qu'elle vous avait
« laissé la veille, avait pu vous blesser, mais non
« autoriser une rupture. Nous revînmes sur le
« passé; nous examinâmes sévèrement ses actions
« les plus indifférentes, et ce fut alors qu'elle
« me raconta ce qui lui était arrivé en sortant de
« chez moi, cet embarras de carrosses, enfin ce
« que je vous ai déjà dit.

« Tout en elle était innocent et pur. Je ne vis
« plus dans votre lettre qu'une ruse mal-adroite
« pour vous livrer tout entier à d'autres amours.
« Nous ne vîmes plus de coupables que vous
« et Jeanneton.

« Cependant la donation des trois quarts de
« votre fortune éloignait quelquefois ces présomp-
« tions. On ne comble pas de biens une femme
« qu'on abandonne; et puis, Bastien est un homme
« d'honneur; vous ne pouviez posséder Jeanne-
« ton avec sécurité qu'en l'ôtant à son mari, en
« la conduisant en pays étranger, et ces mesures
« nécessitaient des dépenses auxquelles votre mé-
« diocrité actuelle ne vous permettait plus de
« faire face : nous ne savions où nous arrêter.

« Votre lettre était timbrée de Neuilly. Mon pre-
« mier mouvement fut d'y courir; mais il était tard.
« Vous aviez écrit le matin; il s'était écoulé douze
« ou quinze heures. Vous pouviez avoir vingt ou

« vingt-cinq lieues d'avance, et quel chemin pren-
« dre pour vous rejoindre? J'allai chez Jeanneton.

« Je la trouvai gaie et tranquille. Elle me reçut
« avec aisance, et me parla avec une liberté d'es-
« prit qu'on n'a point quand on se reproche quel-
« que chose, ou même qu'on est préoccupé : cela
« me dérouta. Si nos conjectures étaient justes,
« elle ne pouvait ignorer votre départ, le parti
« extrême que vous aviez pris avec Angélique,
« et ma présence devait l'embarrasser.

« Cependant je ne voulus rien négliger de ce
« qui pouvait jeter quelque jour sur votre con-
« duite. Je lui racontai ce que vous veniez de
« faire, et je l'observai avec attention. Je vis un
« étonnement qui n'était pas joué, de la douleur
« qu'on n'imite jamais qu'imparfaitement. Sa mal-
« heureuse épouse, me dit-elle, a eu des torts
« avec moi; mais elle a besoin de consolations,
« j'oublie tout. Venez, ne la laissez pas un mo-
« ment à elle-même. Il n'était plus possible de
« soupçonner cette femme-là. Vous aimiez donc
« seul; mais alors pourquoi vous éloigner?

« Telles étaient les différentes idées dans les-
« quelles je me perdais, en retournant de la rue
« de Bièvre chez vous. Je prévis dès lors quelque
« menée secrète. Je pensai à Denneterre; mais
« comment vous aurait-il persuadé d'exiler votre
« épouse à la campagne, lui dont vous étiez jaloux,
« et dont les succès dépendaient du séjour d'An-
« gélique à Paris?

« Nous montâmes, Jeanneton et moi. Nous ne
« trouvâmes qu'un domestique qui mettait le
« couvert à l'ordinaire, et qui me dit que ma-
« dame et Justine venaient de sortir pour affaires.
« Il me remit un paquet à votre adresse, avec
« un billet pour moi.

« Avant que vous vinssiez, m'écrivait-elle, j'é-
« tais déterminée, et je profite de votre absence
« pour suivre ma résolution. Vous lui ferez te-
« nir ce paquet, quand vous saurez où il vit avec
« elle... Elle n'avait pas eu la force d'achever. »

Ici Thibaut cessa de parler. Ma confusion, mes
remords ne m'avaient pas permis de l'inter-
rompre. Ils augmentèrent encore quand j'eus
ouvert le paquet qu'il me présenta. J'y trouvai
tous les papiers que je lui avais adressés de
Neuilly, et une lettre!... Écrire ainsi à un tigre!
c'est l'innocent qu'on supplicie, et qui embrasse
ses bourreaux.

« Vous étiez l'époux de mon cœur avant que
« je connusse votre fortune : celle que vous
« m'offrez n'est rien auprès de ce que vous m'ôtez.

« Vous me chassez de votre maison, et je vous
« obéis. Vous me donnez le Bois-Guillaume : je
« ne porterai pas mon désespoir dans l'ame de
« ma mère; je ne recevrai plus rien de l'homme
« qui ne veut plus être mon époux.

« Je vous renvoie tous vos dons. Je n'emporte
« que deux cents louis. C'est assez jusqu'à la nais-
« sance de votre enfant, assez pour payer les

« premiers soins d'une autre mère... Je ne le
« nourrirai pas, moi : eh! que lui offrirais-je? des
« larmes.

« Vous serez informé de l'endroit où je le met-
« trai, afin que vous puissiez le réclamer. Aimez-
« le comme vous avez aimé sa mère, comme elle
« l'a cru, du moins.

« Quel cœur vous avez déchiré!... Pardonnez-
« moi ce reproche : c'est le seul que je vous adres-
« serai. »

Ce fut Thibaut qui acheva de lire. « Qui ne
« veut plus être mon époux!... Qui ne veut plus
« être mon époux! » répétai-je plusieurs fois, et
je ne pus poursuivre.

Où la trouver, où la trouver! c'était là ma seule
pensée, mon seul cri, ma seule réponse aux re-
montrances affectueuses de Thibaut, aux discours
religieux du curé, aux pleurs du bon Antoine.

Cette scène de douleurs se prolongea jusqu'au
jour. Ils me remirent au lit, et me forcèrent à
prendre quelque chose. Toutes mes facultés étaient
suspendues; je n'étais plus qu'un faible enfant
sans volontés.

CHAPITRE XVI.

La police.

« Eh bien, me dit Thibaut, ne trouverez-vous
« pas des idées pour concerter nos démarches,

« et des forces pour la chercher ? » Il n'en fallut pas davantage pour me rendre à moi-même. Je me levai, et je me préparai à partir. Je devais beaucoup au digne prêtre; je ne lui laissai que nos meubles, ce qui restait d'argent, et le souvenir de m'avoir consolé et soutenu.

Nous arrivâmes à Paris, et nous descendîmes chez moi. Je rassemblai mes domestiques, je les interrogeai. « Madame est partie avec Justine; Justine la conduisait. » Voilà tout ce qu'on put me dire. Les deux carrosses, les chevaux, elle avait tout laissé. Elle avait donc pris la poste, ou une diligence. Nous fûmes des deux côtés demander des éclaircissemens; on se refusa à nos instances : il fallait, pour compulser les registres, un ordre de la police. Si elle était restée à Paris, la police seule pouvait la découvrir; je cherchai à avoir accès auprès du ministre.

Celui-ci est du petit nombre de ceux qui honorent le ministère. Il sait concilier l'humanité et ses devoirs. C'est en cultivant les vertus privées qu'il se soulage du fardeau des affaires.

Je ne pouvais lui inspirer une sorte d'intérêt, qu'en lui confiant les détails de la malheureuse aventure. Je lui parlai avec cette éloquence, cette chaleur, cet abandon naturel à l'homme pénétré de son objet. Il m'écouta avec bonté, et nous fit passer, Thibaut et moi, dans un arrière-cabinet où il nous invita à attendre patiemment.

La matinée avançait, et nous étions toujours là,

La crainte de distraire ceux qui travaillaient auprès de nous, nous réduisait à lire les étiquettes des cartons, ou à nous regarder; ce qui n'est pas propre à distraire un homme impatient, et occupé d'affaires majeures. Jugez, quand cela dure quatre heures!

Le ministre nous fit appeler enfin, et me raconta sommairement ce qu'il avait fait.

Il avait envoyé chez la femme de la rue de Grenelle : elle était déja notée pour attirer chez elle de jeunes épouses séduites ou trompées. Il s'était expliqué de manière à l'intimider, et elle avait avoué que l'homme qui était venu chez elle avec Angélique, la voyait depuis quelques jours, lui faisait répéter le rôle qu'elle devait jouer, et lui recommandait surtout d'être prête à tous les instans. Le ministre venait de la faire conduire à Saint-Lazare, où il se proposait de lui faire longuement et péniblement expier ses fautes.

Il avait fait venir ensuite le domestique de Denneterre. C'est un fripon consommé, qui s'est d'abord habilement défendu; mais, d'après les renseignemens qu'on avait tirés de sa complice, on lui fit des questions captieuses, on lui tendit des piéges, il se coupa : le reste allait de suite. Il répondit franchement à toutes les questions qui lui furent faites : en voici le résumé.

L'adroit Denneterre connaissait trop bien Angélique pour en attendre quelque chose tant qu'elle conserverait sa raison. Le malheur et le dépit pouvaient seuls la lui livrer. Il avait étudié mon caractère bouillant, et il s'était persuadé que l'apparence prononcée d'une infidélité me porterait à prendre sans délai un parti violent... Le malheureux m'avait bien jugé.

Il épiait le moment favorable. Elle ne faisait plus un pas sans être suivie. Justine, qui était gagnée, lui avait fait part de l'effet du billet que j'avais trouvé à mon retour de chez Jeanneton, de l'extrême mécontentement que j'en avais marqué ; il savait, enfin, que j'étais sorti pour ne rentrer qu'avec elle.

Ses derniers arrangemens furent pris aussitôt. Pour éloigner le soupçon, il se rendit chez Thibaut, il y parla en honnête homme, il persuada à ma déplorable épouse de rentrer chez elle. Des scélérats à ses gages l'attendaient dans la rue. Deux cochers de fiacres étaient chèrement payés pour occasionner du tumulte à un signal convenu. La lettre anonyme me fut remise en même temps : elle était prête depuis un mois.

Ce malheureux domestique ne m'aperçut pas dans cette maison de la rue de Grenelle, et il crut le coup manqué. Il y passa le lendemain ; il sut ce que j'avais vu, ce que j'avais entendu, et Denneterre reçut un billet de Justine, qui l'informait de ce qui était arrivé.

Le même jour, son régiment reçut l'ordre de partir pour Namur. Justine fut aussitôt chargée de déterminer la confiante Angélique à se retirer à Viller, petit bourg dans la forêt de Marlagne, et à deux lieues de Namur. Justine avait reçu le nom d'un brigand de la connaissance du valet, qu'elle devait faire passer pour un proche parent, aisé et honnête, chez qui Angélique serait en sûreté, et vivrait absolument inconnue. On avait prévenu cet homme par l'ordinaire du jour.

L'infortunée consentit à sortir de chez elle. Elles employèrent l'après-midi à se procurer des passe-ports, et couchèrent dans un hôtel garni, à l'autre extrémité de Paris. Le lendemain, elles prirent des places à la diligence de Namur, et partirent. Denneterre suivit son régiment, certain de retrouver sa victime, et il laissa son domestique pour m'observer, si je revenais dans cette ville, et pour lui rendre un compte exact de mes démarches.

Le ministre, après avoir tiré ce qu'il voulait de ce coquin, l'avait fait traduire à la police correctionnelle, et il venait d'écrire au ministre de la guerre, pour que le maître, ainsi que le valet, fussent à l'avenir dans l'impossibilité de troubler le repos des ménages.

J'adressai à l'homme en place de courts, mais de vifs remercîmens. Quelque pressé que je fusse de voler au secours de la malheureuse femme, je pris pourtant sur moi de le prier de ne pas faire éclater une affaire qui la compromettrait infailliblement. « Votre épouse, me répondit-il, ne sau-
« rait souffrir des atteintes que des fripons ont

« voulu donner à sa réputation, et la sûreté des
« familles exige qu'ils soient punis d'une façon
« exemplaire. J'ai fait mon devoir envers vous; je
« le remplirai aussi envers eux. » Il me remit,
en me congédiant, un papier qui enjoignait aux
agens du gouvernement, des communes où je passerais, de me prêter protection ou assistance, selon
les évènemens.

Je me fis ramener chez moi d'un train à briser
ma voiture. Angélique à deux lieues de Namur, au
milieu d'un bois, logée chez des gens gagnés, obsédée par une suivante perfide; l'esprit insinuant
du séducteur, la facilité de commettre le dernier
crime, si elle opposait une trop longue résistance,
tout me faisait frissonner. Je pressais mes gens, et
j'agissais moi-même; je voulais monter en chaise
dans deux heures au plus tard.

J'avais à traverser une partie des Ardennes. Je
pouvais rencontrer Denneterre à Viller; et l'entrevue devait être orageuse. J'achetai d'excellentes
armes à feu, et je fis courir devant moi mon ancien cocher, homme de tête et de résolution, et
encore dans la force de l'âge.

Thibaut avait voulu m'accompagner, et je
l'avais remercié poliment. Il est des circonstances
où on ne prend conseil que de son courage, où
il faut de l'activité, un bras, et non des raisonnemens.

CHAPITRE XVII.

Les récollets.

En entrant dans l'ancien Hainault français, je trouvai les chemins détériorés, rompus même en quelques endroits. On m'en annonçait de plus mauvais encore vers Cambrai, et la crainte d'éprouver le moindre retard me détermina à changer de direction. Je pris par Landrecy. C'étaient quelques lieues de plus à courir; mais je comptais les regagner par la facilité de la route.

Je n'étais resté à Landrecy que le temps nécessaire pour changer de chevaux. Mon cocher m'avait fait observer que le temps chargé, un air lourd et chaud, indiquaient un orage très-prochain : je n'en connaissais pas de comparable à ceux qui me torturaient depuis long-temps. Le danger d'Angélique, mon imagination ardente, ne me permettaient ni d'entendre, ni d'arrêter. D'ailleurs j'étais dans une bonne chaise : que m'importaient la pluie, les éclairs et le bruit?

Nous filions le long du bois de Mormal, lorsque la nuée creva. Une grêle énorme et des coups de tonnerre, que l'écho renvoyait de différentes parties de la forêt, intimidèrent les chevaux; ils arrêtèrent. Le postillon rangea la voiture sous les arbres qui bordaient le chemin, et mon cocher et lui ne trouvèrent d'abri contre les grêlons, que sous la voiture même.

Je les priais, je les conjurais de repartir; je leur offrais l'or que j'avais sur moi, celui dont je pouvais disposer, et je ne pensais pas que c'eût été exposer leur vie pour satisfaire mon impatience. La grêle hachait les branches, et je sus, deux jours après, qu'elle avait tué ou blessé la plupart des bestiaux qui étaient dans les pâturages de Fontaine-aux-Bois.

Je me désolais, je me désespérais, lorsqu'un éclair terrible faillit à m'aveugler; en même temps un coup épouvantable éclata au-dessus de nous. Les chevaux prirent le galop, quittèrent la grande route, et me traînèrent à travers les champs. J'étais au moment d'être brisé : je n'y aurais pas fait attention, s'ils eussent galopé vers Namur.

Je crus remarquer, au contraire, qu'ils retournaient du côté de Landrecy; je ne balançai pas : j'essayai d'ouvrir la portière, décidé à sauter à terre, dussai-je être moulu par la roue.

J'étais parvenu avec quelque peine à faire jouer le ressort; j'allais exécuter ce dessein imprudent; mais je vis que j'étais engagé dans le bois, et mon opiniâtre vivacité ne m'empêcha pas de sentir que si j'évitais la roue, je courrais risque de me tuer sur les arbres devant lesquels je passais avec une incroyable rapidité. Hé! qui sauvera l'infortunée, si son unique défenseur périt misérablement ici? Cette réflexion m'arrêta aussitôt.

Cependant le chemin devenait plus étroit; les moyeux accrochaient à chaque seconde, et le péril était égal de toutes parts. J'attendais le moment où ma chaise volerait en éclats, et, je l'avoue, cette perspective me fit frémir : je tenais à la vie, depuis que j'avais conçu l'espoir de vivre encore pour elle.

Ce que j'avais prévu ne tarda point à arriver. L'essieu rompit par le milieu, les roues se détachèrent, la caisse tomba, et je fus sauvé par ce qui semblait assurer ma perte. Le devant de la voiture touchait aux jambes de derrière du cheval de brancard; il fut contraint de s'arrêter; le bricolier ne put entraîner seul les deux masses : je descendis. La nuit était close; mais l'orage était calmé; la lune blanchissait le faîte des arbres, et je ne désespérai point de me tirer de ce bois malencontreux.

Je dételai mes chevaux. Ma valise, mes provisions de bouche, mes bougies et mes deux lanternes, j'attachai tout sur l'un; je montai sur l'autre, j'abandonnai la chaise, et je marchai devant moi. Le chemin était battu, et je ne doutais pas qu'il ne me conduisît à quelque village, où je trouverais les moyens de gagner la première poste.

Les chevaux, harassés de la course forcée qu'ils

avaient fournie, et rassurés par le beau temps, ne voulaient plus aller qu'au pas. Je fus tenté vingt fois de les laisser, et de poursuivre à pied; mais si je m'égarais dans cette forêt, mes provisions devenaient une ressource qu'il était important de conserver. Je me plaignais amèrement du contre-temps que j'éprouvais, mais je me soumis à la nécessité.

Je pensais à mon cocher, à l'embarras où il devait être, à la difficulté de nous réunir, lorsque j'arrivai sous un mur ruiné qui fermait une espèce de parc. Je présumai que j'étais près de quelque habitation; j'avançai encore, et je me trouvai devant un monastère démantelé. Une partie des toits était enlevée, les portes, les croisées démontées, et il n'y avait pas d'apparence que ces masures recélassent aucun être vivant. Cependant en examinant avec plus d'attention, je démêlai certains bâtimens qui étaient demeurés intacts. J'en conclus qu'il pouvait y rester des effets de quelque valeur, et il était vraisemblable qu'on y avait mis un concierge. J'attachai mes chevaux à un arbre, et j'entrai dans une vaste cour, au fond de laquelle était l'église.

Je jugeai qu'elle communiquait au cloître, d'où appelant à très-haute voix, je serais infailliblement entendu, dans le silence de la nuit. Je fis du feu, et j'allumai une de mes bougies, pour me guider dans les détours inconnus que j'allais parcourir. Je montai au portail; je bronchai sur quelque chose de volumineux qui était sur les degrés supérieurs. J'approchai ma lanterne : c'était un homme qui dormait profondément. Je le poussai long-temps avant qu'il s'éveillât. Il ouvrit enfin les yeux. Je lui parlai. Il me répondit dans son patois brabançon, qu'il était un pauvre voyageur que l'orage avait surpris, qu'il s'était mis à couvert sous l'enfoncement en avant de la porte, et que la fatigue l'avait endormi.

Je lui demandai pourquoi il ne s'était pas retiré dans l'intérieur, au lieu de se tenir dans un endroit où il était presque aussi exposé qu'en plains champs. « Ah! monsieur, me répondit-il, vous « ne savez donc pas l'histoire de ce couvent? — « Non. — On me l'a contée à Bavai. — Hé bien, « qu'est-ce que c'est? »

Il allait à Landrecy, et son hôte de Bavai, bon homme, à ce qu'il me sembla, lui avait dit qu'il gagnerait une lieue en coupant par la forêt; mais qu'il passerait devant l'ancien couvent des récollets, et qu'il se gardât bien d'y entrer, surtout la nuit, parce qu'il y revenait des esprits depuis qu'un juif avait acheté le monastère, et commencé à le démolir; que les bûcherons, les sabotiers et les autres habitans de la forêt avaient chuchotté à l'oreille du juif, qu'ils le brûleraient vif, s'il reparaissait dans l'habitation des bons pères, dont le ciel prenait la défense, et qu'il avait fait suspendre les travaux, après avoir enlevé pourtant les fers, les plombs, la menuiserie, et une partie des charpentes.

Je n'étais pas d'humeur à m'amuser de ces sottises. J'interrompis mon homme, qui ne paraissait pas disposé à finir; je lui demandai s'il voulait partir à l'instant pour Landrecy, et se charger d'une commission dont je le paierais honnêtement. Il me répondit qu'il était à mes ordres. Je lui mis douze francs dans la main, et je lui dis d'aller à la poste, d'apprendre au maître que j'étais aux récollets avec mes effets et ses deux chevaux, incapables de marcher au moins de vingt-quatre heures; qu'il m'en fallait d'autres sans délai, avec une chaise bonne ou mauvaise; qu'il fît courir sur la route de Landrecy à Bavai, pour avoir des nouvelles de mon cocher, et lui recommander, si toutefois ma voiture, sous laquelle il s'était réfugié, ne l'avait pas écrasé quand les chevaux s'emportèrent, de pousser de suite jusqu'à Mons, et de m'attendre à la poste.

J'avais eu d'abord quelque envie de retourner moi-même à Landrecy; mais je ne voulais pas laisser les chevaux et la valise à la merci d'un inconnu; d'ailleurs c'était un garçon de vingt-cinq ans au plus, fortement taillé, qui pouvait faire le chemin en trois quarts d'heure. Je ne le détournais pas; je n'exigeais qu'un peu plus de célérité, et le délabrement de ses habits annonçait quelqu'un qui ne gagne pas souvent douze francs dans une heure. Je pouvais donc compter sur son zèle ; aussi m'assura-t-il qu'il irait tout courant, et qu'il n'arrêterait pas que ma commission ne fût faite. Ses protestations avaient un ton de bonhomie qui augmenta ma confiance : les bonnes gens sont ordinairement bêtes, mais toujours sûrs, à quelques exceptions près.

CHAPITRE XVIII.

Aventure singulière.

Mon homme était parti, et je me promenais dans cette cour, vivement affecté de l'accident qui me faisait perdre quatre ou cinq heures. En allant et venant, mes yeux se portaient sur des portiques encombrés, sur des toits entr'ouverts, sur des tourelles en ruines. Partout je voyais les traces du temps ou de la destruction, et j'éprouvais ce sentiment pénible qu'inspirent toujours ces masses solitaires. Des murailles crevassées étaient devenues la retraite des oiseaux de nuit, et leurs cris interrompaient tristement mes réflexions. Ce que mon commissionnaire m'avait dit de ces prétendues apparitions, me revint à l'esprit, et quoique je ne sois rien moins que timide et crédule, j'éprouvai insensiblement une secrète horreur.

Je cherchai à m'occuper, pour dissiper des impressions dont je sentais le ridicule, mais qui commençaient à me maîtriser. Je fis boire mes chevaux à une mare que la pluie venait de former dans la cour ; je regardai autour de moi, si je ne trouverais rien à leur jeter. Sur un côté de l'église, en tirant vers les bâtimens, était un petit taillis assez épais. Je les y lâchai, et, pour veiller sur eux, je me retirai sous une espèce de voûte qui était précisément en face. J'avais pris un poulet et une bouteille de Bordeaux, je bus et je mangeai par désœuvrement, et pour continuer à me distraire.

De semblables repas ne sauraient être longs, et, pour ne pas rester dans une inaction absolue, j'examinai, à l'aide de ma lanterne, le lieu où j'étais. De grandes pierres grises, dont les joints rendaient un salpêtre épais, des croix, des inscriptions altérées par les ans, ou par l'acquéreur, m'indiquèrent l'ancienne sépulture des bons pères. Ces objets n'étaient propres qu'à rembrunir mes idées ; je me hâtai de sortir de là, et je portai le long des bâtimens une certaine inquiétude qui croissait de moment en moment.

Il était minuit, ou environ, lorsque je crus entendre, dans une cour plus reculée, un bruit aigre, que je ne pouvais définir à cause de l'éloignement. Il me semblait cependant venir de quelque chose d'animé, parce qu'il tournait autour du couvent. Mon premier mouvement fut de sortir tout-à-fait de l'enclos, et d'attendre sur la route la chaise que j'avais demandée. J'aurais sagement fait de prendre ce parti, qu'indiquait la prudence ; mais je me reprochai ma pusillanimité ; je pensai même que le bruit pouvait être celui de quelque animal qui paissait dans la forêt, et à qui, selon l'usage, on avait mis une sonnette.

Cependant ce bruit se caractérisa bientôt. Je distinguai un pas lourd et grave, et le cliquetis d'une chaîne qui devait être pesante, à en juger par l'effet qu'elle produisait en roulant dans ces ruines. Je jugeai alors que des fripons se jouaient de la crédulité des pauvres habitans ; mais je ne voulais rien avoir à démêler avec eux : c'était déja trop du retard que j'éprouvais. D'ailleurs j'étais seul ; il était à présumer que j'aurais affaire à plus d'un ennemi, et quoique je fusse bien armé, la partie ne pouvait être égale. Je rentrai sous la voûte où j'avais soupé, et je couvris ma lanterne du pan de mon habit.

Ce bruit extraordinaire approchait toujours du caveau où j'étais. Par un mouvement machinal, ou par une sorte de frayeur, permise peut-être dans une telle circonstance, je me retirai dans le fond de mon effrayante retraite, et j'entendis très-distinctement l'espèce de fantôme qui y entrait, et qui venait de mon côté. Je reculai, bien décidé à ne pas attaquer ; mais j'avais la main sur un pistolet à deux coups, et je me disposais à me défendre, s'il fallait en venir là pour sortir du mauvais pas où j'étais engagé.

En reculant toujours, je trouvai, au lieu d'un mur solide qui devait m'arrêter, une ouverture qui me conduisit sous une autre voûte, d'où je passai successivement dans plusieurs bâtimens. Je suivais les murailles, et j'avançais avec précaution, de peur de donner dans quelque piége. Soit effet du hasard, soit que le spectre m'eût lui-même entendu, il marchait toujours sur mes pas, et il y avait assez long-temps qu'il me suivait, pour que j'eusse reconnu qu'il était seul aussi de son côté.

Piqué à la fin de fuir ainsi devant un être à qui je pouvais donner au moins autant d'embarras qu'il m'en donnait à moi-même, je me retournai brusquement, je tirai ma lanterne de dessous mon habit, et je l'attendis le pistolet au poing.

Sa figure était hideuse; il paraissait velu de la tête aux pieds, et son corps ne présentait qu'une masse informe. Il ne se déconcerta point; il agita sa chaîne en poussant de longs gémissemens. Il jugeait sans doute, à la manière dont je m'étais d'abord retiré devant lui, que la frayeur agissait puissamment sur moi, et il voulut y ajouter encore.

Il continuait d'avancer, et je fus prêt à faire feu sur lui. Je réfléchis cependant que le coup résonnerait au loin sous ces voûtes souterraines, qu'il attirerait les associés ou les complices de cet étrange individu, et que je ne leur échapperais pas. Je me collai contre le mur, disposé à le laisser passer librement, s'il ne se déclarait pas l'agresseur.

Il s'arrêta devant moi, sans paraître étonné de

l'arme dont je lui présentais le bout, et me dit d'une voix lugubre : « Mortel, que me veux-tu ? » Après avoir prononcé ces mots, il passa, et commença à marcher assez vite : un pistolet à deux coups en impose toujours.

Je croyais n'avoir plus qu'à retourner sur mes pas, et je rétrogradais aussi promptement que me le permettait le local. Mais je m'étais avancé sans le secours de ma lumière ; mon trouble ne m'avait pas permis de remarquer les différens détours que j'avais parcourus ; je ne me retrouvais point, et bientôt je m'égarai tout-à-fait. Après avoir erré quelque temps dans ces ruines, je faillis, en tournant un mur, à heurter le spectre, que je ne m'attendais plus à revoir. Je reculai deux pas ; le fantôme, de son côté, s'éloigna avec précipitation, et sembla s'abîmer dans les entrailles de la terre, en jetant un cri épouvantable. Un vent violent qui souffla alors d'en-bas, éteignit ma lanterne ; mes cheveux se hérissèrent, et une sueur froide coula de tout mon corps.

Quel parti prendre au milieu des ténèbres, dans des lieux inconnus ? je n'en vis qu'un, ce fut de courir sur le fourbe, et de le contraindre par la force à me servir de guide.

Je m'élançai aussitôt, en portant mes mains en avant pour garantir ma tête, et je n'eus pas fait trente pas, que le terrain manqua tout d'un coup sous mes pieds. Je roulai dans l'espace, je me crus mort, et je prononçai pour la dernière fois le nom d'Angélique.

Quel fut mon étonnement de me trouver étendu sur quelque chose d'assez doux, et de n'avoir aucun mal ! Je me relevai promptement, un peu étourdi de ma chute, lorsque je fus entouré de sept à huit hommes en habits de religieux, qui ne me laissèrent le temps ni de leur parler, ni même de les envisager. Ils me saisirent, me bandèrent les yeux, et m'enfermèrent à verroux et à clé dans un caveau voisin. Cette première mesure n'annonçait pas des dispositions favorables. Cependant le coup d'œil que j'avais jeté sur leurs habits, suffit pour me rassurer sur leurs intentions. Il n'était pas probable que des prêtres fussent cruels, surtout envers quelqu'un qui ne cherchait pas à les inquiéter, et que le hasard seul leur avait livré. Je changeai bientôt de sentiment, et je reconnus qu'il n'est rien que l'homme ne sacrifie à sa sûreté.

J'étais assez près d'eux pour entendre distinctement tout ce qu'ils disaient. D'abord ils parlèrent très-haut, et, je crois, tous ensemble. Le tumulte s'apaisa par degrés ; un d'eux, qui paraissait avoir de l'autorité sur les autres, prit la parole, et me convainquit, à travers les inutilités d'un assez long discours, que ces esprits prétendus n'étaient autre chose que les récollets eux-mêmes, qui étaient rentrés dans leur ancienne demeure, et qui en écartaient, à l'aide du merveilleux et du fanatisme qu'ils avaient soufflé dans les campagnes, le nouveau propriétaire, et ceux dont les opinions ne s'accordaient point avec leurs intérêts; qu'ils se répandaient la nuit dans les environs, pour prendre les provisions que leur préparaient les fidèles qui leur étaient dévoués; qu'ils rentraient avant le jour, et qu'ils se proposaient de continuer ce genre de vie jusqu'à la contre-révolution, qu'ils croyaient très-prochaine. La conséquence de cet exposé fut, que leur secret, découvert par un étranger, qu'ils avaient toutes sortes de raisons de craindre, les mettait dans la dure nécessité d'employer des moyens extrêmes, et que c'était à la communauté assemblée en chapitre à prononcer sur mon sort.

Je frémis en entendant ces mots terribles : *Des moyens extrêmes.* J'en saisis le vrai sens, et les alarmes qu'ils m'inspirèrent n'étaient que trop fondées. La délibération fut courte; il n'y eut qu'une voix; tous opinèrent pour la mort.

Huit jours avant, je l'aurais reçue comme un bienfait; mais elle me parut affreuse au moment de rejoindre Angélique, toujours tendre, toujours fidèle, et disposée peut-être à me pardonner. L'horreur du néant d'une part, de l'autre la perspective des jours sereins qui m'étaient encore réservés, rallumèrent mon imagination naturellement active, et m'inspirèrent le désir et la force de me défendre devant cet inexorable tribunal. Je frappai à ma porte, je demandai à parler au chapitre avant qu'il prononçât ma condamnation. On m'accorda cette grace, et on me conduisit, les yeux toujours bandés, au milieu de mes juges.

Je leur racontai naïvement les divers incidens qui m'avaient, pour ainsi dire, jeté dans ce monastère. Je leur représentai ensuite qu'ils n'avaient rien à redouter d'un homme qui passait, et qui, vraisemblablement, ne reviendrait jamais dans le pays... Un murmure d'improbation m'interrompit. Je repris en ces termes :

« Vous voulez ma vie, vous êtes maîtres de
« me l'ôter; mais pesez bien ce que vous allez
« faire. On sait à Landrecy que je suis ici. Mon
« domestique et les postillons me chercheront là-
« haut. Instruits par mon commissionnaire de vos
« apparitions, qui commencent à être connues,
« ils soupçonneront la vérité; ils retourneront à
« la ville, et feront part de leurs conjectures au
« commandant, dont je suis l'ami particulier. Cet
« officier, qui a pu jusqu'à présent mépriser ces
« bruits populaires, finira par y ajouter foi, et
« voudra découvrir l'imposture. Il fera démolir la
« maison jusque dans ses fondemens ; il pénètrera
« jusqu'ici, et s'il ne me trouve pas en vie, il vous
« livrera à la rigueur des lois. Choisissez, de vous
« perdre sûrement avec moi, ou de vous en rap-
« porter à la parole que je vous donne de partir
« à l'instant pour Namur, et de ne déclarer ja-
« mais ce que j'ai vu ici. »

Je ne connais pas le commandant de Landrecy;

mais mon raisonnement n'en était pas moins fort pour des gens qui ne lisaient pas dans mon intérieur. Ils n'avaient encouru que la déportation, et ma mort, s'ils étaient découverts, assurait leur supplice. Un long silence me fit augurer qu'il s'opérait quelque changement dans les esprits, et je l'espérai, d'après l'ordre que donna le chef de me faire rentrer dans mon caveau.

Qu'on juge de la position d'un malheureux qui se trouve ainsi entre la vie et la mort, et qui éprouve successivement ces alternatives d'espérance et de désespoir! La mort en elle-même n'est peut-être rien, comparée à cet état cruel.

On délibéra de nouveau, et les avis me furent plus favorables. Quelques-uns voulaient encore que je périsse; mais ils insistèrent faiblement, et ne tardèrent pas à se rendre au sentiment du plus grand nombre.

On m'amena une seconde fois devant mes juges. Le supérieur m'annonça qu'on me rendait ma liberté aux conditions que j'avais moi-même proposées. Il me fit jurer sur l'évangile, dont il enfreignait si ouvertement les préceptes, de leur garder un secret inviolable. Mon serment prononcé selon la formule qu'il me prescrivit, j'entendis baisser l'espèce de bascule qui s'était enfoncée sous moi. Deux guides, qui me tenaient fortement les bras, m'aidèrent à remonter. Ils me firent marcher, monter, descendre pendant un quart d'heure au moins; enfin, ils m'abandonnèrent tout à coup. J'ôtai alors le mouchoir que j'avais sur les yeux. Ils étaient disparus. Je me trouvai à l'église, et je vis mes pistolets à mes pieds.

Il faisait jour. J'allai prendre mes effets et les chevaux, qui étaient encore où je les avais mis. Je les conduisis hors de cette enceinte, dont je croyais ne pouvoir m'éloigner assez tôt. Il n'était pas impossible qu'il vînt une arrière-pensée aux moines; qu'ils eussent aussi des armes dans leur souterrain, et, quelque résistance que je leur opposasse, j'aurais infailliblement succombé sous le nombre.

Je regardai du côté de Landrecy ; je ne découvris qu'une méchante carriole en osier, qui me parut abandonnée. Je ne sus que penser. On aurait pu faire quatre fois le chemin depuis que mon commissionnaire m'avait quitté : il n'avait donc pas tenu ses engagemens. Fatigué d'attendre, affligé d'avoir perdu tant de temps, et redoutant toujours ces malheureux récollets, je me décidai à chasser les chevaux devant moi, et je m'avançai à grands pas vers la ville.

Je n'avais pas fait un quart de lieue, que j'aperçus de deux cents pas une troupe d'hommes armés. En m'approchant davantage, je distinguai des uniformes, des chevaux frais, et bientôt je reconnus mon cocher.

Le stratagême qui m'avait tiré des mains des moines, devenait une réalité. Le cocher, qui avait vu ma chaise entraînée du côté de Landrecy, y était retourné, et il entrait à la poste lorsque mon commissionnaire criait à tue-tête qu'on se hâtât de m'aller prendre, si on ne voulait pas que le diable me tordît le cou. Le cocher avait fait aussi peu de cas que moi de cet avis; mais il fit mettre les chevaux à la carriole que je venais de voir, et il partit aussitôt.

Le postillon et lui m'appelèrent dans la cour et dans les environs du monastère. En allant et venant, ils trouvèrent les chevaux de la veille, qui paissaient tranquillement, ma valise et les débris de mon souper. Ils appelèrent encore, et conclurent, de mon silence, qu'il m'était arrivé quelque chose de fâcheux. Plus sages que moi, ils ne s'arrêtèrent point à fouiller les bâtimens, où on pouvait aussi leur faire un mauvais parti. Ils dételèrent la carriole, revinrent à Landrecy à grande course de cheval, descendirent chez le commandant, lui rapportèrent ce que le commissionnaire leur avait dit, et lui demandèrent un détachement de sa garnison pour me chercher, et m'avoir mort ou vif.

Celui-ci s'était concerté avec l'agent du gouvernement; des ordres précis avaient été donnés, et un lieutenant, avec trente hommes, s'étaient mis en marche pour le couvent. Ces différentes courses avaient pris le reste de la nuit, et il était six heures lorsque mon cocher et moi nous nous rencontrâmes enfin.

Nous nous embrassâmes comme de vrais amis qui ne comptaient plus se revoir. Il me demanda ensuite où j'avais été, puisque je n'avais pas répondu, quoiqu'il m'eût appelé à grands cris. Incapable de violer une promesse, arrachée, à la vérité, par la force des circonstances, mais qui me paraissait cependant respectable, je composai à l'instant une fable, mal cousue sans doute, car le lieutenant eut l'air de n'en pas croire un mot. Il me fit à son tour des questions. Je n'étais pas préparé à subir un interrogatoire, et je lui répondis plus maladroitement encore. Il me somma alors de déclarer à quelles gens j'avais eu affaire, et il exigea que je lui servisse de guide. Je lui déclarai nettement que j'avais fait serment de ne rien dire, et que je ne dirais rien.

Il répliqua qu'il allait m'envoyer à Landrecy, où on me garderait probablement jusqu'à ce que je voulusse parler. Cette menace m'effraya autant que les évènemens qui s'étaient passés dans le souterrain. L'honneur d'Angélique, sa vie et la mienne tenaient peut-être à une heure gagnée ou perdue. Cette pensée me déchirait ; mais elle ne me fit pas manquer à ma parole. Je me tus.

Le lieutenant, franc et loyal militaire, me serra la main, me dit que je pouvais suivre ma route, et qu'il allait faire son métier. Je laissai ma chaise cassée à qui voudrait la prendre ; je sautai dans la carriole, et je souris enfin à la certitude de revoir, avant la fin du jour, l'objet de tant de peines et des plus tendres vœux.

J'ai su depuis que le détachement, après de longues et vaines perquisitions, était enfin parvenu à la retraite des récollets ; qu'ils avaient été traduits en jugement, et condamnés à la déportation. S'ils n'eussent pas été découverts, leur secret serait mort avec moi.

CHAPITRE XIX.

Je ne la trouve pas.

J'entrai enfin dans cette forêt de Marlagne, que je cherchais depuis trois mortels jours. J'approchais de Viller... La dernière maison à gauche, un peu écartée du village, avait dit le valet de Denneterre. Je m'adresse à mon cocher : « Mon « ami, je te crois du courage. — Je vous le « prouverai. — Si Denneterre est avec elle, je le « tuerai, ou il m'ôtera la vie. Contiens ses com- « plices, s'il s'est fait accompagner. — Non, mon- « sieur, non, un honnête homme ne se mesure « pas avec un fripon ; il lui casse la tête partout « où il le trouve. Je pique des deux, je vous de- « vance, et je me conduis selon les circonstances. « — Arrête... » Le brave homme n'écoute plus rien. Je lui parle encore, et il est déja loin.

Je découvrais le clocher de Viller, et j'étais

agité de mille sentimens opposés. Je la voyais, armée d'un front sévère, me repousser avec insensibilité, et dédaigner de me répondre. L'instant d'après, je me la peignais prodiguant à Denneterre ces caresses dont elle m'avait si souvent enivré. Le séducteur jouissait du prix de tant de ruses, et, pour dernier outrage, il insultait à ma douleur. Mais bientôt mon cœur brûlant rejetait ces images funestes, comme le Vésuve vomit la lave qui obstrue son foyer. C'était elle, toujours elle que je retrouvais; toujours fidèle, toujours indulgente, toujours aimante surtout. Ses bras s'ouvraient au repentir, et c'est en essuyant mes larmes qu'elle oubliait son injure.

Je vois la maison. Les chevaux ne sont pas arrêtés encore, et j'ai frappé à la porte. On tarde... je frappe encore, je frappe à coups redoublés. On ouvre enfin : c'est Justine... Je suis pour elle la tête de Méduse. Elle reste pétrifiée. « Où est-elle, où est-elle ? » criais-je, en lui prenant un bras que je serrais avec violence. Je la traînais, je la poussais devant moi; j'oubliais qu'elle devait me conduire.

A ses cris, aux miens, accourt un homme vigoureux, armé d'une cognée. Je jette Justine à dix pas ; je m'élance sur le misérable. Un scélérat est toujours lâche. Celui-ci se laisse désarmer; il tombe à mes genoux. « Ma femme, malheureux, « ma femme, où est-elle ? Pure ou déshonorée,

« je la veux, je la veux; je ne peux vivre sans
« elle. » L'effroi l'empêche de répondre. Je passe
sur ce corps tremblant, anéanti; je parcours
cette odieuse chaumière; j'appelle, j'invoque
Angélique : sa voix argentine ne frappe pas mon
oreille.

Je retourne, je descends, je m'adresse de nouveau à ces êtres vils, prosternés et tremblans
devant moi. Ils se regardent, ils sont muets. Je
peux punir, j'en ai le droit, et c'est moi qui
supplie. « Rendez-la-moi, rendez-la-moi ! A ce
« prix je peux tout pardonner; je le promets, je
« le jure : déjà même j'ai oublié vos forfaits. Un
« mot, un seul mot, et je ne vois plus en vous
« que des bienfaiteurs. — Elle a pris la fuite cette
« nuit. — Avec Denneterre ? — Elle a trompé notre
« surveillance et la sienne. Ses draps attachés à
« la croisée... — Et pas d'indice, nulle idée ?...
« — Non, monsieur. »

Je remonte; j'entre dans une chambre un peu
plus ornée que les autres : un lit blanc, comme
celui qu'elle avait chez sa mère... Souvenir déchirant et délicieux !... J'approche... mon portrait
dans le fond ! ce portrait que j'avais laissé chez
moi, sur lequel était fait celui que j'avais offert
à sa sœur. « Mon portrait, ciel ! mon portrait !
« malgré mes injustices, malgré mes cruautés, je
« suis donc encore l'époux de son cœur ! » Je le
détache, et je vois sur le verre qui couvre le pastel, des traces de larmes récentes... « J'en tarirai

« la source, oui, je la tarirai... mais où est-elle,
« mon dieu ! où est-elle ? »

J'allais sortir. Je ne sais quel pressentiment me fit ouvrir un petit secrétaire, dont le dessus était fraîchement taché d'encre. Un papier ployé en quatre se présente, je le prends...... c'est son écriture.

« Je vous ai cru long-temps un ami vrai, à qui
« je ne trouvais d'autre tort que de prendre une
« part trop active à ce qu'il appelait mon ou-
« trage. Vous vous êtes décelé hier, et il n'y a
« qu'un homme atroce qui puisse suivre avec
« autant de calme un pareil plan de corruption.
« Je ne doute plus que vos intrigues n'aient amené
« cette rupture dont j'ai tant gémi, et c'est ce
« que je vais éclaircir. Je vous fuis, je fuis les
« malheureux que vous avez mis auprès de moi.
« Je vais chercher mon époux, me jeter dans ses
« bras, et braver, de cet asile respectable, les
« vains efforts des méchans. »

Transporté, ivre de joie, je cours, je saute l'escalier, je ne pense qu'à reprendre la route de Paris... Le bas de la maison est rempli de gardes. Mon cocher harangue le magistrat, qu'il a amené pour prévenir un accident : précaution tardive, si je n'eusse été maître de moi.

Justine et l'autre coquin subissent un interrogatoire. Ils déclarent qu'à la pointe du jour ils ont fait avertir Denneterre de l'évasion de la femme charmante... Je n'en écoute pas davantage.

« A Namur, mon ami, à Namur ! criai-je à mon
« cocher ; sachons si le corrupteur a suivi les
« traces de l'infortunée, » et je détèle le bricolier,
je prends les bottes du postillon, j'enfonce les
éperons dans le ventre du cheval. Mon cocher
vole sur mes pas.

CHAPITRE XX.

Combat.

A la barrière était un poste de hussards. Je
demande l'auberge de Denneterre ; on me l'indique. Le postillon la connaît, il me conduit...
Depuis le matin le traître est monté à cheval ; il
a pris la route de Mons ; c'est celle de Paris. « Une
« selle, des chevaux, à l'instant, à la minute !
« m'écriai-je douloureusement. C'est elle qu'il
« cherche ; il est capable de tout... Des chevaux,
« des chevaux !... ah, si je le joignais trop tard !... »
Je jette une poignée d'or dans l'écurie, je suis
monté, parfaitement monté : cette fois au moins
on a secondé mon impatience.

A chaque poste je m'informe de Denneterre.
A celle de Mons on me donne enfin des renseignemens positifs. Il a trois heures sur moi ; il
court dans un cabriolet gris ; il poursuit une
jeune femme qu'il dit être la sienne... L'infame !
il prend aussi des informations ; il la dépeint. Elle

a passé, et c'est elle... « O mon Dieu, mon Dieu!
« sauve-la! »

Elle avait marché la nuit, depuis Viller jusqu'à
Fosse, où elle avait pris une carriole rouge et des
chevaux. Elle pressait ses guides; elle implorait
la protection de tous les maîtres de poste, pour
échapper au vautour : voilà ce qu'on me dit à
Mons.

Seule, à pied, au milieu d'une forêt, la nuit!
trois lieues à faire, dans son état, pour se conserver
au barbare qui l'a indignement chassée !... J'étais
remis en selle, en faisant ces cruelles réflexions,
et j'allais comme l'éclair.

J'avais passé Valenciennes, et je gagnais consi-
dérablement sur Denneterre, selon les rapports
des différens postillons. J'étais à deux lieues de
Cambrai, sur la hauteur de Motrecourt. A la crête
de la colline opposée, j'aperçois une petite voiture dont je ne peux distinguer la couleur. J'en
vois une autre dans le vallon, qui allait à toute
bride, et qu'escortait un valet. « Les voilà ! les
« voilà ! criai-je à mon cocher, en piquant plus
« fort qu'eux. Ils sont deux; mais je brave tout.
« La venger ou mourir. — Puisque vous le voulez,
« vous aurez affaire au maître; moi, je me charge
« du laquais : j'ai aussi mes pistolets, quoique
« vous ne vous en doutiez pas. »

J'étais à franc-étrier, et je devais en peu de
minutes dépasser la première chaise. Bientôt je
reconnus cette couleur grise qu'on m'avait indi-

quée. Ma fureur donna des ailes à mon cheval. J'étais à cinquante pas en avant de la voiture, que je n'avais pu l'arrêter encore. Je retournai sur Denneterre, je saisis mes armes, je lui barrai le chemin, et je lui dis de descendre..... Il était brave.

« Oui, je vous dois satisfaction, répondit-il froi-
« dement ; mais vous êtes à cheval, je suis en voi-
« ture : descendons tous deux ». Il n'avait pas fini, et j'étais déjà à terre.

Cette espèce de grand drôle qui l'accompagnait voulut faire le méchant. Mon cocher lui montra le bout d'un pistolet, et le tint là d'une main, pendant que de l'autre il le hachait à coups de fouet.

J'étais l'offensé, je tirai le premier. Les passions qui m'agitaient me permirent à peine d'ajuster. Je le manquai. Il riposta, et perça mon habit. Mon cocher indigné s'avança sur lui, et allait lui faire sauter le crâne. L'idée d'un assassinat me révolta ; je jetai un cri perçant. Denneterre, averti, se retourna et sauta de côté. Il était temps, et je ne pus le sauver moi-même qu'en tirant sur le cheval du cocher, que je démontai.

« On peut aimer la femme d'un autre, me dit
« Denneterre, et quelquefois tuer le mari quand
« on y est forcé ; mais un galant homme respecte
« la vie de celui à qui il doit la sienne. Il vous
« reste deux coups ; faites ce que vous voudrez.
« Voici mon devoir », et il jeta ses armes à vingt pas de lui.

Je remontai à cheval, et je m'éloignai sans répondre un mot au perfide qui parlait d'honneur, après avoir voulu perdre celui d'Angélique, détruire ma félicité, le repos de toute ma vie. Étrange aveuglement ! on se permet tout parce qu'on a de la valeur, et on se persuade qu'il n'est pas de forfait qui ne se lave dans le sang !

Je regardai derrière moi ; je le vis remonter dans sa chaise, et reprendre le chemin de Mons. J'ai su deux mois après, qu'en arrivant à Namur il avait trouvé sa destitution conçue en termes si humilians et si durs, qu'il ne lui était plus permis d'espérer, ni même d'oser solliciter du service.

Je n'avais alors qu'un désir, qu'un vœu, et on le devine aisément: La petite carriole rouge était déja loin ; mais la nuit approchait, et après tant de fatigues, l'aimable femme prendrait sans doute quelques heures de repos. En supposant même qu'elle continuât de marcher, je devais la joindre à Cambrai, ou à la poste prochaine. Plus de projets de vengeance, plus même d'animosité : je descendis dans mon cœur, et je n'y trouvai que l'amour.

CHAPITRE XXI.

Elle m'est rendue.

Je descends à la poste de Cambrai. D'un coup d'œil j'embrasse toute la cour ; je crois voir... C'est elle, c'est la carriole rouge; je la reconnais à la lueur des flambeaux. Je renouvelle la scène de Viller, et sans perdre le temps à parler à personne, je cours de chambre en chambre, je pousse, je tire les portes.

« Où est-elle, où est-elle ? » Toujours les mêmes idées, toujours le même cri.

Le maître vient; il m'ordonne de sortir; je n'écoute point. Il porte la main sur moi; je lui échappe, et je continue mes recherches. Les domestiques, les postillons arrivent. On m'environne, on me presse, on me saisit. Mon cocher veut se faire jour jusqu'à moi, et me dégager; il est arrêté lui-même : on le met dans l'impuissance de faire aucun mouvement. Nous tombons tous deux dans des accès de rage, et la violence de nos efforts ne sert qu'à resserrer les liens dont nous sommes déja chargés.

Je ne doute plus que le maître de poste ne soit vendu à Denneterre; mais je m'en inquiète peu. Il a repris la route de Mons, et je suis au centre d'une ville de guerre, où j'ai tout à espérer de l'autorité publique. Je continue à m'écrier, à me débattre : la garde paraît enfin.

Je demande ma femme; je veux qu'on me conduise à la chambre où elle repose. On me répond avec une ironie amère, que je n'ai point de femme; que celle qui vient d'arriver a déclaré mes odieux projets; qu'elle est sous la sauve-garde des lois, et qu'on va me demander compte de ma conduite.

Je comprends qu'on m'a pris pour Denneterre. Je tire mes papiers, on les lit, tout s'explique, je suis libre, et traité avec des marques de considération.... on m'indique le numéro 10.... Bienheureux numéro !

Le tumulte, les clameurs, le cliquetis des fusils qui s'entre-choquaient, avaient porté l'alarme dans le modeste asile de la beauté. Je parlais, je frappais, je n'étais pas entendu. De gros meubles étaient péniblement traînés contre la porte ; la croisée s'ouvrait, et sa douce voix, tremblante, altérée, invoquait le secours des époux et des mères.

Je parais dans la rue, je me nomme. Un cri de surprise et de joie me répond. Je la vois défaillir, je l'entends tomber sur le plancher.

Je reviens à cette porte, je l'ébranle, je la soulève, je la renverse avec une pince de fer ; je pousse une lourde commode et des fauteuils antiques, entassés les uns sur les autres. Je la prends, je la relève, froide, inanimée ; je la réchauffe contre mon sein, je préviens le pardon, je dérobe un baiser ; ses yeux se rouvrent à la lumière.

« C'est Denneterre, c'est madame Dercourt....
« — Oui, mon ami... quel mal ils nous ont fait ! »
Nous nous sommes tout dit : hé, que pouvions-nous dire de plus ? Un regard suppliant demande grace, un regard caressant me l'accorde.

Ce numéro 10 est devenu un palais, un lieu d'enchantement, de délices. La nuit s'écoulait, et

le bonheur avait tiré un voile sur le tableau des malheurs passés; ses doigts de roses en écartaient jusqu'au souvenir... Des sensations, qui ne sont plus celles du plaisir, ont suspendu son ivresse. Je la fixe, ses traits s'altèrent; de légères douleurs se font sentir. Bientôt elles deviennent plus vives...
« Ah! me dit-elle, l'innocent t'attendait. »

Je me lève, je sonne, j'appelle. On n'est pas assez prompt; je descends, je donne mes ordres: j'allais remonter. Un vieillard est auprès du feu, pendant qu'on change ses chevaux à la porte de la rue; ma voix le frappe; il se tourne de mon côté, il m'ouvre ses bras, je le presse dans les miens... c'est le curé des Loges.

« Monsieur Thibaut, monsieur Thibaut! s'écrie-
« t-il en courant pesamment vers la rue, les ge-
« noux ployés, le corps courbé sur sa canne en
« béquille, monsieur Thibaut! le voilà, le voilà,
« c'est lui. Je l'ai retrouvée, elle m'est rendue!
« criais-je en même temps. » Et nous nous félicitions, Thibaut et moi, et le bon curé, à genoux, bénissait la Providence.

Je leur prends une main à chacun, je les tire après moi, je les introduis, et la femme charmante est entre son amant et ses meilleurs amis.

Le digne prêtre s'était sincèrement attaché à moi. Dès le lendemain de mon départ, il avait cédé à l'impatience de connaître mon sort, de partager ma joie ou de m'offrir de nouvelles consolations : il s'était traîné à Paris. Il avait su que je courais à Viller, et peut-être à Namur. Mon vieux Antoine, plus libre avec sa respectable misère qu'avec l'opulence de Thibaut, lui avait conté très au long les desseins qu'il me soupçonnait, et les suites funestes qu'ils pourraient avoir, si je rencontrais Denneterre : il n'en avait pas fallu davantage pour déterminer mon bon curé.

Il alla chez Thibaut, lui communiqua ses craintes, et le réfléchi Thibaut, qui pourtant n'avait pensé à rien de tout cela, éprouva aussitôt les plus vives alarmes. Leur départ fut résolu et exécuté à l'instant. J'avais couru pour l'amour; ils couraient pour l'amitié, pour me sauver de moi-même et des autres, pour épargner le sang même de mon ennemi, s'il en était temps encore.

Revenons à des objets au moins aussi intéressans. Un homme habile se présente; il est suivi d'une femme attentive et prévenante. Il s'approche du lit; il m'annonce que dans une heure je serai père. Elle oublie ses douleurs, elle trouve la force de me sourire.

Le curé et Thibaut s'éloignent. Je suis là, toujours là. Ma présence soutient son courage, et c'est à moi qu'appartient la moitié du premier cri de l'enfant.

Je l'ai entendu, ce cri, et j'y ai répondu par des larmes de tendresse. Sa mère, soulagée, est rayonnante de joie; nos amis sont rentrés. Le bon curé a pris mon fils; ses mains l'élèvent vers le ciel, et sa bouche le bénit.

CHAPITRE XXII.

Conclusion.

« Plus de Paris, mon ami. — J'allais te le dire,
« femme charmante. — La ville pour les oisifs, et
« les champs pour ceux qui aiment. — On y est
« tout à soi. — Tout à son amie. — On s'y rappro-
« che de la nature. — Et la nature est mère des
« amours ».

Notre petit conseil assemblé, il fut résolu qu'on
ne s'arrêterait à Paris que le temps nécessaire
pour faire ses dispositions, et qu'on irait cacher
son bonheur au Bois-Guillaume.

Le bon curé m'aidera à élever mon fils. Je le
lui ai proposé; il y consent, et j'espère que nous
en ferons un honnête homme.

Thibaut viendra nous voir souvent; Jeanneton
y sera invitée par l'aimable femme. Tous ses soupçons sont dissipés; elle ne voit plus de Jeanneton
que les qualités qui intéressent tous ceux qui l'ap-
prochent une fois.

Le coloris de la santé reparaît sur ses joues, le
contentement brille dans ses yeux. Son fils qu'elle
nourrit, son ami qu'elle caresse, voilà ses plaisirs,
ses devoirs, le terme de ses vœux.

Les deux carrosses sont arrivés. Je monte dans
un certain équipage gris-de-lin, et j'y remonte avec
elle. Nous y sommes quatre maintenant, elle,
moi, et deux amours.

Antoine, en nous revoyant plus tendres, plus empressés, plus heureux que jamais, se sent, dit-il, rajeuni de dix ans. Il fait les malles avec Jeanneton, et ils y mettent une célérité étonnante. Ils assurent que l'air de Paris est pestilentiel pour une jolie femme: ma foi, je suis presque de leur avis.

Madame Elliot, Adèle et Montfort avaient entendu parler de nos différends, et ils s'en étaient fortement affectés. Ils nous reçurent comme des malades désespérés, qu'une espèce de miracle a rendus à la vie. « Ah, nous dit la respectable mère,
« si vous vous étiez aimés d'une manière moins
« recherchée, si vous vous étiez franchement ex-
« pliqués dès l'origine de vos inquiétudes, que
« de traverses vous vous seriez épargnées! Croyez-
« moi, mes enfans, si jamais vous croyez avoir à
« vous plaindre l'un de l'autre, dites-vous tout,
« hâtez-vous de tout vous dire. Une confiance
« absolue assure seule la paix des ménages ».

FIN D'ANGÉLIQUE.

MÉLANGES

LITTÉRAIRES

ET CRITIQUES.

AUX DAMES.

J'ai été prêt à saisir l'austère burin de l'Histoire ; à rechercher les causes qui ont agité tant d'empires ; à proposer un remède à tous les maux qui accablent la France, et après avoir fouillé dans les ruines des siècles passés, j'aurais porté mes vues audacieuses jusque dans les siècles à venir. J'ai bientôt senti que la tâche que je voulais m'imposer était au-dessus de mes forces. C'en est fait, je renonce aux méditations profondes, aux aperçus vrais qui en sont le résultat, à l'ambition d'éclairer les hommes, qui auront toujours des passions, et qui seront toujours malheureux par elles ; je rentre dans mon obscurité, pour me livrer sans réserve et sans contrainte à mes goûts favoris.

Il en est un, mesdames, qui n'est peut-être, comme tant d'autres choses, qu'une heureuse illusion. Mais celle qui fait rêver le bonheur est le bonheur lui-même, et je le place, moi, à s'occuper de vous, à ne voir que vous, à vivre pour vous.

Il est un âge où les plus doux rapports rapprochent les deux sexes avec une force irrésistible ; où on plaît sans effort, sans le savoir, sans y penser même ; où des années entières d'une félicité non interrompue font croire que l'homme est né pour être heureux. Le temps, qui détruit tout, dissipe cette délicieuse chimère. La froideur qu'expriment la figure et l'être tout entier auquel on voudrait plaire, annoncent clairement que le printemps et l'hiver sont inconciliables ; mais l'hiver le plus froid offre encore des douceurs.

Qu'un vieillard se garde bien de vouloir cueillir le bouton de rose ; il ne s'entr'ouvre que sous l'aile du zéphir amoureux. Après avoir parcouru une longue carrière, il faut céder au besoin du repos ; mais ce repos a ses charmes. Anacréon, courbé sous le poids des années, comptait les couronnes de myrte qu'il avait méritées ; il vivait encore de ses souvenirs. Ses vers heureux attiraient encore la beauté ; il la voyait sourire aux accens de son luth. Il chantait le bonheur : il était sûr d'être écouté.

Je ne suis pas Anacréon, sans doute ; mais si

je peux un moment occuper vos loisirs; si un conte moral, critique ou badin, repose sous votre oreiller; si, à votre réveil, vous daignez le relire encore; si votre œil se repose avec complaisance sur les caractères que j'aurai tracés pour vous; si un trait de sentiment vous dispose à aimer; si un être fortuné me doit enfin sa victoire, aurai-je quelque chose à envier au poëte de Théos?

Ce petit ouvrage sera varié, comme vous, mesdames. On a maladroitement confondu votre goût pour la variété avec l'inconstance. On a raison de changer souvent d'objets, quand on a l'heureux privilége d'embellir tout ce qu'on touche. C'est par cette magie enchanteresse que vous sauvez vos époux, vos amans de l'ennui qu'amène nécessairement l'uniformité. C'est par d'adroites métamorphoses qu'un même homme trouve en vous la gaieté folâtre et un jugement exquis, des plaisirs vrais et un repos que vous savez rendre aimable. C'est vous qui couvrez de fleurs la coupe amère du travail, et qui lui faites succéder des jeux, toujours entraînans, parce que vous en êtes l'ame. C'est à la mobilité de vos sensations que vous devez cette expression de physionomie, qui varie comme elles; c'est par elles qu'une seule femme se pare alternativement de la vivacité agaçante de la brune, de la séduisante langueur de la blonde.

On vous accuse d'inconstance! J'ai beaucoup vu, mesdames, et j'ai souvent remarqué qu'on vous cherche des torts pour se dissimuler ceux qu'on a. Quelle est la femme qui a trahi un homme aimable, aimant, prévenant, empressé, qui n'a cessé de mettre toute sa félicité dans le bonheur de l'objet qui s'est donné exclusivement à lui? Je n'en connais pas, je le confesse. Mais comme les hommes que je viens de dépeindre sont extrêmement rares, et que votre sexe est confiant, parce qu'il aime de bonne foi, beaucoup de femmes ont dû reculer devant l'idole qu'elles s'étaient faite. L'inconstance n'était pas en elles, mais dans les défauts de celui qui avait surpris leur cœur.

Je m'aperçois que je me jette dans la métaphysique de l'amour. A cet égard, mesdames, je n'ai rien à vous apprendre : l'homme le plus fin n'est qu'un enfant auprès de vous. La retraite que vous impose l'ordre social, la réserve naturelle à votre sexe, peut-être quelque besoin de dissimuler, vous jettent nécessairement dans de fréquentes méditations. Et sur quel objet doivent se porter plus naturellement vos réflexions, que sur l'être que vous avez rendu dépositaire de votre bonheur? De là, ces aperçus si fins, si variés, si vrais, et quelquefois si profonds, qui échappent à tous les hommes, trop orgueilleux pour vouloir pénétrer au-delà des surfaces. Voilà ce que la nature vous a donné en compensation de la force qu'elle vous refuse, et ce dont vous avez presque toujours le bon esprit de ne pas tirer vanité.

Je reviens. Je vous ai promis, mesdames, des contes moraux, critiques, ou badins. Je vous tiendrai parole, et je ferai tous mes efforts pour réussir auprès de vous. Vous trouver encore aimables, c'est éprouver le désir de vous plaire, et je vous proteste que vous n'avez pas d'admirateur plus sincère et plus zélé que moi.

Des contes moraux, ai-je dit? La morale est le guide d'un grand nombre de vos actions. On la remarque rarement dans votre bouche, parce que vous la faites glisser à la faveur de ce langage qui n'est qu'à vous, et que vous empruntez aux Graces. Sans doute, je n'en saisirai ni la douceur, ni la finesse ; mais si quelquefois je rencontre une de vos idées, j'obtiendrai de vous un sourire, et peut-être ne dédaignerez-vous pas de le parer de ce que peut y ajouter une jolie bouche, et une imagination entraînante.

Des contes critiques ? J'avoue, mesdames, qu'il faut être hardi pour vous offrir ce genre d'hommages. Qui sait, comme vous, saisir un ridicule et en faire justice ? Nous ne voyons que les masses, nous autres hommes; votre œil perçant saisit tous les détails, toutes les nuances, et ne fait grace à rien. Votre critique est d'autant plus puissante qu'elle est dépouillée d'amertume; et nous, censeurs maladroits, nous croyons que frapper fort, c'est frapper juste. Au reste, repoussant toute personnalité, et généralisant mes tableaux, je les mets sous votre protection spéciale, et dans l'impossibilité où je me sens de vous égaler, je me recommande à votre indulgence.

Que vous dirai-je sur le conte badin ? Cette dénomination seule ne suffit-elle pas pour vous inspirer de la défiance ? Hé ! que craignez-vous ? Le rire est si rare aujourd'hui ! heureuse celle qui peut s'y livrer, fut-ce même en cachette; plus heureux celui qui fait naître la gaieté.

Il m'arrivera peut-être aussi de m'adresser uniquement à votre raison. Alors j'éloignerai les images gracieuses, ces tableaux rians, à la faveur desquels on fait passer le précepte. Je vous estime assez pour vous croire capables d'entendre et de parler toutes les langues, et celle de la raison ne peut vous être étrangère, à vous, mesdames, qui savez la rendre si aimable.

Permettez-moi de finir par un court apologue, que sans doute vous venez de m'inspirer.

LES DIEUX ET LA RAISON.

Les hommes ne faisaient que des sottises, et les dieux ne cessaient de les punir. Jupiter se lassa de lancer la foudre, car on se fatigue enfin de tout, et les hommes, encouragés par son silence, ajoutaient une extravagance à une folie, un excès à un autre.

Le maître de l'Olympe assembla toute sa cour. « Apprenez-moi donc, leur dit-il, comment je « changerai cette engeance de là-bas, sur qui les « châtimens et les bienfaits sont également im- « puissans? » Il arriva là ce qu'on a toujours vu dans les assemblées délibérantes : on parla beaucoup, et on ne s'entendit sur rien. Minerve enfin proposa de créer la Raison, et d'un regard Jupiter la tira du néant. Son air sévère, son ton tranchant, ses argumens interminables effrayèrent tout, jusqu'à son créateur. « Ah! s'écria-t-il, « comment établirons-nous le culte d'une telle « divinité? Faisons-en, répondirent à la fois tous « les dieux, l'apanage de la femme. Il n'y a que « ce moyen de rendre la Raison douce, aimable, « pénétrante et persuasive. »

MÉLANGES
LITTÉRAIRES
ET CRITIQUES.

In varietate voluptas.

PREMIÈRE PARTIE.

CHAPITRE PREMIER.

Un mot sur Paris.

Après trente ans de désirs inutiles, me voilà arrivé dans cette ville, à laquelle, dit-on, aucune autre ne ressemble, et à laquelle, je crois, on serait fâché que d'autres ressemblassent. Une étendue immense; ainsi des lieues à parcourir pour peu qu'on ait une affaire ou deux à traiter dans sa journée. Pour parler à deux particuliers, on peut aller du haut du faubourg du Roule au bout du faubourg Saint-Jacques. Si on ne trouve pas son homme, on est libre de recommencer le lendemain, et cet exercice ne laisse pas d'être fatigant pour quelqu'un qui n'aime pas à être coudoyé à chaque pas; à être frotté par un charbonnier ou un marchand de farine; à recevoir dans ses souliers le trop-plein d'un porteur d'eau; à être arrêté par des femmes très-prévenantes, par des garçons fripiers, par des distributeurs d'adresses; à être éclaboussé par un fiacre, moulu par un cabriolet, relevé par un homme obligeant, qui vous vole votre montre ou votre mouchoir, etc...

Il est vrai qu'on peut éviter ces petits inconvéniens, en prenant une voiture de place. Mais il faut examiner soigneusement l'intérieur, avant que de s'y asseoir avec un habit propre, et toute l'attention possible n'empêche pas qu'après y être entré seul, on n'en sorte accompagné d'une manière fort désagréable. Si vous avez pris la voiture à l'heure, le cocher ne connaît plus son pavé; il est trop sec ou trop humide; il faut aller au pas. Le drôle vous jette dans les rues étroites, où il espère bien être arrêté par quelque embarras. Alors il tempête, il jure, il querelle le charretier, le conducteur de la modeste vinaigrette, l'épicier qui a laissé une caisse de savon en dehors de sa boutique. L'heure s'écoule, et c'est ce qu'il veut. La vôtre se passe, vous ne trouvez pas votre homme, et instruit par une fâcheuse expérience, vous prenez le lendemain un fiacre à la course. Oh, alors le cocher fouette ses haridelles, et il parvient à les mettre au trot. Il fouette sans relâche, pour entretenir leur ardeur du moment; il cherche le chemin le plus court, pour ne pas faire quatre pas de trop; il rase les bornes au détour de chaque rue, et la tête d'un de ses chevaux entre par la fenêtre dans la boutique d'une marchande de modes, dont le vitrage excède la saillie permise par la voirie. Les petites demoiselles, qui ne sont pas fâchées d'avoir un prétexte de se montrer aux amateurs, jettent le ruban, la gaze, le tulle, et accourent sur le seuil de la porte. Là, elles se groupent avec art; elles rient, elles folâtrent, elles font valoir leurs graces, ingénues... ou non, et les badauds, qui regardaient bêtement un carreau de vitre cassé, s'arrêtent au moins pour quelque chose.

Qui paiera ce carreau? Le cocher n'a pas étrenné encore, et il ne possède pas un sou. Vous ne voulez pas tripler le prix d'une course qui n'est pas terminée; vous croyez l'achever à pied : pas du tout. On mène le cocher chez le commissaire de police, et on vous prie poliment de l'accompagner, parce que votre témoignage est essentiel dans une affaire de cette importance. Vous résistez, on se fâche. Vous croyez échapper aisément à la marchande de modes et à ses petites demoiselles; un monsieur, qui protége la boutique, s'attache à vous, et déclare qu'il ne vous quittera pas que vous n'ayez comparu par devant M. le commissaire. Vous le suivez, pour en finir, et vous ne finissez rien. Le cabinet du commissaire est encombré de gens de toute espèce. Là, est un locataire, surpris en enlevant furtivement ses meubles ; ici, attend une mère, qui vient réclamer pour sa fille des honoraires qu'on lui refuse, et qu'elle a bien gagnés. Près du bureau de monsieur, est un filou qu'on interroge, et dont on écrit les réponses. Votre tour ne viendra pas de deux heures, et vous n'avez pas un instant à perdre. Vous payez le carreau ; vous courez vous jeter dans une autre voiture ; vous promettez un ample pour-boire au cocher, s'il fait diligence. Il part comme le vent. A la descente d'un pont les chevaux n'ont pas la force de retenir la voiture ; elle va plus vite qu'eux. Le train de devant tombe avec violence sur les jarrets des chevaux ; le timon se dresse ; les ventrières, les traits cassent ; les harnais sont enlevés à dix pieds de terre ; les chevaux s'échappent. Ils renversent une femme grosse, un président en la cour de cassation, un jeune abbé étranger aux choses de ce monde, et qui marchait les yeux élevés vers le ciel. Le mot terrible *commissaire*, retentit encore de toutes parts à vos oreilles. Vous vous esquivez par une portière, et vous continuez votre route à pied. L'homme chez qui vous allez, demeure à la Chaussée d'Antin, et dans ce quartier-là on ne trouve pas de décrotteurs, parce que tout le monde y est opulent, et que le banqueroutier a son carrosse, comme l'honnête homme. Un laquais vous toise de la tête aux pieds. Vous êtes crotté, vous ne pouvez être qu'un ouvrier, qui apporte un mémoire à M. le comte, et M. le comte n'aime pas les mémoires. Vous êtes éconduit. Vous êtes, dites-vous, un ami de monsieur. Monsieur n'a pas d'ami qui aille à pied, et il y a deux ans, monsieur le comte n'était qu'un petit avocat sans cause. Mais monsieur le comte a une très-jolie figure, et la femme d'un ministre s'est chargée de sa fortune.

Pour éviter ces désagrémens interminables, et me faire honneur ainsi qu'à mes compatriotes, j'ai pris un carrosse de remise. J'ai mis une livrée sur le corps de mon cocher, d'après l'usage adopté ici par beaucoup de gens, dont les ancêtres n'avaient pas plus de bannières que les miens. Je suis toujours mis avec élégance, et à l'aide de cette métamorphose, je passe partout, je suis reçu, fêté partout. On me croit riche, et ici, comme ailleurs, cela suffit : tant d'individus sont intéressés à ne pas s'informer de ce que l'homme opulent était la veille! *Passez-moi la rhubarbe, et je vous passerai le séné.*

Il est d'un homme prudent d'étudier le sol inconnu qu'il habite : je notifie à mon cocher que je veux voir tous les quartiers de Paris. A une rue spacieuse, et qui n'offre aux regards que des hôtels magnifiques, aboutissent des ruelles dans lesquelles le soleil ne pénètre jamais, où on respire un air épais et infect. Ces ruelles sont les asiles de l'indigence. L'insalubrité du domicile, et les atteintes continuelles de la misère frappent ses tristes habitans d'une vieillesse prématurée. Leur pâleur, leur débilité annoncent leur état déplorable. Ils sont nés, ils ont végété, ils meurent sans qu'on s'occupe d'eux. A quatre pas de là on célèbre un mariage, lien dont l'infortune, abusée un moment, ne connaît bientôt que les dégoûts. La jeune et brillante épouse est chargée d'or, de diamans, qui ne satisfont que sa vanité. Dix tables, inutiles, sont servies avec somptuosité, et des laquais gaspillent ce qui ferait exister, pendant plusieurs jours, la mère de la ruelle voisine, qui n'a pas de pain à donner aux aînés de ses enfans, et dont le sein desséché ne peut rafraîchir les lèvres, les entrailles brûlantes du malheureux qui vient de naître.

Je ferme les yeux et je m'éloigne de ce contraste, qui révolte, qui soulève le cœur. Je passe dans un autre quartier. Ce que les naturalistes ont rassemblé de plus rare et de plus précieux, ce que la botanique a ravi aux climats lointains, et ce qu'à force d'art elle contraint la nature à produire sont cachés dans la partie la plus sale de la ville. Là, on a rassemblé ce que le vice et la misère ont de plus repoussant : en face du palais illustré par Buffon, est l'hospice où on reçoit les victimes du libertinage de leurs pères, et de l'indifférence de leurs mères coupables. Un peu plus loin est la superbe basilique de Sainte-Geneviève. C'est à travers cette sentine qu'il faut passer pour aller rendre hommage aux mânes des grands hommes qui ont illustré leur patrie.

Je rétrograde et je dirige ma course vers ces quais et ces trottoirs, qu'admirent, dit-on, les étrangers. Les quais sont obstrués par une foule de misérables qui manquent d'ouvrage, ou qui promènent leur insouciante paresse; qui ne savent s'ils dîneront, et qui regardent tranquillement l'escamoteur et l'âne savant. Dites-leur un mot; promettez-leur le pillage et l'impunité, ils retrouveront leur activité et ils bouleverseront la ville.

Pour les éviter, vous vous jetez sur les trottoirs : la marchande de pommes, de citrons, d'amadou, de vieux chapeaux; le décrotteur, le crieur de guenilles vous barrent sans cesse le chemin.

J'arrive au palais des rois. En face de la magnifique colonnade de Perrault, est la dégoûtante église de Saint-Germain-l'Auxerrois. J'entre dans les cours : ici, l'herbe croît; là, sont des décombres. Je vais plus loin : des maisons abandonnées, des maisons qu'on vient d'abattre, des débris amoncelés, annoncent un plan noble, immense, qui atteste à la fois et le génie, qui fait concevoir, et l'impuissance qui empêche d'exécuter.

Je me fais conduire aux promenades publiques. J'y vois une multitude de femmes qui sont immobiles, et qui ne sont là que pour critiquer un sexe et inspirer des désirs à l'autre. Des hommes, pressés les uns contre les autres, viennent les passer en revue, et les fixent avec une effronterie qui fait croire qu'ils n'ont pas de mœurs, ou qu'ils ne leur en supposent pas.

Ah, me dis-je, ce n'est ni dans les rues, ni dans les lieux publics qu'on peut connaître les habitans de cette ville. C'est dans l'intérieur des familles qu'il faut étudier l'esprit, les goûts, les habitudes des Parisiens.

Tout cela varie ici, selon les différens quartiers. Tel qui passe pour un homme charmant à la Chaussée-d'Antin, serait complètement ridicule au Marais, et l'habitant du Marais n'oserait paraître à la Chaussée-d'Antin. La marchande de la rue Saint-Denis ne ressemble en rien à la marchande du Palais-Royal. La dévote et la femme mondaine n'ont entre elles aucune espèce de rapport. Les habitués des spectacles du boulevard sont d'un autre siècle que les amateurs du *Misanthrope*, d'*Athalie* et de *Mérope*. Le Palais-Royal seul est un monde à part. Je vais essayer de saisir les traits caractéristiques, et même les nuances qui séparent ces différens peuples.

Tout est léger, frivole et brillant à la Chaussée-d'Antin. On y est riche, peu occupé, et on n'y connaît qu'une passion, la manie d'éblouir.

L'homme désœuvré s'ennuie souvent. De là vient la nécessité de s'étourdir sur le fardeau de la vie, et de faire une affaire importante de la moindre futilité. Le début d'une actrice, une pièce tombée, un bonnet d'un goût nouveau sont des évènemens. On donne là de grands dîners où on s'ennuie à périr, uniquement pour représenter. On n'a rien dit à table, et on redoute le moment où il faudra la quitter, parce qu'on sent qu'on n'aura pas plus à dire. S'il se trouve dans le cercle un homme de quelque mérite, si une dame a un talent quelconque, on se hâte de les mettre en scène : il faut monter une conversation, n'importe comment. La maîtresse de la maison est obligée, par état, de parler de tout. Si elle est jolie, elle a le droit de déraisonner à l'heure ; si elle est vieille ou laide, elle fait apporter des cartes. Les cartes sauvent son amour-propre, blessé de l'espèce d'abandon où on la laisse. Avec des cartes, elle gagne minuit, et on a passé chez elle une soirée *délicieuse*.

Pendant qu'elle s'est ennuyée, qu'on s'est ennuyé à d'autres tables, des conversations particulières, et plus ou moins animées, se sont engagées dans les petits coins du salon. C'est là qu'on forme une liaison, ou qu'on prépare une rupture ; c'est là qu'une femme, qui veut finir honnêtement avec un homme, lui propose un excellent parti. Il ne s'informe pas si la demoiselle est jolie ou non, spirituelle ou stupide, aimable ou maussade, si elle a des qualités, des talens; la dot est *de tant*, cela suffit, parce que dans ce pays-là, le mariage n'est pas un lien, ce n'est pas même une union, c'est une affaire.

Aussi n'y élève-t-on pas les demoiselles pour en faire des mères de famille. Elles apportent une fortune, et elles doivent jouir des agrémens de la vie. Cependant, comme il faut que le mari, qui se soucie le moins de sa femme, puisse l'avouer, sans se rendre ridicule, ces demoiselles-là savent danser, chanter, pincer de la harpe, instrument très-favorable au développement du bras, du pied et de la jambe. Elles affectent de ne chanter que de l'italien qu'elles n'entendent pas; elles ont fait une étude approfondie de la gavotte, et elles la dansent avec l'expression touchante des filles de l'Opéra. Elles dédaignent les ouvrages utiles, et brodent fort bien un bas de robe et de chemise; elles nouent avec grace une bourse qu'elles donnent en minaudant à un homme *charmant*, qui la reçoit comme une faveur insigne, et qui court en faire hommage à sa maîtresse du jour.

Vous allez dîner au Marais le lendemain. Vous ne savez plus où vous en êtes. Les convives se présentent sans trop de façons, mais avec cordialité. Le dernier arrive à quatre heures, bien juste, et à peine est-il entré, que la soupe est sur la table. On ne traite là que les gens qu'on connaît bien; aussi on ne cherche pas, au milieu de vingt étrangers, une figure qui plaise : on est sûr d'être placé à côté d'un ami. Si, par hasard, il n'est pas encore le vôtre, vous êtes admis dans la maison, et c'est pour lui la meilleure recommandation. Vous reconnaissez de suite le mari au ton affectueux qui règne entre lui et sa femme ; vous reconnaissez la mère de famille, à l'air décent et réservé de sa fille. Elle ne dit pas de niaiseries, elle ne rit pas aux éclats, sans savoir de quoi elle rit ; elle répond avec bon sens et modestie à ce que vous lui dites. Elle danse assez mal, parce que danser n'est pour elle qu'un plaisir ; elle chante sans goût, mais elle chante sans se faire prier. Un coup d'œil de sa mère l'arrête au milieu de son air : il est temps de servir le café et la liqueur. Ces petits soins la regardent. Elle n'est étrangère à aucune partie de l'économie domestique. Elle ne sait que le français ; mais elle le sait bien. Elle a lu de bons livres, et n'en parle jamais.

Les mœurs sont sévères dans ce quartier-là. Une demoiselle qui se marie, quitte sa mère pour la première fois. On ne l'a confiée ni à une femme de chambre, ni à une de ces amies de salon, qu'on connaît à peu près, ni à un homme, quel qu'il soit, son père excepté ; jamais un mot équivoque n'a blessé son oreille ; c'est une vierge qui se donne dans toute sa pureté. L'homme qui l'épouse se marie réellement. Il est certain de n'éprouver jamais de regrets... autant qu'on peut être sûr de cela.

Je vais acheter, rue Saint-Denis. Aucun luxe extérieur n'annonce les richesses dont la boutique est fournie. La marchande et sa fille sont mises avec simplicité; le tablier annonce leur profession, dont elles ne rougissent pas. Elles sont affables et non causeuses. Elles ne jurent pas sur leur conscience, parce que leur probité est connue, et qu'elles en ont hérité de leurs pères.

Je vais de là au Palais-Royal. Tout y est riche, jusqu'à l'enseigne. On semble tendre des piéges aux passans pour les forcer d'entrer. Des comptoirs en bois d'acajou, des tabourets couverts en velours, une arrière-boutique richement décorée; une marchande mise avec la plus grande élégance, et qui vous étourdit de son babil qu'elle croit annoncer l'usage du monde; les vitraux surchargés de marchandises, le fond de la boutique dégarni, voilà ce que remarque l'observateur. On n'a pas ce que vous demandez; on vous dit qu'on l'envoie prendre au magasin; on va le chercher dans la boutique voisine. On vous proteste, on vous jure sur l'honneur qu'on ne peut rien rabattre du prix demandé, avec un ton d'assurance, un air aisé, qui indiquent l'habitude des grandes affaires, et au moment où vous êtes attrapé, un huissier vient saisir ce qu'il y a dans la boutique, tout, excepté la marchande, qui n'est bonne à rien.

Le Palais-Royal est le rendez-vous des habitans de tous les quartiers, et de ces cosmopolites dont Paris abonde. L'oisif, l'intrigant, l'escroc, l'honnête homme, le filou, se coudoient, se heurtent, se saluent, s'injurient. Les femmes décentes ne passent là que par curiosité, et malheur à elles, si elles sont incertaines de la route qu'elles doivent suivre, si elles ralentissent leur marche : on les accoste, on leur parle avec effronterie. Elles fuient, et l'insolent rit de ce qu'il appelle de la pruderie.

On trouve là tous les moyens imaginables de se ruiner. Ce qui peut flatter le goût, les passions et même l'esprit, y est étalé, avec profusion. Bijoutiers, tailleurs, selliers, libraires, restaurateurs, limonadiers, et jusqu'au monstre appelé la Vénus Hottentote, semblent se disputer et s'arracher les passans. Enfin, des maisons de jeu sont là pour vider la bourse de celui qui s'est refusé une boîte d'or, qui a résisté au sourire à demi-libertin de la marchande de modes, au fumet qui s'échappe des cuisines souterraines du restaurateur. C'est dans ces maisons qu'on va perdre et l'argent qu'on a, et celui qu'on a volé à son père, ou qu'on a reçu en dépôt. C'est en sortant de ces maisons que la dupe, à qui il reste quelque sentiment d'honneur, va se brûler la cervelle, ou se précipiter du haut des ponts.

Dès que la nuit commence à déployer ses voiles, la scène change, et ce lieu, pour l'homme sensé, devient une véritable caverne. Les vices, comprimés par la clarté du jour, se montrent dans toute leur difformité. Le champagne agit sur les uns, les liqueurs fortes sur les autres. Les propos dissolus frappent l'oreille à chaque pas. Des groupes de filles, jolies, très-jolies, presque nues, attaquent à la fois vos sens et votre santé. Vous céderiez à l'appât, si le langage le plus abject n'annonçait l'origine la plus vile et la plus profonde dépravation. Pour vous séduire plus sûrement, elles s'arrêtent devant les boutiques les mieux éclairées. La jeune marchande, sa fille innocente encore, ont sous leurs yeux les tableaux les plus licencieux, et l'habitude de ce spectacle doit amener insensiblement au mépris des mœurs.

La femme qui se respecte se garde bien de traverser ce cloaque, lorsque les réverbères sont allumés : elle se croirait perdue de réputation, si on l'y rencontrait avec sa fille. Il en est cependant qui sont accidentellement forcées d'y passer. Mais elles courent, les yeux baissés, honteuses de se trouver là.

Sans doute il y a un grand nombre d'exceptions à faire aux tableaux que je viens de tracer. Il n'est pas une rue de Paris où on ne trouve des mœurs, de la probité, de la vertu, et même de la vertu aimable. Mais j'ai généralisé mes idées, j'ai peint des masses, et je ne crois pas m'être éloigné de la vérité.

Il me reste à parler de la dévote du jour, et de la femme mondaine; des différentes classes de spectateurs qui fréquentent tel ou tel théâtre; de l'influence de l'habitude sur leurs goûts; du bien et du mal qui résultent pour eux de la fréquentation des spectacles.

Il y a trente ans, une femme jeune, jolie, opulente, considérée par l'importance qu'avait son mari dans l'État, était entourée de toutes les illusions. Nouvelle Psyché, les plaisirs volaient au-devant d'elle; ils se paraient, pour lui plaire, des prestiges de la variété; son hôtel était peuplé de courtisans soumis; le goût dirigeait les fêtes qu'ils offraient à leur divinité. Ivre de sa beauté, qu'on célébrait sans cesse, des hommages qu'on lui prodiguait, était-il difficile à l'amour adroit de lui faire entendre son langage, et quel séducteur plus dangereux que l'homme aimable qui aime passionnément, et qui sait que toujours parler à une femme d'elle est le plus sûr moyen de se faire écouter?

Cependant cette femme si admirée, si vantée, qui donnait le ton partout, dont les décisions étaient adoptées avec empressement, qui était applaudie, même avant que d'avoir parlé, cette femme perdait tous les jours quelque chose des agrémens de la jeunesse, et le nombre de ses adorateurs diminuait insensiblement. Vive, légère, folâtre, étourdie, un peu caustique même, elle n'avait pu avoir que des amans. L'amitié lui était inconnue, et elle n'avait rien de ce qui peut l'inspirer.

L'amour se cache encor sous les rides naissantes,

a dit le Gentil-Bernard. Mais les hommes qui préfèrent les fruits de l'été aux fleurs du printemps, ne plaisaient pas à la dame. Cependant, il fallait remplir un cœur qui avait toujours été agité, occupé, et pour qui le vide était un état insupportable. On se dépouillait de ses diamans, on renonçait au rouge, on adoptait les couleurs sombres; on couvrait d'un triple fichu des charmes, dont on regrettait la puissance évanouie. On prenait un maintien réservé, un langage modeste; on se liait avec un prélat, si on n'avait que trente-six ans; avec un chanoine quand on passait la quarantaine. On paraissait à l'église, escortée de deux laquais, dont l'un portait le livre, doré sur tranche, et relié en maroquin aux armoiries de madame, dans un sac de velours cramoisi, à cordons, à glands, à crépines d'or. Le second domestique portait un coussin, plus riche encore, sur lequel madame voulait bien s'agenouiller devant l'Être des êtres. Le suisse de la paroisse, qui recevait des étrennes, était toujours là à propos. Il faisait ouvrir les rangs d'autorité, et madame traversait pompeusement la nef, garnie de bonnes gens qui venaient adorer un Dieu pauvre comme eux. Madame enfin s'était faite dévote pour être quelque chose.

Aujourd'hui la dévote est une femme de bonne foi, qui va prier, parce que son cœur est persuadé. Elle prend la première chaise qui se présente. Cachée sous un chapeau très-simple, elle n'observe personne; elle n'attire pas un regard. Si vous parlez religion devant elle, elle se tait, parce qu'elle ne sait que croire. Elle remplit les devoirs qu'elle s'est imposés, sans publicité, sans ostentation. Les affections douces, qui remplissent son cœur, se répandent sur ce qui l'environne. Bonne épouse, meilleure mère, excellente amie, elle est chérie autant qu'elle aime. On désirerait seulement qu'elle passât moins de temps à l'église; mais elle est si affable au retour, que le reproche expire sur les lèvres.

Elle élève sa fille, non dans ses principes : elle n'en a pas; mais dans sa croyance. La jeune personne aime sa mère, et elle se soumet, pour elle, à des privations, à un genre de vie, qui lui paraissent pénibles, et peut-être un peu ridicules. L'amour se fait entendre enfin. Les pratiques religieuses deviennent excessivement fatigantes; la nature parle plus haut que les tables de Moïse. Le papa approuve l'inclination de sa fille. Elle échappe à sa mère, qui se console en pensant que les plaisirs frivoles du monde ne rempliront pas son cœur, et que tôt ou tard ses yeux se tourneront vers l'éternité.... Ainsi soit-il.

La femme mondaine ne paraît à l'église que pour satisfaire sa curiosité, ou quelquefois une sensation plus vive. Un *Te Deum*, un mariage, un prédicateur à la mode peuvent l'attirer. Elle entre, parée de tout ce que l'art a pu ajouter à la nature. Elle traverse le temple d'un air de triomphe. Il lui semble qu'on n'y doit plus reconnaître d'autre divinité qu'elle. Ses beaux yeux errent de tous les côtés, et cherchent partout des cœurs à soumettre. L'amant du jour paraît; on le salue d'un air gracieux; mais on veut voir si on ne découvrira pas l'amant du lendemain. On est complètement étrangère à ce qui se fait à l'autel, à ce qui se dit dans la chaire. On sort, parce que tout le monde se retire. On a fortement scandalisé la bonne dévote; mais elle a prié pour la femme mondaine, après avoir réprimé quelques petits mouvemens de colère, et avoir répété plusieurs fois : *il y en a beaucoup d'appelés, mais peu d'élus.*

CHAPITRE II.

Les spectacles.

Les spectacles sont la plus grande affaire des habitans de Paris. Il en est qui sacrifient leurs intérêts les plus directs à ce genre d'amusement. Le cri des anciens Romains : *Des spectacles et du pain,* est aussi celui des Parisiens.

Chaque théâtre a ses habitués, et les pièces qu'on y joue, les acteurs qui les représentent, sont incontestablement les meilleurs de l'Europe. Pour certaines gens, Jocrisse est fort au-dessus du Misanthrope, et Brunet très-supérieur à Talma. On vous débite ces choses-là avec un ton de persuasion qui ferait mourir de rire, s'il n'excitait une sorte de pitié.

Les gens du peuple se sont exclusivement emparés des théâtres du boulevard. On leur présente tous les jours, sous des noms et des habits différens, un tyran, un niais, une princesse innocente et persécutée, un enfant qu'on s'arrache et qu'on craint à chaque instant de voir écarteler, le tout accompagné d'une musique pillée partout et de ballets insignifians. C'est pour aller voir cela que l'ouvrier perd le quart de sa journée, qu'il en dépense un autre quart. Sa femme et ses enfans s'arrangent du reste comme ils le peuvent.

Des dames, qui n'avaient pas de chemises il y a dix ans; des hommes qui, du derrière d'un carrosse ont passé dedans, vont faire là leur éducation, et leur présence donne beaucoup de relief au théâtre qu'ils veulent bien en honorer. Quelques personnes instruites y paraissent de loin en loin, comme un soleil pur dans les jours nébuleux de l'automne. Elles courent se décrasser le lendemain chez Corneille, Racine et Voltaire.

Le premier théâtre de Paris est celui qu'on nomme *Académie royale de musique*, quoique les acteurs qui l'exploitent ne soient pas plus *académiciens* que leurs confrères des autres spectacles. Aussi le public, qui aime à faire justice de tous les abus, s'obstine à nommer tout simplement celui-ci : *l'Opéra*.

Louis XIV, qui avait sur toutes choses des idées grandes ou extraordinaires, décida qu'un gentilhomme pourrait être membre de son *Académie de musique*, sans déroger. Ainsi, il fut convenu, à la cour seulement, qu'il y avait de la noblesse à réciter les vers de Quinault, et que ceux qui débitaient les belles scènes de Molière étaient nécessairement des *vilains*, et de plus des excommuniés.

L'Opéra est essentiellement le spectacle des étrangers, parce que tout y parle aux yeux et aux sens, et qu'il est inutile d'entendre ce qu'on y dit. Voilà sans doute pourquoi les mamans, qui sont très-prudentes à Paris, ne balancent point à mener là, le soir, de petites filles qui ont été en conférence, le matin, avec un vicaire de leur paroisse. Cependant, malgré la difficulté d'entendre, trente vers de Quinault se gravent plus aisément dans leur mémoire que deux lignes de la prose de monsieur l'archevêque. Mais aussi une pause de madame Gardel les ramène nécessairement au chapitre de l'incarnation : ainsi on trouve des compensations partout.

L'Opéra-Comique a ses partisans, quoiqu'il soit singulièrement déchu. Grétry et Daleyrac sont morts. Elleviou, Gavaudan, mesdames Saint-Aubin, Dugazon et Gonthier sont retirés de la scène.

Aussi les acteurs, qui chantent encore, mais qui *disent* faiblement, ne se soucient pas de pièces écrites. Ils aiment les canevas *à imbroglio*, des situations qui favorisent la médiocrité. Le public siffle tout cela ; mais qu'importe ? des niaiseries, ou plus d'*ariettes*. Il faut que l'amateur opte, et il veut des *ariettes*, n'importe à quel prix. Il applaudira bientôt ce qu'il siffle aujourd'hui.

Le Théâtre-Français a perdu beaucoup de son ancien lustre. Il est cependant encore le premier de l'Europe. Ce spectacle est celui de tous les vieux amis de la littérature, et des jeunes gens qui veulent se former le goût. Les imbécilles y vont comme ailleurs ; mais c'est par ton. Ils veulent persuader qu'ils entendent Corneille et Molière ; et comme les imbécilles forment partout la grande majorité, c'est sur l'orgueil de l'ineptie que sont fondées les recettes du Théâtre-Français.

Parlerai-je du solitaire et triste Odéon? Un homme d'un mérite très-distingué espère faire contracter aux habitans du faubourg Saint-Germain l'habitude de prendre leurs billets..... au bureau. *Amen.*

Rappellerai-je ce qu'était, à sa naissance, le gai, le malin Vaudeville? Cet enfant promettait ; il a vieilli trop tôt.

Que dire des phantasmagories, des escamoteurs, qui prennent le titre de physiciens ; des ombres chinoises, des marionnettes, des théâtres sous toile, des tréteaux en plein vent, des chiens qui dansent, des chanteuses qu'accompagne un orgue de Barbarie, des aveugles qui font crier un détestable violon, et que vous payez bien vite, pour qu'ils aillent plus vite écorcher les oreilles du voisin? Que dire de tout cela? répéter et appliquer aux Parisiens le cri des Romains : *Des spectacles et du pain.*

Il est aisé de critiquer ; il faut savoir louer ce qui mérite de l'être. Arrêtons-nous au *Panorama.* C'est là que le spectateur est placé au centre d'une vaste cité, devenue célèbre par les dévastateurs de la terre; c'est là que l'illusion est complète, et qu'à chaque seconde les objets paraissent plus vrais; c'est là que le voyageur retrouve l'auberge qu'il a habitée, la maison de son ami, le moindre point où il s'est arrêté; c'est là, que, fidèle imitateur de la nature, le peintre semble avoir épié le moment où elle se pare de ses plus belles couleurs. Rendons hommage à M. Prévost, inventeur d'un nouveau genre, qui sortit parfait de ses mains.

J'ai dîné aujourd'hui chez le restaurateur. Rien de plus ennuyant pour moi que de dîner seul. Mais les dîners en ville, et leur somptuosité, sont un poison lent, auquel je veux échapper. En quittant la table, j'ai été me promener aux Tuileries, dans les allées qui bordent la terrasse du côté de la rivière : ce n'est que là qu'on peut marcher librement à six heures du soir. A quelques pas de moi, était un homme qui répétait, avec un soin tout particulier, un *trait*, une *roulade*, une *gargouillade*... Je ne sais pas trop comment cela s'appelle. Malheureusement pour moi, il a tourné la tête, et il m'a abordé avec empressement. Cela ne doit pas étonner : on tient beaucoup ici aux amis de vingt-quatre heures, et nous avons passé une journée ensemble au château de campagne de mon banquier. Il est bon que vous sachiez que tout banquier doit avoir un palais à la ville et un château à la campagne. Ceux qui lui confient leurs fonds ne s'en trouvent pas mieux ; mais qu'importe ?

« Comment, mon cher ami, vous êtes encore
« à Paris, et je ne vous ai pas vu depuis huit
« jours ! » J'allais répondre d'une manière obligeante ; il ne m'en a pas donné le temps. « Avez-
« vous vu ce qu'il y a de remarquable à Paris ?
« — Mais... à peu près, monsieur.... — Nos cercles
« brillans ? — Et assez tristes. — Les bibliothèques
« publiques ? — Sans exception, et je suis sorti
« enchanté des richesses qu'elles renferment, et
« de l'ordre qui y règne. — Les monumens ? —
« J'ai même été chercher le portail Saint-Gervais
« dans son coin. — Les spectacles ? — J'ai vu les
« Français, l'Opéra, le Vaudeville, le... — Ta, ta,
« ta ! Et l'opéra *Buffa*, monsieur, l'opéra *Buffa*,
« le spectacle par excellence, celui qui ravit, en-
« chante, entraîne tout Paris, vous ne l'avez pas
« vu, puisque vous ne le placez pas avant tous
« les autres. — Je ne sais pas l'italien. — Ni nous

« non plus, monsieur; mais nous courons à l'opéra
« *Buffa*; nous y avons notre loge à l'année. Un
« homme qui a de l'aisance ne peut se passer d'y
« avoir une loge, et de paraître s'y amuser beau-
« coup, à peine de passer pour avoir l'oreille béo-
« tienne. Je veux que vous puissiez dire en pro-
« vince ce que c'est que l'opéra *Buffa*. Je vais
« vous y conduire. — J'y consens. »

Nous arrivons à l'opéra *Buffa* ; nous nous pla-
çons. L'assemblée est nombreuse. « Je remarque,
« monsieur, beaucoup de personnes, très-décem-
« ment mises, mais qui ne me paraissaient pas
« dans une situation à louer des loges à l'année.
« — Oh, monsieur, une de nos jouissances est
« d'envoyer notre loge à des amis avides de mu-
« sique italienne, et qui ne peuvent payer ce
« plaisir-là, qui est vraiment impayable. — Il me
« semble, monsieur, que la plupart des loges
« sont aujourd'hui données aux amis. — J'en
« conviens, et je m'en étonne, car la pièce qu'on
« va jouer est admirable. Au reste, il résulte un
« grand bien de notre complaisance : le goût de
« l'italien se répand dans toutes les classes. Nos
« jeunes demoiselles ne chantent plus que de
« l'italien ; beaucoup d'entre elles s'essaient à le
« parler. A la vérité, les gens du pays n'entendent
« pas un mot de ce qu'elles disent, ni de ce
« qu'elles chantent ; mais l'émulation existe, et
« c'est beaucoup. Et puis, comptez-vous pour
« rien la satisfaction d'écorcher une langue étran-

« gère devant quelqu'un qui ne la sait pas? On
« écoute la jeune demoiselle; on l'admire comme
« faisait ce paysan de son curé en chaire : ce
« sermon est si beau que je n'y comprends rien.
« — Ni la jeune demoiselle non plus, peut-
« être? — Cela se peut; mais elle profitera, et en
« attendant, elle chante de l'italien... — Comme
« nos sœurs grises chantent du latin. — C'est
« cela, c'est cela précisément. J'admire votre pé-
« nétration, et je suis sûr qu'à l'aide de quel-
« ques explications, je vous ferai suivre l'action
« qu'on va représenter. — Et vous dites ne pas
« savoir l'italien ! — Oh, j'en sais quelques mots;
« d'ailleurs j'ai la traduction de la pièce dans ma
« poche. Tenez, voyez-vous les deux textes en
« regard? Vous jugez qu'on a toujours l'air de
« lire l'italien; mais on a un œil sur le texte
« français. — Voilà donc pourquoi tous ceux qui
« tiennent une brochure paraissent loucher? —
« Vous y êtes, vous y êtes. Tout le monde ici
« doit savoir l'italien, ou paraître le savoir. On
« semble avoir oublié le français à la porte. —
« Aussi je remarque que personne ne parle. —
« Ou si bas, si bas, que les plus proches voisins
« puissent supposer qu'on s'exprime dans la langue
« chérie. — J'avais cru la langue de Racine très-
« supérieure à un idiome formé des débris du
« latin et de la langue romance. — Plus bas, plus
« bas, je vous en supplie; vous me feriez passer
« pour un profane. Racine, monsieur, a tiré le

« meilleur parti possible d'une langue barbare.
« Mais l'italien! il n'y a que des voyelles dans
« cette langue-là ; les consonnes en sont bannies.
« Oh, les voyelles, monsieur, les voyelles! vous
« ne soupçonnez pas le charme des voyelles. Vous
« allez en juger. — C'est une manie que cela. —
« C'est ce que prétendent ceux qui ne sont au
« courant de rien. — Mais il faut à Paris être
« homme à la mode, d'abord. — Vous y êtes,
« vous y êtes. Le maître d'orchestre se place. Je
« vous en prie, ayez l'air enchanté. Applaudissez
« donc. — Avant qu'on ait commencé ? — Hé,
« sans doute. Il en est de l'italien comme de la
« foi : avec ces deux choses-là on transporte les
« montagnes. »

L'ouverture commence. J'avoue que je suis
étonné de l'accord parfait, de la justesse, du
goût, du brillant qui règnent dans l'exécution.
Hé, je commence à prendre une certaine opinion
de la musique italienne. Voyons les acteurs.

« Hé, mon dieu, monsieur, qu'est-ce donc
« que cette monotone et fatigante répétition des
« mêmes notes ? — C'est du récitatif, monsieur. —
« Ne pourrait-on pas le supprimer ? — Non,
« monsieur, c'est le dialogue de la pièce. — Ne
« pourrait-on pas le parler ? — Non, monsieur,
« les chanteurs italiens chantent, et ne parlent ja-
« mais. — Ce dialogue est insoutenable. — En
« Italie, on ne l'écoute pas. — C'est bien la peine
« de le faire !

« Prêtez-moi votre brochure... Mais ce poëme
« est détestable. — En Italie, on n'écoute pas le
« poëme. — Cette actrice me paraît avoir un bien
« médiocre talent. — C'est la *quarta-dona*, et en
« Italie, on n'écoute pas la *quarta-dona*. — Et
« que diable y écoute-t-on ? — Les loges y sont
« profondes. On y cause, on y joue, et on ne
« se montre sur le devant, que lorsqu'on entend
« la ritournelle de la *prima-dona*, ou du *soprano*
« en faveur. — Les Italiens sont plus heureux que
« moi, qui suis condamné à tout entendre. Pour-
« quoi cette salle n'est-elle pas construite à l'ita-
« lienne !

« M. de Surville, disait un homme de la loge
« à droite, me tourmentait depuis un mois pour
« que je vinsse ici. J'ai cédé à ses instances ; mais
« je n'y serai pas repris. Oh, le *miserabile !* me
« dit mon *Cicero*, peut-il *parlater* ainsi ! Ne pas
« sentir la faveur spéciale que lui a faite M. de
« Surville ! Il semblerait que M. de Surville ne
« sait que faire de sa loge.

« Madame la comtesse aura beau dire, s'écrie
« une jeune femme de la loge à gauche ; elle ne
« me persuadera jamais que ce soit là un spec-
« tacle. Vive, vive l'Opéra-Comique ! Oh, quelle
« *abominasione !* crie mon *Cicero*. Faites donc
« goûter, par anticipation, à ces gens-là les plai-
« sirs *del cielo !* » La dame entendit l'exclamation,
et partit d'un éclat de rire. Mon *Cicero* entra
dans une véritable fureur. Il se contint cependant

par ménagement pour le beau sexe. Mais comment ne se serait-il pas courroucé? Cet éclat de rire lui a fait perdre un *bémol* délicieux, qu'il attendait depuis quinze mesures.

J'étais entièrement de l'avis de la dame et du monsieur. Mais je ne disais mot, de peur de blesser mon ami à l'endroit sensible. Cependant l'ennui me gagnait peu à peu. Je le combattais, mais en vain. J'avais une réplétion de voyelles et de musique!...

« Pour dieu, monsieur, ne bâillez pas dans le
« temple d'Euterpe. Quelle opinion aurait-on de
« moi, si on voyait bâiller dans ma loge?... Tenez,
« voilà un ouvrage composé par un homme que
« je protége. Il est du même *format* que la pièce
« qu'on représente; le public s'y trompera. Prenez,
« lisez; c'est ce qu'un sourd peut faire de mieux. »

« — Vous protégez cet homme, et sa brochure
« n'est pas coupée! — Oh, un de mes amis m'a
« dit que cet auteur a du mérite; il est inutile que
« je lise son ouvrage. Coupez-le; cela vous fera
« passer un moment. »

Essai sur la musique. Encore de la musique! J'aimerais autant un traité d'algèbre : je n'entends pas plus à l'un qu'à l'autre. Dès la quatrième page, je m'endors profondément. Mon homme me pousse avec force. « Sortons, monsieur. Feignez d'être
« indisposé. Je n'ai que ce moyen-là de sauver
« ma réputation.... Soyez donc indisposé.... plus
« que cela. Que j'aie l'air de ne sacrifier qu'à l'hu-

« manité souffrante le *finale* admirable qui va com-
« mencer. — Oh, monsieur, que je suis aise d'être
« dehors! — Gardez-vous bien de le dire... Des
« sels, mesdames, des sels, de l'éther, des gouttes..»
Les ouvreuses se rassemblent autour de nous.
Toutes me présentent un flacon ; toutes vantent
leur remède et sollicitent la préférence. Le chirurgien de service accourt ; il veut absolument me
saigner.... J'ai appris dans les rues à recevoir et
à donner des coups de coude. J'en allonge à droite
et à gauche, par devant, par derrière. On crie que
j'ai le transport au cerveau; mais on se range. Je
m'enfuis ; je rentre chez moi ; je ferme ma porte
à double tour.

CHAPITRE III.

Le voyageur.

Je n'aime pas les dîners en ville. Cependant il
est des gens si affables qu'il m'est impossible de
les refuser. Un homme, qui me témoigna beaucoup d'affection, me promit de me donner quelqu'un dont la conversation m'intéresserait infailliblement : je me laissai entraîner.

Je trouvai là une espèce de philosophe qui prétend avoir pénétré en Afrique, sept cents lieues
au delà du point où s'est arrêté Le Vaillant. Là,
il a trouvé, dit-il, un peuple immense, opulent,
civilisé, et dont les annales datent de dix-huit

mille ans. Cela ne me parut pas vraisemblable, d'après cent raisons qu'il est inutile de déduire ici. Cependant le sage doute, et ne nie pas légèrement. De ce qu'une chose nous paraît inconcevable, il ne s'ensuit pas qu'elle n'existe point.

Si on disait à des Lapons, qu'avec certaines marques tracées sur des chiffons pilés, on peut peindre la pensée, lui donner l'existence; causer avec ceux qui ont vécu des milliers d'années avant nous; transmettre nos idées d'une extrémité du globe à l'autre, et les faire passer à la postérité la plus reculée, ces gens-là concevraient-ils l'écriture?

Et si on parvenait à leur communiquer quelques lumières, concevraient-ils qu'on ait brûlé des fourbes, des charlatans, des physiciens comme sorciers?

Que de grands hommes aient été persécutés pour avoir trouvé les antipodes et le mouvement de la terre?

Que certains hommes persécuteraient encore, s'il en avaient la puissance, pour des choses qu'ils n'entendent pas?

Doutons lorsque mon philosophe m'assure que dans l'empire qu'il a parcouru il a trouvé le peuple désabusé de mille préjugés, adoptés il y a huit ou dix mille ans, par les personnes de la condition la plus élevée; que l'artisan, le portefaix sont familiarisés avec les idées du beau et du vrai; qu'ils savent, par exemple :

Que le plus fort agent de la nature, est le feu.

Que nous sommes environnés de feu, en une quantité suffisante pour causer, à chaque instant, un embrasement universel.

Que le froid n'étant que le sentiment produit en nous par la diminution de la chaleur, l'eau bouillante, très-chaude à l'égard du corps humain, est froide relativement au fer fondu.

Que le froid absolu, les ténèbres, l'opacité, le le néant, sont des mots purement négatifs; le froid n'étant qu'une moindre chaleur, les ténèbres, une moindre lumière, l'opacité, un composé de corps diaphanes, le néant, l'absence de toutes choses.

Que sans l'air les corps sonores ne rendraient aucun son.

Que nous nageons dans l'atmosphère, comme les poissons dans l'eau.

Que sans la pression de l'atmosphère, on ne pourrait tirer de l'eau avec une pompe, un enfant ne pourrait teter, un homme ne pourrait humeur un œuf frais.

Que l'air coopère tellement aux opérations de nos sens, que sur les montagnes élevées, où il est plus raréfié, les sensations de l'ouïe et de l'odorat sont très-affaiblies.

Que l'eau, ainsi que l'air, est un fluide transparent, qui n'a ni odeur, ni couleur, ni saveur, dont l'état naturel est d'être glace, et qui ne devient liquide que par l'action du soleil ou du feu central.

Que l'eau est, ainsi que l'air, l'aliment de tous les végétaux, et que la terre n'en est que la matrice.

Que l'eau contient de la terre, du feu et de l'air; que la terre contient de l'air, de l'eau et du feu; que le feu contient de la terre, de l'air et de l'eau; que de leurs combinaisons différentes résultent des pierres, du bois, de la chair, des os, des fruits, et qu'ainsi la division des élémens, admise en Europe, peut n'être qu'une chimère.

Que la cause de la diminution des eaux est dans leur *solidification* (1).

Que la corruption, la pourriture ne peuvent produire aucun être vivant.

Qu'elles n'engendrent pas plus les insectes et la vermine, qu'une charogne n'engendre des corbeaux.

Que la terre tournant sur elle-même en vingt-quatre heures, chaque point du globe parcourt, en une heure, un espace de trois cent cinquante lieues.

Que la vitesse du boulet de canon, qui parcourt six cents pieds dans une seconde, est moindre de plus de moitié que celle du mouvement

---

(1) L'eau se solidifie en passant dans les végétaux, dans les animaux qu'elle nourrit, et dont elle devient partie intégrante. MOREL DE VINDÉ.

diurnal de la terre, et que ce boulet, qui parcourrait 3,456 lieues dans un jour, serait environ 25 ans à arriver au soleil.

Que toutes ces vitesses n'ont rien de comparable à celle de la lumière, qui parcourt 66,000 lieues en une seconde, et nous arrive du soleil en sept à huit minutes (1).

Qu'un des plus étonnans phénomènes de la lumière, c'est qu'elle se réfléchit de dessus les corps, sans toucher à leur surface (2).

Que l'oreille a 10,000 fois plus de finesse pour distinguer les sons, que la vue n'en a pour discerner les couleurs et les objets.

Que.... « Ah, monsieur, vous allez me faire un
« cours de physique complet. Il est inconcevable
« qu'un menuisier, un cordonnier sachent toutes
« ces choses-là. — Je vais vous étonner bien da-
« vantage. Dans ce pays-là un enfant de dix ans,
« qui joue avec son microscope, découvre des
« animaux vingt-sept millions de fois plus petits
« que les plus petits animaux sensibles à la vue (3).

« Il sait qu'il n'y a que certaines parties du
« corps qui puissent nous procurer des plaisirs,
« et que toutes, à l'exception des ongles et des
« cheveux, font éprouver de la douleur.

---

(1) Huyghens.
(2) Newton.
(3) Linnée.

« Il a remarqué qu'une balle, poussée contre
« un autre, lui communique le mouvement qu'elle
« perd par la résistance qu'elle éprouve.

« Qu'une balle d'ivoire, ou de toute autre ma-
« tière élastique, qui tombe sur une enclume,
« s'aplatit, ainsi que le plan sur lequel elle
« tombe, et qu'en se séparant, par l'effet de l'é-
« lasticité réciproque des deux corps, chacun
« d'eux reprend aussitôt sa forme première.

« Qu'une cloche s'allonge alternativement à
« l'endroit frappé par le battant, et se rétablit
« aussitôt dans son premier état.

« Que les hommes ont comme les femmes vingt-
« quatre côtes, quoiqu'il dût leur en manquer
« une. »

« Que dans les animaux l'agilité diminue en
« proportion de leur plus grande force.

« Qu'un fil de soie, de grosseur parfaitement
« égale dans toute sa longueur, soutiendrait un
« poids immense sans pouvoir se rompre, puis-
« qu'il n'y aurait aucune raison pour qu'il cédât
« à un endroit plutôt qu'à un autre. C'est ainsi
« que des nerfs, des fibres résistent à des efforts
« prodigieux.

« Qu'une flèche, qu'on décoche d'un arc, ne se
« détache de la corde que lorsque celle-ci est
« remise dans son état naturel.

« Que six personnes peuvent s'arranger autour
« d'une table de 720 façons différentes; huit, de
« 5,040; neuf, de 362,880; et dix de 3,628,800

« manières, sans que la même figure soit jamais
« répétée. — Tudieu! monsieur, quels enfans que
« vos enfans! quels hommes que vos tisserands et
« vos menuisiers! Et quand ont-ils trouvé le temps
« de labourer ou d'apprendre un métier? — Dans
« un climat heureux la terre produit d'elle-même,
« et on n'use presque pas de vêtemens. Aussi,
« dans le pays dont je vous parle, les ouvriers ont
« peu à faire; et ils sont rangés dans la classe où
« nous mettons ici les amateurs de musique et de
« peinture. — A la bonne heure. Mais comme il
« faut qu'ici le très-grand nombre travaille pour
« vivre, je ne vous conseille pas de publier la re
« lation de votre voyage, qui ne servirait qu'à
« jeter les uns dans le découragement, et à aug-
« menter la paresse des autres. Permettez-moi
« maintenant de vous proposer quelques doutes
« sur les habitans de votre pays, réel ou imaginaire.
« Avez-vous réfléchi que pour qu'ils sachent tant
« de choses, il faut qu'ils soient mathématiciens,
« physiciens, astronomes, anatomistes, observa-
« teurs surtout, et que la durée de la vie suffit
« à peine à de semblables études? — Et vous,
« monsieur, pensez-vous à la perte énorme de
« temps que fait ici l'homme studieux? Le som-
« meil, les besoins physiques, la conversation,
« l'amour, l'ambition, l'avarice, absorbent les
« quatre cinquièmes de son existence. — C'est-à-
« dire que ces gens de là-bas ne dorment, ne
« mangent, ni ne causent; qu'ils ne sont pas

« amoureux, qu'ils ne prétendent à rien, et qu'ils
« ne font aucun cas de l'or? — Ils aiment avec
« passion; mais la beauté ayant aussi le goût
« de l'étude, chaque enfant devient le disciple de
« celle que dès ses premières années il adopte
« pour sa petite femme; ils croissent, ils s'instrui-
« sent ensemble; ils s'épousent enfin sans qu'il
« soit question de dot, parce qu'on prie l'ami à
« qui on a fait une paire de bottines, de faire en
« échange une tunique ou un schall. — Et, sans
« doute, on ne connaît pas d'époux infidèles dans
« ce pays privilégié? — C'est de quoi je ne peux
« vous répondre. Mais ici j'ai remarqué en général
« que le penchant à la galanterie vient de l'ima-
« gination, exaltée par l'oisiveté. Enfin, pour ré-
« pondre à toutes vos questions, je vous dirai que
« le travail n'est pas nécessaire où on trouve tout
« sous la main; qu'il est au contraire le délasse-
« ment de l'étude, dont les jouissances intimes ne
« permettent pas aux passions violentes de se dé-
« velopper.

« J'ajouterai que dans ce bon pays-là on ne
« connaît pas le luxe, parce qu'il ne peut s'élever
« de fortunes colossales où chacun est dans l'abon-
« dance de toutes choses, et que les grandes for-
« tunes, qui vous éblouissent ici, ne peuvent se
« faire qu'aux dépens du faible, que le fort con-
« damne à l'indigence. Cependant, comme un fa-
« quin ne doit pas jouir des égards dus à un homme
« de mérite; qu'une femme ignorante, jouissant

« et abusant de sa personne, ne doit pas être
« confondue avec l'épouse éclairée, tendre et
« bonne mère ; qu'on est bien aise partout, même
« au milieu de la confusion des rangs, de savoir
« à qui on parle, chacun porte, dans ce pays-là,
« un signe qui indique sa profession honorable
« ou ignoble. — Ah, monsieur, qu'on ferait bien
« de suivre cet exemple à Paris ! Le marchand n'y
« serait pas pris pour le banquier ; le banquier
« pour le gentilhomme opulent ; le gentilhomme
« pour le grand seigneur ; la femme de chambre
« pour sa maîtresse ; la couturière pour celle qu'elle
« habille ; la fille publique pour une excellence. »

Déja je sentais de la reconnaissance pour l'homme qui m'avait, en quelque sorte, forcé d'aller dîner chez lui. La conversation était attachante, et si on me faisait des contes, du moins ils étaient amusans et instructifs. Je désirais apprendre encore quelques particularités sur des gens qui préfèrent l'étude au cabaret, au mélodrame, à *Jocrisse*, aux conversations, aux jeux de *siam*, du *tonneau* et de la *brisque*. Je désirais surtout savoir si ceux qui savent tant de choses, se connaissent un peu eux-mêmes.

Je priai mon philosophe de satisfaire ma curiosité. Enthousiaste, comme tous les voyageurs, toujours pleins d'admiration pour les peuples qu'ils ont visités, il n'avait rien oublié de ce qu'il avait vu ou entendu, ou cru voir et entendre. Il me parla avec un extrême plaisir des connaissances métaphysiques, communes, dans ce pays-là, à l'homme en place et à son subordonné; au propriétaire et à ses journaliers; à la dame de distinction et à sa blanchisseuse.

Mon philosophe va répéter ce qu'il a recueilli sur cette matière, et il se substitue à un habitant de son bon pays.

« Les cinq sens ne sont rigoureusement parlant qu'un seul sens, dont le *toucher* est le mobile.

« *La vue, l'ouïe, le goût, l'odorat* ne sont que des modifications de la sensation générale du *toucher*, parce que nous ne pouvons éprouver de sensations que par les objets extérieurs, et que ces objets *touchent* nécessairement quelque partie de notre individu, soit directement, soit par l'entremise de quelque fluide intermédiaire.

« Ce qu'on appelle notre intelligence, n'est que la manière dont nos organes sont frappés par les objets extérieurs. Des organes déliés, sensibles à toutes les impressions, font un homme d'esprit. Un sot a des organes épais et lourds. L'enfant n'acquiert de perceptions qu'à mesure que ses organes se développent; le vieillard les perd à mesure que ses organes s'affaiblissent : donc nous ne sommes rien que par nos organes, et l'intelligence n'est qu'un *toucher* abstrait.

« Rien ne parvient à ce qu'on désigne par le mot *ame*, qu'au moyen de l'intervention des sens.

« Rien aussi ne parvenant à l'ame, sans être altéré par l'entremise des sens, nous ne pouvons, toujours incertains, juger de rien qu'avec une extrême circonspection.

« En effet, si tous les sentimens viennent de l'ame, c'est par les organes que passent tous les objets qui les excitent; et il n'y a point de relation entre les opérations des sens. Ils ne peuvent se prêter aucun secours. L'un d'eux ne peut s'apercevoir des erreurs de l'autre. Souvent même, ils se contrarient. La peinture, par exemple, qui est plate au *toucher*, présente des reliefs à la *vue*. L'ame est trompée par les sens, lorsqu'elle juge ronde une tour carrée, vue d'une certaine distance; lorsqu'elle nie l'existence d'une chose, qui par son extrême petitesse échappe à la vue; lorsque deux rangs d'arbres, parallèles et de même hauteur, semblent se réunir à l'extrémité d'une avenue, et que la lune paraît assise sur leur cîme.

« Les sens, à leur tour, sont trompés par l'ame où naissent les passions. Ainsi, l'amour trouve, dans l'objet qui l'attache, des agrémens qui n'existent pas pour d'autres yeux; la haine crée dans un autre objet une laideur, une difformité imaginaires; la jalousie prodigue à une rivale mille défauts, qui se multiplient dans la proportion des avantages qu'obtient cette rivale. Enfin, la disposition triste ou gaie de l'ame, pare ou enlaidit tous les objets, qui pourtant n'ont pas changé.

« Les premiers mouvemens des passions sont dans la nature. Elles sont toutes bonnes par leur essence; mais l'action des sens sur l'ame, et de l'ame sur les sens, produit l'abus.

« Qu'est-ce que l'ame qui n'est rien que par les organes, et qui est souvent trompée par eux?

« D'après l'action et la réaction continuelle des sens sur l'ame, et de l'ame sur les sens, qui semblent concourir à un même résultat, et qui se trompent mutuellement, bien des gens ne savent pas comment l'ame, qui est *incontestablement* un pur esprit, peut agir sur la matière, et la matière sur un esprit. Il en est qui demandent comment la matière organisée peut concevoir l'existence de quelque chose qui ne soit pas matière. Ceux qui ne conçoivent pas que cela puisse être, ont le bon esprit de se taire.

« Rien ne vient de rien. Toute naissance n'est donc qu'une nouvelle modification de la matière, qui sort d'un état insensible, après avoir péri en apparence. Il ne naît rien qui n'ait déja existé, sous une forme quelconque.

« Les sensations ne sont pas dans les objets qui les occasionent, mais en nous. L'harmonie n'est pas dans le *piano*, mais dans l'ouïe. L'amour n'est pas dans l'objet qui l'inspire, puisqu'il peut y être indifférent.

« Les objets de plaisir et de douleur sont toujours les mêmes, et ne prennent l'un ou l'autre caractère que selon les diverses manières de voir et de sentir, et des aspects différens sous lesquels ils se présentent. La mort, considérée par un être, comme le plus grand des maux, est un bien aux yeux de celui qui se la donne.

« L'homme ne peut que modifier. Il ne saurait rien créer, parce qu'il est subordonné à la nature qui crée; que ses idées ne peuvent s'étendre au-delà du cercle que lui a tracé la nature; que hors de ce cercle, rien n'existe pour lui.

« Le temps n'est ni un corps, ni une substance, mais la suite des choses que nous concevons. Si rien n'existait, il n'y aurait pas de temps.

« On ne connaît rien du mouvement, que l'espace parcouru, et le temps employé à le parcourir.

« Les causes du mouvement et toutes les causes nous seront toujours inconnues. Ce que nous appelons cause est le premier effet qui nous frappe. Nous ne sommes sensibles qu'aux effets, qui seuls peuvent agir sur nos sens. Nos sens n'ont nulle analogie avec les causes.

« Le plus grand phénomène de la nature est le mouvement, sans lequel l'univers serait engourdi et plongé dans une espèce de léthargie éternelle.

« On apprend à voir et à entendre par le *toucher* et l'habitude. Mais il est très-difficile d'apprendre à bien voir et à bien entendre.

« En effet, les couleurs ne sont pas dans les objets. Rien, dans la nature n'est coloré que les rayons du soleil. Ces rayons pénètrent tous les corps, qui les réfléchissent d'après leur contexture, la qualité de leurs pores, et le lieu d'où ils sont fixés par l'organe de la vue. Ce qui, vu de près, nous paraît d'un vert foncé, est d'un bleu-clair dans l'éloignement, parce qu'alors l'action de la lumière est moindre pour nous, et lorsque le soleil se retire, les couleurs disparaissent avec lui. Par conséquent le ciel n'est pas bleu, la neige n'est pas blanche, l'encre n'est pas noire.

« Sans être savant, chacun raisonne assez pour sentir que ce n'est qu'à l'aide d'un système qu'on peut deviner quelque chose de la marche de la nature; qu'un système, lié dans ses parties, doit être pour nous la vérité, puisque nous ne pouvons aller au-delà; que ce système peut seul nous donner quelqu'idée des mondes, de la manière dont ils se meuvent, dont ils se soutiennent dans l'espace sans point d'appui, et comment ils suivent une route régulière, au lieu de se précipiter les uns sur les autres. Nous avons tous une notion superficielle, mais suffisante, de la théorie de *Newton*.

« Quelque sensibles que soient, dans les opérations de l'art, les effets de l'action sur la matière, nous ne les confondons point avec les grands ressorts employés par la nature, que nous ne pouvons que soupçonner. Nous ne connaissons rien de plus probable que l'attraction, et si nous réfléchissons sur l'imperfection des instrumens, à l'aide desquels nous établissons nos conjectures, et sur les bornes de notre intelligence, nous nous étonnerons plutôt de ce que nous avons découvert, que de ce qui nous reste caché. »

Je fus assez étonné qu'on connût *Newton* dans le pays dont me parlait mon philosophe. « Le « mot *Newton*, me répondit-il, étant, pour le « genre humain, le synonyme du mot *vérité*, il « doit être connu partout.

« Mais disais-je encore, dans un pays où tout « le monde est si savant, les académiciens doi- « vent être innombrables. — Il n'y a pas là d'aca- « démiciens. Si tous les hommes étaient ici pré- « cisément de la même taille, nous n'aurions ni « géans ni nains. Si toutes les femmes avaient la « même physionomie, nous n'aurions pas d'idée « de la beauté et de la laideur. Il ne peut y avoir « de distinction où il n'y a rien à comparer. C'est « à l'ignorance et à la sottise que l'homme de « génie doit ici sa réputation. — Il est fâcheux « qu'il faille deux cent mille sots pour faire dis- « tinguer un homme de mérite. Mais s'il n'y a pas « là d'académies, il ne doit pas y avoir d'*Alma-* « *nach des Muses*, ni de *Mercure de France*, « espèces de petits magasins où chacun se pré- « sente, et desquels on extrait parfois un acadé- « micien; par conséquent, pas de journalistes qui « sachent tout, à ce qu'ils pensent, qui parlent « de tout, qui jugent de tout; pas de public qui « les croie sur parole; pas d'émulation, de tra- « casseries entre les gens de lettres, pas de cote-

« ries, de petites persécutions ; rien qui réveille,
« qui occupe les oisifs. La vie doit être là d'une
« fatigante uniformité. — Entendons nous. Si ce
« peuple là ne connaît pas les abus de la littéra-
« ture, il n'est pas étranger à la chose. »

On était au dessert, et je crus m'apercevoir qu'on étouffait autour de moi des éclats de rire, dont je ne démêlais pas la cause. Je cherchais à lire dans tous les yeux, et on cessa de se contraindre. Je crus d'abord qu'on se moquait de moi, et je commençais à avoir de l'humeur, lorsque j'aperçus, sous la serviette de mon philosophe, un assez gros manuscrit, dans lequel il avait probablement lu, à la dérobée, les belles choses qu'il venait de me débiter. « Mesdames, m'écriai-
« je, vous avez tort de vous railler de monsieur.
« Il n'est pas obligé de savoir son ouvrage par
« cœur. » On rit plus fort que jamais. Je plaignis mon philosophe et je me tus.

Cet excès de rire se calma à la fin, et mon voyageur reprit la parole.

« Vous voulez savoir, me dit-il, quelle est la
« littérature du peuple chez qui j'ai voyagé : je
vais vous satisfaire.

« La culture des lettres est considérée là en général, comme une occupation futile, qui détourne les hommes de choses profitables à eux et au public. On n'accorde d'estime, en ce pays, qu'aux productions du génie, dont l'objet est d'une utilité réelle. Aussi la presse n'y gémit pas sous une multitude d'ouvrages insignifians. Un jeune homme n'y prend pas son enthousiasme, sa vanité, sa paresse même pour du talent. S'il s'abusait à cet égard, il n'en serait pas moins obligé de consulter long-temps ses forces, avant que de se présenter dans la carrière. On exige d'abord de lui qu'il choisisse une profession ; qu'il l'étudie exclusivement ; qu'il en sache tout ce que ses facultés morales lui permettent d'en apprendre. Il est libre ensuite de faire des vers, s'il le veut.

« En conséquence, la littérature n'est point là un état. On est jurisconsulte, ingénieur, artisan, médecin, moissonneur, architecte, et on se délasse en jetant ses idées sur le papier, comme une mère de famille trace ici un dessin à broder, sans être peintre ; comme un homme de mérite parle un instant *pompons*, sans être marchande de modes.

« Il résulte de là, que le public n'est jamais fatigué des ridicules prétentions de certains auteurs ; que l'homme de lettres n'est dans la dépendance de personne ; qu'on le considère en raison de sa profession, de la manière dont il l'exerce, et non de ses vers ; qu'il n'a pas besoin d'être protégé ; qu'il n'est pas obligé d'être le complaisant de son protecteur, parce qu'il a des moyens d'existence honnêtes et assurés.

« Je vous parle de poésie, pour me faire mieux entendre, car ici le mot *auteur* signifie généralement poète. Faute d'imagination, nous mettons en vers toute idée commune ou rebattue, qui ne peut passer qu'à la faveur de la rime et de la mesure. Un ouvrage neuf, fortement pensé, et il faut penser avant d'écrire, doit être écrit en prose. *La Rochefoucault, Montesquieu, Buffon, Jean-Jacques* n'ont pas écrit en vers. Dans le pays dont je vous parle, on recherche les ouvrages qui satisfont l'esprit, le cœur, la raison, et on y fait peu de cas des écrivains qui croient rendre leurs idées plus brillantes en perdant beaucoup de temps à trouver et à accoupler des rimes, qui, très-souvent, altèrent, ou détruisent le naturel, la justesse, le sens, et la vérité. L'inversion, qui fait en partie le mérite de la poésie, semble à ces gens-là aussi éloignée de la véritable construction, qu'un bâtiment dont les caves seraient sous le toit, et le grenier dans les fondations.

« Ils regardent la rime comme un jeu séduisant, un abus de l'esprit; le vers, comme une parure de la pensée, et non un moyen de mieux dire, puisqu'il n'offre jamais le langage de la nature. Ils prétendent que le vernis éclatant de la rime fait passer le mauvais, peut affaiblir le bon, et ne laisse souvent dans la mémoire que des mots. Ils se plaignent de la surabondance d'épithètes oiseuses, qui embarrassent la pensée et ne sont que de l'affectation et de l'enflure. Un poète veut-il parler du haut d'un rocher? il ne manquera pas d'écrire :

De ce roc orgueilleux l'inébranlable cime...

« Il est monté sur des échasses, et n'en marche pas mieux.

« Pour lire la prose, disent-ils, il ne faut que du sentiment. Pour se plaire à la lecture des vers, il faut de l'habitude : donc la poésie n'est pas naturelle.

« Ils trouvent que le mérite de la prose est dans le fond des choses, et le mérite des vers dans l'harmonie; qu'ainsi il faut plus de pensées et d'esprit dans la prose que dans les vers, dont le brillant couvre la médiocrité.

« Ils appuient cette opinion en démontrant que la versification la plus brillante et la plus exacte est remplie d'équivoques, de fautes de langue, de construction, et de sens. Ils ont mis en prose quelques vers de leurs meilleurs poètes; il n'en est rien resté du tout.

« Alors ils ont proclamé la poésie un art purement mécanique dans l'arrangement des parties. La disposition pénible des mots, pour arriver à la césure et à la rime, leur paraît une tâche de manœuvre qui replâtre une masure.

« Quelques jeunes gens, qui croyaient avoir reçu du ciel ce qu'on appelle ici le feu poétique, le feu divin, s'étaient érigés en défenseurs de la rime et de la mesure. Ils ont bientôt senti qu'il est plus difficile et plus sensé de nourrir l'esprit de choses que de frapper l'oreille de sons.

Peu de temps après, on a vu éclore des ouvrages excellens en tout genre, par la justesse, la netteté, la précision des pensées, par le *nombre* et l'énergie du style. »

A mesure que mon philosophe parlait, je sentais diminuer de l'estime que j'avais conçue pour les habitans du fond de l'Afrique. Quel peuple en effet que celui qui proscrit les vers, ce doux amusement de nos loisirs, soit qu'on en fasse, soit qu'on en lise ! Si cette manière de voir se propageait ici, que deviendraient ces jolies dames, dont toute la réputation est dans l'*Almanach des Muses ?* que deviendraient tant de jeunes auteurs, dont tout le mérite consiste à faire marcher deux à deux *flamme* et *ame*, *rose* et *éclose*, *aurore* et *adore*, *pleurs* et *douleurs* ; qui n'ont pas d'état, qui n'en veulent pas avoir, et pour qui toutes les portes sont ouvertes, parce qu'ils ont toujours un madrigal en poche ? Je me déclarai le partisan zélé de la rime et de la mesure, et je soutins que la poésie est utile à tous, depuis le chiffonnier, qui fournit la matière première, jusqu'au relieur, qui la décore de maroquin et de dorure.

« Ma foi, me dit mon philosophe, le maroquin
« et la dorure pourraient bien être ce qu'il y a
« de mieux dans tout cela. Ne vous passionnez
« pas, et traitons cette affaire de sang froid. Ou-
« vrons, au hasard, celui qu'on reconnaît en
« France pour le plus pur des poètes, et mettons
« en prose quelques-uns de ses vers.

« Quelle Jérusalem nouvelle
« Sort du fond des déserts, brillante de clartés,
« Et porte sur son front une marque immortelle !
« Peuples de la terre, chantez !
« Jérusalem renaît plus brillante et plus belle.

« Voilà sans doute de très-beaux vers. Ils sé-
« duisent, ils entraînent, quand on ne les exa-
« mine point. Examinons-les.

« *Quelle nouvelle Jérusalem, brillante de clar-*
« *tés, sort du fond du désert, et porte une marque*
« *immortelle sur son front ! Chantez, peuples de*
« *la terre. Jérusalem renaît plus brillante et plus*
« *belle.*

« Je n'ai pas changé un mot, et je vous demande
« si cette prose vaut celle de Massillon et de Bos-
« suet ? Non, sans doute, puisqu'ici l'expression
« est toujours vicieuse. Qu'est-ce que cette *marque*
« *immortelle ?* Sans la gêne imposée par la mesure
« et la rime, Racine eût écrit : *Et porté sur son*
« *front le sceau de son immortalité.* Poursuivons :
« *Peuples de la terre, chantez.* Chantez ! quoi ?
« tous les peuples ont-ils lieu de se réjouir de
« la résurrection de Jérusalem ? Ici, on enton-
« nera un hymne d'allégresse ; là, on chantera
« d'une voix plaintive. Finissons : *Jérusalem re-*
« *naît plus brillante et plus belle.* Plus belle que
« qui ? Tout comparatif exige un *que*, qui amène
« la comparaison. Ici le sens n'est pas terminé, et
« Racine eût dit en prose : *Plus brillante et plus belle*

« *qu'elle ne le fut jamais*, ce qui ne serait pas de
« la prose admirable. Racine n'eût pas répété en
« prose le mot *brillante* dans cinq demi-lignes;
« il n'eût pas mis au pluriel le mot *clartés*, qui
« doit être au singulier.

Je ne savais trop que répondre, et pour me tirer d'embarras je me rejetai sur les journalistes africains, s'il y en a.

« Il y en a, me dit mon homme; mais ils sont
« soumis à un tribunal qui juge leurs critiques,
« et qui les condamne à une réparation authen-
« tique envers l'auteur qu'ils ont blessé par les
« traits de l'envie et de la malignité. — Ce tribu-
« nal-là doit avoir de l'occupation, ou le métier
» de journaliste ne doit pas valoir grand'chose en
« Afrique. — Aussi n'est-il pas exercé, comme
« ici, par des hommes de *génie*. Les journalistes
« africains font un journal, parce qu'ils ne peuvent
« faire autre chose. Ainsi la modération qu'on
« leur impose ne leur coûte rien. Comment être
« insolent envers un auteur, quand on se sent in-
« capable d'écrire quatre pages de son ouvrage?
« — Ces journalistes-là se rendent donc justice?
« — Très-certainement. — C'est incroyable. — Et
« pourquoi? — C'est que je ne peux concevoir
« un homme sans amour-propre. — Ils ont celui
« qu'ils doivent avoir. Mais ils se gardent bien de
« confondre un amour-propre légitime avec la
« morgue, l'orgueil et l'impertinence ».

Je rêvais à ce que je venais d'entendre, lorsqu'on passa au salon. Un cercle nombreux se forma autour de moi, et un éclat de rire général me tira de ma rêverie. « Vous êtes *mystifié*, » me dit une jolie petite dame, plus franche ou plus maligne que les autres.

Un *mystificateur* est un homme sans profession, qui fait métier de dîner en ville, et d'amuser vingt personnes, qui le connaissent, aux dépens de la vingt-unième, qui ne le connaît pas. Il débite toutes les sottises qui lui passent par la tête, et son talent consiste à conserver un sérieux imperturbable. On vit de cela à Paris, comme d'autre chose.

Je sentis quelque vanité de ce que pour fixer mon attention il avait fallu parler, pendant deux heures, de choses raisonnables, et je me retirai plus satisfait de moi, que la compagnie l'avait été de mon *mystificateur*.

CHAPITRE IV.

Un dîner chez de bonnes gens.

Et moi aussi j'aime les bonnes gens. Mais ils ont leurs petits défauts, et souvent on les aperçoit trop tard.

Un bon homme, plein de cordialité et de franchise, et à qui j'ai remis, il y a huit jours, une lettre de recommandation, me rencontre au haut de la montagne Sainte-Geneviève. « C'est aujour-

« d'hui le mardi gras, et vous le ferez avec nous.
« Je sais que vous n'aimez ni les grands dîners,
« ni les dîners de sept heures. Nous nous mettons
« à table à quatre, et vous ne trouverez que des
« mets simples, offerts par un bon cœur. Si vous
« me refusez, vous me désobligerez beaucoup ».

En effet, comment refuser un homme qui s'explique ainsi, et dont les yeux expriment déjà la peine que lui causera un refus? J'accepte, et la sérénité reparaît sur son front. J'entre chez lui; madame me présente deux grosses joues; mademoiselle me salue avec un ton affectueux; me voilà déjà à mon aise. On se met à table; on mange, on boit, on ne dit pas un mot pendant le premier service. Madame m'adresse enfin la parole.

« Encore cette aile de poulet, monsieur. —
« Non, madame, je vous remercie ». Et l'aile et une cuisse tombent dans mon assiette. « Monsieur,
« un peu de ces épinards. — Non, madame, je
« vous remercie ». Et je suis forcé de laisser aller la cuiller, à peine de me colorer les doigts. « Mon-
« sieur laisse tout ce qu'on lui sert. Louison, vos
« épinards sont détestables. Où prenez-vous donc
« votre crême? » Et madame m'envoie une livre et demie d'une *charlote* qui a fort bonne mine.

Pendant ce dialogue, monsieur me verse du Bordeaux, du Frontignan, du muscat. Je bois pour ne pas refuser tout le monde; je mange la *charlote*, pour mettre fin aux importunités de madame, et à peine ai-je avalé le dernier morceau, que je me sens suffoqué.

« La *charlote* est pesante, monsieur; un doigt « de vin pour la faire couler ». J'éprouve le besoin de délayer; je bois, je bois, et en posant mon verre je trouve devant moi une ample provision de macarons, de masse-pains, qui font, dit-on, trouver le vin délicieux. On voit que j'en ai jusqu'à la gorge, et on n'a pas de pitié de moi. J'aimerais autant subir la question ordinaire et extraordinaire.

Pour m'achever, on veut me faire chanter au dessert. Je ne peux ni parler, ni souffler. Je me défends; on insiste. On loue en moi un talent que je n'ai jamais eu. On oppose à ma résistance la complaisance de madame celle-ci, de mademoiselle celle-là, qui ne se font jamais prier. J'invite une de ces dames à acquitter ma dette; la dame commence aussitôt une romance. Elle tient beaucoup à ce genre-là, et elle a cinquante ans. Elle roule des yeux un peu échauffés; elle croit ses accens très-tendres. Moi, je les trouve très-aigres, tremblotans et quelquefois faux. « Oh, monsieur, « nous ne vous tenons pas quitte. Vous nous avez « procuré le plaisir d'entendre madame; nous « vous en remercions; mais vous chanterez ». Il y a de quoi se donner au diable.

Je chante aux risques et périls de mes voisines. J'arrive péniblement à la fin de mon dernier couplet, et je me promets bien d'éviter les dîners de bonnes gens.

Vis à vis de moi était placé un monsieur très-communicatif. Il parlait toujours ; il parlait de tout, il déraisonnait souvent ; mais comme il avait la réputation d'être très-plaisant, on riait de tout ce qu'il disait ; on riait même avant qu'il parlât. J'ouvrais les yeux et les oreilles ; je cherchais un sens à tout cela ; je n'en trouvais point, et je m'efforçais de rire pour ne pas me singulariser.

Je m'étonnai, à part moi, qu'on eût fait chanter tout le monde, et qu'on n'eût excepté que la demoiselle de la maison. Je ne tardai pas à avoir le mot de l'énigme.

Il est une politesse naturelle à toutes les classes de la société ; le vernis en est plus ou moins brillant, et c'est ce qui constitue essentiellement la différence d'un quartier à un autre. La dame de la maison sentait probablement qu'un étranger qui ne chante plus, n'a rien à dire à des convives qu'il ne connaît pas, et qu'un homme de province qui ne parle pas est bientôt jugé : il passe pour un sot. A ce premier objet de charité chrétienne, se joignait un but auquel madame me conduisit avec assez d'adresse. Elle commença par me faire quelques questions sur ma petite ville. « L'*endroit* est-il
« beau, monsieur ? — Je le croyais, avant d'avoir
« vu la capitale. — Les dames y sont-elles aima-
« bles ? — On les oublie, mesdames, quand on

« est auprès de vous ». Bien répondu, pour un provincial, semble me dire un sourire général d'approbation.

« Cultive-t-on les arts dans votre *endroit*, mon-
« sieur ? — Peu, madame. — Il n'y a peut-être
« pas de maîtres ? — Pardonnez-moi, madame.
« L'organiste de la paroisse montre le serpent aux
« chantres, le violon aux jeunes gens, et la musi-
« que vocale aux demoiselles. — Il est difficile
« d'exceller dans tous les genres. — Oh, madame !
« il n'excelle en rien, ni nous non plus. — Nous
« avons ici des maîtres parfaits. » En disant ces mots, madame s'inclina, d'un air de bienveillance, vers un jeune homme assis au bout de la table. « Monsieur est le maître de chant de ma fille, et
« on veut bien croire que depuis quelque temps
« elle a fait des progrès sensibles. La nature, re-
« prend le *professeur*, avait tout fait pour made-
« moiselle; je n'ai eu que des conseils à lui don-
« ner ». L'organiste de mon *endroit* n'aurait pas mieux répondu.

La musique continue d'être l'objet de la conversation. L'un vante la voix de la demoiselle, l'autre sa méthode; peu d'actrices de l'Opéra ont ce timbre, cette netteté, ce goût, cette précision. « Vous êtes bien bons, répétait sans cesse
« la maman. Allons, allons, il y a du vrai dans tout
« cela, reprenait le papa, en souriant avec com-
« plaisance.

« Monsieur, vint me dire à l'oreille le plaisant,

« vous ne pouvez vous dispenser de prier made-
« moiselle de se faire entendre ». Bon, dis-je en
moi-même, on a gardé la demoiselle pour me dédommager de la romance et des mauvaises chan-
sons bachiques. J'entendrai sans doute ici quelque chose de gai, d'aimable, de dansant, qui me
mettra en belle humeur. Imbécille que je suis,
je présente modestement ma requête.

« Monsieur, ma fille ne chante qu'accompa-
« gnée. — Maman, je suis très-enrhumée. — Cela
« est vrai, ma fille; mais monsieur te saura plus
« de gré de ta complaisance. — Mais, papa... —
« Monsieur jugera de ce qu'est ta voix, lorsqu'elle
« a toute son étendue. — Mais, papa... — Fais
« cela pour moi, ma fille, je t'en prie ».

A l'instant madame recule son fauteuil. Je lui
présente la main; on passe dans sa chambre à
coucher, qui ressemble un peu à un salon, quand
les rideaux de l'alcove sont tirés. Madame tire sa
fille à part, et lui parle d'un air et d'un ton très-
sérieux. Le papa se joint à elles et la conversation
paraît devenir plus imposante. On met de part et
d'autre la même importance à ce qu'on dit, à ce
qu'on répond. La jeune personne semble vouloir
s'excuser... Ah, mon dieu ! aurait-elle fait quelque
étourderie?... On lui propose peut-être un mariage
qui lui déplaît.

Elle paraît poussée à bout; elle hausse le ton.
« Tu sais bien, maman, que ce morceau-là n'est
« pas à ma voix. — Vous me désobligerez beau-

« coup, ma fille, si vous ne le chantez pas ». Ah!
il s'agit du choix d'un morceau.

« Nous y voilà encore pris. — Vous deviez le
« prévoir. — M. Belval nous fait payer ses dîners
« un peu cher. — Il aime à entendre sa fille, et
« il s'imagine que tout le monde partage son plai-
« sir. — Il n'a que ce travers-là; il faut le lui
« passer. Allons, mon ami, exécutons-nous ». Les
deux interlocuteurs ne se doutaient pas que je
fusse derrière eux.

Le plus morose de ces messieurs change tout
à coup de physionomie. Il prend un air riant, et,
de la manière la plus aimable, il propose à la demoiselle de la conduire au piano. Elle se défend;
il prie, il presse; il sera trop heureux d'entendre
ces sons enchanteurs. Mademoiselle se rend.

J'écoute. Mademoiselle n'est pas enrhumée du
tout, et elle a en effet une voix superbe; mais je
ne distingue pas une parole. Il est peut-être d'u-
sage à Paris de s'en passer quand on chante...
Diable! cet air est bien triste, il est bien long!...
Ah! il va jusqu'au *re* d'en haut, et il faut que la
voix de mademoiselle se déploie. On la comble
d'éloges et d'applaudissemens.

« Ma fille, encore ce morceau de *Didon.* —
« Mais, papa... — Ma fille, je t'en prie ». Et la
demoiselle commence.

Je suis bien sûr, par exemple, qu'il y a des
paroles dans l'opéra de *Didon :* je l'ai vu jouer
dans la plus belle grange de mon *endroit.* A la

vérité, on avait coupé le rôle d'Enée, parce que la troupe n'était pas complète; mais enfin *Didon* parlait en chantant.

« *Didon* ne parle pas à Paris; c'est singulier. « J'avais toujours cru que la musique ne devait « servir qu'à faire valoir des paroles. Une chan-« son bachique, sans paroles, ne serait pas d'un « grand effet. — Hé! il y a des paroles, mon-« sieur; mais il est du bon genre de ne pas ar-« ticuler. »

Didon m'ennuie aujourd'hui, et j'ai des raisons de la haïr depuis long-temps : elle m'a valu plus de deux cents coups d'étrivières au collége. Je m'étends, je bâille... « Étouffez donc cela, mon-« sieur. Si le père et la mère de la demoiselle « vous voyaient, ils ne dormiraient pas de la « nuit. » Je reviens à moi; *j'avale mes bâille-mens*; je promène ma vue sur l'assemblée. L'un bâille derrière son mouchoir, l'autre derrière une prise de tabac, et les applaudissemens recommencent avec fureur.

Après *Didon*, viennent *Dardanus* et *Ariane* pour achever ce pauvre mardi gras. Je ne pouvais plus résister à l'ennui qui m'accablait. La jeune personne, elle-même, paraissait confuse de l'opiniâtre tenacité à laquelle on la contraignait. Je m'évadai, pendant qu'elle se préparait, avec de l'eau sucrée, à faire de nouveaux efforts.

En regagnant mon hôtel garni, je riais de cette petite conspiration de famille. Et j'avais bien voulu croire que madame, en me parlant *musique*, n'avait pensé qu'à me faire briller !

J'ai ouï dire à ma mère qu'il y a dans ce monde bien des choses dont il faut se garder. J'ajoute à la longue liste qu'elle m'a laissée : défiez-vous *des dîners des bonnes gens, et des talens de la demoiselle de la maison.*

CHAPITRE V.

Les Gobe-Mouches.

On appelle *gobe-mouches*, à Paris, des gens qui s'occupent de tout, excepté de leurs affaires; qui attachent de l'importance à tout, et qu'une niaiserie arrête pendant une demi-journée.

Il y a des *gobe-mouches* de toutes les classes et de tous les âges, depuis celui qui regarde filer sur la rivière un train de bois, un chien qui se noie, jusqu'à celui qui va à la messe de la cour, et qui ne pense pendant huit jours qu'à trouver la signification d'un coup d'œil que, par hasard, le souverain a laissé tomber sur lui.

Je n'avais aucune idée de ces messieurs-là, et j'étais sorti, uniquement pour sortir, pour marcher, pour regarder... quoi ? Je n'en savais rien. J'étais déja, sans le savoir, un peu *gobe-mouche* moi-même.

Je m'arrête en face de la grille du Palais de la Justice, près de deux hommes qui parlaient trop haut pour qu'il y eût de l'indiscrétion à écouter, et avec assez de chaleur pour piquer ma curiosité.

« Vous êtes huissier audiencier? — Oui, mon-
« sieur. — Vous devez savoir ce qu'on fera au-
« jourd'hui au Palais. — Oh, aujourd'hui toutes
« les causes sont intéressantes. — En vérité? —
« Les meilleurs avocats plaideront. — Diable! —
« Et ils seront cours. — Tant pis. — Pourquoi
« tant pis? — C'est qu'il faut nécessairement que
« je passe trois heures ici. — Vous êtes donc ju-
« risconsulte? — Non. — Et que faites-vous à
« l'audience? — J'écoute. — Et vous comprenez?
« — Pas toujours. — Et quand vous n'entendez
« pas? — Je reste. J'ai tous les jours trois heures
« à passer ici. »

Ce monsieur-là porte un habit *habillé*, fait en 1763 ; vingt à trente cheveux sont enfermés dans un *crapaud*; il a un chapeau à trois cornes ; celle de devant est courte et évasée, et la forme, très-aplatie, s'élève cependant de deux doigts au-dessus des bords. Il porte à la main une longue canne à *bec de corbin*, des gants qui ont été blancs, et sa figure exprime la parfaite impassibilité de son ame.

Ma foi, je vais suivre cet homme-là. Qu'importe que je me promène dans la grande salle ou ailleurs? Mon homme voit passer quelques juges, quelques avocats, quelques avoués. Il se glisse parmi eux, il entre avec eux. Il cherche une place sur les banquettes de l'intérieur de l'enceinte; il n'en trouve pas. Il regarde l'huissier de service; l'huissier de service se souvient de l'avoir vu, il ne sait où. Il le prend pour un plaideur, pour un juré, pour un témoin, n'importe pour quoi. Il fait serrer les rangs ; mon homme s'assied, et moi aussi.

« Quelle cause va-t-on appeler ? dit-il à sa « voisine. — Je ne sais pas, monsieur. — La chose « vous est donc indifférente ? — Oui, monsieur. « — Ah, madame a, comme moi, trois heures « à passer ici ? — Oui, monsieur. »

La plaidoierie commence. Il est question d'un chien, qui a poursuivi un chat. Le chat s'est réfugié dans la boutique d'un faïencier; il a sauté sur les rayons; il en a fait tomber des piles d'assiettes, des carafes, des cristaux, et le chien, outré de ne pouvoir joindre le chat, qui va toujours grimpant et cassant, a mordu à la jambe le faïencier, qui voulait le chasser à coups de bâton.

L'avocat du plaignant prouve que le maître du chien doit payer le chirurgien, et la maîtresse du chat, la faïence et les cristaux. L'avocat adverse prouve qu'un rat sorti de chez la voisine, a provoqué le chat; que par la force d'un instinct naturel et par conséquent insurmontable, le chien s'est mis aux trousses du chat, qui était à celles du rat, et il conclut à ce que la dame de chez qui le rat s'est échappé, soit condamnée aux frais. L'avocat de la dame prouve que sa partie n'a rien négligé pour le maintien de la tranquillité publique, puisqu'elle a pris de la mort aux rats chez son apothicaire, et il conclut à ce que l'apothicaire, qui a vendu une drogue usée, éventée, sans vertu aucune, ainsi qu'il arrive souvent, soit condamné aux dépens. L'avocat de l'apothicaire prend à partie le droguiste en gros. L'avocat du droguiste interpelle Noé, que rien n'obligeait à recevoir dans l'arche des rats, des souris, des cousins, des moustiques, des maringouins, etc, etc. etc.

Ces avocats, qui, de la boutique d'un faïencier de la place Maubert, étaient remontés au déluge, m'amusaient singulièrement... Mon homme tire sa montre : « Les trois heures sont écoulées, dit-il. » Il se lève, et je cède à l'envie de savoir où il va promener son apathie et sa nullité. Je sors après lui.

Il traverse le Pont-au-Change, suit le quai de l'École, prend la colonnade du Louvre, et entre sur la place du Carrousel. « Rangez-vous, rangez-
« vous, disait-il. Cette ligne est réservée aux gre-
« nadiers à cheval; celle-ci à l'artillerie légère;
« celle-là aux chasseurs à pied. Hé, rangez-vous
« vous-même, lui dit un soldat, qui avait le fusil
« sur l'épaule, et qui ne paraissait pas très-poli.
« — Monsieur le soldat, je suis un habitué aux
« revues. — Et moi je suis factionnaire. — J'aime
« beaucoup à voir des évolutions militaires. — Et
« moi à exécuter ma consigne. Rangez-vous donc,
« sacrebleu ! »

Mon homme recule de quarante pas. « Il est
« bien extraordinaire, me dit-il, qu'on traite
« ainsi un amateur. Qu'en pensez-vous, monsieur?
« — Qu'on ne juge pas du mérite sur la mine. —
« Vous connaissez les hommes, et je vous estime.
« Venez avec moi ; il n'est que midi, et j'ai plus
« de temps qu'il n'en faut, pour vous convaincre
« de la considération dont je jouis ailleurs. »

Nous prenons la rue Saint-Nicaise, pour nous
tirer de la foule des gobe-mouches nos confrères.
« Un moment, un moment, me dit mon guide.
« Vous ne voyez donc pas ce qui se passe là-haut?»

Un chat, car vous saurez que les chats ont le
privilége d'occuper les gobe-mouches, un chat
était placé sur un toit, les griffes et le museau
tournés vers une lucarne, d'où le menaçait un
chien, aboyant et trépignant de colère. « Voyons,
« me dit mon homme, ce que ceci deviendra.
« — Hé, que vous importe?—Monsieur, un obser-
« vateur tire parti de tout, et je vous dirai dans
« un moment quel est l'âge du chien. — Com-
« ment cela ? — Si le chien est vieux, il se bor-
« nera à des démonstrations antipathiques ; s'il
« est jeune, la chaleur et la force du sang l'em-
« porteront sur l'éloignement naturel qu'ont ces
« animaux pour les toits. » A peine avait-il fini
de parler qu'un serin s'échappe d'une croisée
voisine, et vient se poser entre le chat et le
chien. Une femme en grand deuil paraît à la
fenêtre ; elle jette les hauts cris ; elle sanglote,

elle se désespère, elle est prête à se précipiter. « Oh, l'indigne ! nous dit une fruitière qui te- « nait sa boutique dans la rue : il y a huit jours, « elle a enterré son mari, et ne lui a pas donné « une larme. » Mon compagnon commençait une dissertation sur les raisons que peut avoir une femme de préférer un serin à un mari, lorsque le chat saute sur le serin, et le chien sur la couverture. Le chat, effrayé des mouvemens du chien, fait un bond de côté, et retombe à faux. Il perd l'équilibre ; le chien croit le tenir, et le serin, le chat et le chien roulent le long du toit, et tombent dans la rue. Le chien renverse l'étal de la fruitière ; le chat s'accroche aux épaules de mon compagnon, et lui déchire son col et son *crapaud*; le serin rentre chez sa maîtresse, qui referme sa croisée avec des marques de la joie la plus vive. La fruitière jure et menace ; mon camarade rajuste son col, et me prie d'arranger un peu son *crapaud*. « Je vous assure, me dit-il « du ton le plus calme, que ce chien-là n'a pas « plus de trois ans. »

Nous passons avec peine à travers deux cents personnes qui s'étaient rassemblées en un instant, et nous allions sortir de la rue Saint-Nicaise, quand mon guide fut arrêté par un autre genre de spectacle. C'était une femme qui battait son mari. Il était ivre, et voulait retourner au cabaret. « Remarquez bien, me dit mon compagnon, que « même dans l'état d'ivresse cet homme conserve

« le sentiment de sa force : il rit des taloches que
« lui applique sa femme. Voyez au contraire com-
« bien la femme abuse de ses avantages. Je trouve
« ici un tableau en petit de la société humaine.
« La véritable puissance tolère ce qui ne la me-
« nace pas trop directement, et le faible est pres-
« que toujours cruel, quand il peut l'être avec
« impunité : il a à se venger de tant de priva-
« tions, de marques de soumission, d'obéissance
« passive!... » Pendant ce beau discours notre
ivrogne marchait vers le cabaret; sa femme frappait, et de manière que le mari, fatigué, exaspéré, la prend sous son bras, et lui donne quelques tapes sur le derrière, qui se trouve devant lui. Les yeux et les mains de la femme,
qui sont sur le dos du mari, agissent en même
temps. Elle saisit une paire de ciseaux, pendant à sa ceinture, et coupe celle du pantalon. Le pantalon tombe sur les jarrets du malheureux : Oh, le vilain! s'écrient à la fois toutes
les femmes, et en effet le monsieur était plus
digne de pitié que d'envie. Les huées se dirigent
contre lui. Pour échapper à ce charivari, il est
obligé de lâcher sa femme et de tenir sa culotte
à deux mains, et la femme, en relevant son
bonnet, tombé dans le ruisseau, disait avec le
genre de dignité qui lui est propre : « On a raison
« de dire que ce que femme veut Dieu le veut.
« Tu n'iras pas au cabaret aujourd'hui. »

Après bien des efforts, nous parvenons encore

à nous tirer de la foule, et nous entrons aux Tuileries. Nous marchons vers un groupe, qui s'étend circulairement dans une contre-allée. On nous aperçoit. Un monsieur, haut comme un échalas, et gros comme un muid, se détache et vient au-devant de nous. Son triple menton joue sur sa poitrine, et ses courtes jambes ploient sous le poids de son corps. « Hé, arrivez-donc, « monsieur Michaud. On traite ici des questions « importantes, sur lesquelles on discute depuis « ce matin. Venez prononcer. »

M. Michaud se redresse, et s'approche d'un air d'importance. « Voyons, messieurs, de quoi s'a-« git-il ? — M. Dupont soutient qu'il fait chaud, « et M. Julien qu'il fait froid. Il ne fait ni chaud, « ni froid, répond M. Michaud. — Mais cela n'est « pas possible. — Comme il est vrai que lorsque « je me place sur le seuil d'une porte, je ne suis « ni dedans ni dehors. — Bravo, bravo, M. Mi-« chaud ! que pensez-vous de cet hiver-ci ? Nos-« tradamus assure, dans sa millième centurie, « que nous aurons cette année des cerises au mois « d'avril et des pêches au mois de mai. — Il est « au moins certain, messieurs, que si nous n'en « avons pas alors, nous en aurons plus tard. — « Bravo, bravo, M. Michaud. Depuis une heure « il s'est élevé un brouillard... — Je le vois bien, « messieurs. — M. Lamothe croit qu'il pleut ; « M. Jourdain croit qu'il ne pleut pas. Qu'en « pensez-vous, M. Michaud ? — Messieurs, il

« pleut ou il ne pleut pas; cette vérité est incon-
« testable. Il ne pleut pas, donc il pleut. — Bravo,
« bravo, M. Michaud. »

M. Michaud me regarde d'un air qui veut dire :
Ne suis-je pas un petit Salomon? Je reçois le prix
de ma sagesse dans les marques de déférence dont
vous me voyez comblé.

Nous passons plus loin; nous rencontrons un
autre groupe. Celui-ci est composé de septuagé-
naires, d'octogénaires, qui n'ont plus de la vie
que l'espoir du lendemain, et qui citent à tous propos des centenaires, pour se persuader qu'ils le
deviendront à leur tour. Ils voudraient se lever,
pour saluer M. Michaud; ils se bornent à une simple inclination de tête. M. Michaud s'assied au
milieu du cercle. « L'espèce humaine, M. Mi-
« chaud, a bien dégénéré. — Pas tant, messieurs,
« pas tant. — Les jeunes gens d'aujourd'hui sont
« loin d'être ce que nous avons été. — Le croyez-
« vous, messieurs? — Et les femmes n'ont plus
« de sensibilité. — Cela pourrait bien être, car
« elles répondent à peine aux choses flatteuses que
« je leur adresse. — Et nous ne concevons pas
« comment on fait encore des enfans à Paris. A
« propos de cela, est-il bien constant, M. Mi-
« chaud, que Mathusalem ait vécu neuf cents
« ans? — Oui, messieurs, car cela est imprimé.
« Au reste, que vous importe? vous êtes encore
« gais et robustes. — Hé, hé, M. Michaud ! — Et
« vous irez aussi loin que lui. — Hé, hé, M. Mi-

« chaud ! — J'en suis sûr. Vous avez, vous, mon-
« sieur, soixante-seize ans, et vous faites tous les
« jours le tour des Tuileries. — Oui, avec deux
« bras. — Vous en avez, vous, monsieur, soi-
« xante-dix-neuf, et vous lisez sans lunettes. Je
« ne vois rien d'étonnant à cela, m'écriai-je. Si ma
« grand'mère vivait encore, elle aurait cent vingt-
« six ans. — En vérité, monsieur !

« Ah, me dit M. Michaud, je vois là-bas les cor-
« dons-bleus, les soutiens, les aigles de l'ordre. —
« De quel ordre, M. Michaud? — Des gobes-mou-
« ches, monsieur. — Il existe un ordre des gobe-
« mouches ! — Et j'ai l'honneur d'en être le grand-
« maître. Venez, venez, monsieur. C'est ici que
« vous entendrez des raisonnemens d'une pro-
« fondeur que vous admirerez, des conceptions
« d'une force !... — Allons, allons, M. Michaud.
« Vous devez à tous vos sujets une portion égale
« de vos soins et de votre affection. »

Je marche sur les pas de M. Michaud. « Voyez,
« me dit-il, cet homme, qui trace sur le sable,
« avec le bout de sa canne, la situation des
« lieux et la marche des armées ; il a un mérite
« transcendant : c'est lui qui me supplée dans les
« grandes occasions. Remarquez la respectueuse
« attention avec laquelle on l'écoute. » Nous approchons.

L'attention de ces messieurs est en effet si profonde, qu'ils ne s'aperçoivent pas que M. Michaud est auprès d'eux. « Mes amis, leur disait le

« suppléant, il est évident que le grand mogol a
« déclaré la guerre aux Groënlandais. — Mais la
« chose n'est pas impossible. — Elle est même
« vraisemblable. — Il y a peut-être, entre ces
« puissances, des contestations sur la pêche de
« la baleine? — C'est cela, messieurs, c'est cela.
« Les dames de l'empire du Mogol viennent d'a-
« dopter les corps baleinés, et le grand Mogol
« veut des baleines. — Et les Groënlandais lui en
« refusent? — Mais ils vont être châtiés. Le grand
« Mogol a déja embarqué douze cent mille hom-
« mes sur trois cents vaisseaux de transport. —
« Diable! — La flotte a passé à dix lieues au large
« de l'île de Corse, dont les habitans lui ont
« paru fort affables. — On assure qu'il lui faudra
« trois semaines pour débouquer du détroit de
« *Le Maire*. — Tant mieux, tant mieux : qui va
« *piano*, va *sano*. — Et qui va *sano*, va *lontano*.

« Messieurs, messieurs, dit M. Michaud, j'ad-
« mire votre pénétration et votre sagacité; mais
« je vous invite à lever la séance, et à vous ré-
« pandre dans les cafés. De quoi parlerons-nous
« demain, si nous n'apprenons pas de nouvelles
« aujourd'hui? »

Le grand-maître a ordonné, et le groupe se divise, et se disperse. M. Michaud me conduit au café de la Régence. Il s'assied, et appuie ses deux mains sur le bec à corbin de sa canne; il appuie son menton sur ses deux mains; il se recueille, il prête l'oreille... « Pas de nouvelles! s'écrie-t-il

« avec amertume; pas la moindre anecdote! —
« M. Michaud, ma correspondance est très-éten-
« due, et j'oubliais de vous dire que j'ai reçu mon
« courrier ce matin. — A la bonne heure. Parlez,
« monsieur... parlez donc. »

Je tire une lettre de ma poche. « Le mont Vé-
« suve vient de s'élancer dans le mont Etna. Cet
« évènement a gonflé la Sicile au point qu'elle a
« crevé sur ses flancs, et s'est délayée dans la mer.
« — Monsieur, voilà de quoi occuper furieuse-
« ment les naturalistes. — La reine de Taïti vient
« d'épouser le grand Lama. — Monsieur, voilà de
« quoi occuper furieusement les politiques. Que
« ne m'avez-vous dit cela plus tôt! j'aurais chargé
« nos messieurs de colporter ces nouvelles dans
« tout Paris. Quel malheur, si nous étions pré-
« venus! Je vous dois cependant de la reconnais-
« sance, et je vais vous en donner une marque
« éclatante. »

Il tire un papier de sa poche et me le présente.
« Qu'est-ce que cela, M. Michaud? — C'est un
« diplôme de gobe-mouche. Il n'y manque que
« le nom du récipiendaire; vous y mettrez le
« vôtre, et ce sera une affaire finie. — Ah, mon-
« sieur, que de prérogatives! — Lisez, monsieur,
« lisez. »

J'ai le droit de m'insinuer partout; de tout regarder, de tout écouter, sans rien voir et sans rien
entendre; de juger les ouvrages nouveaux, une
pièce nouvelle d'après les journaux; je peux

faire sortir des armées de dessous terre; les diriger à mon gré; les faire combattre sans armes, subsister sans vivres; les caserner dans une ruche; emmagasiner des boulets rouges; fabriquer de la poudre avec de la neige séchée au four, et par l'effet immédiat de ma seule volonté, tout créer, tout détruire, sans m'embarrasser de choquer le bon sens, de contredire l'évidence, et de soumettre mes idées aux froids calculs du raisonnement, dont je suis dispensé pour le présent et l'avenir.

« Ne pourrais-je pas, monsieur, faire admettre
« dans l'ordre quelques dames de mes amies? —
« Elles n'y seront pas isolées, monsieur : nous
« avons déja beaucoup de dames, et de classes
« très-distinguées. — En effet, M. Michaud, celle
« qui se croit des charmes qu'elle n'a pas est gobe-
« mouchette. Celle qui parle toujours, unique-
« ment pour parler, et qui croit qu'on l'écoute,
« gobe-mouchette. La prude qui s'imagine qu'on
« croit à sa vertu, gobe-mouchette. Celle qui croit
« les hommes sincères, gobe-mouchette. La vieille
« qui épouse un jeune homme, et qui compte sur
« son cœur, gobe-mouchette. Celle qui prend des
« éloges exagérés pour de simples vérités, gobe-
« mouchette. Celle qui prend son mari pour un
« sot, parce qu'il a intérêt à fermer les yeux,
« gobe-mouchette. Celle qui écrit, et, qui sur la
« foi de quelques journaux, croit arriver à la pos-
« térité, gobe-mouchette. Celle qui emprunte

« d'un homme aimable, et qui s'imagine ne pas
« payer d'intérêt, gobe-mouchette, etc., etc.

« D'après cela, M. Michaud, tout, à peu d'ex-
« ceptions près, est dans ce monde gobe-mouche,
« ou gobe-mouchette. Je ne le suis pas mal, moi,
« qui vous ai suivi et écouté pendant toute une
« journée. »

CHAPITRE VI.

Le magnétisme (1).

Le chapitre des gobe-mouches, conduit naturellement à celui-ci. Il existe cependant entre l'un et l'autre une différence remarquable, c'est que l'équité ne permet ici aucun écart de l'imagination, et que les moindres détails doivent être de la plus exacte vérité.

Je me suis trouvé, il y a un mois, avec un jeune homme qui a de l'esprit, et qui par conséquent doit être peu susceptible de prévention. Il avait la surveille assisté aux opérations d'un disciple de Mesmer, et il en était émerveillé. Il en parlait avec une chaleur, qui annonçait une persuasion intime, et entre autres choses, il racontait qu'un ami, qui l'avait accompagné, s'était bien et dûment endormi; qu'il avait dit, pendant le sommeil, certaines choses propres à donner des inquiétudes à une jeune dame qui se trouvait là, et

---

(1) J'ai eu depuis de bonnes raisons de croire au magnétisme, ainsi qu'on le verra plus tard.

que l'opérateur, jaloux de maintenir la paix des ménages, s'était hâté de réveiller le causeur.

Je me suis bien gardé de nier l'existence du magnétisme, par la seule raison que je ne le conçois pas. J'ai proposé à mon jeune homme quelques doutes, auxquels il a répondu d'une manière qui m'a paru satisfaisante, et il m'a fait beaucoup de plaisir en m'apprenant que, moyennant la modique rétribution de trois francs, je pourrais tout voir et tout entendre.

Parbleu, me disais-je, loin de croire Galilée, on l'a persécuté pour avoir trouvé les antipodes et le mouvement de la terre. Christophe Colomb a offert en vain un nouvel hémisphère à plusieurs souverains, qui n'ont pas daigné l'écouter, et qui s'en sont amèrement repentis plus tard. Voyons par nous-même, et tâchons de nous faire une opinion raisonnée et raisonnable du magnétisme.

J'avais la tête pleine des choses prodigieuses que m'avait racontées mon jeune homme, et je suis allé parler magnétisme dans une maison, où la curiosité de deux messieurs a été tellement stimulée, qu'ils ont manifesté le désir de m'accompagner. Le jour, l'heure sont fixés; le moment arrive; nous partons.

Nous arrivons dans une maison très-écartée, mais où rien n'annonce la présence des esprits infernaux, ce qui ne laisse pas d'être rassurant. Nous entrons dans une anti-chambre bien chauffée, bien éclairée, où une femme, qui est loin d'être effrayante, reçoit nos petits écus d'un air fort affable. Elle nous fait passer dans un salon, très-décemment meublé, et qu'ornaient déjà quelques dames très-bien mises, dont quelques-unes auraient pu se passer de toilette.

Vous sentez que nos yeux et notre attention se sont d'abord portés sur l'homme qui opère des miracles à volonté. Il a quarante ou quarante-cinq ans; il est grand, bien fait, et un teint très-basané ne nuit pas du tout à des traits beaux et réguliers, et à un jeu de physionomie qui annonce une imagination fort active.

Décidés à observer tout avec le plus grand soin, nous étions assis près du fauteuil où se placent les adeptes. Le Mesmer du jour vient nous prier, fort poliment, de nous en éloigner un peu, parce que s'il nous arrivait, disait-il, d'y toucher lorsqu'il serait occupé, nous donnerions infailliblement des convulsions au somnambule. Or, comme nous sommes incapables de donner volontairement des convulsions à personne, nous nous sommes reculés; mais nous avons profité du moment pour demander à l'homme aux miracles, s'il croyait pouvoir nous faire entrer dans l'état de somnambulisme. Il me fait lever, m'enjoint de fermer les yeux, me pose une main sur la tête, m'examine un moment, et me dit que je ne dormirai pas. Il fait subir à mes deux compagnons le même examen préparatoire, et il leur répond de les endormir tous deux. Il passe, et nous causons en attendant le moment désiré.

Je suis très-frileux, ce qui prouve seulement que la nature a bien fait de ne pas me procréer en Sibérie, et un monsieur et une dame, qui probablement ne s'occupaient que d'eux, tournaient le dos au public, ce qui n'est pas très-poli; mais ce qu'il y avait de pis, ils garnissaient à eux deux tout le devant de la cheminée, ce qui m'a déterminé à m'aller chauffer à l'anti-chambre.

On a vu, dit-on, des rois épouser des bergères; il n'est donc pas étonnant que moi, particulier obscur, j'aie cherché à lier conversation avec la receveuse de petits écus. Je lui ai adressé quelques questions sur le magnétisme, et elle m'a répondu d'un ton très-solennel ce que vous allez lire.

« Monsieur, des gens mal intentionnés font
« courir le bruit qu'il y a ici des compères et des
« commères. Ce que je puis vous assurer, c'est
« que le magnétisme existe, car bien que je sois
« loin d'avoir le talent de celui qui va opérer de-
« vant vous, j'ai fait des somnambules. » Le moyen de douter après cela !

Cependant le salon s'emplissait ; l'assemblée était brillante ; on m'annonce qu'on va commencer ; je cours reprendre ma place.

La séance s'ouvre par la lecture d'un très-long manuscrit qui traite du somnambulisme et de ses effets étonnans. J'avais déjà remarqué une jeune personne, coiffée en cheveux, placée entre deux dames qui ne lui disaient pas un mot, à qui elle semblait même inconnue, et il me paraissait assez singulier qu'une demoiselle de cet age fût entièment isolée dans un lieu ouvert au public.

C'est sur elle que le docteur a produit son premier effet. Elle s'est endormie, pendant que nous écoutions une dissertation vague, diffuse, obscure, et qui ressemblait assez à du galimatias. J'aurais peut-être dormi aussi, si je ne m'étais souvenu que le docteur m'avait jugé *inendormable*, et si je n'avais senti combien il peut être dangereux de donner un démenti à un être qui commande à la nature.

Voilà ce que j'ai retenu de la soporifique lecture.

Il existe incontestablement des animaux qui exercent sur d'autres une influence maligne. Ainsi le rossignol qui regarde un crapaud, placé au pied de l'arbre sur lequel il est perché, est obligé de se jeter dans sa gueule. Le crapaud qui regarde une vipère ne peut se dispenser de se faire avaler par elle, et l'homme qui regarde un aspic, dans le pays des aspics, meurt aussitôt. Ces faits étant bien prouvés, n'en doit-on pas conclure que l'homme a nécessairement la faculté d'exercer sur son semblable une influence salutaire? Ces effets merveilleux s'opèrent par le moyen du magnétisme. Or, qu'est-ce que le magnétisme? C'est un fluide qui échappe à la vue, et dont, par conséquent, personne ne peut nier l'existence. Tout l'univers est plein de ce fluide; il y a même des arbres magnétisés. On les connaît à la lumière, douce et agréable à l'œil, dont ils sont environnés, et plus d'un malade, qui s'est reposé sous ces arbres, a éprouvé du soulagement. J'ai soixante-trois ans et je n'en ai jamais vu. Ce qui me console de cette privation, c'est que le grand homme, qui nous parle de tout cela, avoue naïvement n'en avoir pas plus vu que moi.

Tel est, mon cher lecteur, le résumé d'une lecture qui a duré trois quarts d'heure.

Vous savez, bien certainement, que le somnambulisme donne la science universelle. Le somnambule parle comme un docteur de ce dont il n'a aucune idée quand il est éveillé; il connaît parfaitement sa maladie et celles de ceux qui l'interrogent; il prescrit des remèdes certains; il indique même des herbes dont il n'a jamais su le nom, et qui, quelquefois, ne se trouvent pas dans le dictionnaire de botanique, parce qu'elles croissent au fond de l'Afrique, ce qui ne rend pas la recette communiquée d'une exécution très-facile.

Attention, s'il vous plaît : les prodiges vont s'opérer.

L'opérant fait un signe à la jeune personne isolée, dont je vous parlais tout à l'heure, et elle vient se placer dans le fameux fauteuil. Il lui adresse quelques mots insignifians; puis il lui ordonne de fermer les yeux. Il se recule de trois à quatre pas, il élève le bras, et, baissant la main, il lui dit d'une voix forte : *Dormez.*

Après quelques secondes vient cette question : *Dormez-vous ?* La demoiselle paraît détacher ses lèvres avec peine, et répond d'une voix argentine : « *Oui, monsieur. — Etes-vous lucide ?* — « *Non, monsieur. — Dormez-vous profondément ?* « *— Non, monsieur.* » Et à chaque réponse la demoiselle a fait quelques efforts pour articuler.

Il paraît qu'un somnambule doit dormir d'un sommeil profond, car le grand homme lève une seconde fois la main, et répète d'une voix de tonnerre : *Dormez.*

« *Dormez-vous profondément ? — Oui, mon-« sieur. — Vous paraissez agitée ? — Oui, mon-« sieur.* » Ici l'homme aux miracles s'approche d'elle, lui pose les mains sur les épaules, s'éloigne à reculons et crie : *Calme.*

« *Etes-vous calme ? — Oui, monsieur. — Vous « paraissez avoir la bouche desséchée ? — Oui, « monsieur. — Voulez-vous prendre un peu d'eau « de cannelle ? Vous l'aimez, je crois ? — Oui, « monsieur.* » Et le docteur lui verse dans un verre, de l'eau qui nous paraît naturelle, mais qui est, dit-il, magnétisée, ce qui la rend susceptible de prendre tel goût que veut lui trouver le somnambule.

J'avoue qu'ici je me suis permis une observation, qui peut-être paraîtra maligne, et que pourtant j'ai faite dans toute l'innocence de mon ame. La demoiselle a porté plusieurs fois le verre à sa bouche, et, comme de raison, elle a trouvé l'eau de cannelle excellente ; mais à chaque fois qu'elle baissait le verre, elle le descendait en ligne très-perpendiculaire, ce qui m'a paru fort pour une personne endormie. Peut-être pense-t-on à tout, pendant qu'on est livré à ce genre de sommeil, et la demoiselle s'est probablement souvenue qu'elle avait une robe rose, que l'eau de cannelle pouvait gâter.

De prodige en prodige, on nous a amenés à celui-ci : « *Voulez-vous voir quelqu'un de votre* « *connaissance?* — Oui, monsieur. — *Votre ma-* « *man, par exemple?* — Oui, monsieur. — *Éveillez-* « *vous ; ouvrez les yeux ; regardez dans cette* « *glace.* » Et ce qu'il y a d'étonnant, de prodigieux, d'inconcevable, c'est que la demoiselle, du fond de son fauteuil, a vu très-distinctement madame sa mère, dans une glace élevée, dont elle était éloignée de dix pas, et dont presque toute la largeur était masquée par une volumineuse pendule.

J'ai pensé qu'une demoiselle qui a toujours sa mère aussi présente à son imagination, n'a pas besoin de l'avoir auprès d'elle pour se maintenir dans la ligne du devoir, et qu'elle peut aller partout seule impunément.

A cette jeune personne a succédé un officier de je ne sais quelle nation. Le désordre de sa toilette annonçait un commensal de la maison. En effet, à peine a-t-il été endormi, que le grand faiseur lui a demandé s'il avait pris le reste de sa potion.

« *Non, monsieur.* — *Voulez-vous le prendre ?* —
« *Oui, monsieur.* » Et l'eau de cannelle, qui va
se convertir en potion, est reproduite aussitôt
« *Quel goût lui trouvez-vous ?* — *Aucun goût dés-*
« *agréable ; mais le breuvage est un peu épais*
« — *Sans doute ; c'est le fond de la bouteille.* »
Et l'opérateur nous regarde d'un air qui veut dire :
Hé bien ! qu'en dites-vous ? Il éveille son jeune
homme, qui va demandant partout, avec une con-
tinuité qui pouvait avoir un motif particulier :
« *Ne m'a-t-il pas fait de mauvaises plaisanteries,*
« *pendant que je dormais ?* »

J'avoue, à ma honte peut-être, que je n'avais
pas trouvé de fortes raisons de croire à ce que
j'avais vu jusqu'alors. Je touchais au moment
où mon opinion pouvait se fixer. Un de mes deux
compagnons s'était placé dans le fauteuil magique,
et je me promettais bien, si celui-là dormait, d'être
le propagateur du magnétisme.

La prudence s'allie fort bien avec les grandes
qualités de l'ame. Aussi le premier soin du docteur a été de demander à mon compagnon s'il
avait la foi, sans laquelle on ne peut être sauvé.
D'après la réponse affirmative du néophyte, le
grand faiseur procède à l'œuvre miraculeuse. Mon
homme a les yeux fermés, et sa position est celle
d'un disciple prêt à obéir au commandement du
maître. Le mot *dormez* est lâché. La question
dormez-vous est répétée, et mon homme ne répond pas. Le docteur lui soulève une main et la

laisse échapper; elle retombe morte sur le gros de la cuisse. « Dormirait-il, en effet? » dis-je à l'autre compagnon, qui était resté près de moi. Vraiment je ne savais plus trop à quelle idée m'arrêter, lorsque notre magicien a répété le *dormez-vous*, auquel mon homme a répondu avec le ton argentin de la petite demoiselle: *Non, monsieur*, et le docteur, un peu piqué, l'a renvoyé à sa place.

Après lui a paru un jeune homme qui n'a jamais pu, ou voulu dormir; mais qui est convenu qu'il sentait certains engourdissemens dans les membres et quelque pesanteur sur les paupières. *Joignez les pieds*, lui dit l'opérateur. Puis il recule de quelques pas et crie de manière à faire vibrer le plafond : *paralysé*.

« *Vous ne pouvez-pas remuer les jambes, n'est-ce pas?* » Et le jeune homme les lève toutes les deux. — *C'est singulier. Paralysé, paralysé, paralysé*, et ces diables de jambes remuent toujours.

Arrive un adulte, également inaccessible au sommeil et à la paralysie. Il déclare même n'éprouver ni engourdissement ni pesanteur.

Enfin une demoiselle ou dame paraît sur la scène. Elle est jeune, bien faite, jolie peut-être, ce dont je doute un peu, parce que sa figure était cachée sous un vaste chapeau, et qu'elle ne laissait voir que le bout de son nez. Elle débute par des éclats de rire, qui paraissent déconcerter un peu le docteur. L'accès calmé, il revient aux manœuvres que je vous ai fait connaître. La demoiselle ou dame se montre rétive à ses ordres réitérés. Elle retourne à sa place, en riant plus fort que jamais.

Fatigués, ennuyés de ne rien voir d'instructif, ou d'amusant, mes compagnons et moi nous nous sommes retirés, au grand scandale des prosélytes du grand homme, et nous nous sommes demandés si le magnétisme existe ou n'existe point. Il y aurait eu de la présomption à nous prononcer pour la négative; il aurait fallu la foi la plus robuste pour croire. Ce dont nous sommes tombés d'accord, c'est que dans tous les temps on a levé des impôts sur la crédulité humaine, et que ce ne sont pas ceux qui rapportent le moins.

CHAPITRE VII.

Les Découvertes.

M'arrêterai-je en si beau chemin? n'ai-je plus rien à dire sur les gobe-mouches? Il en est de tant de façons! Ceux qui croient avoir fait une découverte, et ceux à qui ils le persuadent, ne sont-ils pas aussi de la grande famille? Il faut cependant excepter le charlatan, qui attire à lui l'argent des dupes : celui-là n'est pas gobe-mouche; il en fait.

Au reste, presque tous les habitans de Paris visent à la célébrité, sans trop s'inquiéter si cette prétention est fondée. Les uns y parviennent par la gloire des armes; d'autres, par ces vastes combinaisons qui changent le destin des empires. Ceux-ci, placés dans un cercle étroit et obscur, cherchent à s'illustrer par les arts; ceux-là, par des découvertes réelles ou imaginaires.

Et moi aussi je veux m'illustrer, me disait hier un homme, auteur de cent projets, dont aucun n'a réussi, et que les revers n'abattent pas. Sans dispositions pour la sculpture, la peinture, la poésie, les sciences exactes, j'espère cependant être parvenu à créer quelque chose.

Je sais que l'ingrate postérité oublie quelquefois le bienfait, et souvent le nom du bienfaiteur.

Ainsi, nous ne connaissons pas l'architecte qui bâtit l'arche, qu'évidemment Noé n'a pas construite seul, et à laquelle le genre humain doit sa conservation.

Nous ne connaissons pas l'architecte de la tour de Babel, auquel nous devons les langues grecque, latine, italienne, française, et sans lequel, ainsi que l'observe très-judicieusement M. Le Prieur de la Montagne, tout l'univers parlerait bas-breton.

Nous ne connaissons pas le Chaldéen qui établit les premières bases de l'astronomie, et qui savait peut-être ce que c'est qu'une comète.

Nous ne connaissons pas l'inventeur des hiéroglyphes, dont chaque figure dit autant qu'un volume.

Nous ne connaissons pas celui qui apprit à nos ancêtres à substituer le pain de froment au gland bouilli.

Nous voyons Christophe Colomb découvrir un nouveau monde, et l'injuste postérité donner à ces vastes continens le nom d'Améric Vespuce, qui n'y a pas découvert un pouce de terrain.

Très-peu de héros savent le nom de l'inventeur de la poudre à canon. Les quatre-vingt-dix-neuf centièmes des lecteurs ignorent celui de l'inventeur de l'imprimerie.

Ces réflexions, je le confesse, ne sont pas encourageantes.

J'observe cependant, avec une certaine satisfaction, que depuis deux cents ans environ, on a conservé avec soin les noms de ceux qui ont imaginé quelque chose de remarquable.

Ainsi, nous savons que l'inventeur des galiotes à bombes se nommait *Renaud;*

Que celui qui conçut le plan de la superbe colonnade du Louvre se nommait *Perrault;*

Que le feu *Grégeois* fut retrouvé par *Dupré*, à l'époque la plus désastreuse du règne de Louis XV. Battu dans les quatre parties du monde, ce prince eut la générosité de rejeter cette arme terrible. Ce trait honorerait même un grand roi.

Ne parle-t-on pas encore de *lady Montague*, qui

nous a apporté l'inoculation de Constantinople ? Peut-être doit-elle une partie de sa célébrité à son rang, à son esprit sans prétention, à ses lettres charmantes, enfin à son sexe. La découverte de la vaccine a fait oublier l'inoculation.

Ne sait-on pas que M. de Lauraguais chercha le moyen de faire des enfans sans femmes ? Heureusement il ne réussit pas.

M. le maréchal de Saxe n'a-t-il pas travaillé à un bateau mécanique, qui, sans aucun secours des deux rives, devait faire remonter les fleuves les plus rapides aux bateaux le plus pesamment chargés ? Il n'a pas mieux réussi que M. de Lauraguais.

Je regrette beaucoup de ne pas me rappeler le nom d'un homme qui annonça qu'il marcherait sur la Seine, et à qui les malveillans ont reproché, après le succès le plus complet, de ne pouvoir faire que quatorze lieues en quinze jours, comme s'il s'était engagé à disputer le prix de la course à la carpe et au brochet. Ne lui ont-ils pas fait un crime d'avoir porté, à chacun de ses pieds, une planche de douze pouces de largeur, sur quarante de longueur, comme s'il s'était obligé à marcher nu-pieds ?

Ces mêmes malveillans n'avaient-ils pas insulté au malheur du marquis de *Bagueville*, qui se cassa une cuisse en voulant suivre *Icare* dans les airs ?

Il est fâcheux, par exemple, qu'on ne connaisse pas celui qui enseignait, au cimetière de Saint-

Médard, l'art de se faire casser, à coups de masse, d'énormes pierres sur l'estomac, et de se passer des épées dans les chairs... *sans dolor.*

Il est fâcheux encore que le comte de *Cagliostro*, qui savait tout, n'ait pas su ouvrir les portes du château Saint-Ange.

Mais laissons-là les grands hommes du siècle précédent, et occupons-nous de ceux qui se sont illustrés au commencement de celui-ci. Là, nous voyons un savant imaginer de petites boîtes de fer blanc, dans lesquelles, en cinq minutes, on fait bouillir son café et rôtir sa côtelette, sans autres frais que ceux d'une feuille de papier, ou d'un journal qu'on vient de lire, par exemple, et dont on pourrait faire un usage moins pur.

Plus loin, on admire un chimiste qui touche au moment de décomposer la matière, et qui nous apprendra incessamment ce qui entre dans la composition d'un chêne et d'un chou, d'un ciron et d'un éléphant.

Là-bas, un autre savant a retrouvé le secret de faire de la *gelatine*, ou tablettes de bouillon, avec des os. Il allait avoir la fourniture des hôpitaux civils et militaires, lorsque, vous aurez peine à le croire, un mauvais plaisant l'a tué avec ces quatre vers.

> L'inventeur de la gelatine,
> À la chair préférant les os,
> Fait du bouillon pour la poitrine
> Avec des jeux de dominos.

Ailleurs, un homme heureux fait de l'huile de Provence avec *l'oxide d'hydrogène.* L'oxide d'hydrogène est ce qu'on appelle vulgairement de l'eau.

On a vu avec admiration un joli appartement chauffé à 30 degrés avec un poêle de carton, qui ne consommait, par jour, qu'un paquet d'allumettes. Ce poêle, enjolivé de gazes d'argent, de glaces et autres brillantes bagatelles, avait des tuyaux en cristal, ornés de guirlandes de fleurs, et il offrait à la fois un meuble utile, économique, et agréable à la vue.

On a couru, rue Saint-Jacques, admirer quelque chose de plus extraordinaire encore : un poêle chauffé avec de l'eau froide.

Mais l'envie, qui s'attache à tout, qui dénature tout, a persuadé au public que celui qui faisait de l'huile avec de l'oxide d'hydrogène, était un escroc.

Elle lui a persuadé que l'inventeur des poêles de carton chauffait ses appartemens par le moyen de foyers souterrains, dont les conduits de chaleur étaient masqués par de gros meubles, et d'élégantes draperies.

L'envie a cru découvrir que le savant qui chauffait ses poêles avec de l'eau froide, cachait dans le fond une caisse de tôle, percée d'une quantité de trous à sa partie supérieure, et remplie de chaux vive ; que la chaux vive mettait en ébullition l'eau qu'on versait dessus, et produisait cette chaleur douce, qui étonnait les bonnes gens.

Enfin, le docteur Gall a paru. En touchant le crâne d'un homme il sait positivement s'il est né pour l'amour, ou pour Bacchus, pour le trône ou pour Bicêtre, doctrine funeste, qui détruit celle du libre arbitre, *très-utile* à l'ordre social. En conséquence, on a invité le docteur Gall à cesser de nous prouver que nous suivons notre aveugle destinée, et à nous laisser dans les mains de la Providence, qui, très-certainement, veille sur nous depuis le règne de Tibère.

En quelqu'état qu'on soit, il n'est rien tel que d'être, disait Fontenelle. Moi, j'ajoute, continua mon homme, que de quelque manière qu'on parle de nous, il est toujours flatteur de fixer l'attention.

En conséquence de ce principe, je me hâte de publier mon importante découverte. Je vous déclare avec modestie que je n'ai pas trouvé la transmutation des métaux, ni un principe nouveau de morale, ni même les moyens de déraciner un abus. J'ai trouvé, tout simplement, le moyen de faire diminuer de quatre cinquièmes le prix des laines, des draps et de la bonneterie. Je vois frissonner les fabricans de draps et les bonnetiers; mais je ne peux être retenu par aucune considération : le bien général doit prévaloir sur l'intérêt particulier.

Il est sans doute constant que, depuis la chaumière jusqu'au palais, on voit une prodigieuse quantité de laine perdue pour les manufactures. Il existe dans tous les lits deux matelas au moins, qui, l'un dans l'autre, pèsent environ trente livres. Supposons à la France 24,000,000 d'habitans, et multiplions 24,000,000 par 60, poids égal à celui des deux matelas, et nous trouvons 1,440,000,000 de laine, qu'on peut, dès aujourd'hui, convertir en draps. « Mais, monsieur, vous « proscrivez donc les matelas? — Je vais plus loin, « monsieur, je proscris les sommiers et les lits de « plumes. — Et avec quoi les remplacez-vous ? — « Ecoutez, et prononcez. »

J'ai fait établir des sacs de peau de veau, dont les coutures sont hermétiquement bouchées : j'en aurai incessamment pour les lits de toutes largeurs. A un coin de chaque enveloppe est une ouverture, dans laquelle j'introduis un petit tube de fer, que j'ouvre et ferme à volonté. A l'aide d'un soufflet, je remplis mon *matelas-ballon*. Veux-je un matelas frais, je remplis le mien, les croisées ouvertes. Veux-je un matelas chaud, je l'emplis auprès d'un bon feu. Ainsi, plus de bassinoires, qui souvent brûlent les draps, et quelquefois incendient une maison.

Remarquez, s'il vous plaît, monsieur, qu'en voyage j'établis mon lit au milieu d'un champ, dans une prairie, dans un bois, partout où je me promets une soirée agréable. Je le porte sous mon bras, et je le souffle où bon me semble. Pendant la journée, il me suffit de deux baguettes de bois pour le transformer en parasol ou en parapluie.

Veux-je déménager? je fourre mon mobilier exigu dans mon *matelas-ballon*. Je le souffle ensuite et le pousse devant moi avec le bout de mon pied. S'use-t-il dans quelques-unes de ses parties? je trouve, dans le reste, douze ou quinze paires de tiges de bottes.

Remarquez encore, monsieur, que l'envie elle-même ne pourra m'accuser de charlatanisme : un sac de peau de veau et un soufflet composent tout l'appareil, et il n'est personne qui ne puisse s'en servir avec autant de succès que moi.

« Eh bien! vous ne répondez pas ? — J'admire
« et je me tais. — Oh! je le vois, tous les hom-
« mes ne sont pas envieux et injustes. Embrassez-
« moi, mon cher ami. — Très-volontiers. Mais
« que répliquerez-vous à ceux qui écriront contre
« votre découverte ? — Que ce sont des ignorans,
« des gens de mauvaise foi. — Vous ferez bien :
« c'est l'usage. — Et je ne manquerai pas de m'y
« conformer ».

Un homme qui a fait une découverte doit en faire usage le premier : rien ne persuade mieux que l'exemple. Mon homme enlève de son lit draps et couvertures, et il me fait voir un *matelas-ballon*, qui vraiment était bien rempli. J'y porte machinalement la main, et je la retire un peu mouillée. « Ce n'est rien, me dit-il. Il pleut, et

« vous savez que l'humidité de l'atmosphère pé-
« nètre partout. — C'est-à-dire que, dans ce mo-
« ment-ci, c'est de l'eau qui est dans votre ballon?
« — Non pas, non pas; c'est de l'air un peu
« chargé de vapeurs atmosphériques. Je le ferai
« sécher ce soir. — Et s'il continue de pleuvoir?
« — Oh! dame, nous ne sommes pas dans ce
« bas monde pour y avoir toutes nos aises, a dit
« un très-grand saint. »

Mon homme sonne. Sa gouvernante, grande, jeune et jolie fille, paraît aussitôt. Il lui ordonne de refaire son lit. Or, comme il est assez large pour deux, elle ne peut l'arranger sans étendre beaucoup les bras. Ses deux pieds glissent en arrière. O malheur! ô humiliation! en se retenant au ballon, la jeune fille lui enfonce dans le flanc la pointe d'une paire de ciseaux qu'elle porte à sa ceinture. En un instant l'air s'évapore, et il ne reste sur le fond sanglé qu'une peau aplatie et ridée.

« Ma foi, mon cher monsieur, je doute fort,
« lui dis-je, que cette invention-ci vous enrichisse.
« Je ne crois pas qu'il y ait beaucoup de gens qui
« aiment à prendre dans leur lit un bain de vapeurs
« froides, ou qui veulent courir le risque de sentir
« au milieu de la nuit leurs matelas disparaître
« de dessous eux, par l'effet d'une épingle qui peut
« glisser entre deux draps. »

Mon homme eut de l'humeur, beaucoup d'humeur, et je le quittai pour aller réfléchir sur sa bizarrerie, sur sa passion pour la célébrité, et son inutile persévérance à l'obtenir.

CHAPITRE VIII.

Les Beaux-Arts.

Les beaux-arts, répète-t-on partout à Paris, font le charme de la vie. Il faudrait dire : les beaux-arts sont le plus agréable des délassemens.

Faire des beaux-arts le charme de sa vie, c'est s'en occuper exclusivement, c'est leur sacrifier son état, sa fortune, ses espérances. En faire un simple délassement, c'est se conduire en homme raisonnable.

Tel qui se passionne pour les beaux-arts, en quittant les bancs de l'école, voit la gloire dans l'éloignement; il entend déja la trompette de la renommée, et il croit fermement qu'une couronne de laurier et une trompette suffisent au bonheur de la vie.

Que devient-il à cinquante ans, lorsque après des efforts multipliés et soutenus, la couronne lui échappe et la trompette se tait ? il dit en proie aux regrets : les beaux-arts ne mènent à rien.

Et si, au lieu des éclats flatteurs de la trompette, il entend l'aigre et affligeant bruit des sifflets, il s'écrie avec amertume : les beaux-arts sont le fléau de la vie.

Quelle est son unique ressource ? D'accuser ses

contemporains de mauvais goût et d'ingratitude, et de se boucher les oreilles, lorsqu'il entend la trompette sonner pour un autre.

Et que gagne cet autre pour qui la trompette sonne ? Les clameurs de l'envie le poursuivent; elles lui ôtent le repos et le sommeil. Le chagrin s'attache à tous deux, les mine, les ronge et les tue.

Oh, c'est une bien belle chose que les beaux-arts !... pour l'homme opulent qui s'en amuse.

Si nous descendons des beaux-arts aux choses d'agrément, nous trouvons, dans chaque coterie, un petit poète, sans conséquence, qui a passé sa journée à préparer les impromptus qu'il débitera le soir; un chanteur, qui a travaillé l'air qui doit faire oublier les impromptus; un danseur qui ne dit rien, mais qui dîne comme les autres, parce qu'on espère que mademoiselle aura dans trois mois les plus beaux bras de Paris.

Ces messieurs-là ont aussi leur petite trompette. C'est la voix doucereuse de la dame de la maison, qui vante leurs talens à ceux qui viennent faire leur cour à monsieur, parce qu'ils en attendent une place, ou parce qu'il perd facilement son argent à l'*écartée*.

Ils saluent les protégés de madame, en avançant imperceptiblement le menton. Ils leur tournent le dos, pour considérer une jeune héritière que personne n'aime, et que tout le monde veut épouser; pour adresser de jolies choses à une dame qu'il est du bon ton de trouver charmante, qui d'un sourire fait une réputation, et qui, chaque jour, perd quelque chose de la sienne. Quelques négocians se grouppent dans un coin et parlent *bourse*. Des jurisconsultes discutent un point de *droit*. Des financiers raisonnent *impôt*, et prouvent qu'en finance deux et deux ne font quelquefois qu'un. Les jeunes gens parlent *chevaux*; les jeunes femmes *modes*. Pendant ce temps-là, on apprête les tables de jeu. Le petit poète, le chanteur, le danseur disparaissent, et vont à leur sixième étage, arranger leur écot du lendemain.

On prend les cartes, on perd, on gagne, on digère. On se retire à minuit, pour reprendre les cartes le lendemain, le surlendemain, tous les jours. On fera la même chose pendant trente, quarante ans, et on croira avoir vécu.

Au milieu de la partie, arrive un jeune homme... Oh, celui-ci est un personnage important, car toutes les femmes posent leur jeu, se tournent avec empressement. Toutes lui sourient, toutes semblent l'inviter à parler... Que va-t-il dire ?

Il sort du théâtre Français; il a vu tomber une nouveauté *pitoyablement écrite*, et son amour pour les vers ne lui a pas laissé le temps d'apprendre l'orthographe. Mademoiselle une telle a joué *horriblement*: mademoiselle une telle a rejeté ses vœux. Un homme raisonnable, qui ne juge pas les nouveautés de sa chambre à coucher, comme certain journaliste, ou comme un sot, lui demande des détails. Le jeune homme fait une pirouette sur la pointe du pied, tire une boîte de jujubes, s'excuse sur la faiblesse de sa poitrine, et court débiter à une femme, qu'il voit pour la première fois, des complimens si hors d'à-propos, qu'ils ressemblent à des impertinences. Il lui chante une romance ; il s'accompagne sur un piano. Les autres femmes s'impatientent, se dépitent ; le jeune homme jouit de leur petite colère ; il s'échappe avec inhumanité. Les regrets le suivent, l'accompagnent. C'est un homme à la mode. Pourquoi ? on n'en sait rien.

Il va de cercle en cercle promener ses petits talens et sa fatuité. Il rentre enfin chez lui, bien convaincu qu'il a employé sa journée. Il sait tout, il prononce sur tout, et il ne se doute pas que dans deux ans il ne lui restera rien de la belle fortune que son père lui a laissée.

Pourquoi cette nullité de tant de jeunes gens qui pourraient être laborieux et utiles ? Pourquoi ces jolies têtes si fraîches, si séduisantes, que la raison pourrait embellir encore, sont-elles si légères, si futiles, si vides ? A quoi attribuer cette sorte de dégradation d'une partie de l'espèce humaine ? à l'amour inconsidéré des arts.

Voulez-vous juger l'esprit d'une nation ? demandez ce que coûtent un maître de chant et un maître de langue. De quelque côté que soit l'avantage, la question sera résolue.

III. 22

Une soirée s'ouvre à Paris. Quelle est la jeune personne qui sera l'objet de toutes les prévenances, de tous les égards ? Sera-ce celle qui, dirigée par une mère prévoyante, apprend d'elle l'art de bien conduire une maison, de suppléer par l'économie ce qui manque en moyens; qui cache cette économie même sous un air d'aisance, et qui fait tout valoir par des graces naturelles; qui, exercée à mille petits ouvrages agréables et utiles, se suffit à elle-même, et ne paie pas un impôt périodique à ces marchandes qui vivent des folies d'autrui? Non. On ne lui accordera que cette froide politesse qu'on ne peut refuser à personne.

Celles qui fixeront invariablement l'admiration, qui attacheront tous les hommes à leurs pas, seront celles qui dansent le mieux la *russe*, et qui exécutent le plus aisément une difficulté sur le piano ou la harpe.

Je conviens qu'on peut danser la *russe* et pincer de la harpe sans négliger les choses essentielles. Mais, lorsque les petits arts occupent exclusivement toutes les classes de la société, que les hommes y attachent la plus haute importance, et que les plus grands succès, en ce genre, entraînent leurs hommages, il est tout simple qu'une jeune personne consacre des années entières à les mériter.

Séduits par la vogue, par quelques agrémens extérieurs, des hommes, sensés d'ailleurs, épousent ces demoiselles-là. Cependant on se lasse d'entendre pincer de la harpe, et de voir danser la *russe* à sa femme. On lui cherche des qualités, et on ne trouve que la *russe* et la harpe. L'ennui prend des deux côtés, et pour s'y soustraire, la jeune femme, qui ne sait vivre que de plaisirs, court, dans tous les quartiers de Paris, danser la *russe* et pincer de la harpe. L'époux isolé cherche chez lui sa compagne. Ici, il trouve de la musique ; là, des chaussons de bal ; plus loin, une femme de chambre, qui dort sur un divan, en attendant sa maîtresse.

Madame rentre au lever du soleil. Elle a les yeux cavés, la figure tiraillée. Son mari lui adresse de tendres reproches ; elle y répond, en lui annonçant qu'elle donne le lendemain une fête, où elle réunira les *virtuoses* les plus distingués de Paris. Monsieur fait des observations ; madame ne conçoit pas qu'on ne mette point un *virtuose* au-dessus de tout. Monsieur se défend, madame insiste ; elle menace, elle intimide, la fête a lieu. On en donne dix, on en donne trente. On dépense, en parures et en brillantes bagatelles, au-delà de ce que coûtent les fêtes. Au bout de quelques années, madame n'a plus ni fortune, ni beauté. La harpe semble repousser un bras dépouillé de ses graces ; personne ne lui fait danser la *russe*, et de sa vie elle n'a su faire que cela.

Celle, dont nous parlions tout à l'heure, qui a de l'économie, l'amour de l'ordre, de la retraite, du travail, de l'esprit sans prétention, s'est mariée un peu tard, parce qu'elle n'est pas très-jolie.

Elle n'a pas épousé un violoncelle, un cor, un recueil de madrigaux. Elle a rencontré un homme honnête et sensible, qui l'a appréciée, et qui regrette, chaque jour, de ne l'avoir pas épousée plus tôt.

Chaque jour, elle acquiert de nouveaux amis, et elle n'en perd aucun. On la considère autant qu'on l'aime, et ses yeux seront fermés par des enfans qui n'auront pas usé leur sensibilité en dansant la *russe* et en pinçant de la harpe.

ÉLOGE HISTORIQUE

DU GÉNÉRAL

COMTE DE LA SALLE (1).

Il est des pertes qui sont senties de tous, parce que le public, souvent froid, est cependant toujours juste. L'homme qui a forcé son estime, finit par lui devenir cher, et il donne des regrets sincères à ceux dont il se plaisait à raconter les hauts faits.

Tel fut le sort des Duguesclin, des Bayard, des de Foix. Braves, loyaux, modestes, bons, leur nom a passé d'âge en âge; il est devenu un éloge, et on se le rappelle avec attendrissement, lorsque

---

(1) Il fut tué à la bataille de Wagram, et cet essai, consacré à sa famille, fut écrit aussitôt. Les évènemens que j'y ai détaillés sont de la plus exacte vérité. Les uns ont été pris sur les brevets mêmes de cet homme extraordinaire; je tiens les autres de témoins oculaires.

la patrie perd un de ces jeunes guerriers, qui les ont pris pour modèles, et qui nous retracent leurs vertus militaires et privées.

La mort vient de frapper un officier d'un mérite rare. Enlevé à trente-quatre ans à sa famille, à ses amis, à ses soldats, qui l'aimaient, qui l'honoraient, le général comte de La Salle a laissé de grands souvenirs aux uns; il a ouvert aux autres une source intarissable de larmes.

Couvrir de fleurs la tombe de l'objet qui nous fut cher, c'est en quelque sorte charmer notre douleur. Honorer la cendre d'un héros, c'est presque le ravir au trépas. Nos vieux soldats croyaient voir encore marcher Roland à leur tête, lorsqu'ils chantaient en chœur sa romance. Parler du comte de La Salle, rappeler quelques-unes des grandes actions qui l'ont illustré, c'est le reproduire aux yeux de la France entière. C'est un hommage, consolateur peut-être, offert par ma reconnaissance à cette famille, naguère si justement orgueilleuse de son chef, aujourd'hui accablée de douleur.

Les inclinations guerrières du comte de La Salle se manifestèrent à un âge où la plupart des hommes ont besoin encore de ces tendres soins que les bonnes mères se complaisent à prodiguer à l'enfance. Issu d'une famille noble de Metz, et né dans cette ville le 10 mai 1775, il était, en 1786, officier au régiment d'Alsace, commandé alors par le prince qui occupe aujourd'hui le trône de Bavière.

Impatient de se signaler, il en attendait vainement l'occasion, lorsque la révolution ouvrit une triste, mais vaste carrière à ceux que leur génie semblait destiner à commander aux autres. Mais un préjugé nouveau avait remplacé un préjugé ancien : la naissance du comte de La Salle lui avait ouvert la route des honneurs militaires; elle lui fit perdre son état.

Il faut plus que du courage pour supporter les dégoûts et l'injustice; il faut tenir bien fortement à sa patrie, pour lui sacrifier jusqu'à son amour-propre blessé. Le comte de La Sale oublia qu'il avait commandé. Il cacha son nom et ses services dans les derniers rangs du vingt-troisième régiment de chasseurs à cheval, et semblable à Rose, et à Fabert son grand-oncle, il n'attendit plus rien que de lui.

Bientôt il commença à se faire remarquer. Son régiment servait à l'armée du Nord, et il venait d'obtenir le grade modeste de fourrier. Suivi de quelques chasseurs de sa compagnie, il attaqua et prit une batterie de canon. L'éclat de cette action parvint jusqu'au général en chef. Il voulut voir le jeune La Salle. La nature, en le douant d'une ame forte, ne lui avait pas refusé les agrémens extérieurs, qui préviennent toujours favorablement : son général lui proposa de le faire officier.

Le comte de La Salle, sous-lieutenant à onze ans, n'avait pu apprécier les devoirs et les difficultés du commandement. L'expérience l'avait éclairé, et, avec une modestie d'autant plus louable, qu'elle est bien rare, il refusa la faveur qui lui était offerte. Il avait dix-neuf ans, lorsqu'il consentit à marcher à la tête de ceux que les circonstances avaient fait ses camarades, à les guider, à les animer par son exemple.

Porté sur un théâtre plus élevé, nous allons le voir fixer l'attention de l'armée, et ne plus faire un pas qui ne le conduise à la gloire. Incapable de rien demander, sa renommée parlait pour lui, et ses compagnons d'armes le nommaient d'avance au grade auquel il allait être promu.

C'est par une valeur bouillante, qu'il avait la force de soumettre à son jugement, par un zèle qui ne se rallentit pas un instant, par des conceptions heureuses, aussitôt exécutées que senties, que du rang de sous-lieutenant il parvint en cinq ans, à celui de colonel. Mais n'anticipons pas sur les évènemens.

En Italie, conduisant dix-huit cavaliers, il rencontra cent hussards ennemis, et ne balança pas à les charger. Nous sommes loin encore de l'époque où, semblable à Gaston de Foix, que je citais tout à l'heure, il périt comme lui au sein de la victoire. Suspendons nos regrets, et suivons notre jeune héros.

Les cent hussards autrichiens cèdent à l'impétuosité de dix-huit hommes électrisés par un chevalier français. Emporté lui-même par une ardeur que l'âge et l'ivresse du succès ne lui permettent plus de modérer, il s'abandonne, s'égare, se trouve seul au milieu de quatre hussards, qui se précipitent sur lui. Il pouvait se rendre, sans manquer à son devoir ni à l'honneur : *Vaincre ou mourir* est sa devise. Il combat ses quatre adversaires; il les pousse, il les étonne, il les blesse tous quatre; il arrive sur les bords du Bachiglione, se jette à la nage, passe le fleuve, et rejoint sa petite troupe, qui le croyait perdu, et qui célèbre le retour d'un frère. L'antiquité a consacré le nom d'Horace, qui tua trois Albains blessés.

La bataille de Rivoli ajouta à la gloire qu'il avait déja acquise. L'ennemi occupait un plateau qui domine la plaine. Il fallait l'en chasser, et c'est La Salle qu'on choisit pour l'exécution de cette entreprise, aussi périlleuse qu'honorable. L'ennemi est chassé de sa position, et le modeste vainqueur revient chargé de drapeaux et de lauriers, qu'il dépose aux pieds de son commandant : *Reposez-vous sur ces drapeaux, La Salle, vous l'avez mérité*, lui dit le général en chef.

A la tête de seize cavaliers des guides, il entre dans Valrozone, qu'occupait un escadron ennemi. La terreur le précède de place en place, de rue en rue. L'ennemi évacue la ville, et repasse le Tagliamento. La Salle ne connaît pas de demi-succès : il poursuit les fuyards, et passe le premier la rivière après eux.

Des circonstances, qui tiennent uniquement à

la politique, et qui sont, par conséquent, étrangères à mon sujet, le transplantèrent sur un sol éloigné et brûlant. Il s'y montra toujours lui-même.

La bataille des pyramides, la plus importante, peut-être, qui ait été livrée en Egypte, fut longtemps disputée; et la nécessité de vaincre était démontrée. Les Turcs, rassurés par la retraite facile que leur offrait Embabévergioch, résistaient aux efforts de l'armée française. La Salle avait ce coup d'œil sûr et rapide qui juge tout, et juge tout bien. Il passa entre les Musulmans et la forteresse, et ce mouvement, en déconcertant l'ennemi, décida de la victoire.

C'est alors qu'il fut nommé colonel.

Il ne se bornait pas à savoir vaincre. Au milieu des plus grands périls, il veillait sur ceux qui avaient acquis son amitié et son estime. Dans le fort d'une mêlée, il eut la satisfaction et la gloire de conserver à la France le duc d'Auerstaedt.

Il avait étonné l'Afrique. Il revint combattre et obtenir de nouveaux succès en Italie. Le 27 nivôse an IX, il rencontra des adversaires dignes de lui. Ils lui tuèrent trois chevaux, et il rompit sept sabres sur ceux qui l'approchaient de plus près.

Jusqu'ici La Salle a fait beaucoup avec de faibles moyens. Elevé au grade de général de brigade, dans la campagne mémorable d'Austerlitz, il doit s'interdire ces succès partiels qui ont fait la réputation de Bayard, et conserver ce sang-froid, qui seul saisit l'ensemble d'une opération, et dirigé bien les grandes masses.

Il est des opérations militaires qui semblent exclusivement réservées à l'infanterie. C'est elle qui ouvre les tranchées d'un siége, qui réduit les places fortes. Bayard, qui ne fut plus grand, ou peut-être plus heureux que La Salle, qu'à la bataille de Cérignoles, où il soutient seul, sur un pont étroit, les efforts de deux cents hommes, Bayard a défendu une ville, ouverte à la vérité, mais où chaque maison lui offrait un retranchement nouveau, et chaque rue un nouveau champ de bataille. Le 29 octobre 1806, La Salle, à la tête de deux régimens de cavalerie, attaqua une ville fortifiée. Le succès seul pouvait justifier une telle entreprise aux yeux du vulgaire, qui ne voit que de la témérité où l'homme de génie ne suit que les chances qu'il a prévues et combinées. Stettin ouvre ses portes. Une garnison de six mille hommes et cent pièces de canon tombent au pouvoir du vainqueur. Ce fait d'armes paraîtra peut-être incroyable à la postérité. Peut-être aussi le nom de La Salle a-t-il tout fait.

A la bataille d'Heilsberg, La Salle était partout à la tête de sa cavalerie légère. Par un de ces hasards inexplicables, mais fréquens à la guerre, le grand-duc de Berg est enveloppé par douze dragons russes. La Salle n'a le temps ni de réfléchir ni de donner des ordres. Son cœur le pousse, l'entraîne. Il se détache seul, fond sur les ennemis avec la rapidité de l'éclair, tue l'officier qui commande le détachement, et met les onze dragons en fuite.

Peu d'heures après, La Salle oublie un moment qu'il est officier général, et s'abandonne à son impétuosité. Il est enveloppé à son tour; la mort plane sur sa tête. Le grand-duc s'élance, se précipite à son tour; il dégage La Salle, et lui dit en lui serrant la main: *Général, nous sommes quittes.*

Une suite de services aussi éclatans ne reste jamais sans récompense. Dès long-temps La Salle avait reçu un sabre et des pistolets d'honneur. Il avait été admis dans la Légion d'honneur à l'époque de sa formation. Le 5 janvier 1807, il fut nommé général de division, et chevalier de l'ordre de la Couronne de fer le 1er juillet de la même année.

Nous l'avons suivi vainqueur et heureux en Italie, en Egypte, en Allemagne. La déplorable guerre d'Espagne va lui offrir de nouveaux moyens de se signaler.

Déja les dissensions commençaient à déchirer ce malheureux pays; déja les Espagnols se levaient partout; ils se formaient en corps d'armée; partout ils trouvaient des armes. Le duc d'Istrie envoya, contre les rassemblemens du royaume de Léon et des Asturies, six mille hommes d'infanterie et huit cents cavaliers. Les Français et les Espagnols se rencontrèrent à Torquemada. L'armée espagnole est forté de vingt-sept mille hommes; mais les Français sont commandés par La Salle, et le succès n'est plus douteux. L'armée espagnole est complètement battue. Elle perd son artillerie, elle fuit, elle se disperse et va chercher un asile dans les montagnes.

C'est la première fois que La Salle commandait de l'infanterie. Il prouva qu'il n'était étranger à aucune partie de l'art militaire.

A l'affaire de Valrozone, il s'était essayé à profiter d'un avantage; ici, il tire le plus grand parti de sa victoire. Il pousse les Espagnols; ses avant-postes les harcèlent sans relâche. Il les joint à Cabêson, entre Valladolid et Palencia. Voir l'ennemi et l'attaquer, l'attaquer et le battre sont pour lui la même chose. Il gagne une seconde bataille en vue de Palencia, défendue par une rivière et une nombreuse garnison. Son nom franchit tout, soumet tout. Valladolid et Palencia se rendent à discrétion.

Il est beau de faire oublier sa victoire aux vaincus, de se les attacher par l'équité qui rassure, par la popularité qui encourage, par ces soins consolateurs qui effacent jusqu'au souvenir de l'infortune. La Salle devait jouir de tous les genres de gloire, et celle-ci, moins brillante, mais plus douce, fût le prix de ses constans efforts. Chargé de l'administration des contrées qu'il avait soumises, il y fit aimer le nouveau gouvernement. Ce n'était plus cet homme terrible, qu'on ne connaissait encore que par ses exploits. La persuasion coulait de ses lèvres; l'urbanité se peignait sur sa physionomie; la délicatesse et l'honneur étaient la règle de sa conduite, et lui gagnèrent tous les cœurs. L'évêque se jeta dans ses bras et entraîna son clergé. Les habitans ne virent plus en lui qu'un père.

Cuesta, deux fois vaincu, et Black, qui ambitionnait l'honneur de combattre l'invincible, avaient rassemblé une armée de quarante mille hommes. Le duc d'Istrie n'en avait que douze mille à leur opposer. Un combat terrible s'engage à Médina-del-Rio-Secco. Le sort de cette journée est long-temps incertain. Le duc d'Istrie ordonne à La Salle de charger à la tête du dixième et du vingt-deuxième régiment de chasseurs à cheval. Il attaque, il prodigue sa vie comme le simple soldat. Les Espagnols reculent, se rompent, et laissent six mille hommes sur le champ de bataille.

Peu de jours après cette affaire, La Salle fut nommé grand-officier de la Légion d'honneur.

L'art des retraites se compose d'une connaissance parfaite des lieux, d'une tactique profonde, d'une expérience consommée, d'un sang-froid que rien n'altère. Comment attendre tant de qualités réunies d'un général de trente-deux ans? La Salle les possédait toutes. Lorsque l'armée fit un mouvement rétrograde sur Vittoria, il fut chargé du commandement de l'arrière-garde. Il contint l'ennemi par la profondeur de ses conceptions et la sagesse de ses manœuvres. Il mérita les éloges de son général en chef et de tous les officiers instruits.

Napoléon parut. Tout changea, tout céda, pour un moment, à son inconcevable ascendant. Pendant qu'il battait en personne la presque innombrable armée de Castille, La Salle et ses deux régimens de chasseurs attaquaient et forçaient Burgos, où une division ennemie s'était retranchée. Douze pièces de canon et dix-sept drapeaux sont les fruits de cette nouvelle victoire.

A Villariezo, il ordonne à ses fidèles chasseurs de le suivre. Ils volent sur ses pas, et prennent dix-sept pièces de canon et quatre drapeaux.

A Médelin, La Salle entraîne le quatrième régiment de cuirassiers. Il enfonce les rangs ennemis, tue ce qui ose lui résister, et c'est encore à lui que la France doit l'honneur de cette journée.

Ses valeureux chasseurs du dixième et du vingt-deuxième régiment étaient aussi à Médelin. Fiers de servir sous ses ordres, il ne combattaient pas sous ses yeux. *Soyons dignes de lui*, s'écrient-ils, et ils portent partout l'épouvante et la mort.

Je me complais à parler de ces deux régimens. La Salle semblait les avoir adoptés; il aimait à les associer à sa gloire.

De nouveaux différens s'élevèrent entre la France et l'Autriche. Napoléon passe du midi au nord de l'Europe. Il a désigné les héros qui doivent le suivre, et La Salle s'enorgueillit d'être nommé.

Chaque jour est un jour de bataille, et chaque bataille est un triomphe. La Salle se montre toujours digne de sa réputation. Déja il s'est avancé jusque sous les murs de Presbourg, et il a poussé ses avant-postes jusqu'à Altenbourg et Raab. Il réunit deux divisions sous ses ordres ; il occupe, il défend un terrain immense. Attaqué successivement sur tous les points, il semble se multiplier. Il est partout et conserve toutes ses positions.

Rappellerai-je la bataille d'Esling, cette journée mémorable, où une faible partie de l'armée française résista à toutes les forces de l'Autriche, et demeura maîtresse du champ de bataille? L'intrépide La Salle y parut ce qu'il avait toujours été... Mais je n'ai pas la force de le suivre. Je m'arrête, pour rendre un dernier hommage à la mémoire d'un des plus grands capitaines que citera un jour notre histoire... C'est là, que l'aveugle ou impitoyable destin avait marqué le terme de l'illustre et trop courte carrière du duc de Montebello.

Pendant que Napoléon fixe ici la fortune, un jeune général, son allié, gagne la bataille de Raab, et met le siége devant cette ville. Comment La Salle se trouve-t-il aussi là? Comment, dans les courts instans de loisir que lui ont laissé des guerres qui se succèdent sans interruption, a-t-il trouvé le temps d'étudier l'art des Cohorn et des Vauban? C'est à lui qu'on doit ces épaulemens, et ces ponts si heureusement jetés, et qui contribuèrent si puissamment à la reddition de Raab.

Nous voilà arrivés à cette époque, si mémorable pour la France, et si fatale à notre héros. Pour la seconde fois, l'armée française a vaincu le Danube, et déja luit ce jour qui peut décider du sort de la monarchie autrichienne. Généraux, officiers, soldats français, tous attendent avec impatience le moment de se signaler. La trompette sonne, le fer brille, l'artillerie tonne. Vingt villages sont pris, repris, incendiés, anéantis. La Salle, plus étonnant, plus grand que jamais, s'est élevé au-dessus de lui-même. Peut-être a-t-il conçu l'espoir d'obtenir à Wagram le sceptre des guerriers. Peut-être Napoléon se laisse-t-il aller à l'idée de couronner tant de travaux à la fois. La Salle redouble d'efforts ; il voit le prix, il peut l'atteindre, il veut au moins le mériter..................
....
....

J'ai essayé de tenir un moment le burin de l'histoire... il s'échappe de ma main... Une torche funéraire le remplace.

Jeunesse, rang, décorations, félicité, espérances, un coup a tout détruit ; la tombe a tout couvert... Qu'au moins sa gloire lui survive.

Essayons d'adoucir nos regrets, en parlant encore de lui. Le temps seul ferme les plaies de l'ame ; il en est même qu'il ne cicatrise jamais entièrement ; mais on y verse un baume consolateur, en payant à celui qu'on a perdu un juste tribut d'éloges. Notre douleur semble trouver un appui dans ses vertus, et s'oublier un moment devant l'auréole dont la renommée avait paré sa tête.

Nous avons marché sur ses traces de contrée en contré, de victoire en victoire. Faisons connaître son cœur, assemblage étonnant de courage et de sensibilité, de fierté et de douceur.

C'est par cet assemblage de qualités, en apparence opposées, qu'il avait acquis l'amour de ses soldats. C'est cet amour qui leur faisait tout entreprendre et tout exécuter pour lui. Hé, comment se seraient-ils défendus de ce sentiment? Aucun d'eux n'était étranger à ses soins; il n'en est aucun qui n'ait reçu quelque marque de sa bonté touchante. Dans des déserts brûlans, La Salle s'oubliait lui-même pour ne s'occuper que d'eux. Souvent on l'a vu donner ses chevaux à des malheureux excédés de fatigue, de chaleur et de besoin. Souvent il est descendu de celui qui lui restait pour sauver un infortuné, qui invoquait la mort, étendu sans force et sans courage sur un sable embrasé. Il marchait gaiement à la tête de sa troupe; il lui rendait la confiance et l'espoir; il lui communiquait son ame.

Un jour, l'eau que portaient les chameaux était épuisée. On n'avançait plus que par l'impossibilité de s'arrêter. Tous les yeux cherchaient un village, une touffe d'arbres; ils plongeaient dans l'horizon; ils auraient voulu en reculer les bornes. Une soif ardente dévorait La Salle comme le dernier de ses soldats. Un de ses chasseurs, qui l'affectionnait plus particulièrement, s'était écarté pour lui procurer quelque soulagement. Ce brave homme revient, une outre sur la tête, et la joie sur le front. Sa langue desséchée ne peut articuler un mot, et il n'a pas touché à l'eau saumâtre qu'il apporte. Il la dépose aux pieds de son colonel. La Salle la partage entre ses chasseurs, et ne s'en réserve pas une goutte. Il souffre cruellement, mais il a recueilli des bénédictions.

Jeune, beau, sensible, La Salle devait se livrer au plus doux des penchans. Une dame, pleine de qualités, d'esprit, de talens et de graces, le fixa, et s'associa à son sort et à sa gloire. Les douceurs de cette union furent inaltérables, parce que toujours ils se montrèrent dignes l'un de l'autre.

Il manquait à leurs vœux un héritier de son nom. Puisse celui qui va naître égaler un jour son père, qu'il n'aura pas eu le bonheur de voir, mais dont il trouvera le portrait dans l'histoire.

C'est dans l'intimité secrète de sa correspondance, qu'il se montrait ce qu'il était à son épouse bien aimée.

Il écrivait, il y a quelques mois : *Mon attachement à mon pays ressemble à ces vieilles amours que le temps fortifie, au lieu de les détruire.*

Il y a quelques semaines : *L'opinion de l'armée*

sur mon compte est si flatteuse, que je n'ose en parler qu'à toi.

Je finirai par la dernière phrase de sa dernière lettre. Elle peint l'homme d'un seul trait : *Mon cœur est à toi, mon sang à ma patrie, ma conduite à l'honneur.*

MA MAISON

DE CAMPAGNE.

Et moi aussi j'ai fait mes affaires. Je les ai faites avec loyauté, et personne au monde ne peut me redemander un écu. Quarante ans de travail et une bonne conscience font désirer le repos : je veux me reposer. Je n'ai pas d'enfans, et je laisse mon fonds à mon premier commis, garçon estimable, qui ne se connaît ni en musique italienne, ni en jolis opéras comiques, ni en petits vers, ni en gilets à la mode, ni en nœuds de cravatte, ni en bottes à l'anglaise ; mais qui entend très-bien son commerce, qui a contribué à faire prospérer le mien, et à qui je dois de la reconnaissance.

J'aurai un logement commode au Marais : je préfère ce quartier-là, parce qu'il est tranquille. Je n'aurai plus la tête cassée par le bruit des carrosses, et je ne serai pas exposé à être rompu vif par un de ces fous qui mènent leur cabriolet comme le vent la feuille morte, et qui semblent communiquer à leurs chevaux leur pétulance et leur folie.

Là, j'aurai pour promenade la place Royale, que j'aime, parce qu'elle est solitaire : où il y a foule, on ne se promène pas. On y voit, on y est vu; mais personne n'a rien à gagner à me voir, et je ne me soucie ni des coups de coude qu'on reçoit, ni des poupées ambulantes qu'on rencontre sans cesse dans nos jardins somptueux.

Pour passer mes soirées, j'aurai l'ami Habard, qui est aussi celui de ma femme, qui fait grand cas de mon vin blanc, et qui joue très-bien au tric-trac.

Voilà mes arrangemens pris pour l'hiver et pour la ville; mais cela ne suffit pas. A un certain âge il faut de l'exercice. Je veux que celui que je prendrai soit salubre, facile, et peu fatigant. J'aurai une maison de campagne, assez près de Paris pour n'avoir pas besoin de voiture pour m'y rendre; pas assez éloignée pour que je sois las en y arrivant.

L'ami Habard prétend que pour n'être pas trompé je dois consulter un architecte. On vend, dit-il, des maisons de bois plâtré pour des maisons en pierres de taille, et de vieilles maisons pour des neuves, parce qu'on les a fait badigeonner, qu'on a remis les croisées et les portes en couleur, et qu'on a collé des papiers neufs sur les murs. L'ami Habard pourrait bien avoir raison. Je n'ai jamais fait de dupes; je ne dois pas l'être. Je vais chez un architecte, par la raison que c'est à celui qui a besoin de l'autre à l'aller trouver.

Il n'est pas très-affable ce monsieur-là... Ah ! il se déride; il devient poli jusqu'à m'embarrasser. Je n'ai pas plutôt prononcé le mot *maison*, qu'il m'avance un fauteuil, dans lequel je m'enfonce jusqu'aux épaules; il veut absolument que je déjeune avec lui. Il m'est assez égal de déjeuner là ou ailleurs : j'accepte le déjeuner de l'architecte.

En déjeunant, je lui explique à peu près ce que je veux. « J'y suis, monsieur, j'y suis, me dit-il. Il
« vous faut par bas salle à manger, office, salon,
« salle de billard, bibliothèque et boudoir; cui-
« sine, lavoir, bûcher, écuries et remises. — Mon-
« sieur, mon grand-père et mon père, qui me
« valaient bien, n'avaient pas de salon; je m'en
« passerai comme eux. Je n'aurai pas de salle de
« billard, parce que je n'y sais pas jouer, ni l'ami
« Habard non plus. Je n'aurai pas de bibliothèque,
« parce que la mienne est composée de cent volu-
« mes choisis, qui me suffisent, qui suffiraient à
« bien d'autres, et cela se met partout. Je n'aurai
« pas de boudoir, parce que ma femme, l'ami Ha-
« bard et moi, ne boudons jamais. Je n'ai pas be-
« soin d'écuries ni de remises, parce que je suis
« dans l'usage de voyager par la galiotte de Saint-
« Cloud, ou par les petites voitures de Sceaux ou
« de Vitry.

« Il me faut une salle à manger, spacieuse, gar-
« nie, dans son pourtour, de profondes armoires,
« et ayant vue sur un joli parterre. Il y aura, à côté,
« un cabinet agréable, où ma femme pourra se

« retirer, quand l'ami Habard et moi serons en
« gaieté, ou que le bruit du tric-trac lui paraîtra
« fatigant.

« En face de la salle à manger, sera une cuisine,
« grande, propre et bien aérée. Il y aura un four,
« parce que j'aime beaucoup la pâtisserie. A côté,
« je veux un appentis, qui servira de lavoir et
« de bûcher. Sous la cuisine, j'aurai une bonne
« cave, dont vous ne parlez pas, et qui me pa-
« raît une pièce essentielle. — Vous ne réfléchis-
« sez pas, monsieur... — Pardonnez-moi, mon-
« sieur; j'ai beaucoup réfléchi. — Une salle à
« manger et une cuisine par bas ! hé, qu'aurez-
« vous au-dessus ? Il vous faut un appartement
« pour vous; un autre pour madame. Cinq à six
« chambres au second, avec leurs doubles cabi-
« nets. Quelques autres pièces au troisième
« pour les gens, et... — Monsieur, depuis qua-
« rante ans, ma femme et moi n'avons qu'une
« chambre et un lit, et nous nous en sommes
« fort bien trouvés. Nous continuerons, s'il vous
« plaît. Vis à vis cette chambre sera celle de l'ami
« Habard, et au-dessus une espèce de belvédère,
« où couchera notre bonne Marguerite. Nous n'en
« voulons pas davantage. — Mais qui êtes-vous
« donc, monsieur, qui vous contentez de si peu
« de chose? — Un négociant retiré avec cinq cent
« mille francs. — Monsieur, il n'est pas de par-
« ticulier, possesseur de cinq cent mille francs,
« qui n'ait une campagne de cinquante mille écus.

« — Et qui ne se ruine. Moi, je ne veux pas me
« ruiner. — Ma foi, monsieur, avec des vues aussi
« étroites, on ne dérange pas un architecte. On
« s'adresse à un maître maçon. » Et M. l'architecte
me tourne le dos ; il reprend son équerre et son
crayon ; moi, mon chapeau, et je vais chercher
un maître maçon.

« Monsieur, me dit le maître maçon, on ne fait
« pas perdre le temps à un entrepreneur pour
« une semblable vétille. Abonnez-vous aux *Pe-*
« *tites-Affiches.* »

Diable ! le luxe et la morgue ont furieusement augmenté depuis cent ans ! Le maçon de mon grand-père s'appelait Nicolas ; celui de mon père, maître Pierre, et celui-ci s'appelle monsieur. Il a une grosse cuisinière, une bonne d'enfans. Madame ne se mêle de rien, et elle porte un cachemire. Ah, je vois ce que c'est : ces gens-là trouvent des fous qui les gorgent d'or, ou des imbécilles qui se laissent attraper. J'ai toute ma raison, moi, et je n'entends perdre que l'abonnement d'un trimestre aux *Petites-Affiches.*

J'ai ma quittance du bureau, et tous les soirs, Habard et moi lisons la feuille, avant ou après notre partie de tric-trac.

« Hé, mon ami, voilà ce qu'il vous faut. —
« Mais je le crois. La route de Paris à Montrouge
« est toute unie. — L'air y est excellent. — On y
« boit de l'eau d'Arcueil. — Allons voir la petite
« maison bourgeoise de Montrouge. »

J'engage ma femme à nous accompagner : il faut d'abord que la petite maison lui plaise. Je suis incontestablement le maître chez moi; mais j'ai toujours eu pour principe de ne jamais rien faire qui ne soit agréable à ma femme.

Elle prend son sac, je me charge du parasol, ou parapluie, selon les circonstances. Habard met des biscotins dans une poche, un flacon d'excellente liqueur dans l'autre, et nous voilà partis.

J'entendais, par-ci, par-là, quelques jeunes gens chuchotter : c'est monsieur et madame Pepin. « Qu'est-ce donc que M. Pepin? demandai-je à « Habard. — C'est un fort bon mari, qu'on a « tourné en ridicule sur un certain théâtre, et « dont on a beaucoup ri. — Ma foi, mon ami, « tant pis pour l'auteur et les rieurs. Ils me fe- « raient croire qu'ils ne sont pas eux-mêmes bons « maris. — On dit qu'ils deviennent rares. »

Nous arrivons à la porte de la petite maison bourgeoise. Ma femme sourit; bon, l'extérieur lui plaît. Entrons. « Mais, mon ami, tout ceci est « très-joli, très-frais; c'est précisément ce qu'il « nous faut. — La maison te convient? — Beau- « coup, mon cœur. — Elle est à toi, ma poule. « Je signe ce soir. Voyons maintenant le jardin. « Comment, diable! *c'est conséquent.*

« Ah ça, il nous faut un jardinier : moi, je « n'entends rien au jardinage; d'ailleurs je ne « veux pas me fatiguer. Habard, dépose là tes

« provisions, et fais-moi le plaisir de t'informer
« s'il y a ici un bon jardinier sans place. »

En attendant le retour d'Habard, nous faisons, ma femme et moi, le tour du jardin. « Il est en
« bien mauvais état; il y a là de quoi travailler.
« Monsieur, me dit le gardien, il y a un an que
« le propriétaire n'est venu ici, et n'y a rien fait
« faire. — Il a tort, le propriétaire; il faut entre-
« tenir son bien, même quand on veut le vendre.

« Ah, voilà un jardinier. Voyons, monsieur,
« combien voulez-vous de gages? — Huit cents
« francs, monsieur, et le logement. — Et votre
« provision de fruits et de légumes? — Comme il
« vous plaira, monsieur. — Que cela me plaise
« ou non, il n'en sera ni plus ni moins; n'im-
« porte. Je vous donnerai le petit pavillon qui est
« là-bas au bout. — Il est en effet bien petit. —
« Vous êtes donc père de famille? — Non, mon-
« sieur. — Hé, faquin que vous êtes... — J'ac-
« cepte, monsieur, j'accepte. — A la bonne heure.
« Voyons, comment arrangerons-nous ceci? —
« D'abord, monsieur, il faut tout arracher. —
« Non, monsieur, non, vous n'arracherez rien.
« Il faut vingt ans pour faire un arbre, et je veux
« jouir de suite : je n'ai pas de temps à perdre.
« — Hé bien, monsieur, laissons les arbres. Ici,
« je vous fais une petite vallée. — Et où mettrez-
« vous la terre? — J'en fais une montagne. —
« Comment, une montagne! ne voyez-vous pas à
« mes jambes que je suis sujet à la goutte? —

« Monsieur, une montagne est indispensable. —
« Si elle y était, monsieur, je la ferais abattre.
« — Dans cette partie, j'élève un pont cintré. —
« Un pont ! et je ne vois pas de rivière. — Je vous
« en ferai une, monsieur. — Et où prendrez-vous
« de l'eau ? — Il n'en faut pas, monsieur; nous
« faisons maintenant des rivières sèches. — C'est-
« à-dire que la rivière sera faite pour le pont, et
« non le pont pour la rivière ? — C'est l'usage,
« monsieur. — Je me moque de l'usage, enten-
« dez-vous, monsieur. Ni pont, ni rivière. Passons
« maintenant aux plantes qu'il conviendra de
« mettre ici.

« — D'abord, monsieur, je vous garantirai
« exactement du (1) *carduus*, de l'*urtica* et du
« *rubus*. — Hem ? — Je mettrai dans ce bas des
« arbres à rameaux (2) *penduli*, *conferti*, *coarc-*
« *tati*. — Qu'est-ce qu'il me conte donc ? — Ma-
« dame, ou vous, pouvez être incommodés : vous
« aurez dans ce petit coin caché (3), *borago*, *an-*
« *chusa*, *anthemis* et *chicorium*. En fleurs, je vous
« donnerai (4) *gnaphalium*, *hyacinthus*, *hesperis*,
« *convallaria*, *ranunculus*, et tout ce qu'il vous

---

(1) Le chardon, l'ortie, la ronce.

(2) Pendans, ramassés, serrés. Le saule pleureur, le genêt d'Espagne, le thuya d'Orient.

(3) La bourache, la buglose, la camomille, la chicorée.

(4) L'immortelle, la jacinthe, la julienne, le muguet, la renoncule.

« plaira. — Habard, entends-tu quelque chose à
« ce qu'il dit ? — Vous voulez des légumes ? —
« Oui, monsieur, et beaucoup. — Vous cueillerez
« à volonté (1) *scandix, brassica, cucumis, sisym-*
« *brium, spinacia, faba, phaseolus, lactuca....*
« — Oh, finissez, finissez, je vous en prie ; je
« veux des légumes français. Qu'est-ce que c'est
« que votre *sisymbrium*, votre *phaseolus*, votre
« *lactuca ?* — Ce sont, monsieur, le *cresson*, le
« *haricot,* la *laitue.* — Hé, que ne le dis-tu,
« bourreau ! crois-tu que je me casserai la tête
« à apprendre du grec et de l'hébreu, à propos
« de mon jardin ? — Monsieur, j'ai suivi un cours
« de botanique, et tous ceux qui ont quelque idée
« de cette science, vous diront qu'il est du plus
« mauvais genre d'appeler maintenant les choses
« par leur nom. — Sors d'ici, avec ta science mal
« appliquée, ta montagne, ton pont, et ta rivière
« sèche.

« Quel homme m'as-tu amené là, Habard ? —
« On le dit du plus grand mérite. — Je ne veux
« pas d'un mérite au-dessus de ma portée. Le vrai
« mérite parle à chacun la langue qui lui est pro-
« pre. Je vais chercher un jardinier que je com-
« prenne, qui m'entende, et qui surtout fasse mes
« volontés. *Scandix, brassica, cucumis !* ce drôle-là
« me ferait devenir fou. »

---

(1) Le cerfeuil, le chou, le concombre, l'épinard, la fève.

Je sors, je cherche, j'interroge; j'entre dans une chaumière. « Tu es jardinier, dit-on? — Oui, « monsieur. — Appelle-tu les choses par leur « nom? — Comment, monsieur? — Oui, dis-tu un « chou, un navet, une carotte? — Et comment « voulez-vous que je dise? — Tu n'as donc pas « suivi de cours de botanique? — Non, mon- « sieur. — Tant mieux pour toi... Ah, ah, tu as « des enfans? — Voilà pourquoi je ne trouve pas « à me placer. — Et voilà pourquoi je te prends. « Combien veux-tu gagner? — Six cents francs, « monsieur. — Je t'en donne douze. Un jardinier « qui ne sait pas l'hébreu, et qui a quatre enfans « en bas âge! c'est une trouvaille que cela. Suis- « moi. Si tu fais bien, je t'en saurai bon gré; si « quelque chose va de travers, je te le dirai; tu « te corrigeras, et nous serons contens l'un de « l'autre. »

VERS

PRÉSENTÉS A MADAME ***,

LE JOUR DE SA FÊTE.

ENVOI.

Un poète est sans conséquence :
Dans le pays des fictions
Il cherche des illusions ;
Accordez-lui votre indulgence.

Voilà donc la touchante fête
Que le plus tendre sentiment
Prévoit, désire, attend, apprête,
Et qu'il va chanter si gaiement !
Que je regrette en ce moment,
Misérable et triste profane,
De ne pas vivre sous vos lois :
Aux concerts j'unirais ma voix.
D'autres moissonnent, moi je glâne.
Mais ne puis-je, en parlant bien bas,
Faire au moins une historiette ?
Qui veut célébrer Henriette
Peut craindre, mais n'hésite pas.

Dans mon sommeil, bercé par un doux songe,
    Je reconnus le Dieu d'amour.
Les Jeux, les Ris, et l'aimable Mensonge

Composaient sa charmante cour.
« Tu m'as souvent, dit-il, adressé ton hommage.
« Léger, sans jamais être heureux,
« Partout ont éclaté tes feux.
« Il n'est qu'un seul moyen de fixer un volage :
« C'est de combler enfin ses vœux.
« Si l'amour quelquefois afflige
« Les déraisonnables mortels,
« Il en est d'autres qu'il oblige :
« Ceux-là lui dressent des autels.
« Que veux-tu ? Parle. — Il me faut un prodige ;
« On n'en fait plus. — Qui te l'a dit ?
« L'Ingratitude ou le Dépit.
« Ne sais-tu pas que les obstacles
« S'anéantissent à ma voix ;
« Que tout est soumis à mes lois,
« Et que j'ai le don de miracles ?
« Parle et j'agis. — Je vais t'ouvrir mon cœur.
« J'ai toujours vu la première jeunesse
« Abandonnée au prestige, à l'erreur.
« L'amour alors n'est qu'une folle ivresse,
« Et les regrets succèdent au bonheur.

« Je veux trouver dans mon amie,
« Non pas ce bouton si vanté,
« Je veux la rose épanouie,
« Et les fruits du plus bel été.
« Je veux que sa raison s'exprime
« En traits naturels et touchans ;
« Que son œil créateur anime
« Des tableaux vrais et séduisans ;
« Surtout que la vive saillie
« Bannisse l'uniformité :
« Un écart, un grain de folie,
« Sont des armes pour la beauté.

« Que des qualités respectables
« Forcent et l'estime et le cœur :
« Les femmes qui ne sont qu'aimables,
« Ont le triste sort de la fleur
« Dont Vénus orne sa couronne,
« Et que le dédain abandonne
« Quand elle a perdu sa fraîcheur.

« Anime, amour, l'adorable chimère
« Dont je viens d'esquisser les traits,
« Et j'abjure à jamais toute flamme éphémère
« Pour n'adorer que ses attraits.

« — Présomptueux ! tu veux que ta bonne fortune,
« A force de bienfaits, corrige tes travers,
« Et de cent dons heureux, épars dans l'univers,
« Dépouille cent beautés, pour t'en composer une !
« N'importe, j'ai promis : mortel, lève les yeux. »
Dans un palais, d'or, d'azur radieux,
Sur des coussins que soutiennent les Graces,
Sous des rideaux, qu'un art ingénieux
A disposés, en dérobant ses traces,
Est un objet séduisant, enchanteur.
Ses doigts font raisonner sa lyre,
Sur ses lèvres est le sourire,
Et dans ses yeux on devine son cœur.
Elle a parlé ; c'est la sagesse aimable,
Et de l'esprit la source intarissable,
Qu'embellissent ses doux accens :
Je reconnais, dans mon ivresse,
L'objet qu'invoquait ma tendresse.
Je lui prodigue mon encens.

Mais, ô douleur ! l'égide redoutable,
Dont Minerve effraie un coupable,

S'oppose à mon brûlant transport,
Et je lis sur le front sévère
De la beauté qui m'est si chère
L'arrêt qu'a prononcé le sort.

Toujours méchant, toujours perfide,
L'Amour insulte à mon malheur.
Insensé, je l'ai pris pour guide !
Le cruel déchire mon cœur.

« Apprends, dit-il, à me connaître,
« Abjure un trop flatteur espoir.
« Celle qu'ici je fais paraître
« Est au-dessus de mon pouvoir.
« Soumise à mon trop heureux frère,
« Éprise de ses douces lois,
« Loin du tumulte de Cythère,
« Près du digne objet de son choix,
« Elle juge et goûte à la fois
« Le bonheur vrai, qu'elle préfère
« Aux traits dorés de mon carquois.
« — Toi, qui connaissais ma faiblesse,
« Barbare, pourquoi m'abuser,
« Et faire naître mon ivresse ?
« — Pour te punir et m'amuser. »

J'ai voulu la chose impossible,
Je le sens trop, je m'en repens ;
Mais êtes-vous inaccessible
A de paisibles sentimens ?
Il en est un, précieux assemblage
De confiance et d'amabilité,
D'égards, de soins, de sensibilité,
De dévoûment et même de courage.
Le temps ajoute à ses attraits,

Et, quand la jeunesse s'envole,
Il nous soutient, il nous console,
En nous prodiguant ses bienfaits.

J'ose concevoir l'espérance
De vous voir agréer ses vœux...
Répondez avec bienveillance...
Vous souriez... Je suis heureux.

De la vertu la plus sévère,
De son imposant caractère,
Non, je ne suis plus effrayé.
Mes principes seront les vôtres,
Et d'Henriette l'amitié
Vaut mieux que l'amour de mille autres.

UN GRAIN

DE PHILOSOPHIE.

Le sage éprouve le besoin de vivre avec lui-même. Cherchant à se recueillir sans cesse, à prolonger ses méditations, il désire trouver un asile contre les distractions continuelles, qui assiégent l'homme, vivant au milieu du grand monde.

Je ne me vante pas d'être un sage : j'aspire au moins à le devenir. J'ai loué un petit logement dans une petite maison isolée au haut de la rue Mouffetard. Mon voisinage est composé de gens qui ne me parlent qu'avec leur bonnet, passant sans cesse de la tête à la main et de la main à la tête.

Je me félicite du parti que j'ai pris, et je me livre entièrement à l'étude de la sagesse... Je m'aperçois bientôt que je me suis trompé dans mes moyens d'exécution.

Un bruit de roues suspend mes réflexions; je mets la tête à la croisée. Deux chevaux magnifiques, un superbe carrosse, trois grands laquais, donnent lieu à de nouvelles réflexions, véritablement admirables, et jusque-là tout va bien.

Mais en dépit des raisonnemens de ma sagesse, je suis forcé de convenir qu'il est plus agréable d'avoir un carrosse et un hôtel somptueux que d'aller à pied, et d'habiter un troisième étage dans le haut de la rue Mouffetard. La sagesse rejette ces mauvaises pensées, et je continue à lire mon Sénèque... J'en étais à son chapitre *du mépris des richesses*, dont tout le monde a au moins entendu parler.

Je m'indigne contre ce Sénèque, gorgé d'or, dont les ridicules déclamations semblent insulter à l'indigence. Je jette le livre par ma croisée et je me dis les plus belles choses du monde sur la perversité de l'espèce humaine, toujours dissimulée avec perfidie, par le besoin de se parer de quelques vertus, pour inspirer le respect le moins mérité.

J'allais, dans mon premier mouvement de colère, commencer, à ce sujet, un livre *in-folio*, lorsque j'entends frapper doucement à ma porte. Une petite fille de quinze ans, fraîche comme le duvet de la pêche, faite comme une nymphe, timide comme l'innocence, me fait trois ou quatre révérences, bien gauches, mais si séduisantes ! Elle me rapporte cet impertinent Sénèque, que je ne voulais plus lire, mais que je ne peux refuser de la main qui me l'offre.

Un sentiment d'orgueil me fit chercher ma poche... Un sentiment d'honnêteté me retint. Je ne voulus pas humilier l'Hébé de la rue Mouffetard, qui d'ailleurs me paraissait au-dessus du besoin. Je la remerciai, et je crus ne mettre que de la politesse dans mes remercîmens... Ses joues, colorées du rouge de la pudeur, me firent juger que j'avais mis trop, beaucoup trop d'expression dans mon compliment. Je me tus. Hébé se retira, en me faisant encore une petite révérence. Je l'accompagnai jusque sur mon carré; je la suivis des yeux, autant que me le permit l'obscurité d'un escalier tortueux. Quand je cessai de la voir, je courus à ma croisée, et je regrettai vivement que toutes les rues de Paris, la rue Mouffetard surtout, ne fussent pas tirées au cordeau.

Je me jetai dans un fauteuil, absorbé dans de nouvelles réflexions. Quoi! me disais-je, j'ai fui le monde et ses écueils, et de misérables passions me suivent jusque dans la rue Mouffetard! En moins d'une heure, j'ai envié l'opulence et les dignités de l'homme qui se fait traîner fastueusement dans un carrosse doré, et j'ai été ému à l'aspect d'une petite fille, à qui ses charmes tiennent lieu de parure! Qu'est-ce donc que la sagesse?

La sagesse, reprenais-je, est l'art de se vaincre soi-même, et c'est à soi-même qu'il faut échapper pour se vaincre. Saint Jérôme, le plus éloquent de nos saints, qui écrivait la langue romaine avec la pureté et l'énergie de Cicéron, et qui, par cela seul, méritait d'être béatifié, saint Jérôme ne nous dit-il pas qu'il regrettait dans ses déserts les délices de Rome, et qu'il se roulait sur les ronces, pour échapper à ses sens? Bien certainement je ne me roulerai pas sur les ronces; d'ailleurs, il n'y en a pas dans la rue Mouffetard. Que ferais-je donc pour être seul, et éviter des inconvéniens communs à saint Jérôme et à moi? Ma foi, je n'en sais rien.

A côté de moi loge un très-vieux docteur en Sorbonne, *embastillé* autrefois pour cause de *jansénisme*, et toujours janséniste, quoique personne n'entende plus ce mot-là, qui cependant pourra redevenir français, écrivant sans cesse, *sur la grace qui suffit et ne suffit pas*, des volumes qu'il léguera, dit-il, à un pauvre parent dont ils feront la fortune, ce qui ne me paraît pas impossible du tout. En dépit de la grace qui suffit ou ne suffit pas, nous tenons toute la vie aux opinions que nous avons adoptées dans la jeunesse, et l'amour-propre persuade à mon janséniste que ses opinions doivent être celles de tout le monde.

On peut être janséniste, et avoir d'ailleurs le sens commun. « Mon cher ami, me dit mon voi« sin, la retraite absolue me convient à moi, qui « ai quatre-vingt-dix-sept ans. Elle doit être in« supportable pour un homme de votre âge. Croyez« moi, le vrai moyen d'imposer silence aux pas« sions, c'est de voir de près les objets qui les « allument : tout cela est si peu de chose! Re« tournez dans le monde; vous y serez seul plus « souvent que vous ne le croyez. »

Quand nous sommes irrésolus, nous nous rendons volontiers à l'opinion du premier qui nous parle. Il semble qu'il nous rende un service essentiel, en nous arrachant à cette incertitude, toujours fatigante, et quelquefois pénible.

Je quittai la rue Mouffetard, et je fus m'établir dans le plus brillant quartier de Paris. J'envoyai chercher un tailleur, et je lui dis de m'habiller à la mode, dont je devais être très-loin : il y avait cinq semaines environ que j'avais quitté la Chaussée-d'Antin, et je sentais que pour être seul au milieu d'un cercle, il ne fallait pas me singulariser.

Je me couvre de l'habit à la française ; j'ai les boucles d'or aux souliers, et le chapeau à plumet sous le bras. Un chapeau à trois cornes va très-mal avec des cheveux courts ; mais quand il est convenu que cela va bien, il faut avoir l'air de le croire, *comme tout le monde*.

Me voilà donc en grand costume, et arrivant dans un carrosse de remise à vingt francs par jour. C'est un peu cher pour moi ; mais il faut être *comme tout le monde*.

Or, *être comme tout le monde*, signifie être comme ceux qui ont plus de fortune que nous. Ainsi, la marchande en détail se met comme la marchande en gros, la femme d'un banquier comme celle d'un prince, et si les maris se permettent quelques observations, on leur répond : Il faut être *comme tout le monde*. Que répliquer à cela ?

Il y a quarante personnes au moins dans le salon. N'en déplaise à mon janséniste, je ne crois pas qu'on puisse être seul au milieu de quarante personnes... Hé! mon janséniste pourrait bien n'avoir pas tort.

Ici je remarque un grand seigneur, qu'on regarde beaucoup, et dont on se tient à une distance respectueuse. On sollicite un de ses regards, on attend qu'il ouvre la bouche, pour faire valoir son esprit, ou ses connaissances. Monseigneur se tait, parce que probablement monseigneur n'a rien à dire. Il ne me donnera pas de distractions.

Il a l'air fort ennuyé, et d'être respecté, et de ceux qui le respectent. En serait-il de la considération comme de tant de choses que nous désirons passionnément, et qui, dès que nous les avons, nous deviennent indifférentes?

Quand on a regardé un grand seigneur pendant dix minutes, on retrouve nécessairement l'homme sous la broderie et les décorations. Le charme se dissipe, et chacun s'occupe de ce qui lui convient. Le jeu, la conversation, quelque affaire de cœur, peut-être, ont bientôt divisé en huit ou dix groupes le cercle qui s'était formé autour de monseigneur.

Je m'approche d'une table de jeu. Deux femmes, assez jolies, doivent passer deux heures avec deux hommes qu'elles n'ont jamais vus, à remuer les doigts et à dire : *en cœur, passe, seule en carreau.* Elles ne voient, elles n'entendent personne, et bien certainement deux femmes qui ne disent que *cœur, passe, seule en carreau*, ne sont pas dangereuses pour moi.

Devant la cheminée est un groupe d'hommes qui parlent de la pluie et du beau temps, de la pièce nouvelle, de la piété édifiante du *Journal des Débats*, et qui, par intervalles, regardent la pendule. Il est clair que cet entretien ne nuira point à mes méditations.

Quelques jeunes personnes se sont réunies dans un petit coin. Elles chuchottent bien bas, parce qu'on leur a dit qu'il ne convient pas à une jeune personne de parler haut. Elles étouffent quelques éclats de rire, parce qu'on leur a dit qu'il ne convient pas à une jeune personne d'éclater. Un coup d'œil d'une maman réprime cet accès passager de joie. Le silence le plus absolu règne dans le petit coin. Ces jeunes personnes se regardent, regardent le plafond, le parquet. Elles ont passé inutilement deux heures à leur toilette, et tout ce qu'elles se rappelleront de cette soirée, c'est que mademoiselle celle-ci a son peigne beaucoup trop haut, et que celle-là a sa guirlande trop en arrière.

Ces intéressans automates me rappellent mon Hébé de la rue Mouffetard, si naïve et si franche ! Hébé est l'enfant de la nature ; celles-ci sont les filles de l'art. J'en remarque une cependant, dont la figure régulière est pleine d'expression ; mais elle est d'une pâleur extrême. Ah ! je vois ce que c'est : maman la fait coucher le matin et lever le soir, parce qu'il faut que maman dise : *cœur, passe, seule en carreau.*

La maîtresse de la maison, qui fait parfaitement les honneurs de chez elle, passe d'une table à une autre, adresse à chacun un petit mot auquel on répond par un autre. Elle va au petit coin : « Hé bien, mesdemoiselles, vous « amusez-vous un peu ? — Oh, beaucoup, ma- « dame. »

Je suis seul, absolument seul. L'ennui qui se peint plus fortement que jamais sur la physionomie du grand seigneur, m'a rendu indifférent pour les dignités et la considération, et si l'idée de mon Hébé me poursuit quelquefois, je m'approche de cette jeune plante, flétrie avant le temps; je la regarde : un sentiment de tristesse s'empare de moi, et éloigne toute autre sensation.

La pendule sonne minuit. Un sentiment de satisfaction perce sur toutes les figures. On se lève, on s'empresse de se retirer ; on paraît enchanté d'échapper les uns aux autres. Pourquoi donc est-on venu là ? Pourquoi demain ira-t-on ailleurs faire les mêmes choses? c'est qu'il est du bon ton de donner des soirées, et que pour avoir du monde chez soi, il faut aller chez les autres.

Je suis toutes ces soirées-là. J'y *philosophe* à mon aise, et jamais je ne rentre chez moi sans rendre des actions de graces à mon vieux janséniste.

Si, par hasard, je vais au spectacle, j'ai grand soin d'éviter nos petites grandes pièces, où s'épuise le vocabulaire de l'*Almanach des Graces*. Je vais à Molière, à Regnard, à Destouches, et je suis encore seul, absolument seul avec le chef-d'œuvre qu'on me lit dans le désert.

M'arrive-t-il au spectacle de prêter un moment l'oreille au langage des passions? je cours, en sortant de ma loge, au bal de l'Opéra. Je me lance dans la foule. La bigarrure et l'extravagance des costumes; des masques bizarres ou hideux me dispensent de rien voir; les niaiseries qu'on m'adresse me dispensent d'écouter : quand tout le monde parle à la fois, c'est comme si personne ne parlait. Je suis là, comme le solitaire sur le bord de la mer. Le bruit monotone des vagues ne peut rien sur son entendement et n'interrompt pas sa méditation. Quelquefois il se mouille le bout des pieds; il se recule. Quelquefois je reçois un coup de coude, et je m'éloigne un peu.

Pénétré de reconnaissance envers mon janséniste, je crois devoir l'aller remercier. Au coin de la rue Copeau, je rencontre... qui? devinez... c'est elle, c'est mon Hébé. Elle est avec une femme âgée, à qui elle parle avec déférence et gaieté : c'est sans doute sa mère.

Je ne peux m'empêcher d'aborder Hébé. Je

m'approche avec timidité, et cependant je lui prends la main : j'ai toujours remarqué qu'on entend mieux une jolie femme, quand on lui tient la main.

Sa mère ne s'offense pas de cette liberté, parce que ma figure exprime un sentiment honnête. J'entre dans des détails. Hébé est une fille bien née ; j'en suis fort aise. La mère et la fille vivent d'un très-modique revenu, j'en suis bien aise encore. Je demande la permission de continuer la conversation chez elles; on me l'accorde, et j'en suis enchanté.

Je m'informe dans le voisinage de la conduite de ces dames... Oh, que j'eusse été douloureusement affecté, si les renseignemens n'eussent pas été favorables !... Je propose ma main en tremblant ; Hébé rougit, et l'accepte.

J'ai vu le monde et les grandeurs; j'en suis tout à fait revenu. Je définis maintenant la sagesse, *l'art d'être heureux*. Je le serai avec Hébé. Je serai toujours seul avec elle, puisque nous ne serons qu'un, et la plus séduisante solitude est celle qu'embellit une femme qu'on adore, et dont on est tendrement aimé.

ANACRÉON.

A l'époque où la Grèce brillait par les talens et les arts, vivait à Théos le jeune Acanthe. Il portait, en tous lieux, l'inquiétude d'un cœur de vingt ans, qui n'a pas aimé encore, mais qui éprouve le besoin d'aimer. Errant sans cesse au milieu de cet essaim de beautés que chantait Anacréon, et que sa lyre rendait célèbres, il cherchait sa défaite avec la noble audace d'un vainqueur. Béroé, Téone, Alasis, avaient fixé ses regards. Anacréon semblait les avoir associées à sa gloire, et la gloire les rendait plus belles. Elles accueillaient Acanthe. Il trouvait dans leurs manières, leur maintien, leur langage, une douceur, une noblesse, un abandon qui ressemblaient à de l'amour, et qui n'étaient que le désir de plaire. Comment ne pas chercher à fixer le plus beau et le mieux fait des Grecs ?

Acanthe allait de l'une à l'autre; il admirait, et son cœur restait froid. Il s'étonnait de son indifférence. Ne pas adorer des beautés qu'a chantées Anacréon !

Plus inquiet que jamais, dévoré, tourmenté

d'un feu qui le consume, et qui pourtant a ses douceurs, il s'éloigne, il cherche une de ces retraites où on peut rêver en liberté, et où la solitude ajoutera encore à la violence d'un amour sans objet. Il s'égare dans la campagne; il arrive sur les bords d'un ruisseau, qu'ombrageaient le coudrier et l'ormeau. Toujours brûlant, il essaie d'échapper à lui-même; il se flatte de retrouver, dans l'onde fraîche et limpide, un calme qu'il est loin de regretter. Dépouillé de sa tunique, c'est Adonis qu'embellit le désir.

Quelques sons parviennent jusqu'à lui, à travers le feuillage légèrement agité par le zéphir. Il s'arrête, il écoute; aucun mot ne frappe encore son oreille, et il est tout entier à la douceur de cette voix, qui l'émeut et le subjugue. Ces accens, se disait-il, doivent être ceux de Vénus même : tel est l'organe qu'on se plaît à supposer à la déesse de la beauté.

Il reprend ses vêtemens, il se glisse en écartant doucement les branches. A mesure qu'il avance, cette voix argentine ajoute à son émotion. Il craint de se faire entendre, d'être privé du plaisir le plus vif dont il ait encore joui. Il retient son haleine; il ne marche plus qu'en tremblant.

Déja il distingue quelque chose, et ce qu'il a vu lui fait désirer de voir davantage. Ses précautions mêmes le trahissent. Une branche, que sa main a fortement arquée, s'échappe, se redresse, frappe les branches voisines, effraie les habitans ailés du bocage. Ils s'envolent en poussant un cri plaintif. Ce nid, façonné avec tant de soins et de temps, ce nid où ils ont déposé le fruit et l'espoir de leurs amours, est renversé aux pieds d'Acanthe. Ce cri plaintif, le frémissement du feuillage ont fixé l'attention de Cidalie ; elle aperçoit Acanthe. Acanthe, ravi, enchanté, s'élance vers elle ; il va tomber à ses pieds. Cidalie veut fuir et demeure ; le respect retient Acanthe. Ils se regardent, et ce regard a décidé du reste de leur vie.

Cidalie a quinze ans ; sa figure a quelque chose de divin ; ses formes semblent avoir été modelées par les graces ; ce sont elles qui ont ondulé les plis de sa tunique, qui ont attaché et relevé son voile ; Vénus lui a prêté sa ceinture ; l'innocence a coloré son front de l'incarnat de la pudeur.

Sa mère est à quelques pas. Elle a soustrait sa fille au tumulte du monde. Elle croit que l'amitié suffit encore au cœur de Cidalie, et qu'elle recevra un jour avec docilité l'homme à qui elle plaira, et qu'elle devra aimer. Elle l'a dérobée surtout à l'aspect et aux chants d'Anacréon. Elle pense qu'une femme perd toujours en réputation ce qu'elle gagne en célébrité.

Basilée s'amusait avec sa fille à cueillir des fleurs champêtres ; elles en formaient des guirlandes : rien ne peut parer Cidalie ; mais ces fleurs devaient être un moment le symbole de son éclat et de sa fraîcheur.

Non, l'amitié ne suffit plus à son cœur. Elle a vu Acanthe, et elle partage ce désir vague, inquiet, qui n'alarme pas la modestie, parce qu'elle ne peut le définir; mais qui inspire la timidité, et une réserve qui ressembleraient à l'indifférence, si la rougeur qui colore les joues de la beauté ne décelait l'amour naissant.

Acanthe, dénué d'expérience, croit qu'il a déplu; il s'approche de Basilée. Interdit devant Cidalie, il retrouve, auprès de sa mère, ses idées et cette chaleur d'expression que communique l'amour à l'être qu'il a pénétré de ses feux. « Je « n'avais pas encore aimé, lui dit-il; maintenant « j'aime votre fille autant qu'elle est belle, et mon « amour est sans bornes, puisqu'on ne peut le « comparer qu'à elle-même. »

Basilée se souvient qu'elle a été jeune, et qu'elle a épuisé avec Comire ce que l'hymen a de douceurs. Acanthe est beau, il est riche, indépendant; il promet le bonheur de Cidalie, et quelle mère ne s'empresse d'assurer celui de sa fille? Elle interroge la jeune vierge. Elle n'en obtient pas d'aveu; mais ses beaux yeux se relèvent, ils se portent sur Acanthe, et ses lèvres lui sourient.

Acanthe les ramène à la ville. Il ne s'occupe plus que des apprêts de la fête. Fier du titre qu'il va obtenir de Cidalie, heureux déja par l'espérance, il répand autour de lui les doux transports dont il est agité. Il veut que chacun applaudisse à son choix, et lui envie sa conquête. Il demande à Basilée et il obtient la permission de produire Cidalie dans le monde.

Une femme ne pardonne pas à celle qui lui a ravi son amant. Téone, Alasis, Béroë cherchent des défauts à Cidalie. Désolées de ne pas lui en trouver, elles veulent lui donner des torts.

Elles chantent, devant elle, l'amour et ses plaisirs. Elles peignent l'amour volage, le plaisir passager. Ce n'est pas là l'amour que connaît Cidalie. Elle chante à son tour celui qu'elle éprouve, qui l'a pénétrée, qui règne à jamais sur elle. Téone, Alasis, Béroë rient, plaisantent et raillent. Elles célèbrent l'inconstance et ses douceurs. « Ah ! « leur répond Cidalie, quand on aime une fois, « n'est-ce pas pour toujours?

« Non, lui dit Béroë: Votre indifférence a « passé, votre amour passera. Dès long-temps « celui d'Acanthe sera éteint, et que vous restera- « t-il? Une vie obscure et uniforme, des appas « inutiles, et que l'ennui flétrira. Notre cœur « ne nous donne que le bonheur du moment; la « gloire assure celui de toute notre carrière. Elle « le porte au-delà des bornes que nous a fixées « la nature. Recherchées, fêtées, adulées par la « plus brillante jeunesse de Téos, nous vieillirons « en écoutant ces vers immortels que nous avons « inspirés à Anacréon. Nous finirons avec l'espoir « qu'ils passeront à la postérité la plus reculée.

« Ah! répondait Cidalie, que m'importe qu'on « me chante? que m'importe la postérité? L'a- « mour d'Acanthe est mon bonheur. »

Tout à coup une mélodie enchanteresse se fait entendre, et ces sons, jusqu'alors inconnus à Cidalie, la ravissent et la transportent. « C'est « Anacréon! » s'écrient Alasis, Béroë, Téone. Légères comme l'hirondelle, elles rasent à peine le sol; elles volent au-devant des hommages et du poète de Téos.

Cidalie est restée à sa place; mais son ame tout entière a passé dans ses yeux. Anacréon s'avance. Il est couvert de pourpre et d'or; ses cheveux blancs sont cachés sous des guirlandes de roses et de myrte; il a sa lyre d'ivoire à la main. Les beautés les plus piquantes, les jeunes gens les mieux faits marchent sur ses pas et inondent les portiques. Tous s'empressent à lui plaire; tous sollicitent ses regards et sa faveur; tous lui demandent l'immortalité.

Du milieu de ce cortége charmant, Anacréon a distingué Cidalie, et déja il ne voit plus qu'elle. Il s'approche. Ses yeux brillent d'un éclat nouveau; son cœur se ranime; sa lyre parle sous ses doigts. Il chante Cidalie; il ne veut plus chanter qu'elle.

Cidalie est femme. Elle frémit de plaisir, en voyant à ses pieds celui qui a été recherché, fêté, caressé par des rois. L'objet des hommages de tous semble n'exister que pour elle. Elle n'augmentera pas sa cour; elle en sera le plus bel ornement : Anacréon l'a proclamée sa souveraine.

Il lui chante l'amour, avec ce charme auquel

rien ne peut résister. Cidalie ne sent pas que la volupté seule pénètre dans son ame, et qu'elle n'est quelque chose que par le sentiment. Son orgueil satisfait ne lui permet pas de s'interroger sur ce qu'elle éprouve. Anacréon lui présente la main; elle y appuie légèrement la sienne. Acanthe est oublié.

Acanthe a tout appris. Désolé, tourmenté, désespéré, il déplore auprès de Basilée l'inconstance de Cidalie, et son malheur, auquel il ne survivra pas. « Vous l'avez voulu, lui dit Basilée; « mais ne désespérez pas. Anacréon caresse la va- « nité; il plait à l'esprit; il ne peut plus rien sur « les cœurs. »

En effet, Cidalie, revenue de sa première ivresse, voit des rides sous les roses, et des cheveux blancs que le myrte ne lui dérobe plus. Les vers d'Anacréon sont admirables; mais toujours des vers! rien que des vers! elle retrouve, au fond de son cœur désabusé, l'image d'Acanthe, brillant de jeunesse, de beauté et de graces. « Ah, laissons, « dit-elle, ces vains jeux de l'esprit : ils ne valent « pas un sentiment. La vieillesse peut être ai- « mable; mais l'amour fuit devant elle, et l'a- « mour est tout pour moi. Qu'Anacréon soit mon « ami; mais qu'Acanthe soit mon époux. »

Béroë, Téone, Alasis la rappellent en vain. Elle s'éloigne du toit d'Anacréon; elle cherche la demeure de Basilée. Elle la trouve s'affligeant avec Acanthe, et s'efforçant de le calmer.

« Pardonnez, lui dit-elle, une erreur d'un
« moment: elle sera la sauve-garde du reste de ma
« vie. J'ai vu la gloire et ses prestiges; ils m'ont
« abusée, je l'avoue; mais je reviens à Acanthe,
« pour ne m'en éloigner jamais. »

Acanthe renaît au bonheur. Cidalie, implorant son pardon, a effacé l'égarement de quelques heures. Est-on coupable quand on se repent et qu'on est aimé?

Basilée les présente au temple de Vénus. « Ah!
« disait le lendemain Cidalie, qu'Acanthe ne fasse
« pas de vers; qu'il n'en fasse jamais. Qu'il laisse
« ce genre de mérite à ceux qui n'ont que ce-
« lui-là. »

Quand elle rencontrait Anacréon, et qu'il cherchait à l'attirer par ses chants : « Vous flattez
« mon oreille, lui disait-elle; mais Acanthe charme
« mon cœur. »

Quelque aimable que soit un vieillard, il doit renoncer à l'amour.

LE VIEUX BOSSU.

Des organes neufs, une pente heureuse à jouir de tout, à s'amuser de tout, à rire de tout, entraînent continuellement la jeunesse. Une jolie femme, un beau cheval, une pièce nouvelle, un bout de ruban, la séduisent tour à tour. Elle se repose du jeu des passions en épiant les ridicules, en les saisissant, en s'en moquant, comme si ces graces, qui plaisent tant en elle, ne pouvaient pas un jour devenir des grimaces; comme si un vieux enfant n'était pas le plus ridicule des êtres, et combien de vieux enfans je vois dans le monde, soit dit sans offenser personne !

Un beau jeune homme, très-content de lui, et par conséquent très-disposé à railler les autres, rencontre dans une promenade publique un vieillard, qu'on eût respecté dans la Grèce, et qui devait faire rire à Paris. Il était boiteux, il était bossu. Son nez arqué et long, comme un sabre à la hussarde, était chargé d'une énorme paire de lunettes. Ce nez semblait vouloir caresser un menton qui s'élevait dans la mesure de l'inclinaison du voisin. Mon jeune homme regarde et sourit; vous deviez vous y attendre. Les bossus ont la répartie vive et juste. Celui-ci était plus bossu qu'un autre, et il s'empressa de jeter le gant.

« Vous riez de ma figure, monsieur, et je con-
« viens qu'elle est grotesque. — Monsieur, je ne
« dis pas cela. — Vous le pensez du moins. —
« Monsieur... — Et vous supposez qu'avec une
« conformation comme la mienne, je n'ai pu con-
« naître aucun des plaisirs qui vous séduisent au-
« jourd'hui. — Je fais plus que le supposer, mon-
« sieur; j'en suis certain. — Et vous avez tort. Je
« maniais fort adroitement un cheval. A la vé-
« rité, quand j'étais dessus, je ne ressemblais pas
« mal à une paire de pincettes; mais comme je
« ne le montais que pour moi, je m'embarrassais
« fort peu des observations des autres. — Moi, je
« conviens, monsieur, qu'en votre place elles
« m'eussent singulièrement déconcerté, ou plutôt
« je me serais bien gardé de m'y exposer. — Voilà
« déjà, monsieur, un avantage que j'ai sur vous,
« qui me paraissez vivre beaucoup pour le public.
« — Hé, hé, monsieur, vous pourriez bien avoir
« raison. — Je dansais sans grace, monsieur. —
« Oh, par exemple, monsieur, je le crois. — Mais
« je sautais, je retombais en mesure, et personne
« ne pouvait se plaindre de moi. — Quoi, pas
« même la femme avec qui vous dansiez? — Je
« me gardais bien de lui donner le moindre sujet

« de plainte. Je la regardais en dansant, je lui
« prenais la main, je la pressais doucement. En
« acceptant la mienne, elle m'avait accordé ces
« douces prérogatives, et je n'avais pas l'imperti-
« nence d'en négliger une. — Mais, en vérité,
« vous me parlez des femmes comme quelqu'un
« qui les a aimées. — Et qui les aime encore,
« monsieur. — Ah! ah! ah! — Oui, monsieur. On
« s'extasie devant la Vénus de Médicis et l'Apol-
« lon du belvédère : j'admire bien davantage une
« jolie femme qu'embellit la vie. Je me borne à
« cela, j'en conviens; mais autrefois... — Ah! ah!
« ah! — Riez tant que vous voudrez de mes amours
« passés : je me crois bien plus fondé à rire des
« vôtres. — Comment cela? — Vous croyez aimer
« les femmes, vous n'aimez que le plaisir. Vous
« vous donnez, sans choix, sans discernement, à
« celle qui vous écoute et à celle qui vous attire.
« Vous ne savez ni à qui vous succédez, ni qui
« vous succédera; vous ne pensez pas même que
« beaucoup de dames de cette espèce aiment les
« coadjuteurs. Un joli minois vous suffit, et le
« moment est tout pour vous. — Et qui vous a
« dit tout cela, monsieur? — Pardonnez-moi le
« mot, monsieur, c'est votre légèreté, votre étour-
« derie. — L'expression est forte, monsieur. — Et
« pourquoi? Voudriez-vous passer pour un homme
« de poids, réfléchi, raisonnant? Soyez de bonne
« foi, et convenez que non. — Brisons là, mon-
« sieur, et dites-moi, je vous prie, quelle fut

« votre manière d'aimer les femmes, et par quel
« enchantement, au moyen de quel philtre vous
« parveniez à leur plaire. — J'ai le malheur ou le
« bonheur d'avoir un extérieur repoussant. Par
« conséquent, je ne pouvais être ni fat, ni vain,
« ni entreprenant, et c'est déja quelque chose
« pour celles qui croient qu'il ne suffit pas d'être
« jolie. Je ne pouvais leur adresser de ces riens
« brillans, de ces choses futiles, qui n'ont de prix
« que par la vivacité d'un œil agaçant, et un sou-
« rire étudié de manière à montrer de belles dents.
« Mon premier soin devait être de faire oublier
« ma figure, et je n'y pouvais réussir qu'en parant
« la raison et le jugement du charme de l'esprit et
« de la sensibilité. Peu de femmes m'écoutaient,
« je l'avoue ; mais celle qui pouvait m'entendre
« me revoyait avec plaisir, désirait me revoir en-
« core, et finissait par ne plus penser à ma tour-
« nure. Je ne séduisais pas, sans doute ; mais j'at-
« tachais, et voilà encore un avantage réel que j'ai
« sur vous. Quelquefois un jeune homme, bien
« fait, bien sémillant, se présentait dans le cercle.
« Il fixait les yeux, il prévenait en sa faveur. On
« s'approchait de lui sans penser à le chercher ;
« on désirait l'entendre. Il parlait ; on s'éloignait
« d'un air rêveur, qui semblait dire : quel dom-
« mage que cette tête si jolie soit vide ! On revenait
« à moi ; et le jeune homme se jetait au milieu
« d'un groupe de femmes qui semblaient se
« l'arracher, et ces femmes-là, monsieur, ressem-

« blaient beaucoup à celles qui vous plaisent tant
« aujourd'hui. La jeune personne qui m'écou-
« tait, avait plusieurs fois répété la même épreuve,
« et elle avait constamment tourné à mon avan-
« tage.

« Nous sommes tous calculateurs; mais les gens
« raisonnables ont une manière à eux de calcu-
« ler. La femme avec qui je causais, disait en elle-
« même : j'épouserai cet homme-là pour moi, car
« personne ne sera tenté de me l'enlever. Je me
« disais, moi : je serai fidèle à ma femme, parce
« qu'il faut se tenir où on est bien, et puis un
« bossu inconstant ne trouve pas aisément à rem-
« placer. — Enfin, monsieur, vous avez épousé
« une femme, faite probablement comme vous?
« — J'ai épousé une femme d'une figure agréable,
« et vous conviendrez que cela suffit, vous, qui
« vous fatiguez si promptement de toutes les
« beautés à qui vous accordez un mois, une se-
« maine, un jour. Quand le dégoût survient, la
« femme jolie et celle qui ne l'est pas sont pour
« nous au même niveau. Je n'ai jamais connu
« cette maladie de l'ame, parce qu'une conversa-
« tion attachante a toujours rempli les momens
« de repos, dont le cœur a si souvent besoin.
« Ma femme n'était point passionnée, et c'est à
« une qualité négative que je dois la conserva-
« tion, la lucidité de mes idées. Elle était sensible,
« et la sensibilité embellit le cours de la plus
« longue vie. Enfin, monsieur je suis père. J'é-

« prouve des jouissances que probablement vous
« ne connaîtrez jamais, même en vous mariant,
« parce qu'alors vous aurez usé toutes vos sensa-
« tions; et que vous restera-t-il de tant de con-
« quêtes passées? Rien, pas même un souvenir.
« Convenez, monsieur, que voilà une foule d'avan-
« tages que j'ai sur vous, moi que vous trouviez,
« tout à l'heure, si ridicule et si misérable. »

Ici, le bossu tire son mouchoir, et trois ou quatre paires de lunettes tombent de sa poche. « Ah, mon dieu, monsieur, que de lunettes! — « Vous ne soupçonnez pas les avantages qu'elles « me donnent encore sur vous. — Des lunettes! — « Oui, monsieur, des lunettes. »

Il est bon de remarquer ici qu'au temps dont je parle, il n'était pas du bon ton d'avoir la vue basse; que des lunettes annonçaient par conséquent des yeux affaiblis, et les approches de la caducité.

Mon jeune homme relève la conversation avec sa vivacité ordinaire. « Apprenez-moi donc, mon-
« sieur, quelles jouissances vous procurent ces
« petits verres, dont vous me paraissez si satis-
« fait. — Bien volontiers, monsieur, car on est
« toujours disposé à m'accorder si peu, que j'aime
« à me vanter de ce que je possède. Je crois que
« vous ne voyez que les mêmes choses et que
« vous les voyez toujours les mêmes. — Qu'en-
« tendez-vous par là? — Qu'aucune espèce de lu-
« nettes ne peut aller à vos yeux. — Parbleu, je

« vous le certifie. — Ainsi vous ne connaissez rien
« des merveilles que je me crée à volonté. Je vous
« prie de me dire ce qu'est le petit animal que je
« viens de prendre là. — Hé, monsieur, c'est un
« insecte, un vil moucheron. — Pauvre jeune
« homme! A l'aide de ces lunettes ampliatives,
« ce vil insecte, ce moucheron dédaigné est un
« chef-d'œuvre de la nature. L'or, la pourpre,
« l'azur le parent de leurs plus vives couleurs.
« Ses ailes ne sont plus une faible membrane;
« c'est le réseau le plus admirable et le plus pré-
« cieux. Au moindre mouvement de ce petit ani-
« mal, mille nuances nouvelles succèdent aux pre-
« mières; des traits de lumière, diversement
« coloriés, se réfléchissent de toutes parts. C'est
« un mélange de rubis, de saphirs et d'émeraudes
« réunis et fondus ensemble. — Vraiment, mon-
« sieur? — Je vous en réponds.

« Que voyez-vous au pied de cet arbre? —
« C'est, ce me semble, un peu de moisissure. —
« C'est une prairie, monsieur, c'est un parterre,
« orné d'une multitude de plantes et de fleurs.
« Les unes sont tout-à-fait épanouies; les autres
« viennent d'entr'ouvrir leur calice. Du milieu de
« ces fleurs, s'élèvent des arbrisseaux et même des
« arbres, eu égard à la différence des proportions.
« Ce n'est point une vaine illusion; ces arbres et
« ces fleurs ont leurs racines, leur sève et leur vé-
« gétation.

« — Mais il me semble, monsieur, que je peux

« voir tout cela à l'aide d'un microscope. — J'en
« conviens, monsieur ; mais on ne se promène
« pas avec un microscope dans sa poche, et mes
« lunettes sont toujours dans la mienne. Avec
« celles-ci, monsieur, je vois les objets tels qu'ils
« vous paraissent à vous, et à la simple vue ils
« prennent pour moi un degré de perfection,
« dont vous n'aurez d'idée que lorsque vous serez
« courbé sous le poids des ans. Examinez ce
« paysage qui s'offre là à nos regards. Vous y
« voyez des inégalités, des parties brutes ou dé-
« pouillées ; des cultivateurs brûlés du soleil ; des
« sabots, des haillons, des disparates multipliées
« blessent vos yeux et vous rendent insensible
« aux charmes qu'offre d'ailleurs ce tableau. Pour
« moi, tout devient plus agréable, en devenant
« plus délicat. Les formes sont plus légères ; les
« contours plus gracieux, les nuances plus fines.
« Chaque objet est plus fini ; il est d'un goût et
« d'un travail plus exquis ; il ne s'éloigne de moi
« que pour acquérir une perfection et un agré-
« ment que la nature lui a refusés. L'herbe sur
« laquelle nous marchons ici trompe encore ma
« vue de la manière la plus agréable ; chaque brin
« est un fil de soie ; il me paraît en avoir la dou-
« ceur et le moelleux. Ce n'est plus sur du gazon,
« c'est sur un tapis de velours que je me pro-
« mène.

« J'entre dans un salon. J'y trouverai des beau-
« tés de deux genres ; mais il faut que je les dé-

« vine. Mes lunettes sont dans ma poche, parce
« que l'imagination revient difficilement sur ce
« qu'elle a prononcé. Tous les hommes qui pré-
« tendent aux graces de la figure et de l'esprit,
« s'empressent autour d'une dame, qui n'est pas
« la plus aimable, peut-être, mais qui est sans
« doute la plus jolie. Et vite je tire mes lunettes,
« je m'approche et je vois la beauté dans tout
« son éclat, dans toute sa fraîcheur. Une veine,
« un cheveu, un cil, ces petits trous impercep-
« tibles que produit le doux sourire ; ces lèvres
« rosées, ces dents qui le disputent à l'ivoire, rien
« n'échappe à mon scrupuleux examen. Je hasarde
« quelques mots; on m'écoute à peine; on ne
« me répond pas, et je pouvais m'attendre à ce
« dédain : la dame est jolie, et je suis vieux, bossu
« et boiteux. Je ne vois plus en elle que la Vénus
« de Médicis. Elle n'est là que pour récréer ma
« vue, et j'y reviendrai, si je n'ai rien de mieux
« à faire.

« Je passe plus loin. Je vois deux femmes iso-
« lées : elles ne sont pas jeunes sans doute. Elles
« cherchent à se dédommager de l'abandon dans
« lequel on les laisse; leur conversation paraît rai-
« sonnable et attachante. C'est beaucoup pour
« moi; mais cela ne me suffit point. Je veux en-
« core leur trouver de la beauté, parce que la
« beauté communique son charme à ce qu'elle
« dit, comme à ce qu'elle touche, et vite je mets
« mes lunettes dans ma poche.

« Je les aborde, et je suis accueilli avec bien-
« veillance : l'amour propre, consolé, est si re-
« connaissant ! Je les regarde et je deviens créa-
« teur. D'un clin d'œil, je leur ôte quinze années.
« Ces traces du fléau de l'Arabie ont disparu pour
« moi ; les rides naissantes sont effacées ; les yeux
« sont remontés au niveau de leur orbite ; la
« figure s'est arrondie ; la peau a repris le velouté
« de la jeunesse. Je suis avec des femmes de
« trente ans, jolies, très-jolies, très-aimables, et
« qui le deviennent davantage pour l'homme qui
« sait les apprécier. Je me fixe auprès d'elles, et
« j'abandonne la Vénus de Médicis à qui voudra
« faire fumer l'encens sur ses autels.

« Je me résume, monsieur. Sans ma bosse et
« mes jambes grêles, j'aurais été peut-être un in-
« supportable petit faquin. Je leur dois ma raison,
« mon jugement et quelques connaissances. Je
« leur ai dû une femme agréable, aimable et ai-
« mante, qui pendant quarante ans a fait mon
« bonheur. Mes lunettes me font jouir de tout ce
« qui flatte vos yeux, et mes yeux affaiblis trou-
« vent de la jeunesse et des charmes où les vôtres
« ne voient que des ruines. Avouez, monsieur,
« qu'avec ces avantages, on pourrait presque être
« fier d'être bossu et vieux, et que vous avez eu
« tort de vous moquer de moi, qui suis assez gé-
« néreux pour ne pas me moquer de vous. »

ABRÉGÉ

DE LA VIE D'UN PAUVRE DIABLE.

L'homme en naissant est le très-humble serviteur des circonstances. Vit-il par jour un quart-d'heure pour lui ? Ne fait-il pas tout pour les autres ? Est-ce la peine de naître ?

Je suis entré dans ce monde tout bleu, parce que celui qui aida à ma mère était un maladroit, ce qui n'empêcha pas mon père de le payer largement, parce qu'il avait de la réputation, et mon père tenait beaucoup à celle d'homme libéral.

Ma nourrice me sevra à six semaines, parce qu'elle devint grosse. Elle m'attachait dans mon berceau avec une sangle, quand elle allait passer la journée aux champs, et si, à son retour, elle m'entendait pleurer, elle me fouettait, au lieu de me donner de la bouillie.

Deux ans après, lorsque ma nourrice se présentait à la maison paternelle, j'étais obligé d'aller au devant d'elle, et de l'embrasser, parce qu'elle m'avait donné son lait, et qu'elle était ma seconde mère. Si je pleurais en l'embrassant, on voulait bien attribuer mes larmes à la reconnaissance, et on vantait partout l'excellence de mon naturel.

Ma mère voulait que je l'aimasse aussi. Je ne demandais pas mieux; mais jugez si cela m'était facile.

Si je tombais, et que je me fisse une bosse au front, maman me fouettait, comme si je ne m'étais pas fait assez de mal.

Elle disposait de mon estomac; elle prononçait sur ses besoins et ses fonctions. Quand je disais que j'avais encore faim, elle m'assurait que non, et si j'étais surpris dérobant quelque chose à l'office, maman me fouettait pour prévenir les indigestions.

Au premier jour de l'an, les amis de papa me donnaient des joujoux plus ou moins beaux; je les dévorais des yeux, et il m'était défendu d'y toucher, de peur que je les cassasse. J'aurais beaucoup mieux aimé n'avoir pas de joujoux; je n'aurais pas éprouvé de tentation. S'il m'arrivait d'y succomber, si je prenais furtivement un joujou, si je le cassais pour voir ce qui était dedans, maman me fouettait, parce que j'avais enfreint sa défense.

Quand je voulais rire ou chanter, maman me faisait taire, parce qu'elle avait mal à la tête. Quand, par distraction, je récidivais, maman me fouettait, et m'envoyait coucher.

Si je me tenais dans mon coin, silencieux et craintif, j'étais un enfant taciturne, sournois, et maman me fouettait pour m'égayer, et me développer l'esprit et le caractère.

En me fouettant à tort et à travers, maman *m'idolâtrait;* elle le disait au moins. Je me demandais, moi, ce qu'elle eût fait, si elle ne m'eût point aimé du tout.

Maman mourut. Je ne tombai pas dans le désespoir, ni mon père non plus; mais il me faisait rester auprès de lui pendant les journées entières, parce que ceux qui venaient faire le compliment de condoléance, trouvaient que nous formions un groupe attendrissant. Lorsque je cédais à l'uniformité de ma position, et que je m'endormais, mon père, sans déranger sa tête, tristement appuyée sur son coude, sans baisser ses yeux larmoyans, fixés au plafond, me pinçait furtivement de la main dont il pouvait disposer. Je m'éveillais en pleurant, et les spectateurs admiraient la force du souvenir de ma mère et ma profonde sensibilité, qui me poursuivaient jusque dans mon sommeil.

Mon père me donna un maître de lecture; je me passais fort bien de savoir lire. Je n'écoutais pas ce que mon maître me disait, et mon maître me fouettait pour me rendre attentif.

Il fallut apprendre à lire, à écrire, à compter, pour avoir un peu de relâche. A peine eus-je appris tout cela, qu'on me donna un maître de latin.

Je ne concevais pas la nécessité d'apprendre une langue que personne ne parle; je ne voyais pas quels rapports pouvaient exister entre Cicéron et moi, et mon maître me fouettait, parce que j'étais un raisonneur.

A dix ans, on m'envoya dans un collége. S'il m'arrivait de rire ou de causer en classe, on me fouettait encore. En récréation, une agacerie faite à un écolier plus grand que moi était punie par cinq à six coups de poing, et si le grand garçon m'agaçait à son tour, il fallait que je rie, à peine de subir une nouvelle correction.

A dix-huit ans, j'entrai dans le monde, possédant parfaitement mes auteurs, et bien décidé à n'en plus ouvrir aucun.

J'aimais beaucoup la société des femmes; mais j'avais l'air gauche, et les femmes n'accueillent pas les hommes qui ont cet air-là. Je m'éloignai des femmes, à qui je déplaisais.

J'avais le goût de la dépense, et mon père me donnait peu d'argent. Je fis des dettes, et mon père m'envoya passer six mois à Saint-Lazare.

J'en sortis aussi gauche que j'y étais entré. Mon air déplut à un mousquetaire; il me rit au nez, me donna un coup de coude, et je fis sauter le chapeau du mousquetaire dans la boue. Il tira son épée; je fus obligé d'en faire autant, et comme je ne savais pas me servir d'une épée, il me passa la sienne au travers du corps.

Mon père, enchanté de ma bravoure, voulut

m'acheter une compagnie de dragons. J'avais les inclinations très-pacifiques, et je voulais entrer au parlement. Mon père parut un matin dans ma chambre, mon brevet à la main. Il était suivi d'un maître en fait d'armes, d'un maître de danse, et d'un tailleur, qui portait quatre ou cinq uniformes complets. Me voilà capitaine de dragons, sans le vouloir, sans le savoir.

Je n'aime pas le cheval, et il fallait aller tous les jours au manége. Je n'aime pas les futilités, et je n'entendais que cela. Je crains la mer, et mon père obtint pour moi la faveur insigne d'aller me battre pour les insurgés d'Amérique, que je ne connaissais pas, contre leurs ennemis, que je ne connaissais pas davantage.

Après avoir reçu deux coups de feu dans ce pays-là, et avoir été deux fois sur le point d'y mourir de la fièvre jaune, je revins à Paris. Je me sentais un penchant prononcé pour le mariage, et je fis ma cour à une demoiselle très-jeune, très-jolie, très-bien élevée, et qui paraissait m'écouter très-favorablement. Mon père prétendit que la demoiselle ne me convenait pas, parce qu'elle ne m'apporterait point de quoi laisser quinze à vingt mille livres de rente à chacun des trois ou quatre enfans à qui je pourrais donner le jour. Je trouvai étrange qu'il fallût me marier, uniquement pour mes enfans, qui n'étaient pas nés. Mon père n'écouta rien, et me refusa son consentement. Je tombai malade de chagrin.

Lorsque je fus convalescent, il me conduisit dans une maison, où se trouvait une assemblée nombreuse. Il me présenta à tout le monde, et me fit asseoir auprès d'une petite fille, qui ne me plaisait pas du tout. Un homme, habillé de noir, lut quelque chose que je n'écoutai pas. Mon père me fit donner ma signature; il donna la sienne; plusieurs personnes donnèrent la leur; on s'embrassa de nouveau, et je compris enfin que le lendemain j'épouserais la petite fille, qui ne me plaisait pas.

En rentrant à l'hôtel, je fis des représentations à mon père. Il me répondit qu'on ne manque pas de parole à une famille respectable. Je me défendis; il me répliqua : *Je le veux*; je me laissai marier.

Ma femme, qui ne me plaisait pas, exigea, pendant la première année, que je fusse toujours avec elle. Si je voulais aller aux Tuileries, elle voulait aller au sermon; si je désirais entendre le *Misanthrope*, elle me menait chez *Nicolet*.

J'aime à me coucher de bonne heure. Ma femme aimait à se coucher tard, et quand nous n'avions personne à l'hôtel, il fallait que je lui tinsse compagnie, jusqu'à ce qu'elle me permît de me retirer.

Je suis né avec un certain esprit d'ordre, et j'ai toujours pensé qu'on doit avoir en caisse une année de son revenu, pour faire face aux évènemens imprévus. Ma femme m'avait apporté soixante mille livres de rente; elle en dépensait quatre-vingts.

Je suis débonnaire et facile; ma femme était altière et acariâtre. Elle me tourmentait sans cesse; je me taisais pour avoir la paix, et il n'est pas agréable d'être forcé de se taire chez soi.

Enfin, je veux qu'une femme se respecte, et dès la seconde année madame voulut avoir des amans. Oh! je me fâchai alors. Madame m'imposa silence, en brisant les porcelaines, les glaces, les cristaux. Depuis ce jour-là, je n'ai plus rien dit à madame.

Mon père mourut;... il fallut bien m'en consoler. Une fluxion de poitrine emporta madame; j'en fus bien aise. Enfin, me dis-je, je vais vivre un peu pour moi.

Pas du tout. Après avoir été victime d'un accoucheur, de ma nourrice, de ma mère, de mon père, de mes maîtres, de mes camarades, de ma femme, je devais l'être encore du public, de mes enfans, de mes valets.

Suis-je à la promenade? des gens, dont je me soucie fort peu, mais qui tiennent un rang dans le monde, s'emparent de moi: je suis obligé de leur répondre avec civilité, quand je voudrais les envoyer au diable.

Suis-je dans un cercle? aperçois-je une femme dont la physionomie prévient favorablement, et dont l'œil annonce de l'esprit? je vais m'asseoir à côté d'elle, et à peine lui ai-je dit deux mots, que la maîtresse de la maison me l'enlève pour un wisk. Je la suis, quoique je n'aime pas les jeux anglais, et la maîtresse de la maison me prie de m'asseoir à une bouillotte, où il manque un cinquième. Une bouillotte ! le plus sot jeu ! et je fais la partie de deux femmes de cent vingt ans en deux volumes, et de deux hommes, qui sont très-contens d'eux, parce qu'ils étalent des bourses farcies d'or.

Un faquin me fait une visite. Je ne peux me dispenser de la lui rendre, parce que le faquin a cent mille livres de rentes.

Vais-je au spectacle? une dame placée dans la loge voisine parle plus haut que les acteurs, et un homme ne prie pas une dame de se taire, surtout quand elle est jolie. Je perds mon argent et mon temps.

Je me couche, et je crois dormir. Des amateurs viennent me réveiller au son des instrumens. Ils célèbrent ma fête. Il faut que je me lève, que je les reçoive, et que je dissimule ma mauvaise humeur.

Mon valet de chambre m'habille pour les autres et non pour moi. Mon maître d'hôtel, par ménagement pour mon estomac et mes nerfs, très-irritables, me fait manger ce que je n'aime pas, et me refuse du vin d'Aï, que j'aime beaucoup.

Ma fille a dix-huit ans, et il y a tous les jours du monde à l'hôtel. Je la retire de sa pension, espérant avoir un fardeau de moins, et il faut que je continue à faire les honneurs de chez moi, parce que ma fille sait tout, excepté l'art de tenir une maison.

J'ai mis des fonds en réserve pour renouveler mes équipages, mon écurie, ma livrée. On me présente un billet d'honneur de mon fils. Je le paie, et je continue à rouler dans mon vieux carrosse.

Ma fille veut se marier ; je la marie. Mon gendre m'intente trois procès au sujet de la succession de ma femme, et il faut que je plaide, moi qui déteste les affaires.

Outré, exaspéré, désespéré de tout faire pour les autres, et rien pour moi, je veux au moins régler l'ordre de mes funérailles. J'insère mes dernières volontés, à cet égard, dans mon testament, et elles seront exécutées, car je déshérite mes enfans, s'ils ne s'y conforment point.

Ainsi, pendant soixante et quelques années de vie, je n'aurai rien fait à mon gré que mon testament. C'était bien la peine de naître !

DEUXIÈME PARTIE.

DIMANCHE.

Ce jour-là est consacré au repos et au plaisir. C'est le jour où on se retrouve soi-même, où on dispose de son être, où on oublie si volontiers le travail, le devoir, les affaires.

Je m'habille; je sors sans détermination, sans objet; je sors pour sortir, pour user de mon indépendance, pour être moi : c'est dimanche.

Je ne me courberai pas aujourd'hui devant l'homme superbe, dont la nécessité fait supporter le dédain; qui rudoie en accordant ce que l'importunité lui arrache, qui ne se doute pas que l'aménité fait valoir le bienfait, et que donner n'est rien que par la manière dont on donne. J'ai mon habit neuf; je marche la tête haute; je fixe tout le monde; je suis l'égal de tout le monde : c'est dimanche.

Je passe devant une église. La foule s'y porte

avec empressement. Que va-t-on faire? Une procession peut-être... Non, ce n'est pas une procession. Un prédicateur célèbre va monter en chaire. Ma foi, je m'assieds. Otez d'un sermon les citations latines, les divisions, les subdivisions, les subtilités, les longueurs, ce qui reste est très-bon.

Ah, ah! l'orateur prêche contre l'orgueil. L'église est pleine; mais elle est trop petite : tout Paris devrait être ici. L'homme riche a l'orgueil de croire valoir mieux que ses égaux et ses supérieurs. Il leur cache cet orgueil-là; il le laisse percer avec complaisance, lorsqu'il est avec ses inférieurs. Ainsi, de proche en proche, et des premiers échelons jusqu'au chiffonnier, nous affectons tous une supériorité, réelle ou imaginaire, sur tout ce qui paraît être au-dessous de nous, et le chiffonnier se venge sur son chien, du chagrin cuisant de n'avoir personne au-dessous de lui.

Oh, comme cet orateur prêche l'humilité! quelle pureté, quelle élégance dans le style! quel charme, quelle séduction dans le débit! quelle harmonie dans l'organe! quelle noble facilité dans le geste! Est-ce bien par humilité, que cet homme a acquis ces talens? ne met-il pas plutôt de l'orgueil à bien faire et à bien dire?

Cette dame, qui paraît si vaine de ses appas, écoute avec beaucoup d'attention. Elle est sourde aux principes; mais elle cède à l'attrait de l'éloquence. Elle louera, elle félicitera le prédicateur. Vous croyez qu'il se flattera de l'avoir convertie.

Ce n'est pas pour cela qu'il prêche : il veut rappeler, égaler, surpasser Bourdaloue et Massillon.

Je sors, je marche, j'entre dans les salles du Muséum. Je ne me connais pas en peinture; mais on regarde, et je regarde aussi. J'admire sur parole un Raphaël, dont tout le mérite est pour moi dans le cadre; j'écoute modestement ce qu'on en dit. L'admiration des interlocuteurs passe insensiblement dans mon ame; je proclame Raphaël un grand peintre. Si ce tableau eût servi d'enseigne, je ne l'aurais pas regardé; personne peut-être n'eût deviné son mérite : il doit tout à sa position. Il en est de même des hommes. Tel, dont les talens sont inconnus, vit dans l'obscurité : il lui manque un cadre. Tel autre ne brille que par le sien.

On dîne le dimanche comme un autre jour. On a la tête plus libre, et on digère mieux. J'entre chez un restaurateur. Vingt à trente personnes mangent isolément, sans se parler, sans se regarder. La gaieté, le sourire ne pénètrent pas dans le salon. Les uns mangent pour manger; les autres paraissent occupés des succès ou des revers de la veille, des espérances du lendemain : il n'y a pas pour eux de dimanche.

Je ne dînerai pas là, je veux m'amuser. Je vais chercher un de ces endroits où on retrouve quelques traits primitifs de l'homme, l'abandon, la bonhommie. Je traverse les Tuileries. Des femmes, mieux mises les unes que les autres, sont rangées en file sur des chaises. Elles sont là pour voir et être vues. Des hommes passent, repassent, les regardent avec une affectation offensante : on appelle cela se promener. Ce n'est pas ainsi que je me promène le dimanche.

Je passe le pont Tournant; je prends les Champs-Elysées. J'entre dans ces guinguettes, où l'artisan aisé se délasse des travaux de la semaine, où le modeste bourgeois arrive le melon sous un bras, le parasol de madame sous l'autre. Ils oublient les privations du samedi, celles qu'ils s'imposeront le lendemain. Madame a mis chaque jour quelque chose de côté; ils viennent manger gaîment leurs petites économies.

Leur fille Angélique, à qui ce nom va très-bien, est parée de sa robe de percale... si quelque chose peut la parer. L'étoffe n'est pas fine; mais elle est si blanche! un tablier de taffetas noir fait ressortir l'éclat de son teint; un bas de soie blanc, un soulier de prunelle pressent le pied le plus mignon, la jambe la mieux tournée. Un petit bonnet d'assez mauvais goût couvre ses cheveux blonds : qu'importe le bonnet? Angélique est si jolie! quand on la regarde, sa parure n'est rien.

Je la regarde, je la regarde encore; je ne peux voir qu'elle. Elle baisse les yeux, et rougit. Je m'éloigne; je ne veux pas embarrasser, gêner Angélique. Qu'elle jouisse sans contrainte d'un beau jour, d'un air pur, de sa tonnelle de chèvrefeuille, de son dimanche.

Je rencontre un jeune homme et une jeune fille dînant tête à tête. Ils ne voient, ils n'entendent rien de ce qui se fait autour d'eux. Ils boivent dans le même verre : ce vin est excellent, dès que l'autre y a goûté. L'aile, le blanc de poulet passent d'une assiette sur l'autre ; ils se disputent ce qu'ils ont touché. De temps en temps ils s'arrêtent, ils se regardent ; le sourire est sur leurs lèvres, la volupté dans leurs yeux... La petite personne avance la main ; le jeune homme la saisit, la baise... Hé, mais... un anneau nuptial !... ils sont époux. Ah, les convenances, l'intérêt n'ont pas fait ce mariage-là. Puissent-ils s'aimer longtemps ! puisse chaque jour de l'année être pour eux dimanche !

Plus loin règne la grosse gaieté, l'intempérance. Passons, passons.

A cette table est un jeune homme seul ; il est triste, rêveur. Souvent ses yeux se portent sur les jeunes époux, et il les détourne aussitôt : l'aspect du bonheur semble l'affliger. Il est à peine au printemps de la vie, et il est malheureux ! Que de jours, que d'années il a encore à souffrir !

Quand il cesse de regarder les jeunes époux, son œil cherche à pénétrer sous la feuillée, qui lui dérobe une partie des charmes d'Angélique. Ah, je devine. Il est amoureux ; il envie le sort de ces jeunes gens ; il désespère du sien. Pauvre garçon !

Je le prie de m'abandonner un coin de sa petite table, et il se réserve à peine de quoi placer son assiette et son petit plat, auquel il ne touche point.

Je demande à dîner, et je veux faire parler ce jeune homme. Il ne me répond que *oui* et *non.* Oh, parbleu, il parlera.

Je passe en revue tous ceux qui nous environnent; c'est un détour que je prends pour arriver à mademoiselle Angélique. Je loue sa beauté, sa modestie, ses graces. La figure de mon jeune homme se développe; son œil s'anime; son ame expansive s'ouvre; il parle, et il parle bien, parce qu'il aime. Je n'ai plus qu'à écouter.

C'est un garçon marchand; il ne possède au monde que ses appointemens et son cœur. Le père d'Angélique n'a que quinze cents livres de rente; il ne peut rien donner à sa fille, et il a éloigné Firmin, et Firmin et Angélique souffrent, se désolent: il n'y a plus de dimanche pour eux.

Firmin passe devant la porte d'Angélique, avant d'ouvrir son magasin; il y passe après l'avoir fermé, et s'il l'a entrevue, il emporte peine et bonheur pour le reste de la journée.

Ce matin, il a vu faire les dispositions du petit dîner champêtre. Il ne s'est pas écarté, il a suivi de loin, de très-loin, et ici il s'est placé à l'extrémité du jardin, pour ne pas déplaire à M. Soreau.

C'est un honnête garçon que ce Firmin. Combien lui faudrait-il pour monter un petit commerce?... Douze mille francs, dit-il. Diable! je n'en ai que la moitié et j'en ai besoin... Besoin! qui en a le plus de celui qui est amoureux, ou de celui qui ne l'est pas? Mais je ne connais pas Firmin... Hé! s'il était mon frère ou mon ami, quel mérite y aurait-il à l'obliger? D'ailleurs je ne l'obligerai pas seul, et sa petite Angélique est si séduisante !

Je le fais lever, et je le mène droit à la tonnelle de chevrefeuille. Il hésite, il tremble, il recule; je le pousse devant moi. Il est auprès d'Angélique. Les pauvres enfans n'osent se regarder, et le père Soreau ouvre des yeux!...

Il les ouvre plus grands encore, lorsqu'il apprend que Firmin a trouvé un ami qui lui prête six mille francs, et qui lui fera avoir du crédit pour six mille autres. Il n'a plus que des éloges à donner à la bonne conduite, à l'application de Firmin, à son amour constant et désintéressé. Il lui sourit, il lui présente la main, il l'embrasse. Madame Soreau l'embrasse à son tour. Angélique s'attend bien à être embrassée aussi; Firmin en brûle d'envie, et il reste immobile devant elle.

Je le pousse encore, doucement, bien doucement. Madame Soreau pousse sa fille. Ils s'enhardissent, ils se regardent, ils sont dans les bras l'un de l'autre. Le joli tableau! celui-là est sans cadre, et il est ravissant.

Nous mettons nos dîners ensemble. Firmin va retrouver l'appétit avec la gaieté. Angélique et lui me fêtent, me caressent. Ils me font asseoir entre eux. Firmin ne me remercie pas; mais il me regarde! Il n'est pas de langue qui puisse exprimer ce que dit ce regard-là. La main d'Angélique vient errer autour de la mienne. Je la prends, je la presse. Elle m'offre franchement sa joue; je la baise avec un plaisir!... Voilà l'intérêt de mon argent.

On parle, on mange, on rit, on boit, on déraisonne : c'est dimanche, oh! bien dimanche, pour tous ceux qui sont sous la tonnelle.

Demain on signera le contrat : ce sera encore dimanche.

J'irai souvent voir Angélique et Firmin : auprès des heureux qu'on a faits, c'est toujours dimanche.

LA RÉSURRECTION

DE L'AMOUR.

En ce temps-là, Alcibiade vivait, et il illustrait sa patrie par sa valeur, son esprit, ses talens et ses graces. Les jeunes gens d'Athènes s'efforçaient de l'imiter, et la plupart n'avaient pris que ses ridicules et ses travers. Alcibiade en avait : qui n'en a pas?

Ce début me rappelle l'époque où *les petits maîtres* abondaient en France.

On appelait ainsi des jeunes gens d'une haute naissance, d'une figure aimable, d'une imagination brillante, d'une valeur éprouvée, remplis d'ailleurs de graces et de défauts. Distingués par des actions d'éclat, dangereux par leur influence, ils jouaient un rôle dans l'état; ils avaient du crédit auprès du maître; ils méritaient des éloges, avaient besoin d'indulgence, et possédaient l'art de tout obtenir. Tels furent les d'Epernon, les Caylus, les Maugiron, les Bussy-d'Ambroise. Leurs successeurs ne leur ressemblaient pas, et le titre de *petit maître* ne se donna plus que par dérision à de pauvres sujets, qui cherchaient, sans les atteindre, les travers distingués de leurs modèles.

Ainsi, l'exemple d'Alcibiade avait entraîné jusqu'à ceux qui avaient avec lui le moins de ressemblance. Il était homme à *bonnes fortunes*: chacun voulut l'être comme lui.

Alcibiade avait obtenu ce titre à force d'agrémens et d'amabilité. Avant d'oser s'en faire honneur, il était persuadé de son mérite, par les préférences dont il était l'objet. Trop recherché pour être constant, il était entraîné par le nombre de femmes aimables qui venaient, pour ainsi dire, s'offrir à lui. L'inconstance était souvent moins l'effet de son caractère, que celui de sa situation. Il était léger, sans être perfide. La perfidie devint le grand ressort de ceux qui lui succédèrent, parce qu'ils n'avaient pas d'autres moyens. Ils semblaient être appelés à un rôle tout différent de celui qu'ils prétendaient jouer. Ce rôle était devenu une profession ouverte, comme celle de capitaine, ou d'orateur. On l'exerçait, sans s'interroger sur sa figure, sur ses moyens de plaire, et, en général, tout cela était indifférent au succès. Pour réussir dans cette carrière, il suffisait de s'y présenter. On y voyait briller des jeunes gens, à qui on eût pu conseiller d'acquérir quelques qualités qui pussent faire oublier leur peu d'agrémens. Ces détails ne font pas honneur au goût, aux principes des dames d'Athènes, je le sais. Mais elles ne sont plus ; j'écris pour nos Françaises, *qui ne leur ressemblent en rien*, et je ne crains le ressentiment ni des unes, ni des autres.

L'amour se nourrit d'espérances; il aime à s'envelopper des ombres du mystère; il redoute la satiété. A Athènes, on n'avouait pas ses liaisons; mais on aimait à se laisser pénétrer. La satiété précédait le sentiment, ou plutôt elle l'empêchait de naître. Telle femme était à la mode; il était du bon ton d'avoir tel homme; on ne s'aimait pas; on ne s'estimait pas; on se prenait, avec l'intention, bien déterminée, de se quitter quelques jours après. On savait déjà à quelle nouvelle maîtresse on porterait ses hommages, à quel amant nouveau on permettrait d'être *heureux*. Les maris, inconstans comme leurs femmes, fermaient les yeux sur des écarts qui ne les touchaient plus : où il n'y a pas de mœurs, *honte* est un mot vide de sens. Les classes inférieures suivaient cet exemple, à l'éclat près. L'amour n'était plus qu'un mot, le mariage qu'un contrat. Les cœurs étaient froids, les sens usés, la débauche était partout, et on la décorait du masque du plaisir. Le plaisir, compagnon fidèle des sentimens doux, avait disparu avec eux. La médisance était l'ame des conversations. Il était presqu'impossible de calomnier.

Long-temps le culte de Vénus avait été épuré par la délicatesse; son temple était honoré, ses autels chargés d'offrandes, pures comme les cœurs qui les offraient. La déesse souriait aux amans que lui présentait son fils. Ils venaient jurer de s'aimer toujours. La bonne foi dictait leurs sermens, et s'il arrivait à quelques-uns de les enfreindre, ils invoquaient l'amour, qui daignait quelquefois rallumer son flambeau.

Mais alors le temple était désert, les autels sans sacrifices; la ronce et le chardon encombraient les portiques; les prêtres seuls conservaient le souvenir de ce qu'il avait été.

Le peuple se portait en foule dans un antre obscur, où la licence était adorée. A l'entrée étaient les jeux et les ris; les soucis dévorans poursuivaient ceux qui en sortaient. Incapables de se connaître et de penser, ils n'étaient plus que des ombres errantes, et ils ne s'en apercevaient pas.

Vénus, indignée, résolut de châtier ce peuple ingrat et aveugle. Cléomènes, le plus vieux et le plus zélé de ses prêtres, était entré dans le temple. Il est frappé de terreur. La statue de la déesse se renverse, se brise; les traits, l'arc de l'Amour tombent en éclats; le tonnerre gronde, et une voix se fait entendre : *L'amour n'est plus; la satiété l'a tué.*

« Ah ! dit Cléomènes en soupirant, je l'avais
« prévu. Quand les femmes dispensent les hom-
« mes de l'estime, il faut que l'amour périsse. »

Il élève vers le ciel ses bras affaiblis; il prie avec ferveur; il offre deux colombes, qui prennent leur vol vers l'empirée. La foudre s'arrête, la nue se dissipe, et la même voix dit : *Cléomènes rendra la vie à l'Amour quand il aura trouvé deux cœurs neufs et innocens.*

« Où sont-ils ? s'écria le vieillard. Dans cette « ville, la corruption précède l'âge. »

Il va, il vient, il interroge, il consulte. On le raille, ou on ne l'écoute pas. Des jeunes gens, à peine sortis de l'enfance, rient des mots *constance, mœurs, procédés* ; de jeunes filles du même âge ne savent déja plus rougir. Cléomènes sort de la ville.

A quelques stades d'Athènes, est une riante vallée, que des roches escarpées semblent avoir séparée du reste du monde. Peut-être, pense Cléomènes, l'innocence a choisi cet asile. Il monte, il gravit, il descend, il arrive. Il pénètre dans un bois de citronniers, où le silence n'est interrompu que par le chant des oiseaux. Il avance, il regarde, il écoute. Une voix plaintive frappe enfin son oreille : « Les dieux récompenseront Asthénie, qui se sa- « crifie pour moi. »

Asthénie est simple comme les objets qui l'environnent ; elle est fraîche et pure comme eux. Elle soutient et guide un vieillard privé de la vue. Nouvelle *Antigone*, elle remplit envers son père un devoir qui ne coûte rien à son cœur. Cléomènes les aborde, leur parle, les interroge. Leurs réponses sont naïves, touchantes. Cléomènes les presse dans ses bras. « Elle sera digne d'un ten-

« dre époux, dit-il, celle qui chérit si religieuse-
« ment son père. Mais où trouver le cœur qui
« doit répondre au sien ? »

Asthénie ne sait pas encore qu'elle a un cœur.
Elle ne comprend pas ce que vient de dire Cléomènes ; elle ne cherche pas à le comprendre : elle
fait mieux, elle lui offre des fruits et du lait.
Cléomènes s'assied à l'entrée de la cabane, entre
le vieillard et sa fille. Ils ont peu, se disait-il, et
ils exercent l'hospitalité ! Les vertus paisibles sont
toujours les compagnes de l'innocence. Elles se sont
réfugiées dans cette vallée solitaire : l'air des grandes villes est mortel pour elles.

Un jeune homme paraît tout à coup. Il est couvert de sueur et de poussière. Il arrive jusqu'au
seuil de la cabane ; il tombe excédé de lassitude.
Asthénie le relève ; elle essuie la sueur de son
front ; elle lui présente un petit pain d'orge. Il
est précieux : c'est le seul qui lui reste, et ses
mains l'ont pétri.

Aëdon a une jeune sœur. Un vautour a enlevé
son agneau chéri ; il l'a emporté par dessus les roches qui environnent la vallée. Aëdon a suivi le
ravisseur ; il a couru de roche en roche avec la légèreté du daim. Il n'a pas trouvé l'agneau chéri ;
il s'afflige de la peine de sa sœur.

« Que votre sœur est heureuse d'avoir un frère !
« lui dit Asthénie : elle peut vous aimer et vous
« le dire. »

Aëdon fixe la jeune personne. Plus il la regarde,

et moins sa douleur est cuisante. « J'oublie ma
« sœur auprès de vous, lui dit-il. Il faut que je
« vous quitte ; mais j'emporte votre image ; elle
« vivra éternellement dans mon cœur. »

Ils ont parlé, et Zéphire semble agiter plus
mollement le feuillage ; le parfum des fleurs a
plus de suavité ; le ciel se pare d'un azur plus vif ;
un enfant ailé voltige dans les airs. Aëdon et
Asthénie ont rendu la vie à l'Amour.

Il tire deux traits de son carquois, non de ces
traits cruels qui égarent l'imagination, et qui cor-
rompent le cœur. Celui de l'Amour est épuré ; il
a recouvré sa première innocence. Les traits qu'il
dirige sur Aëdon et Asthénie font naître ce sentiment doux et délicieux qui fait le charme de la
vie, et qui peut durer autant qu'elle. Le petit dieu
s'est dépouillé de son bandeau : « Je le réserve,
« dit-il, pour les amans des cités. Vous pouvez
« vous voir ce que vous êtes. »

Asthénie prie son père de la bénir. « Vous n'a-
« viez qu'un enfant, lui dit Aëdon ; vous en au-
« rez trois. Ma sœur sera l'amie d'Asthénie. Dans
« des cœurs comme les nôtres, l'amitié est né-
« cessaire à l'amour : elle en est l'appui, la con-
« fidente, le repos. »

Cléomènes consacre l'union des jeunes amans.
« Allez chercher votre sœur, dit-il à Aëdon. Ame-
« nez-la ici ; ne sortez plus de cette vallée, et tâ-
« chez d'y fixer l'Amour. Gardez-vous surtout de

« lui faire respirer l'air d'Athènes : il dégénèrerait
« bientôt. »

Aëdon et Asthénie ont marié leur jeune sœur à un homme digne d'elle. Ils ont vieilli comme Philémon et Baucis, et l'Amour ne les a pas quittés. Il s'est fixé au milieu de leurs descendans, simples et purs comme eux. Ailleurs, un imposteur a pris sa figure et son nom. Il dédaigne la médiocrité, la pudeur, l'innocence; il égare ceux qu'il perce de ses traits ; il rit des maux qu'il cause, et il ne laisse rien après lui qui soutienne ou qui console.

Une ancienne tradition dit que le véritable Amour est encore dans la vallée solitaire. Mais il n'y a dans cette vallée ni palais, ni or, ni dignités. Elle est abandonnée à ceux qu'elle a vus naître, et ils n'en sont que plus fortunés.

LE TEMPS PASSÉ.

Monsieur et madame de Lamotte venaient de partir d'Amiens pour voir encore Paris, et les prodiges nouveaux, que chaque jour présente à l'imagination étonnée (1).

« Ma chère amie, disait M. de Lamotte, les arts « décroissent, tombent, s'anéantissent. Les carros- « siers mêmes ne font plus rien de bon. Vous rap- « pelez-vous combien était douce cette chaise de « poste dans laquelle nous roulâmes le lendemain « de notre mariage ? — Si je m'en souviens, mon « ami ! Et les chevaux qui nous traînaient ! ils « semblaient avoir des ailes. Ceux-ci trotillent à « peine. »

M. et madame de Lamotte s'aimaient passionnément alors, et toute voiture convient à des époux amans. L'amour ne comptait pas les heures, et les chevaux sont toujours excellens quand on n'est pas pressé d'arriver.

Aujourd'hui M. et madame de Lamotte sentent tout le désagrément des cahots, des lenteurs, et

---

(1) En 1812.

impatiens de sortir d'une boîte, toujours incommode quand on n'a plus rien à se dire, ils trouvaient le voyage interminable.

« Ma chère amie, combien étaient jolies et inté-
« ressantes ces jeunes paysannes qui dansaient sous
« ce tilleul, à une lieue d'Abbeville ! — Et les pe-
« tits pâtres qui sautaient avec elles ? ils étaient
« charmans. C'est aujourd'hui dimanche ; on dan-
« sera. Nous nous arrêterons un moment. — Un
« peu de repos nous est nécessaire, et nous joui-
« rons encore d'un spectacle qui nous a si vive-
« ment intéressés. »

On arrive. Madame de Lamotte prend le bras de son mari. Ils s'avancent lentement vers ce tilleul qui leur a laissé de si doux souvenirs. Ils se regardent et ne se parlent pas ; mais ils pensent, chacun de son côté, et ils trouvent que le tilleul n'est plus si élevé, que ses rameaux sont moins touffus, que son feuillage est moins vert. Le tilleul n'a pas changé ; mais les yeux de M. et de madame de Lamotte ne sont plus les mêmes.

M. de Lamotte trouve les petits pâtres grossiers et lourds. Madame de Lamotte trouve les jeunes paysannes sans agrément, sans physionomie. Leur danse n'a plus d'expression ; le plaisir ne règle plus leurs mouvemens. « Oh ! ma chère amie, ce
« temps-ci ne vaut pas le nôtre. — Quelle dif-
« férence, mon ami ! Tout est méconnaissable. »

Les villageois et leurs compagnes dansaient avec l'abandon d'une gaîté franche ; le désir brillait partout; il embellissait tout. Mais M. et madame de Lamotte avaient perdu cette chaleur sympatique qui nous met en rapport avec tous les objets; ils avaient perdu le prisme enchanteur qui les pare du coloris de notre imagination.

« Ne trouvez-vous pas, ma chère amie, que la « porte Saint-Denis a beaucoup perdu depuis qu'on « l'a restaurée ? » Elle était couverte de mousse quand M. de Lamotte la vit pour la première fois, et cependant le *grandiose* l'avait frappé. Il est maintenant à l'âge où on ne s'étonne plus de rien, auquel, par conséquent, on n'admire plus rien, où on ne jouit plus de rien.

Ils descendent à l'hôtel garni où ils ont logé trente ans auparavant. Celui qui tenait cette maison est mort sans doute depuis long-temps; il serait si vieux ! Il aurait l'âge de M. et de madame de Lamotte; mais ils ont vieilli sans s'en apercevoir. Rien n'est changé pour eux que ce qui les environne. Don heureux de la nature, qui nous fait mourir par degrés, peu à peu, sans que nous nous en doutions.

« Ce maître d'hôtel garni était un bien bel « homme, mon ami ! — Sa nièce était si jolie, « ma femme ! — Il avait pour moi mille attentions. « — Caroline ne me regardait jamais sans sourire. « — Les gens de la maison étaient empressés, obli- « geans; ils prévenaient nos besoins et nos moin- « dres fantaisies. — Ceux-ci nous servent et ne

« nous aiment pas. — Le cœur humain se refroi-
« dit tous les jours; il s'éteindra bientôt. »

M. de Lamotte avait été très-bel homme, et mademoiselle Caroline le trouvait fort à son gré. Madame de Lamotte avait été très-jolie, et l'hôte mettait un plaisir inexprimable à exécuter ses ordres. Ils étaient devenus vieux; on ne les servait plus que pour leur argent; on pesait les soins qu'on leur rendait, au prix qu'on pouvait en attendre. On les voyait, comme ce voyageur regarde un chêne dépouillé au milieu d'une forêt verdoyante et vigoureuse. Il détourne sa vue attristée; il la repose sur le jeune ormeau, qui la flatte et l'égaie.

Le souvenir de mademoiselle Caroline agitait M. de Lamotte, autant qu'on peut être agité à son âge. Sa mémoire fidèle lui rappelait ses joues arrondies et colorées, ses grands yeux bleus, sa taille élancée, les graces qu'elle mettait dans le plus simple mouvement, et qu'elle répandait avec profusion autour d'elle. Il ne put résister à l'envie de parler de mademoiselle Caroline, de s'informer de son état actuel, et il descendit chez l'hôte, sans rien dire à madame de Lamotte de l'espèce d'infidélité mentale qu'il lui faisait.

A peine fut-il sorti de son appartement, que madame de Lamotte, cédant aussi à d'aimables souvenirs, voulut savoir comment était mort ce M. Duperron, si beau, si affable, si prévenant.

M. de Lamotte s'adresse à une femme aux yeux éraillés, au front ridé, aux joues cavées, au dos arqué, aux bras décharnés. Madame de Lamotte aborde un vieillard aveugle, impotent, cloué dans un fauteuil à roulettes. Ils demandent des nouvelles de M. Duperron et de mademoiselle Caroline. « C'est moi, madame.—C'est moi, monsieur. »

M. et madame de Lamotte les avaient crus morts, parce qu'ils ne les avaient pas reconnus, et en effet, ils s'étaient trompés de bien peu de chose : avoir tant perdu et tant à regretter, c'est être privé de la vie, moins le sentiment intime de sa nullité, sur lequel on cherche à s'abuser.

M. Duperron et mademoiselle Caroline demandent à leur tour comment ils sont connus de voyageurs qu'ils voient pour la première fois. M. de Lamotte se nomme; il rappelle certaines particularités de son séjour à l'hôtel de Troyes. « Vous êtes bien changé, monsieur, » lui dit froidement mademoiselle Caroline, et elle va donner quelques ordres dans l'hôtel.

Le vieux Duperron a l'image de madame de Lamotte toujours présente à sa pensée; il croit la voir ce qu'elle était il y a trente ans. Une vieille, qui conserve de l'amour-propre, doit désirer de retrouver aveugle l'ami ou l'amant qu'elle a quitté depuis de longues années; mais qu'elle se garde bien de le toucher.

Duperron avance sa main tremblante; madame de Lamotte hésite à présenter la sienne. Elle la donne enfin par complaisance, par pitié, et avec une sorte de répugnance. « Ah, madame, lui dit « le bon homme, quelle illusion vous venez de « détruire! cette main vient de m'ôter une de mes « plus douces jouissances. Celle de madame de « Lamotte était effilée, potelée, charmante ; « celle-ci est sèche et ridée. Je me plaisais à vous « voir ce que vous fûtes ; je ne vous verrai désor- « mais que ce que vous êtes. Je ne prendrai plus « la main de personne.

« Voilà des gens bien extraordinaires, dit ma- « dame de Lamotte, en rentrant chez elle. Avoir « l'impertinence de nous trouver vieillis, eux, qui « sont courbés sous le poids des infirmités ! Mon « ami, approchons-nous de cette glace. Nous som- « mes ce que nous étions hier, il y a six mois, « il y a un an. »

Si de vingt-cinq à soixante ans nous étions privés de miroirs, et qu'on nous en offrît un tout à coup, nous serions terrifiés ; mais on se voit chaque jour, à chaque instant, et l'amour-propre est là pour couvrir une ride naissante, pour persuader qu'elle n'existe pas.

M. et madame de Lamotte se font conduire chez un homme d'affaires, avec lequel ils n'ont pas eu de relations depuis long-temps, et qu'ils veulent charger de leur placer avantageusement quelques fonds. On leur dit qu'il est mort. « Cela « ne m'étonne point, répond M. de Lamotte ; il « était si vieux ! » Il était plus jeune que lui de dix ans.

Ils s'informent de Thérèse, jolie petite fille, qu'a dû laisser M. de Launay : on les invite à passer au salon. Madame de Lamotte court embrasser une jeune personne de quinze ans. Elle la trouve grandie, embellie. Ce n'est pas Thérèse qu'elle a embrassée; c'est sa fille. « Comme le temps passe, « dit-elle, et qu'il est fâcheux pour cette jeune « personne que celui-ci ne vaille pas le nôtre ! »

La petite répond à cette exclamation par un sourire malin. Elle regarde du coin de l'œil, un jeune homme, qui lui sourit à son tour. Ils semblent se dire : Ce temps-ci est le meilleur; puisse-t-il durer toujours ! Il passera pour eux, comme il a passé pour M. et madame de Lamotte.

Le salon se garnit de la plus aimable jeunesse. On cause, on folâtre, on rit, on chante, on danse. « Quelle démence, quel bruit ! disait M. de La- « motte, j'en aurai la migraine. » M. de Lamotte oublie qu'il a été un danseur infatigable, et qu'il a donné du cor de manière à assourdir ses voisins. L'exercice et le bruit convenaient à ses organes; ils les fatiguent aujourd'hui.

« On ne sait plus élever un jeune homme, di- « sait madame de Lamotte. Autrefois les jeunes « gens étaient polis, prévenans, empressés. Mon « mouchoir est tombé deux fois : vous seul l'avez « relevé, mon ami. — C'est que je suis du bon « temps, madame de Lamotte. Et ces petites filles ! « Voyez leur gaucherie, leur physionomie immo- « bile. Cela ne sent rien. Que sont devenus ce

« doux abandon, cette aimable mollesse, ce ton
« enchanteur qui distinguaient les jeunes person-
« nes de notre temps ? Je crois, ma bonne amie,
« que le globe se refroidit. »

Madame de Lamotte a les yeux usés, et ne voit pas que les politesses, les prévenances, les empressemens des jeunes gens s'adressent, comme de son temps, aux objets qui les charment. M. de Lamotte, qui n'y voit pas mieux qu'elle, prend la décence pour de la gaucherie, et ne se doute pas que ses regards scrutateurs chassent le sourire, que rappellera un mot de celui qui parle au cœur.

M. et madame de Lamotte allaient partout, vantant le passé, dénigrant le présent. Ils reçurent enfin ce billet :

« Le tems est toujours le même ; vous seuls êtes changés. Soumettez-vous, de bonne grace, à la loi générale, et de ce que vous êtes dépouillés de sensations, ne concluez pas qu'il n'en existe plus. Souvenez-vous surtout de ces deux vers :

> « On ne médit de la jeunesse
> « Que par le regret de vieillir. »

LA DOT.

Adèle a seize ans; elle est belle, belle, comme... comme elle-même, car on ne peut la comparer à personne.

Adèle est faite comme les Graces, et les Graces semblent diriger jusqu'au moindre de ses mouvemens.

Adèle a de l'esprit; mais elle n'en a que ce qu'il faut à une femme pour qu'elle soit sans prétentions.

Adèle est bonne, et la bonté vaut mieux que l'esprit.

Elle a de la pudeur, et la pudeur est le fard de la beauté.

Ce petit chef-d'œuvre de la nature ne se doute pas de ce qu'il vaut, et c'est une qualité de plus.

La nature ne fait rien sans vues. Elle commence à faire sentir les siennes à Adèle. Adèle soupire et ne sait pas pourquoi.

Théodore et Adolphe, jeunes gens aimables et riches, sont venus passer quelque temps à Paris, et ils ont aussi un penchant décidé pour le mariage. Les beautés de leur petite ville ont grandi avec eux, et de tous les objets qu'il voit croître, l'homme ne s'attache qu'à la plante qu'il a cultivée. Théodore et Adolphe viennent chercher à Paris un objet nouveau, séduisant, une épouse et peut-être une dot. L'amour d'abord : il est tout pour l'adolescence. L'or n'est que le second séducteur de l'homme.

Théodore et Adolphe sont inséparables. Admis dans les meilleures sociétés, ils n'ont pas encore éprouvé cette surprise, cette admiration, ce sentiment subit et profond que produit, sur un cœur ardent, la femme qu'il est destiné à aimer, qu'il aime déjà, qu'il aimera long-temps, dont il conservera toute sa vie un tendre souvenir. Ils promenaient dans Paris cette inquiétude vague, qui semble appeler l'objet qui doit y mettre un terme. Ils entraient partout, pour se distraire, pour causer, pour acheter, pour échapper un moment à eux-mêmes.

Ils passent devant un superbe magasin de soieries. Pourquoi n'entreraient-ils pas là, comme ailleurs ?

Adèle est au comptoir ; elle est assise auprès de sa mère. Théodore et Adolphe oublient ce qu'ils allaient demander. Ils ont vu Adèle ; ils ne peuvent plus s'occuper d'autre chose. Adèle baisse les yeux et rougit. Elle rougit davantage, lorsqu'elle regarde furtivement Adolphe.

On ne se dit pas un mot, et cependant on s'entend à merveilles. L'expression d'une physionomie heureuse est le plus vrai, comme le plus touchant des langages.

La mère, clairvoyante, ramène les deux jeunes gens à eux-mêmes et aux convenances, en leur demandant ce qu'ils désirent. Acheter, est le seul moyen de prolonger la plus douce et la plus dangereuse des jouissances. Ils achètent, ils achètent... et lorsqu'il faut se retirer, ils croient avoir besoin de quelque chose encore.

Comment se séparer de cette figure enchanteresse, de ces bras arrondis, de ces doigts effilés, qui tantôt tiennent le mètre, et tantôt jouent avec les plis ondoyans de l'étoffe? Les deux jeunes gens sont ivres d'amour et de plaisir; mais les bourses sont vides. On ne reste pas chez une marchande, uniquement parce qu'elle est charmante. Il faut s'éloigner d'Adèle.

On comptait acheter quelques bagatelles; on ne prévoyait pas avoir un ballot à emporter. Point de voitures de place, point de crocheteurs. Un garçon de magasin offre ses services; on accepte avec empressement : on pourra du moins parler d'Adèle, si on ne la voit plus.

Adèle est fille unique. On croit M. Laroche riche de cent mille écus, et on dit qu'il en donnera le tiers à sa fille, en la mariant. Adolphe et Théodore sont incapables de porter le désordre, et l'affliction au sein d'une famille honnête. Il faut épouser Adèle, ou y renoncer. Y renoncer est impossible. Pour l'épouser, il faut lui plaire, et il n'est pas possible de lui plaire et de l'épouser tous les deux.

Les deux amis se confient tout ce qu'ils pensent. Ils sont rivaux, ils le savent, ils s'en affligent sincèrement. Chacun pense qu'il ne peut exiger que son ami s'immole à sa félicité. Chacun se promet de ne plus revoir Adèle, et l'un et l'autre cherchent à l'oublier au sein de la dissipation.

Théodore rencontre dans un cercle une demoiselle, qui n'est pas jolie comme Adèle, qui n'est pas faite comme elle, qui pourtant mérite d'être distinguée, et qui a trente mille livres de rente. Quelques jours d'absence ont modéré l'émotion qu'il croyait devoir croître sans cesse, et Théodore devient calculateur. « Il faut penser, disait-il à son « ami, que des gens comme nous, qui se marient, « sont obligés à tenir une grande maison. Si la « femme qu'on épouse ne fournit pas à ce surcroît « de dépense, on est forcé de descendre au-dessous « de son état, et crois-tu, Adolphe, que les jouis- « sances de l'amour soient assez vraies et assez « durables pour dédommager d'un pareil sacri- « fice ? » Adolphe presse tendrement son ami dans ses bras. « Que je suis heureux ! lui dit-il. Tu « n'as jamais aimé Adèle, et je peux me livrer à « mes sentimens, sans craindre de faire ton mal- « heur. » Et il court chez M. Laroche.

Théodore va chez son notaire. Il lui fait part de ses vues, et comme il ne connaît que lui dans la capitale, il le prie de faire les démarches nécessaires. Ce notaire-là ne ressemble pas à ses confrères : il aime les pots de vin, et une jeune veuve lui en a promis un considérable. Il parle à Théodore de cette dame, qui n'est pas jolie du tout, mais qui a soixante mille francs de revenu. Il lui fait observer qu'il ne suffit pas que la femme qu'on épouse fournisse à l'accroissement de dépense qu'elle occasione à son mari ; qu'elle doit encore contribuer à l'entretien, à l'éducation, et par suite à l'établissement des enfans qui peuvent naître. Théodore se rend à la solidité de ces raisons. Il sent que la jeune veuve, qui a soixante mille livres de rente, lui convient beaucoup mieux que la jolie demoiselle, qui n'en a que la moitié. Il se fait présenter chez la jeune veuve.

Il est beau garçon. Les préliminaires ne sont pas aussi longs avec une veuve qu'avec une jeune personne, qui a la timidité de l'inexpérience. Théodore est accueilli de manière à ce qu'il puisse s'expliquer librement. On s'était entendu ce jour-là ; on était d'accord le lendemain.

Adolphe avait couru chez M. Laroche, et il s'était arrêté à la porte. Il sentait le besoin d'un prétexte plausible pour remonter au magasin, et l'amant qui aime avec passion ne trouve que son cœur. L'esprit du moment et l'adresse sont pour ceux qui n'ont que des sens.

Il faut monter cependant ou se retirer. Se retirer serait bien dur; mais que dire quand on sera monté? Adolphe monte, parce qu'il lui est impossible de s'éloigner.

Madame Laroche n'est pas au comptoir; Adèle y est seule, et l'embarras d'Adolphe augmente. Il s'approche avec timidité; Adèle rougit comme le premier jour. Il veut lui adresser au moins quelques mots d'excuses, quelques mots d'usage; il ne peut rien articuler. Adèle ne parle pas: que dirait-elle qui exprime ce qu'elle éprouve? Elle voit Adolphe, elle croit l'entendre; elle ose permettre à ses yeux de lui répondre; elle se repent d'avoir répondu. Elle n'a pas d'idée précise du danger; mais une voix intérieure lui dit qu'Adolphe est à craindre. Elle écoute cette voix qui ne trompe jamais; elle tire avec force le cordon de la sonnette; M. Laroche paraît.

Ici la scène change. Adèle se rassure, et Adolphe s'enhardit de la crainte de perdre Adèle. Il se nomme à M. Laroche, et M. Laroche connaît sa famille. Il parle de son amour; Adèle a déjà parlé du sien, parce qu'elle n'a pas un sentiment, une pensée qui sortent de ses habitudes, qu'elle ne les confie à ses parens.

Son cœur palpite d'aise, en écoutant Adolphe peindre ce qu'il éprouve, avec ce charme, cette chaleur, cette éloquence entraînante que l'amour donne seul. Forte de la présence de son père, elle ne pense plus à baisser les yeux. Elle les porte alternativement sur lui et sur son amant. Ils disent à Adolphe : Vous peignez ce que je sens ; ils disent à son père : Vous ferez mon bonheur.

Le père entend tout. Il embrasse sa fille, il serre la main d'Adolphe; et Adolphe se retire ivre de joie et d'espérance.

Il revient le jour suivant, et ce n'est plus au magasin qu'on le reçoit. Il est admis dans cette chambre reculée, où la bonté et la franchise se dépouillent de la réserve austère qu'impose la présence des acheteurs. Il prolonge sa visite; il revient le lendemain, tous les jours. Chaque jour Adèle aime davantage; chaque jour elle est plus aimée.

« Vous ne parlez point de dot, dit enfin M. La-
« roche à Adolphe. — C'est Adèle que je vous de-
« mande. — On me croit riche; mais j'ai essuyé
« des pertes. Je ne dois rien ; mais j'ai peu de
« chose. — Vous avez Adèle; n'est-ce pas tout
« avoir !

« — Adèle, je n'ai plus rien à dire. C'est à toi
« maintenant de répondre. » Adèle laisse tomber sa main dans celle d'Adolphe, et elle cache son trouble dans le sein de sa mère.

Le jour est fixé; il va naître, il paraît. Adolphe se montre brillant de jeunesse, de force et de bonheur. Adèle est parée de ses charmes et de son amour.

Ils sont l'un à l'autre. Une fête modeste célèbre leur union. Ils n'avaient pas besoin de fête : ce sera fête pour eux tous les jours ; mais leurs amis communs avaient voulu être témoins de leur bonheur et y applaudir.

« Adèle, dit le lendemain Adolphe, reprends « cette petite cornette brodée et ce tablier de « taffetas noir qui te vont si bien. Tu les avais « quand je t'ai vue pour la première fois. — Mon « ami, je ne me pare que pour te plaire. — Tu « crois donc avoir besoin d'art? Tu te connais « bien peu. » Et Adèle a repris la petite cornette et le tablier noir.

« Adèle, veux-tu venir habiter ma petite ville? « Mes parens seront enchantés de t'y voir, et « nous viendrons visiter les tiens tous les ans. — « Ah! mon ami, un désert et ton cœur! »

Dédaigner la parure, renoncer aux délices de la capitale, vivre uniquement pour son mari, n'est-ce pas lui avoir apporté une dot? Qu'en pensez-vous, messieurs, qui n'avez épousé que de l'argent? Le bonheur est-il caché au fond d'un sac?

On dit dans tout Paris : Théodore a fait un excellent mariage; Adolphe s'est marié comme un sot.

Théodore a pris une femme qu'il n'aime pas, et qui dépense en folies le revenu qu'elle lui a apporté. Capricieuse, acariâtre et jalouse, elle se plaint de ne pas inspirer d'amour en faisant tout pour se faire haïr. Elle a rendu sa présence et sa maison insupportables à son mari; elle l'a forcé de fuir, et d'aller cacher, au sein de sa famille, ses chagrins et ses regrets.

Qu'a trouvé Théodore dans sa ville natale ? Adolphe toujours plus heureux, sa jeune épouse toujours simple, modeste, économe, embellie du bonheur qu'elle donne et qu'elle partage.

Toutes les jeunes personnes sans dot ne sont pas des *Adèle,* je le sais. Je sais aussi qu'il en est qui lui ressemblent et qui ne se marient pas.

VERS

PRÉSENTÉS A MADAME ***,

LE JOUR DE SA FÊTE.

Trop souvent on chanta la Gloire,
Son éclat et son front altier.
Je hais l'implacable Victoire,
Et ses autels, et le laurier
Qu'offre la Muse de l'histoire.
Emblêmes de l'ambition,
Valez-vous la suave rose
D'un sein qui jamais ne repose,
Ou les prodiges d'Amphyon ?

Volez, héros. Que le ravage
Annonce vos affreux désirs :
Pour moi, je prétends vivre en sage,
Entre les arts et les plaisirs.

Poussé par un tendre délire,
J'ai long-temps chanté les amours.
Aux sons affaiblis de ma lyre
Je dois encor quelques beaux jours.
De leur flambeau, prêt à s'éteindre,
J'éloigne la froide pitié :
La vieillesse n'est pas à plaindre,

Quand il lui reste l'amitié.
Toi, qui sais si bien la connaître,
En moduler les doux accens,
Que pour épurer son encens
Sa main prévoyante a fait naître,
Bonne Henriette, autour de toi
Porte cet œil tendre et timide.
Applaudis-toi, nouvelle Armide,
Tout ici reconnaît ta loi,
Non pas cette loi délirante
Qu'imposait une aveugle amante
Au plus amoureux des chrétiens,
Ton joug léger, flatteur, aimable,
Annonce la main adorable
Qui sur nous verse tous les biens.

Vois cet époux, heureux encore
Après quinze ou seize printemps.
Il brave les progrès du temps,
Sa vie entière est une aurore.
Vois, avec ces jeunes enfans,
Croître le juste orgueil d'un père :
Ils lui promettent les talens,
Les douces vertus de leur mère.

Ici, du plus heureux des choix
L'aimable secret se révèle :
On leur assurait à la fois
Et la leçon et le modèle.

Ces objets de tes premiers vœux
Ne suffisent pas à ton ame.
Il faut à son active flamme
D'autres élans, d'autres heureux.

A l'amitié toujours fidèle
Cette ame expansive, sur nous,
Laisse tomber une étincelle
De ce feu si pur et si doux.

Reçois notre plus tendre hommage.
Si nous oublions en ce jour,
Et le clairon et le tambour,
Et le deuil qui suit le carnage,
S'il est un moment pour l'amour,
Ce calme heureux est ton ouvrage.

L'ESPRIT

ET LA CHOSE.

L'esprit et la chose sont deux mots, qui, pour quelques gens, ont la même signification, et sur lesquels, pourtant, il est bon de s'entendre. Dans le cas dont il s'agit, je définis le mot esprit *profession de principes*, et la chose *conduite*. Voyons si la différence est aussi marquée que je viens de l'établir.

Un homme proclame hautement la nécessité de la morale; il conseille à tous la pratique des vertus sociales, et il leur en donne l'exemple. Pour lui l'*esprit* et la *chose* n'ont qu'un sens et ne font qu'un mot.

Un magistrat est pénétré de l'obligation de remplir ses devoirs. Une solliciteuse charmante pénètre jusque dans son cabinet. Elle tombe à ses genoux, et ses larmes ajoutent à sa beauté l'attrait touchant de la douleur. Le magistrat reste froid, impassible, et il prononce contre elle. Pour lui encore l'*esprit* et la *chose* ne font qu'un.

Un vieux marchand sait, depuis son enfance, que la bonne foi est la première obligation du négociant, et la plus scrupuleuse droiture a toujours réglé sa conduite. Une banqueroute l'a forcé de suspendre ses paiemens. Il a demandé le temps nécessaire pour réaliser ce qu'il a. Il va payer jusqu'au dernier écu, et il quittera le toit qui l'a vu naître, avec le juste orgueil que donnent une conscience pure et une pauvreté noble. En lui, l'*esprit* et la *chose* sont en accord parfait.

Pour qui connaît bien ces trois hommes-là, et ne connaît qu'eux, l'*esprit* et la *chose* sont synonymes. Mais celui qui a observé la pauvre espèce humaine... Hélas, hélas ! et quatre fois hélas !

Cette mère n'existe que pour sa fille. La jeune personne a tout au plus quinze ans, et déja on parle sérieusement de la marier. Sa bonne mère accueille, avec bienveillance, tous les jeunes gens qui paraissent pouvoir convenir. Huit jours sont écoulés, et aucun ne se prononce. La bonne mère s'afflige profondément. Sa fille a de la naissance, de la beauté, de la fortune ; que faut-il donc pour fixer un homme ? Celui de tous qui convient le moins à Julie ose la demander, et sa mère conclut le mariage. Cette condescendance étonne, fait parler : la maman désarme les censeurs. Sa fille est assez riche, dit-elle, pour ne pas chercher à s'enrichir encore. Il est bien doux pour elle de la marier selon son cœur. Nos momens de bonheur sont si rares, si fugitifs ! Priver sa fille d'un jour, d'une heure de félicité, c'est méconnaître ou trahir le premier devoir d'une mère.

Julie n'aime pas celui auquel on la donne; elle n'aime personne, et ne voit encore dans le mariage que l'indépendance, des diamans, un équipage, une livrée. Pourquoi donc tant de précipitation? Vous ne le devinez pas? Julie est bien, très-bien; elle est l'objet de toutes les préférences, et sa mère n'a que trente-deux ans. Cette mère veut plaire encore, et elle sait qu'elle plaira, quand elle n'aura plus auprès d'elle une rivale dangereuse. Ici, l'*esprit* et la *chose* sont en opposition.

Depuis deux ans, un jeune homme estimable sollicite la main d'Hortense. Le père de la jeune personne diffère de mois en mois, de semaine en semaine. Il veut connaître à fond le caractère et les habitudes de son gendre futur : dans une affaire de cette importance, un père prudent ne précipite rien. Celui-ci convient que le jeune homme aime passionnément Hortense; mais décemment il ne peut passer les jours entiers avec elle, et que fait-il ailleurs? On sait qu'il a adressé des choses obligeantes à une dame assez jolie, et qu'il a perdu dix louis à la bouillotte. Le bon père s'inquiète, s'alarme. Delmas a du penchant à la galanterie, et il aime le jeu. Il se contraint à présent; mais à peine sera-t-il marié, qu'il se livrera sans réserve à ses goûts dominans. Un père doit tout prévoir pour un enfant sans expérience, et l'empêcher de consommer un sacrifice, sur lequel elle gémirait pendant le reste de sa vie. Le mariage est rompu. Voilà l'*esprit*.

Ce père, en mariant sa fille, est obligé de lui rendre compte du bien de sa mère, et il ne veut pas se dégarnir. Voilà la *chose*.

D'après un vieil adage, qui ne connaît que son pays, ne connaît rien. Il faut voyager, observer les mœurs, les coutumes, la politique des différentes nations. C'est de cette comparaison que résulte la connaissance approfondie des hommes. Voilà l'*esprit*; voilà ce que disait un jeune homme fort riche, qui avait épuisé les plaisirs de Paris.

Il part, il voyage, il revient. En Italie, il n'a vu qu'une chanteuse; en Angleterre que des chevaux; en Allemagne que le *vidercome*. Il est rentré chez lui avec de l'argent de moins et des ridicules de plus. Voilà la *chose*.

Cette dame ne prononce jamais le mot *vertu*. Elle fait mieux; elle donne à la sienne l'extension la plus rigoureuse. Elle n'affecte pas d'aimer passionnément son mari : elle sait que les vaines démonstrations ne persuadent personne. Elle rougit, si vous lui touchez le bout du doigt; elle baisse les yeux, si vous hasardez quelques mots un peu gais. Elle croit que la pudeur est une glace, que ternit le moindre souffle, et elle veille continuellement sur la sienne : c'est un bien qui ne lui appartient plus, un dépôt sacré dont elle doit compte à son époux. Tels sont les principes que dévoilent ses moindres actions, ses discours les plus indifférens ; tel est enfin son *esprit.*

Mais elle se dédommage en secret de la contrainte qu'elle s'impose en public. Ce n'est qu'une prude. Voilà la *chose.*

Dupont veut se marier. Il n'est pas absolument nécessaire d'être très-amoureux de sa femme. Mais un homme délicat veut que son épouse jouisse des agrémens de la vie, et pour cela il faut une dot. Dupont estime la famille Roger au point de prendre Amélie avec ses seuls appas, sans les considérations puissantes qu'il vient de développer. Il les soumet au jugement de M. Roger, qui trouve que M. Dupont a le meilleur *esprit.*

Dupont doit cinquante mille écus. Le lendemain de son mariage, il apaise ses créanciers. Amélie a de plus un homme dont elle ne se soucie pas, et une dot de moins. Voilà la *chose.*

Il faut de la religion. Elle seule unit toutes les classes de la société, et garantit à chacun la sûreté de sa personne et de ses propriétés. D'après ce principe, d'une vérité incontestable, madame de Villefranche fait instruire sa petite Amélie dans le dogme, et la ploie à la pratique. Exactitude aux offices, conférences, lectures édifiantes sont pour cette enfant la conséquence du louable *esprit* de sa mère.

Mais cette mère la conduit le soir au bal : il faut un peu de relâche. Les livres pieux ne disent rien à sa raison, qu'ils lui ordonnent de soumettre; rien à son cœur, qu'ils lui prescrivent de dompter; rien à son esprit, qu'elle doit tenir dans l'humiliation. La *russe*, la *walse*, parlent à tous ses sens, les éveillent, les charment. Le catéchisme est oublié; les impressions voluptueuses restent. Voilà la *chose*.

On ne parlait que du désintéressement et de la bienfaisance de l'avocat Fortin. Il donnait au moins cent écus par mois aux pauvres de son arrondissement, et il plaidait gratuitement pour ceux qui ne pouvaient lui offrir d'honoraires. Tous les cercles retentissaient de ses éloges; il inspirait une confiance universelle : c'est ce qu'il voulait. Voilà son *esprit*.

L'occasion qu'il épiait se présente enfin. D'un trait de plume, il vient de dépouiller un mineur d'une terre de trente mille livres de rentes. Voilà la *chose*.

Cette femme n'est plus jeune; mais elle est belle encore. Célèbre, il y a quelques années, elle ne peut se résigner à une vie obscure et oisive. Elle a conservé de brillantes connaissances; elle cultive leur bienveillance avec soin, et elle se fait un plaisir de rendre d'éminens services. Voilà l'*esprit*; voyons la *chose*.

Cette femme est, ce qu'on appelait il y a quelques années, une *intrigante*. Elles sont en assez grand nombre, sans cependant former un corps. Si elles se connaissent, c'est pour s'éviter, de peur de se trouver en concurrence. Elles prennent chacune un département, comme si, par une convention tacite, elles s'étaient partagé les affaires. La dévotion et l'amour s'allient parfaitement avec l'intrigue. Ce qui serait, pour d'autres, jouissance ou habitude, n'est pour les intrigantes qu'un ressort. Elles n'adoptent rien comme principe; elles emploient tout comme moyen.

On les méprise, on les craint; on les ménage, on les recherche. On leur fait honneur de bien des choses où elles n'ont eu aucune part, quoiqu'elles ne négligent rien pour le faire croire: c'est la fatuité de leur état.

On commence le métier d'intrigante par ambition, par avarice, par inquiétude. On le continue par nécessité, pour conserver la seule existence qu'on ait au monde. Une intrigante est l'objet des prévenances, tant qu'on lui suppose du crédit. Elle tombe dans un avilissement décidé, du moment où elle reste oisive, parce que cette oisiveté décèle son impuissance.

J'allais continuer mon portrait, lorsqu'un de mes auditeurs m'interrompit assez brusquement. « Hé, que diable! monsieur, vous avez du genre « humain une singulière opinion. Sur douze ou « quinze individus que vous venez de peindre, il « y en a tout juste trois d'estimables. — Et c'est « beaucoup, monsieur. — A Paris, peut-être, où « il est si facile de cacher... — A Paris, dans toute « la France, dans toute l'Europe, en Turquie « même. Qu'est-ce qu'un derviche? un homme

« qui porte continuellement un masque ; qui se
« venge par la dissimulation, la duplicité, la per-
« fidie, des privations qu'il s'est imposées. Une
« famille unie, un bon ménage lui rappellent
« qu'il n'a point de femme, point d'enfans. Tor-
« tueux dans sa marche, adroit dans ses insinua-
« tions, et toujours à l'abri du reproche, il brouille
« la femme avec son mari, le père avec ses en-
« fans. Il porte une mère à donner son bien aux
« vrais croyans, parce que son fils ne lit pas le
« *Koran* et ne fréquente pas les *mosquées*. Il ai-
« guise indirectement les poignards du fanatisme.
« Il prêche secrètement l'excellence du célibat, et
« il triomphe, quand il a fait un malheureux
« comme lui. — Allons, allons, monsieur, je suis
« persuadé qu'il y a beaucoup plus d'honnêtes
« gens que vous le croyez. — Tous devraient l'être,
« monsieur ; voilà l'*esprit*. Très-peu le sont ; voilà
« la *chose*. »

LES USAGES.

Monsieur Werdock est depuis quelques semaines à Paris. Vous désirez savoir ce qu'est M. Werdock? M. Werdock est Lapon, et passe dans son pays pour un très-bel homme, parce qu'il a quatre pieds trois pouces, le nez épaté, et un goître. Il est très-considéré en Laponie, parce qu'il possède cinquante rhènes, ce qui fait qu'il mange du fromage, qu'il boit du lait tous les jours; qu'il est somptueusement vêtu des peaux de ses animaux; mollement couché sur ses vieux habits, et qu'avec son superflu, il a le plaisir, tous les dimanches, de boire un litre d'huile de poisson.

Son éducation a été très-soignée. A la vérité, il ne sait ni lire, ni écrire; mais il a passé ses étés de deux mois dans la belle ville de Whardus, dont l'étendue est égale au moins à celle du Palais-Royal et de ses dépendances, et on sait que le ton des grandes villes est ce qui constitue essentiellement l'éducation.

Comme le globe entier est le patrimoine de l'industrie française, M. de Listrac, mauvais cuisinier, mauvais barbier, mauvais écuyer, s'est établi à Whardus, après avoir fait naufrage sur les côtes de Norwége, et il a persuadé aux habitans qu'il est excellent musicien, et meilleur danseur. M. de Listrac est Gascon.

> Un grand doit se laisser voler;
> C'est un ton qui sent l'opulence.

M. Werdock s'est empressé de se mettre entre les mains de M. de Listrac, qui lui a appris à sauter comme une pie, et à jouer du violon comme un aveugle, ce qui a paru admirable dans la ville de Whardus.

Or, comme M. de Listrac ne sait pas le lapon, il est forcé de parler français à ses élèves, et M. Werdock, qui a de l'esprit, et qui sera même de l'académie de Whardus, quand il y en aura une, savait assez de mauvais français à la fin de l'année, pour ne pas écorcher les oreilles de ceux qui ne mettent pas de différence entre Crébillon et Voltaire.

Et comme un Gascon a un peu d'amour-propre, M. de Listrac a été bien aise de présenter son élève chéri à un savant français, qui a voulu voir la comète de différens points du globe; qui a été fort étonné de ne pas trouver d'observatoire à Whardus, et qui n'en a pas moins écrit un excellent ouvrage, dans lequel il démontre que si on ne sait pas ce qu'est une comète, on ne sait pas non plus ce qu'elle n'est pas.

Et comme on peut savoir tout cela, et n'être pas un échappé de la tour de Babel, notre astronome, qui ne sait pas un mot de lapon, a proposé à M. Werdock de le suivre en qualité de secrétaire-interprète.

Et M. Werdock, très-étonné d'apprendre que les frontières de la Laponie ne fussent pas les bornes du monde, et très-aise de voir des terres et des hommes nouveaux, a mis ordre à ses affaires, et a suivi le savant.

Et le savant, qui s'est bien trouvé de la docilité de M. Werdock, lui a proposé de l'accompagner jusqu'à Paris, et lui a promis de le renvoyer en Laponie sans frais, ce qui paraissait très-facile, puisque les journaux du 30 avril 1812, nous disaient qu'un savant de Tubinge a trouvé le secret de diriger les ballons.

M. Werdock, en arrivant à Paris, a été un peu étourdi et de ce qu'il voyait, et des épithètes qu'on lui prodiguait, et surtout de la répugnance qu'il inspirait aux femmes, lui qui passait pour le plus aimable libertin de la ville de Whardus. Il s'est plaint à son savant, qui lui a répondu qu'il avait un moyen certain de changer les injures en éloges, et le dégoût en marques d'empressement. Il a publié partout qu'il a amené avec lui un habitant de ce point de la terre où Regnard a écrit :

Stetimus hic tandem nobis ubi defuit orbis.

Et le public, toujours engoué des choses nouvelles, a épuisé aussitôt toutes les éditions des OEuvres de Régnard. Chacun voulait savoir ce que c'est qu'un Lapon, en attendant qu'il pût contempler la face grotesque de M. Werdock. On se le dispute, on se l'arrache; il est du bon ton d'avoir M. Werdock à dîner.

M. Werdock est un homme traitable. Il dîne partout, il mange de tout, et quand on lui donne au dessert un verre d'huile de poisson, il convient franchement qu'on peut s'accoutumer à la cuisine française.

Beaucoup de nos usages déplaisent à M. Werdock, uniquement parce que ce ne sont pas les siens, et, à cet égard, M. Werdock juge comme la plupart des hommes. Il ne concevait pas, entre autres choses, qu'on pût rester trois heures assis, en tenant à la main de petits morceaux de carton rouges et noirs. Cependant les dames se servent beaucoup de ces petits morceaux de carton, et M. Werdock aime beaucoup les dames, qui ne le regardent que comme un animal curieux, et il s'est décidé a apprendre le boston, pour les approcher de plus près.

Il a fait enfin son début à ce jeu, dans une maison où on lui a donné un splendide dîner. Il a joué assez passablement, pour un Lapon; mais il a été fort étonné, quand, à la fin de la partie, on lui a demandé l'argent des cartes. A une table voisine, une dame répétait à chaque instant : *au flambeau*. M. Werdock demande ce qu'a de commun le flambeau et la partie. On lui répond que mettre au flambeau c'est payer les cartes.

M. Werdock juge, avec beaucoup de sagacité, qu'un maître de maison qui tire quinze à vingt francs de cartes qui coûtent trois livres, est un nécessiteux, qui n'a pas le moyen de donner un dîner de cent écus. En conséquence de ce raisonnement, il se lève, après avoir payé ses cartes, et il va glisser dans la main du maître de la maison ce qu'il lui reste de la monnaie que son savant lui a mise dans la poche. Le maître de la maison lui demande ce que cela signifie. « Puisque vous
« vendez des cartes, lui répond M. Werdock, à
« plus forte raison devez-vous vendre un excel-
« lent dîner, et je paie mon écot. — Je donne
« mon dîner, cher Lapon, et je ne vends pas mes
« cartes : ce sont les profits de mes domestiques.
« — Vous ne payez donc pas vos domestiques ?
« Vous laissez ce soin-là à vos amis ? — Je les
« paie et très-exactement. — Et vous leur per-
« mettez de faire chez vous le commerce de cartes ?
« — C'est l'usage. — Et ces dames, qui disent :
« *au flambeau, et payez les cartes*, sont donc les
« dames d'affaires de vos domestiques ? — On ne
« les qualifie pas ainsi. — Oh ! la qualification ne
« fait rien à la chose. Au reste, vos laquais sont
« bien heureux : voilà deux belles dames, qui,
« pendant une soirée, ne se sont occupées que

« d'eux. — C'est l'usage. — Cet usage-là a quel-
« que chose d'ignoble.

« Sans doute l'usage permet aussi à vos domes-
« tiques de faire payer à vos amis les longs bâtons
« avec lesquels ils poussent ces boules blanches,
« l'huile qu'on use pour les éclairer, ces petits
« carrés d'os, tachetés de noir, qu'ils jettent avec
« tant de bruit dans cette boîte ouverte, et le
« sperme de baleine, qui brûle auprès d'eux? —
« L'usage, au contraire, défend cela. — Il y a
« donc contradiction dans vos usages? — Hé! mon
« cher Werdock, il n'y a que cela dans le monde.
« Tel qui prêche la tempérance le matin, s'énivre
« le soir. Tel autre, qui fait profession d'aimer
« les hommes, dépouillerait son voisin, s'il pou-
« vait le faire impunément. Celui-ci vante les
« douceurs de la vie privée, et intrigue sourde-
« ment pour renverser un honnête homme, dont
« il convoite la place. Celui-là exige que ceux
« qui sont sous sa dépendance remplissent leurs
« devoirs, et il enfreint tous les siens. Que vous
« dirai-je? ces abus-là sont bien plus graves que
« celui de faire payer les cartes, et la société n'en
« va pas moins son train. — A la bonne heure.
« Mais ces abus-là naissent des passions, que
« nous ne sommes pas maîtres de détruire, et il
« suffit d'un acte de votre volonté, pour que vos
« valets cessent de tenir tripot chez vous, et
« pour que les dames s'occupent un peu de ceux

« qui les entourent, et non de la recette de l'anti-
« chambre. »

Assez bien raisonné pour un Lapon.

M. Werdock s'instruit tous les jours. Son savant se félicite de l'avoir produit dans le grand monde, et nos dames commencent à croire qu'on Lapon est un être pensant.

Comme une idée en amène toujours d'autres, qui sont relatives à la première, une dame, qui a cultivé sa raison et son esprit, et qui n'en est pas moins modeste, demandait à un savant si un Lapon est de la même race qu'un Parisien, qui descend évidemment d'Adam; si un caffre est de la race du Lapon; si un Albinos est de la race des Caffres; si un Nègre est de la race des Albinos. Le savant a répondu qu'un homme, qui a continuellement dans ses mains l'astrolabe et le télescope, ne s'occupe pas de ces puérilités. M. Werdock a souri, et comme le sourire d'un Lapon doit signifier bien des choses, la dame a pressé M. Werdock de s'expliquer.

« Je pense, dit-il, qu'il est plus aisé et plus
« utile d'observer et de connaître ce qu'on a sous
« la main, que de se perdre dans l'espace à con-
« sidérer ce qui n'est pas fait pour nous, et si un
« cheval n'engendre pas un éléphant, un mâtin
« un roquet, une rhène un ours blanc, il n'est
« pas présumable qu'un Parisien, un Lapon, un
« Caffre, un Albinos et un Nègre descendent du
« même père. »

Quand un Lapon pense et s'exprime ainsi, la curiosité qu'à inspirée sa figure grotesque, change de nature, et on désire le faire parler. Une autre dame, trop jolie pour s'être occupée d'autre chose que d'elle, demande à M. Werdock ce qu'il pense des dames françaises. « Madame, celles qui vous ressemblent sont charmantes. » Dire à une femme qu'elle est charmante, et ne lui dire que cela, c'est déclarer qu'on n'a que cela à lui dire, et la dame a bien voulu prendre la réponse de M. Werdock pour un compliment.

Deux divinités sont l'objet du culte de la plupart de nos jeunes dames : la mode d'abord; l'amour après. Il était bien naturel de demander comment se mettent les Lapones. M. Werdock a répondu qu'elles se mettent toutes d'une manière simple, commode, et absolument uniforme; qu'ainsi, en Laponie, l'art ne crée pas la beauté; qu'une jolie femme n'y doit rien qu'à la nature; qu'elle n'a pas besoin de ruiner son mari pour paraître belle; qu'enfin le vêtement des Lapones riches consiste en quelques peaux de rhênes, dont elles mettent le poil en dedans l'hiver, et en dehors l'été. « Oh, quelle horreur ! — Prenez
« garde, madame, qu'il n'est pas de mode qui
« ne gâte plus ou moins la nature, et que ce qui
« paraît ridicule, au premier coup d'œil, devient
« charmant par l'habitude. C'est la beauté qu'on
« cherche d'abord, et si, avec elle, il se trouve
un cœur sous l'habit le plus bizarre, celle qui
« le porte est toujours certaine de plaire.

« — M. le Lapon se forme avec une rapidité
« inconcevable. — Peut-être, madame, me trou-
« vera-t-on très-déformé en Laponie, car tout
« est relatif, et ce que vous daignez applaudir
« ici, pourrait bien n'être à Whardus que du
« galimatias. Au surplus, j'avoue que je dois
« beaucoup au savant mon ami. Il m'a procuré
« un homme complaisant, qui me conduit par-
« tout, me montre tout, et m'explique tout. Si
« j'osais me permettre d'opposer quelques-unes
« de vos modes à celle que vous trouvez horrible,
« peut-être l'avantage serait-il en faveur des La-
« pones. — Oh, par exemple, voilà qui est un peu
« fort. Hé bien, M. le Lapon, voyons vos con-
« trastes.

« — Mesdames, mon complaisant m'a conduit
« dans une vaste salle, garnie sur toutes ses faces
« de rayons chargés de gravures faites depuis
« l'invention de l'art jusqu'aujourd'hui. J'ai de la
« mémoire, et je me rappelle très-bien qu'aux
« 12e, 13e, et 14e, siècles, les jolis hommes por-
« taient une soutane qui descendait jusqu'aux
« pieds, et se couvraient la tête d'un capuchon
« qui tombait sur les yeux, qui était garni
« d'un bourrelet sur le bord, et d'une longue
« queue par derrière. Vous conviendrez, mesda-
« mes, que ces jolis messieurs-là n'étaient pas
« mieux mis que des Lapons, et on les trouvait
« fort bien, parce qu'on était fait à la soutane et
« au capuchon.

« Sous votre roi Charles V, on eut des habits
« *blasonnés*. Les dames portaient les armoiries de
« leurs maris à droite, et les leurs à gauche. Ces
« armoiries couvraient toute la *jupe* sur sa largeur
« et sur sa hauteur, et cette bigarure attirait
« plus ou moins de considération, selon que la
« famille était plus ou moins ancienne. En Lapo-
« nie, nous ne demandons pas de qui est fille
« une jolie femme. Elle séduit; elle est au pre-
« mier rang, et à cet égard encore, je ne crois
« pas que le désavantage soit pour les Lapones.

« Sous Charles VI, on imagina l'habit *mi-parti*,
« c'est-à-dire que tout un côté, du haut en bas,
« était d'une couleur, et l'autre côté d'une couleur
« différente. Cette mode n'est pas éteinte : on la
« retrouve encore sur la personne efflanquée de
« quelques bedeaux. Je vous demande, mesda-
« mes, quelle est la plus bizarre d'une femme
« couverte d'une pelleterie douce et chaude, ou
« de celle qui est rouge à droite et noire à gauche?

« Sous François II, les hommes avaient trouvé
« qu'un gros ventre donnait un air de majesté,
« et ils se firent faire des ventres à la polichinelle.
« Les dames crurent qu'un derrière volumineux
« avait de la grace, et elles eurent des derrières
« postiches. Jamais les Lapons ne se sont avisés
« de se faire bossus par devant, ni les Lapones
« par derrière.

« Sous ce même règne, les femmes imaginèrent
« tout à coup de se couvrir le visage d'un masque

« appelé *loup*. Elles allaient masquées au bal, à
« l'église, au spectacle, à la promenade. On sui-
« vait la dame masquée, lorsqu'elle avait de la
« taille et de la grace, et souvent, lorsqu'elle le-
« vait son masque, on regrettait les pas qu'on
« avait faits, et on finissait par rire des espérances
« qu'on avait conçues. Nos Lapones ne trompent
« personne; elles se montrent ce qu'elles sont,
« et je crois qu'ici, mesdames, l'usage du *loup*
« n'est pas tout-à-fait perdu : un marchand m'a
« proposé, hier, pour ma femme, du blanc, du
« rouge, du noir et du bleu.

« Sous Louis XIV, on portait des perruques qui
« tombaient jusqu'à la ceinture. On trouvait cela
« très beau. J'ai vu jouer, il y a deux jours, *Zé-
« mire et Azor. Azor* a une perruque précisément
« à la Louis XIV, et elle contribue singulièrement
« à le rendre hideux.

« Ne disputons pas sur les modes: celle qui est
« en vogue est incontestablement la meilleure.
« D'ailleurs, un homme dont l'œil n'est pas blessé
« par quelque exagération nouvelle, sépare la
« jolie femme de ses habits. C'est elle seule qu'il
« voit, et souvent, après avoir causé deux heures
« avec elle, il lui est impossible de dire comment
« elle était mise.

« — M. le Lapon a raison, mesdames : ce n'est
« pas pour les hommes que nous nous habillons,
« c'est uniquement pour nous. Quoi de plus
« agréable que de critiquer le chapeau de madame

« une telle, la robe de madame telle autre, lors-
« que nous sommes à l'abri de la critique ! Vous n'y
« êtes jamais, mesdames, dit un monsieur qui
« avait écouté jusque-là. La critique prend sur
« tout, parce qu'il n'est rien qui ne lui donne à
« prendre. Au besoin elle convertirait en sottise
« la timide naïveté des graces. — Vous m'effrayez,
« monsieur le comte. Hé ! que peut dire de ma
« mise le critique le plus rigoureux ? — Que vous
« n'avez pas besoin d'art, madame, et que ce
« luxe nuit à la nature, qui a tout fait pour vous.
« — Répondre par un compliment, c'est ne rien
« dire du tout. Au reste, je suis persuadée que la
« beauté doit être voilée et non couverte, et que
« nos étoffes légères, qui laissent entrevoir les
« formes sont fort au-dessus des peaux de rhênes,
« qui empêchent de rien deviner. Soyez franc,
« M. le Lapon. — Il me semble, madame, qu'à
« force de deviner ici, il ne reste plus rien à con-
« naître. Mais revenons, s'il vous plaît.

« Vos mamans se souviennent très-bien d'avoir
« vu les femmes de distinction ressembler à des
« guêpes. Elles se serraient le bas de la taille de
« manière à ne pouvoir respirer, et la partie in-
« férieure du corps était passée dans des cer-
« ceaux de douze pieds d'envergure : on appelait
« cela un panier. J'ai vu une gravure représentant
« une dame dans son carrosse. Les extrémités de
« son panier sortent par les ouvertures des glaces,
« à droite et à gauche. Dans une autre gravure,

« des dames traversent les appartemens de Ver-
« sailles. Elles font jouer leurs paniers, dans tous
« les sens pour passer les portes trop étroites de
« deux pieds.

« Il y a quelques années, les hommes ont quitté
« la perruque ; les femmes s'en sont affublées, et
« elles ont poussé la recherche jusqu'à vouloir être
« blondes le matin, et brunes le soir.

« Il y a cinq ans, vos jeunes gens boutonnaient
« leur culotte sur le genou, afin de paraître ca-
« gneux. En Laponie, on aime à paraître droit
« quand on l'est. Les Lapones ne conçoivent pas
« que la beauté puisse gagner quelque chose à
« détruire l'harmonie qui règne entre la chevelure
« et le teint, et si une dame en panier avait paru
« à Whardus, tous les habitans seraient morts de
« rire.

« Sans vous en douter, mesdames, vous êtes
« Lapones dans les rues. Vous portez des *pélerines*
« de pelleteries, très-garnies et très-chaudes, et
« vous avez raison ; mais vous avez avec cela des
« bas à jours et des souliers de papier, et vous
« avez tort.

« Les Lapones ont de bonnes bottes fourrées.
« Je conviens que cette mode-là ne permet pas
« de faire valoir un pied mignon, et un bas de
« jambe séduisant ; mais les maris lapons retrou-
« vent cela le soir, et mon complaisant, à qui
« j'ai fait quelques observations à cet égard, m'a

« répondu par deux vers d'un certain *Molière,*
« qui me paraissent très-impertinens :

« ..... Le soin de paraître belle
« Ne se prend pas pour un mari. »

« Vos mamans faisaient un peu plus que laisser soup-
« çonner leur gorge. Vous voilez la vôtre ; mais
« vous vous découvrez le dos jusqu'au milieu de
« l'épine vertébrale, et vous transformez vos bras
« en manches de raquette. Je ne vois pas quel
« avantage il résulte, pour vous et pour les au-
« tres, de montrer deux omoplates, et la partie
« la moins arrondie du bras. — Monsieur, c'est
« l'usage. — Convenez au moins, madame, que
« cet usage-là n'a pas le sens commun. — Hé,
« monsieur, le sens commun est fait pour les
« Lapones. — Madame, je vous remercie pour
« elles, et je conclus de tout ceci qu'elles sont
« aussi bien mises que vous. »

Il est évident que la dame qui vient de parler est celle qui n'est que jolie, qui ne sait être, qui ne veut être que cela. Si nos dames se soumettent à la mode, on sait *qu'en général elles évitent ce qu'elle a d'exagéré, et que la raison et la décence président à leur toilette.*

« Il est assez particulier, dit la dame raison-
« nable et spirituelle, que M. Werdock soit venu
« des bords de la mer glaciale, pour nous ap-
« prendre comment se mettaient nos aïeules.

« Vous avez beau faire la mine, mesdames ; je suis
« persuadée, et vous aussi peut-être, que des
« peaux de rhènes ne sont pas plus ridicules que
« des ventres à la polichinelle, des derrières pos-
« tiches, des paniers, et des omoplates décou-
« vertes. Je crois encore que les usages des
« différens peuples sont aussi opposés que les
« modes, et que tout est beau et bon, pour qui
« s'en trouve bien. »

La jolie dame répondait que le *beau* est un,
qu'il n'admet pas de distinction, et que tout ce qui
s'en éloigne est mauvais. Ce qui voulait dire
qu'elle est incomparablement la plus belle, et
qu'on est plus ou moins mal, selon qu'on s'éloigne
plus ou moins de la perfection de ses traits.

« Ce que vous dites du *beau* n'est pas sans
« réplique, dit la dame raisonnable. Connaissez-
« vous deux individus qui définissent le *beau*
« précisément de la même manière ? Le *beau*,
« pour chaque être, est ce qui flatte le plus ses
« sens, et comme notre organisation diffère au-
« tant que nos figures, il est impossible qu'à cet
« égard notre façon de voir ne soit pas différente.
« M. Werdock sourit ? Que pense M. Werdock ?

« —Qu'il est bien extraordinaire, madame, que
« tout le monde ne se rende pas à un raisonne-
« ment aussi simple et aussi vrai. S'il n'est pas de
« mode qui vaille mieux qu'une autre, il n'est pas
« non plus de forme qui mérite de préférence. Le
« reptile peut se croire mieux fait que l'élan, et

« l'ours plus gracieux que le chevreuil. — Oui,
« pour lui, M. Werdock; mais pour les autres ? —
« Pour les autres également, madame. Les autres,
« pour le reptile et l'ours, sont les animaux de
« son espèce; le reste lui est indifférent. Qui sait
« encore si ce reptile, qui se traîne, ne croit pas
« avoir une marche pleine de majesté, et si la
« souple et vigoureuse jument, qui bondit dans la
« plaine, ne rit pas d'une femme qui court sur
« deux pauvres petites jambes, et qui s'aide de ses
« coudes pointus, qu'elle porte alternativement
« en avant et en arrière ? Cependant si cette femme
« nous paraît jolie, nous la préférons à tout.

« — Et de conséquence en conséquence,
« M. Werdock viendra à nous prouver que les
« Lapones sont les plus belles femmes de la terre.
« — Pour un Lapon, madame, cela est incontes-
« table. — Et en quoi consiste la beauté pour un
« Lapon ? — En une grosse tête, un visage large
« et plat, de petits yeux, un nez épaté, une
« grande bouche, une taille courte et ramassée,
« et si avec cela il se trouve un goître, la femme
« que je viens de dépeindre est proclamée la plus
« belle. — Ah, ah, ah ! mon cher monsieur, vos
« Lapones ne feraient pas fortune à Paris. — Et
« vous, madame, qui êtes si jolie ici, vous ne
« seriez pas remarquée à Whardus. — Tant pis
« pour messieurs les Lapons. — Hé, non, ma-
« dame. Le franc moineau ne s'occupe pas de la
« linotte, ni le merle de la fauvette; et ils n'en sont

« pas plus malheureux. Ils font l'amour avec la
« compagne que leur désigne la nature; et ils ne
« désirent rien au-delà. »

La dame raisonnable s'est écriée que M. Werdock avait raison, et elle a été plus loin que lui. Elle a soutenu que la beauté n'est pas sur la figure de l'objet aimé, mais dans les yeux de celui qui aime. « Cela est si vrai, a-t-elle ajouté, qu'on
« ne voit pas de femmes tourner la tête à dix hom-
« mes, et que dix hommes peuvent aimer dix
« femmes différentes, dont chacune n'inspirera
« de sensations à personne qu'à son amant.

« Oh, laissons-là ces raisonnemens abstraits, a
« dit la jolie dame, et sachons comment on fait
« l'amour en Laponie. Ces amans-là doivent avoir
« une manière d'aimer aussi plaisante que celle
« dont ils jugent la beauté.

« Ceci, madame, a répondu M. Werdock, tient
« exclusivement à l'usage, et quoique cette dame,
« si raisonnable, ait dit tout à l'heure que les
« usages sont aussi opposés que les modes, on
« peut trouver, avec un peu de réflexion, qu'ils
« se ressemblent assez partout, et que lorsqu'ils
« diffèrent essentiellement, l'avantage peut être
« encore pour les Lapons. — C'est ce que nous
« verrons. Mais pas de préambule, s'il vous plaît.
« Comment fait-on l'amour dans votre pays?

« — Madame, en Laponie on voit une fille,
« on l'aime, on la marchande à ses parens, on
« l'obtient, on la paie, on l'épouse, et on la con-

« duit chez soi. — On l'épouse sans lui avoir fait
« la cour, sans lui avoir marqué cette assiduité,
« ces tendres soins, ces douces prévenances qui
« constituent la galanterie! — La galanterie, ma-
« dame, est le luxe de l'amour; c'est l'occupation
« de ceux qui n'ont rien à faire. — Et vous mar-
« chandez vos femmes! — Mon complaisant m'a
« dit qu'on les marchande également dans ce
« pays-ci. Nous donnons de l'argent au beau-
« père; il en donne à Paris; voilà toute la diffé-
« rence. Des deux côtés, un mariage est une af-
« faire de spéculation. — Et vous épousez une
« fille, sans savoir si vous lui plaisez! — Mon
« complaisant m'a dit encore, madame, qu'ici on
« prend bien quelques petits soins pour plaire;
« mais qu'on plaise ou non, on épouse toujours,
« si la dot est convenable. Dites-moi, je vous prie,
« qui aime le mieux, de celui qui achète sa maî-
« tresse, ou de celui qui ne se charge de la sienne
« que pour de l'argent?

« — Et ces femmes que vous épousez, sans
« presque les connaître, vous sont fidèles? — Ma
« réponse à cette question, madame, tient à des
« usages purement locaux, dont la comparaison
« peut tourner à l'avantage de mes compatriotes.
« Vous vous déchargez du soin d'exercer l'hospi-
« talité sur des gens qui se font payer pour cela,
« qui se font payer très-cher, et chez qui souvent
« on est assez mal. L'étranger qui voyage en La-
« ponie est reçu partout, et il est l'ami du La-

« pon, du moment où il se présente sur le seuil
« de sa cabane. Tout est à sa disposition et à son
« usage... — Jusqu'à la maîtresse de la maison ? —
« Le maître ne se croirait pas hospitalier, s'il se
« réservait quelque chose. — Voilà un usage in-
« fame ! — Madame, madame, dans d'autres pays,
« m'a dit mon complaisant, monsieur ne prête
« rien, parce que madame fait les honneurs de
« *tout*. Vous ne nierez pas que l'amant doive de
« la reconnaissance au Lapon, tandis qu'ailleurs
« il ne doit rien au mari, et l'homme qui inspire
« un sentiment, ne vaut-il pas celui devant lequel
« il faut cacher les siens ? En dernière analyse,
« deux usages ne peuvent être opposés, quand le
« résultat est le même.

« Permettez-moi, madame, de continuer le pa-
« rallèle. Mon amour-propre gagne à la compa-
« raison, et le vôtre n'y peut rien perdre, car je
« ne vous persuaderai jamais qu'un Parisien ne
« vaille pas un Lapon.

« Nous sommes dépourvus de tout ce qui brille,
« et frappe les yeux, et vous avez des diamans;
« mais à quoi vous servent-ils ? Ils rendent la lai-
« deur plus remarquable, et leur éclat nuit à la
« beauté.

« Vous avez des carrosses, rehaussés d'or, dans
« lesquels vous vous bercez mollement, et qui,
« peu à peu, vous privent de l'usage de vos jam-
« bes. Nous courons dans de simples traîneaux,
« dont la direction exige un exercice continuel,

« et lorsque vos superbes chevaux vous font faire
« à peine dix à douze lieues, sur des chemins plus
« unis que le pavé de nos cabanes, une rhène nous
« emporte à travers les montagnes, les rochers,
« les précipices, et parcourt cinquante lieues dans
« la journée. Ici, il y a compensation.

« Le nombre *trois* est en honneur partout, et
« nous avons aussi *Thor*, *Storiunchar*, et *Par-
« jutte*.

« Nous avons, comme vous, des églises, et
« nous y tenons nos foires pendant l'hiver. Vous
« avez des marchés à la porte des vôtres, et vous
« en faites dans l'intérieur qui ne sont pas dans
« l'esprit du septième sacrement.

« On trouve en Laponie des sorciers qui prédi-
« sent l'avenir, et qui vendent du vent aux navi-
« gateurs. Vous avez des tireuses de cartes que
« vous écoutez avec une sorte de vénération, et
« dont tout le talent, ainsi que celui de nos sor-
« ciers, consiste à lever un impôt sur la sottise et
« la crédulité.

« Vous avez le plaisir de vous occuper de vo-
« tre santé pendant toute votre vie. Adhérentes
« à votre médecin, comme le lierre au chêne,
« vous ne faites rien que par lui et pour lui. Vous
« lui devez des infirmités précoces ; mais à la fin,
« vous avez raisonné, conjecturé, combiné ; vous
« avez échappé à l'ennui, et c'est beaucoup pour
« vous. Nous ne connaissons rien de tout cela.
« Toujours actifs et laborieux, nous ne pensons

« pas au temps qui s'écoule, et nous arrivons sans
« maladies à cent vingt, ou cent trente ans, sans
« savoir qu'il existe dans le monde des marchands
« de santé. »

M. Werdock a continué long-temps encore son parallèle, et la dame raisonnable a trouvé que la balance penchait souvent du côté du Lapon. Or comme la raison est *toute-puissante* à Paris, les dames, après s'être regardées, consultées, ont consulté les messieurs, et le conseil a balancé un grand quart-d'heure entre ces deux questions : Sera-t-on *lapomanes* après avoir été *anglomanes*, ou laissera-t-on de côté le Lapon, dont on se sera amusé comme d'un sapajou ?

Il a été décidé, à la très-grande majorité, qu'une Française ne peut s'empaqueter dans une peau de rhène, porter des bottes fourrées, s'exposer à se casser la tête dans un traîneau, et surtout permettre à son mari de faire les honneurs de sa personne.

En conséquence de cet arrêté, M. Werdock est aussi délaissé aujourd'hui qu'il était fêté hier. Étonné de l'oubli dans lequel il est tombé tout à coup, il en a demandé la cause à son complaisant, qui lui a répondu par ces quatre mots : *Vous êtes à Paris.*

M. Werdock, très-piqué, a cependant pris son parti. Il a demandé à son savant le ballon qui doit le ramener à Whardus. Le savant lui a répondu que le docteur de Tubinge, qui a annoncé sa découverte, n'a pas encore communiqué son secret au public. M. Werdock, ne pouvant s'en retourner par air, s'est décidé à voyager modestement à pied, et il a demandé à son savant de quoi payer l'hospitalité en route. Les savans ne sont pas riches, quand il ne deviennent pas cordons rouges et excellences. Celui-ci a renvoyé le Lapon à un financier. Les financiers connaissent le prix de l'argent, et ne le donnent pas. Celui-ci a renvoyé Werdock à un charlatan. Le charlatan lui a prouvé, qu'après avoir été caressé dans les salons, et expulsé d'iceux, il n'a rien de mieux à faire que d'amuser la canaille. Il l'a fait habiller en Lapon; il le fait parler lapon, chanter lapon, pirouetter, sauter, grimacer, le tout à deux sols par personne.

M. Werdock se trouve très-mal de cette manière d'être; mais il espère durer autant que le sauvage de l'Aveyron, l'homme qui boit de l'huile bouillante, celui qui se met dans un four chaud, le petit Hercule du Nord, et qu'enfin il pourra, avec ses petites épargnes, retourner au milieu de ses rhênes. Alors il écrira sur la porte de sa cabane :

Bien fou qui est heureux chez soi, et qui va courir le monde sur la foi d'autrui.

L'ATHÉISME
EN AMOUR.

J'étais hier à la campagne. Je n'y étais pas seul, et parmi les membres d'une société un peu nombreuse, rassemblée dans des bosquets, on a bientôt trouvé la personne avec qui on a quelques rapports d'esprit, de goût et de caractère. Insensiblement on se divise, et, sans s'en apercevoir, on se trouve deux à deux.

Une dame, jolie, aimable et instruite, avait pris mon bras, ou je le lui avais offert, je ne sais lequel des deux : la jeune dame m'occupait trop, pour que je pensasse à la manière dont son bras était venu sous le mien. Il y était; cela me suffisait.

On ne sait quelquefois que dire à une dame qui intéresse beaucoup, et avec qui on n'a pas de relations particulières. Lui parler science, histoire, géographie, est du pédantisme; l'entretenir de la pluie et du beau temps, vise à la sottise; un pédant et un sot déplaisent toujours, et il est fâcheux de déplaire à une femme qui a son bras sous le vôtre, qui le presse quelquefois, sans s'en apercevoir; qui ne s'aperçoit pas, quand vous l'amusez, que, de temps en temps, votre main caresse la sienne; mais qui voit tout, et qui vous échappe bientôt, si vous l'ennuyez. Parler amour, est la première idée qu'inspire une jeune femme. Ce sujet est inépuisable, parce que l'amour se modifie de mille manières, et qu'il paraît toujours nouveau, même à ceux qui l'éprouvent pour la dixième, pour la vingtième fois.

Cependant, parler d'amour et s'adresser directement à une femme à qui on n'en inspire point, c'est l'embarrasser; c'est arrêter la réplique aimable qui anime, qui soutient la conversation. Généraliser ses pensées, c'est ne s'adresser à personne; c'est mettre à son aise celle avec qui on cause; c'est lui laisser la liberté de s'appliquer ce qui peut lui convenir, et les dames aiment à jouir de cette liberté-là.

Emettre sur cet objet des opinions nouvelles, ou du moins peu répandues, c'est forcer l'attention. Je me suis décidé, en conséquence, à ne rien dire qui fût personnel, et à être original, si je le pouvais.

J'ai toujours remarqué qu'il est plus difficile de trouver une première phrase que la millième, parce que la dernière découle toujours de la première dans un entretien bien soutenu, comme dans un discours académique bien fait. Je cherchais donc une donnée heureuse, lorsqu'un franc moineau m'a tiré d'embarras.

Il était auprès de sa femelle. Un autre moineau s'en est approché, et le combat s'est engagé aussitôt. Ma jolie dame a rêvé quelques minutes, et elle a prononcé que la jalousie est un attribut nécessaire de l'amour.

J'ai relevé le gant; j'ai prononcé à mon tour.

« La jalousie n'est qu'un préjugé fortifié par
« l'habitude. Si elle était naturelle aux amans, ils
« seraient partout également jaloux, et il y a des
« peuples qui le sont beaucoup moins que d'au-
« tres. Il y en a qui ne le sont pas du tout. Il en est
« même qui donnent dans l'excès opposé, et ce
« qui serait un opprobre pour un Français, est,
« vous le savez, un honneur pour un Lapon.

« La jalousie est si loin d'être un sentiment na-
« turel, qu'elle se soumet facilement aux usages
« de la société. Tel homme, par exemple, qui se-
« rait jaloux d'un rival jusqu'à la frénésie, ne se
« permet pas de l'être d'un mari, et, en général, les
« jaloux sont si intérieurement pénétrés de leur
« injustice, qu'il en est peu qui osent l'avouer.

« On croit que la jalousie marque beaucoup
« d'amour; mais l'expérience prouve que l'a-
« mour le plus vif est le plus confiant. La jalou-
« sie ne prouve communément qu'un amour fai-
« ble, un sot orgueil, le sentiment forcé de son
« peu de mérite, et quelquefois un mauvais cœur...
« Oui, madame, un mauvais cœur. Un amant dé-
« goûté cherche un prétexte pour rompre. S'il
« s'aperçoit qu'on peut se consoler de sa perte avec

« un autre, sa vanité est blessée de ne pas laisser
« une femme dans les regrets. La jalousie, ou plu-
« tôt l'envie le ramène, pour être tyran sans être
« heureux. L'amour ne vit que d'amour-propre,
« et il n'y a de jaloux que par orgueil.

« — Je suis presque tentée de croire que mon-
« sieur n'a jamais aimé. — D'abord, madame, en-
« tendons-nous sur le mot. Aimer, c'est avoir de
« l'amitié; désirer la jouissance d'un objet, c'est
« avoir de l'amour; désirer cet objet exclusivement
« à tout autre, c'est de la passion. Le premier sen-
« timent est toujours un bien; le second n'est
« qu'un appétit du plaisir; le troisième, étant le
« plus vif, ajoute au plaisir, mais prépare des
« peines, au nombre desquelles je ne mets pas le
« chagrin passager que cause une infidélité. L'in-
« fidélité est un grand mot, souvent mal appliqué.
« En amitié, c'est un crime; mais si une femme
« aimable avait du goût pour moi, je ne prétendrais
« pas être l'unique objet de ses attentions. Une
« telle prétention serait une tyrannie insupporta-
« ble pour elle, et une folie cruelle pour moi.
« Jouissons du bonheur, comme s'il ne devait ja-
« mais finir, et sachons le perdre comme n'y ayant
« aucun droit.

« — Mais quel homme êtes-vous donc, mon-
« sieur, et à quelles femmes avez-vous plu?

« — Je n'ai pas prétendu, madame, qu'il n'y
« ait pas d'exception aux principes que j'ai éta-
« blis, et si j'avais besoin de trouver un exemple

« de tendresse et de fidélité, je n'irais pas le cher-
« cher loin. C'est sans doute un malheur d'être
« athée en amour; mais je ne suis qu'à plaindre,
« car, enfin, on n'est pas maître de ses opinions.

« — Je voudrais bien savoir, monsieur l'athée
« en amour, comment vous nierez, avec quelque
« vraisemblance, l'existence d'un sentiment dont
« vous me faites l'honneur de me citer en exem-
« ple. Expliquez-moi donc cette contradiction.

« — Je ne l'oserai jamais, madame.

« — Je vous en prie, monsieur; je vous l'or-
« donne.

« — Madame, j'obéis.

« J'ai déja eu l'honneur de vous dire que j'ad-
« mets des exceptions. Je généralise mes idées,
« et je vous supplie de ne faire aucune appli-
« cation.

« Les passions qui agitent les hommes, se dé-
« veloppent presque toutes dans leur cœur avant
« qu'ils aient la première idée de l'amour. La co-
« lère, l'envie, l'orgueil, l'avarice, l'ambition se
« manifestent dès l'enfance. Les objets en sont
« petits; mais ce sont ceux de cet âge. Ces pas-
« sions ne paraissent violentes que lorsque l'im-
« portance de leurs objets les rend véritablement
« remarquables.

« Il est un âge où ce qu'on appelle amour se
« fait vivement sentir; mais est-il en effet autre
« chose qu'une portion du goût général que les
« hommes ont pour le plaisir? Cette passion pré-

« tendue se détruit par son usage; les passions
« réelles se fortifient sans cesse. La première est
« bornée à un temps quelconque; les autres s'é-
« tendent sur tout le cours de la vie. L'amour enfin
« n'est qu'un besoin des sens, et le plus court des
« plaisirs. Je vais développer ces idées.

« — Je vous avoue, monsieur, qu'elles me pa-
« raissent absurdes.

« — Pas tant, madame, pas tant.

« De ce que la sensation du plaisir qu'on nomme
« amour est très-vive, il ne s'ensuit pas que ce soit
« une passion. On suppose de la passion où il n'y
« en a pas; on croit même de bonne foi l'éprou-
« ver: on se détrompe par l'expérience. On a vu
« des gens, en apparence épris de la plus violente
« passion, prêts à sacrifier leur vie pour une
« femme, qui l'auraient fait peut-être, comme on
« fait dans l'ivresse des extravagances dont on
« rougit quand elle est dissipée; on a vu, dis-je,
« ces gens sacrifier cette même femme à l'ambition,
« à l'avarice, à la vanité, et même à la mode. Citez-
« moi un ambitieux, un avare, un orgueilleux,
« qui se soit corrigé. Pourquoi cette différence?
« c'est que les passions réelles vivent de leur pro-
« pre substance. L'amour, au contraire, non-seu-
« lement s'use par son usage, ainsi que je le di-
« sais tout à l'heure; mais pendant sa courte durée,
« il a besoin d'un peu de contradiction, et alors il
« s'associe l'amour-propre, qui le soutient pen-
« dant quelque temps.

« — Monsieur, il est des amans capables de tout
« sacrifier à leur passion.

« — Qu'est-ce que cela prouve, madame? il
« n'est pas de goût sérieux ou frivole qui n'ait
« aussi ses fanatiques. La musique, la chasse, la
« danse peuvent devenir le goût exclusif de quel-
« qu'un, et fermer son cœur à toutes les passions.
« Mettez-vous pour cela au rang des passions la
« danse, la chasse et la musique?

« Les plus grands, et en même temps les très-
« rares sacrifices que l'on connaisse, ont presque
« tous été faits par des femmes ; presque tous les
« bons procédés leur appartiennent en amour, et
« même en amitié, surtout quand elle a succédé à
« l'amour. — Ah, monsieur veut se remettre bien
« dans mon esprit! — Non, madame, je veux sim-
« plement remonter à la cause de la différente ma-
« nière d'aimer des deux sexes, et ce que j'ai à dire
« à ce sujet ne vous plaira peut-être point. Mais
« qu'il me soit permis de présenter, dans toute
« son étendue, un système qui n'est pas aussi chi-
« mérique que vous paraissez le croire. Je re-
« prends.

« On dit, et les femmes aiment à entendre dire
« qu'elles ont l'ame plus sensible, plus sincère,
« plus courageuse en amour que les hommes.
« Cela vient uniquement de leur éducation, si l'on
« peut donner ce nom au soin qu'on prend d'a-
« mollir leur cœur, et de leur laisser la tête vide.
« Les femmes ne sont guère exposées qu'aux im-

« pressions de l'amour, parce que les hommes ne
« cherchent pas à leur inspirer d'autres sentimens.
« Ne tenant point à ce sexe par les affaires, ils ne
« peuvent former avec lui d'autres liaisons que
« celles des plaisirs. Les femmes en font d'abord
« un devoir, ensuite leur occupation exclusive,
« enfin une habitude, et la plupart de ces héroï-
« nes de tendresse passent leur vie à être flattées,
« gâtées, séduites, abandonnées. Livrées enfin à
« elles-mêmes, il ne leur reste pour ressource
« qu'une dévotion de pratique, d'ennui et d'intri-
« gue. Cette dévotion n'est pas plus une passion,
« que l'amour auquel elle a succédé.

« L'éducation des hommes, tout imparfaite
« qu'elle est, a du moins l'avantage de les occu-
« per, de remplir leurs têtes d'idées bonnes ou
« mauvaises, qui les détournent long-temps de
« celle de s'attacher. Les affaires, les emplois,
« les travaux quelconques viennent ensuite, et
« ne laissent à l'amour qu'une place subordonnée
« à des intérêts plus puissans, à de véritables pas-
« sions. Ce qu'alors les hommes nomment amour,
« est l'usage de certain plaisir, qu'ils goûtent
« d'abord avec ardeur, qu'ils varient par dégoût
« ou par inconstance, et auquel ils sont enfin
« forcés de renoncer quand ce plaisir cesse de
« leur convenir, ou quand ils n'y conviennent
« plus.

« Observez, madame, que si cet attrait du plai-
« sir, qui séduit les deux sexes, était vraiment une

« passion, les effets en seraient précisément les
« mêmes dans l'homme et dans la femme, comme
« il est de fait que l'avare court invariablement
« après l'or, et l'ambitieux après les grandes places.
« Tout bien examiné, il me semble que l'amour,
« loin d'être une passion, n'est que l'affaire de
« ceux qui n'en ont point. »

J'allais continuer, lorsque la cloche nous a invités à rentrer au château. Ma jolie dame n'a pas manqué de me dénoncer comme un athée en amour. Toutes les dames ont jeté à l'instant, sur moi, un cri général de proscription. Mais comme un bon dîner est préférable à une discussion, quel qu'en soit le sujet, il a été arrêté qu'on me donnait trois heures pour me préparer à comparaître devant une cour d'amour, qui s'assemblerait le soir pour me juger.

On a dîné gaîment. Deux femmes de chambre intelligentes ont tout disposé. Mes juges sont prêts; les débats vont s'ouvrir.

Le prévenu est revêtu, devant et derrière, d'un écriteau portant ces mots : *Athée en Cupidon.* Une couronne de myrte brisée est attachée à sa ceinture. Chargé de chaînes de roses, il est conduit par deux jeunes personnes, dignes gendarmes du royaume de Cythère. Il suffit qu'elles avancent d'un pas pour que j'en fasse deux : elles sont si jolies!

Je parais devant la cour. Un charmant petit

Amour en marbre s'élève au-dessus des gradins.
Il est bercé par l'Espérance, et tous deux sont
voilés, sans doute pour ne pas voir le blasphéma-
teur, peut-être aussi pour ne pas entendre les
blasphêmes nouveaux qu'il va proférer.

Je jette les yeux sur mes juges. Ma jolie dame
du matin est président. Une brune piquante, qui
m'a quelquefois désolé par ses espiègleries, est
avocat-général. Les conseillers, le greffier sont
charmantes.

Le démon malin, déguisé en avocat-général, lit
mon acte d'accusation. Il n'a rien oublié, et il
conclut à ce que je sois brûlé vif.

« Ayez pitié de moi, m'écriai-je. Je brûle déja,
« et l'instruction n'est pas commencée. » Une joie
cruelle paraît dans les yeux de tous les membres du tribunal. Mes jolis gendarmes m'imposent
silence, et M. le président prend gravement la
parole.

« Avez-vous dit que l'amour n'est pas une pas-
« sion ?

« — Je l'ai dit.

« — Avez-vous dit qu'il n'est que l'affaire de
« ceux qui n'en ont point?

« — Je l'ai dit.

« — Que la plupart des femmes âgées n'ont pour
« ressource qu'une dévotion de pratique, d'ennui
« et d'intrigue?

« — Je l'ai dit.

« — Avez-vous laissé entrevoir à la demoiselle
« que vous êtes sur le point d'épouser, que la
« dévotion sera un jour son unique ressource?

« — Non, M. le président. Mon intérêt person-
« nel, plus fort que l'amour, parce qu'il est pas-
« sion, ne me permet pas de donner des armes
« contre moi. Que j'épouse ou non, je me con-
« duirai en galant homme : voilà tout ce qu'une
« femme raisonnable peut exiger.

« — Et si ces bons procédés s'étendent jusqu'à
« la fin de votre vie, que devient votre système
« hérésiarque, abominable?

« — Ces procédés prouveront l'absence totale
« de la passion, car, il n'y a plus d'amour où les
« procédés commencent. Mais je vous vois venir,
« M. le président; vous allez m'opposer ces liai-
« sons qu'une longue suite d'années a rendues
« presque respectables, parce qu'on suppose que
« le temps ne les a point affaiblies. Ces liaisons
« sont celles que l'amour a pu faire naître, mais
« que l'amitié a consacrées. En général, elles ne
« cessent d'être orageuses que lorsque l'amour est
« éteint. Ce sont d'abord des amans, qui, tantôt
« ivres de plaisir, tantôt tourmentés par des ca-
« prices, des jalousies d'humeur, de fausses déli-
« catesses, passent quelquefois en un jour des ca-
« resses au dépit et à l'aigreur, s'offensent, se
« pardonnent, et se tyrannisent mutuellement.

« Après avoir usé les plaisirs et les peines de
« l'amour, ces amans se trouvent heureusement

« dignes d'être amis, et c'est de ce moment seul
« qu'ils vivent heureux.

« Un état si rare et si précieux ferait le charme
« d'un âge avancé, et empêcherait de regretter la
« jeunesse. La réflexion, qui détruit ou affaiblit
« les autres plaisirs, parce qu'ils consistent dans
« une sorte d'ivresse, augmente et consolide celui-
« ci. Notre bonheur est doublé, quand la raison
« nous en démontre la réalité.

« A l'égard d'un autre genre de vieilles liaisons
« que le public a la bonté de respecter sur pa-
« role, que verrait-on, si on pouvait voir de près?
« Des gens qui continuent de vivre ensemble,
« parce qu'ils ont long-temps vécu ainsi. La force
« de l'habitude, l'incapacité de vivre seul, la diffi-
« culté de former de nouvelles liaisons, retiennent
« beaucoup de ces amans sans amour, et don-
« nent à l'ennui même un air de constance. Ils
« ont cessé de se plaire, et se sont devenus néces-
« saires. Ils ne peuvent se quitter; quelquefois
« même ils ne l'oseraient. Ils soutiennent un rôle
« pénible par pur respect humain. En effet, on
« s'est pris avec l'engouement de l'amour; on a
« annoncé hautement son bonheur; on a con-
« tracté un engagement devant le public; on l'a
« ratifié dans des occasions d'éclat. Mais le charme
« se dissipe avec le temps; l'illusion cesse. On
« s'était regardé réciproquement comme parfaits;
« on ne se trouve plus même estimables. On se
« repent, on n'ose l'avouer; on s'obstine à vivre

« ensemble, en se détestant, et l'on tremble de
« rompre un engagement dont on a fait gloire.

« Les vieilles liaisons exigent, pour être heu-
« reuses, plus de qualités qu'on ne l'imagine.
« L'amour tient lieu de tout aux amans, son objet
« lui suffit; mais l'objet se flétrit, l'amour s'éteint,
« et il n'est pas d'esprits assez féconds pour rem-
« placer l'illusion, et servir de ressource contre
« la langueur d'un tête-à-tête continuel ! S'il exis-
« tait de l'esprit de cette espèce, il faudrait que
« les deux amans en fussent également pourvus,
« car la stérilité de l'un étoufferait la fécondité
« de l'autre. Il n'y a que l'esprit qui serve d'ali-
« ment à l'esprit. Il ne produit pas long-temps
« seul.

« On cherche, on croit avoir trouvé, et l'on
« cite des exemples de constance dans les hommes
« d'un âge avancé. Cette constance n'est qu'exté-
« rieure. Un vieillard s'excite à aimer par la crainte
« seule de ne plus paraître jeune. Il n'aime
« qu'avec inquiétude, parce qu'il tremble de lais-
« ser échapper ce qu'il n'est pas sûr de retrouver.
« Dans la jeunesse, on ne connaît que le désir;
« il s'éteint, mais il renaît à l'instant. La jeunesse
« désire avec force, jouit avec confiance, se dé-
« goûte promptement, et quitte sans crainte,
« parce qu'elle remplace avec facilité. Voilà le se-
« cret de la légèreté d'un âge, et de la constance
« de l'autre.

« Je me résume. J'ai démontré, je crois, ce

« matin et maintenant, que les hommes naissent
« avec toutes les passions, hors celle de l'amour;
« que cette prétendue passion n'occupe l'homme
« qu'un temps limité, tandis que les passions
« réelles s'affermissent par l'âge; que l'amour,
« comme la dévotion, n'est communément chez
« les femmes que l'effet du désœuvrement; que
« ce qu'on appelle passions constantes n'existe
« que par des causes indépendantes de l'amour;
« et je conclus de tout cela, que nous avons tous
« plus ou moins de goût pour le plaisir; que
« l'amour n'est pas une passion; que même il
« n'existe pas, et que le mot *amour* n'exprime
« que le désir, ou l'espèce d'ivresse qui l'accom-
« pagne.

« — Enfin vous avez développé vos odieux prin-
« cipes dans toute leur étendue. Vos aveux sont
« formels. Avez-vous quelque chose à ajouter
« pour votre justification?

« — Je demande au tribunal qu'il me soit per-
« mis de faire une seule question, et je supplie
« qu'on y réponde avec franchise.

« — Je vous le promets, monsieur.

« — Vous aimez beaucoup vos maris, mes-
« dames; le fait est constant. Mais les aimez-vous
« précisément comme vous les aimiez pendant les
« premiers six mois de votre mariage? Une heure
« d'absence vous paraît-elle insupportable? Le re-
« tour de l'objet aimé fait-il encore battre votre
« cœur? Un de ses regards allume-t-il ce feu brû-

« lant que décèle une aimable langueur? Passez-
« vous, à parler de votre amour, des heures
« entières, qui s'écoulaient comme des secondes?
« Retrouvez-vous, en présence l'un de l'autre, ce
« silence qui occupe si délicieusement des cœurs
« repliés sur eux-mêmes? Vous écrivez-vous,
« quand vous êtes séparés, avec ce style inégal,
« mais rapide, que donne l'exaltation de la tête
« et du cœur? Avez-vous seulement pensé à com-
« parer vos premières lettres à celles que vous
« avez écrites il y a un an, il y a six mois, il y a
« huit jours?

« — Mais, monsieur, il semblerait, à vous en-
« tendre, que nous pourrions, dans dix ans, ne
« plus aimer nos maris du tout.

« — Les aimer d'amour, madame, la chose est
« impossible. Mais vous conserverez pour eux un
« sentiment doux, moins tumultueux, par cela
« même plus facile à satisfaire, et heureux les
« époux, qui, comme vous, se préparent, sans
« s'en douter, à remplacer l'amour par des ver-
« tus ! »

Les membres du tribunal se regardent, et
l'avocat-général éclate de rire. Le rire se communique de proche en proche. Tout le monde
rit, à l'exception de mes jolis petits gendarmes,
qui n'ont pas aimé encore, mais qui commencent à éprouver cette inquiétude vague, qui annonce le développement du cœur. Ils ne peuvent
concevoir que quand on aime une fois, ce ne soit

pas pour la vie. Les éclats de rire recommencent, et à cet accès de gaieté succèdent méditation, discussion, délibération. Les dames inclinent vers l'indulgence; les petites demoiselles invoquent leur sévérité; mais comme les gendarmes n'ont pas voix délibérative devant un tribunal, celui-ci, sans égard aux réclamations, a prononcé ainsi qu'il suit :

« Le tribunal se gardera bien de rien décider
« sur une question aussi délicate : il donnerait
« peut-être gain de cause au prévenu, qui ne pa-
« raît pas avoir besoin d'encouragement à l'infidé-
« lité. En conséquence, il est absous. Mais le tri-
« bunal le menace de toute son indignation, s'il
« propage ses principes, et la colère de six fem-
« mes n'est pas impuissante. Il lui est ordonné de
« laisser Dieu à l'indigent et à l'opprimé, Saint-
« Michel à ceux qui craignent le diable, et l'amour
« constant à ceux qui y croient. »

Ici mes chaînes tombent, et l'usage prescrivant à celui qui gagne un procès de remercier ses juges, j'embrasse les miens avec un extrême plaisir; mais sans *passion*.

JE VOUS AIME

DE TOUT MON COEUR.

Il y a deux langues dans ce monde : celle de la franchise, que tout le monde entend ; celle de la dissimulation, que chacun cherche à deviner, et sur laquelle chacun se trompe, après y avoir été pris vingt fois.

On ferait de gros volumes sur l'abus des mots, si on avait le temps de prendre note des mensonges continuels que l'usage arrache aux *plus honnêtes gens*, ou si la fausseté du moment ne faisait oublier celle qui a précédé. Mais, après tout, à quoi bon faire des livres ? ont-ils jamais converti personne ? Le diable n'est-il pas plus persuasif que tous les raisonnemens nés et à naître ? et loin de chercher à le combattre, l'homme n'a-t-il pas poussé l'absurdité jusqu'à lui élever des autels ? Qu'était Plutus ? Le diable. Vénus et monsieur son fils ? Le diable. Mars ? Le diable le plus diable. Minerve ? Oh ! grace pour celle-là, d'autant mieux que ses temples n'ont jamais été très-fréquentés. N'affligeons pas la bonne déesse, de toutes les manières.

On nous dit, on nous répète que Plutus, Vénus et Mars sont des dieux ou des diables du paganisme, et que nous devons les avoir en horreur. Hélas! jamais leur culte ne fut plus répandu. Plutus se loge partout où il aperçoit un palais. Il n'est pas de coin dans Paris où ce fripon d'Amour n'ait une petite chapelle, et tous nos jeunes gens veulent avoir le pot en tête et la dague au côté. Oh, païens, infames païens que nous sommes!

Mais où vais-je m'égarer, à propos de l'abus des mots? Revenons, revenons bien vite à la place modeste que la nature m'a assignée.

Je ne suis pas intéressé, et puis *j'aime les hommes de tout mon cœur*. Mais je tiens à ce qui m'est dû; je dois, et pour que je puisse payer, il faut que l'on me paie.

Je vais chez un ami intime, à qui j'ai prêté de l'argent sur une simple reconnaissance : prend-on des sûretés avec un ami? Il me propose de déjeuner; j'accepte : le vin versé par un ami paraît toujours meilleur. En croquant le martin-sec, arrosé de vieux Chambertin, je parle de mes dix mille francs. « Ah! mon cher ami, jugez du
« chagrin que j'éprouve de ne pouvoir me rendre
« à vos désirs. Je n'ai pas un sou en caisse, et je
« suis forcé de représenter. J'emprunte tous les
« jours à des gens que je n'aime pas du tout, et

« à qui je suis forcé de rendre. Mon cher ami,
« prêtez-moi dix mille autres francs ; vous ne pou-
« vez mieux les placer : vous savez que *je vous*
« *aime de tout mon cœur.* — Mon cher ami, il
« faut que j'en paie douze demain, et je comp-
« tais sur vous. » Mon cher ami fronce le sourcil ;
il fait un signe à son domestique. Son domestique lui dit, d'un air gauche et bête, que madame la comtesse a déja envoyé trois fois. Mon
cher ami me dit qu'il ne peut faire attendre madame la comtesse, qui *l'aime de tout son cœur*,
et mon cher ami est borgne, bossu et boiteux.
Il prend son chapeau et sa canne, et me laisse
avec son valet. Je sors : c'est ce que j'ai de mieux
à faire.

Je rencontre dans la rue l'homme aux douze
mille francs. Il m'aborde d'un air franc et ouvert.
« Je suis enchanté de vous rencontrer, unique-
« ment pour le plaisir de vous voir, car vous
« n'ayez pas oublié que c'est demain qu'échoit la
« lettre de change que vous avez passée à mon
« ordre. » Je rougis, je pâlis, je balbutie. Je lui raconte ce qui vient de se passer chez l'homme qui
est obligé de représenter. « Voilà qui est très-
« malheureux, me dit-il. Mais j'ai moi-même des
« engagemens à remplir. Si vous ne payez pas
« demain, je ferai protester, je vous poursuivrai
« au tribunal de commerce, et j'en serai au dés-
« espoir, car *je vous aime de tout mon cœur.* »

Ce misérable a cinquante mille livres de rente,

et n'en dépense pas dix par an. Mais que répondre à quelqu'un qui s'exprime aussi clairement? Je ne me soucie pas de faire un semestre à Sainte-Pélagie: il faut que je m'exécute. Je fais porter au *Mont-de-Piété*, qui n'a rien de pieux, les bijoux de ma femme et ma vaisselle, et cela parce que l'un ne veut pas me payer, et que l'autre veut l'être, quoique tous deux *m'aiment de tout leur cœur*.

Il est très-pénible, pour un homme qui pense, de mettre ses effets en gage. Cependant j'ai toujours cru que lorsque le malheur nous poursuit, et que nous ne pouvons plus lui échapper, il ne nous reste qu'un parti à prendre: c'est de nous retourner et de lui rire au nez. Afin de lui échapper, ou de rire, je laisse madame à la maison. Une jeune femme, qui a des talens, trouve toujours quelque moyen de dissipation, et je me décide à aller demander à dîner à un jeune homme, marié depuis six mois à une demoiselle qui l'idolâtrait. J'ai contribué à faire ce mariage; j'ai été à la noce; j'ai fait l'épithalame; j'ai pris la jarretière de la mariée: je suis sûr d'être bien reçu.

On m'accueille comme un vieil ami. La petite dame fait quatre pas au-devant de moi. Elle me présente son menton, parce qu'elle met du rouge, quoiqu'elle n'en ait pas besoin. Je baise ce menton aussi haut qu'il m'est possible. Le mari me serre la main; un joli officier me salue d'un air froid; quelques bons hommes me demandent si l'usage des œufs sera permis ce carême; on se met à table.

Le bon vin circule; la conversation s'égaie; on oublie les malheurs publics et particuliers. La petite dame m'avait placé à sa droite; le joli officier était à sa gauche. Je ne sais trop ce qui se passait sous la table; mais je recevais de temps en temps des coups de genou, dont mon amour-propre était tenté de se faire les honneurs. Il y avait heureusement devant moi une glace, qui a dissipé, en un clin d'œil, toutes mes illusions. Je me suis rendu justice, et ne pouvant être acteur, je me suis amusé à faire le tacticien. J'ai bientôt remarqué que ces coups de genou, qui d'abord avaient flatté ma vanité, n'étaient que des ricochets qui me venaient de M. le capitaine. S'il frappe partout, me disais-je, aussi vigoureusement qu'à table... je plains les ennemis.

Au moment où on passe au salon pour prendre le café, on annonce un bijoutier. « Ce n'est pas
« le moment, s'écrie l'époux avec humeur. — Ce
« l'est toujours, mon ami, de voir de jolies choses.
« — Mais, ma femme!... — Mais, monsieur! —
« Faites entrer, puisque madame le veut.

« — Oh, mon ami, les jolies boucles d'oreilles !
« la charmante bague! — Hé, madame, vous avez
« de tout cela à ne savoir qu'en faire. — Mon bon
« ami, mon cher ami, *je vous aime de tout mon*
« *cœur*; ne me refusez pas ces bagatelles-là. » Elle embrassait son mari avec une affection si vraie!...

Mais elle avait passé une main derrière elle, et j'ai surpris le capitaine qui la baisait avec transport : elle a la main fort jolie, cette petite dame-là. Elle s'est aperçue que je voyais ce manége, et elle est partie d'un éclat de rire. « Comment
« trouves-tu M. de Saint-Albin, qui me baise la
« main pendant que tu m'embrasses? — Ah! c'est
« très-plaisant, madame. — Revenons, mon ami,
« aux boucles d'oreilles et à la bague. — Mais
« quelle enfance, ma chère amie! — Tu résistes
« encore! ne t'ai-je pas dit que *je t'aime de tout*
« *mon cœur?* — Cela est fort bien, madame, mais...
« — Tiens, mon ami, composons. Je me contente
« des boucles d'oreilles, » et elle les tire de l'écrin.
« M. de Saint-Albin part après demain pour sa
« garnison. Tu es son ami ; je veux qu'il emporte
« un souvenir. » Elle prend la bague, et la passe au doigt de l'officier. Le mari fait la moue ; il réfléchit un moment ; il juge sans doute qu'il ne lui conviendrait pas de paraître économe en présence de dix personnes ; il paie, et quelques minutes après, sentant peut-être la sottise qu'il a faite, et voulant l'excuser, il nous dit du ton le plus sentimental : « Comment refuser quelque
« chose à une femme qui *m'aime de tout son*
« *cœur?* » L'officier sourit ; je lève les épaules ; les autres ne voient rien, ne pensent à rien, et boivent de toutes les liqueurs. Je sors.

Lorsqu'on a des effets en gage, on ne peut les en tirer que par deux moyens : diminuer sa dépense, ou ajouter à ses revenus. Je ne donnerai plus à dîner; mais je dînerai chez les autres. Je demanderai une place, et je l'obtiendrai : on en donne à tout le monde. D'ailleurs j'ai été l'ami de cœur d'un pauvre diable, redevenu grand seigneur, et très-certainement je n'aurai qu'un mot à lui dire.

Je vais chez mon ami le grand seigneur. Un monsieur, couvert d'or et portant une épaulette de colonel, me dit que son excellence n'est pas visible. Je demande la permission d'écrire un mot à son excellence. M. le colonel m'invite à entrer chez lui. Je réponds par une profonde inclination; j'entre, et je vois que je suis chez le portier de mon ami.

J'écris sur un carré de papier, grand comme une carte à jouer; je tutoie son excellence, et je signe : *ton vieil ami*. Le portier, qui sait lire, me comble de civilités. Il court, aussi vite que le permet son triple menton, et un ventre qui tombe sur ses genoux. Il remet mon billet à un domestique, qui le passe à un autre, celui-ci à un troisième. Un quatrième descend l'escalier en deux sauts; il vient à moi; monseigneur m'attend.

Je suis introduit. Mon ami vient au-devant de moi. Il a le sourire sur les lèvres, la satisfaction dans les yeux. Il me prend la main; il me force à m'asseoir. Il m'adresse les choses les plus obligeantes. Il est fâché de ne m'avoir pas prévenu.

Mais le fardeau des affaires est si pesant! Il regrette d'avoir été si long-temps sans me voir. C'est ma faute. Pourquoi ne me suis-je pas présenté plus tôt? Il présume que j'ai quelque chose à lui demander, et je peux compter sur ses services.

Je parle d'une petite place vacante, de dix à douze mille francs. Il me permet à peine de finir. « Vous aurez cette place, mon ami, vous l'aurez « très-certainement. Qui convient mieux pour la « remplir qu'un homme que *j'aime de tout mon* « *cœur?* Passez demain chez le ministre de ***. »

Voilà un brave homme, pensais-je en me retirant : les honneurs et l'opulence ne lui ont pas ôté la mémoire.

Je cours le lendemain chez le ministre. Monseigneur n'est pas visible. On me conduit, de sa part, chez un chef de division, qui me renvoie à un sous-chef, qui me renvoie à un commis, qui m'apprend que la place que je sollicite a été donnée hier soir, à la demande de mon ami le grand seigneur, au frère d'une danseuse de l'Opéra.

Je suis outré, furieux. Je retourne chez le colonel-suisse-portier, et je jette feu et flammes. Le portier-suisse-colonel veut me mettre à la porte. Je résiste; il fait venir la garde. On me conduit chez le commissaire de police, qui m'apprend qu'il faut parler bas chez un grand seigneur, à peine d'être mis en prison. Je me le tiens pour dit. Je rentre chez moi, et je répète dans l'amertume de mon ame : « L'ingrat ! le fourbe ! « il me pressait la main, en me disant avec effu- « sion, *je vous aime de tout mon cœur.* »

J'évite les hommes ; je me borne à la société de ma femme, que j'ai tirée de la médiocrité, qui est bonne, sensible, reconnaissante et qui m'aime vraiment *de tout son cœur.* La vie sédentaire ne me vaut rien, dit-elle. Elle me prie, elle me presse de prendre le grand air, de faire un peu d'exercice. Sa santé tient à la conservation de la mienne. Je cède à ses instances ; je sors, lorsqu'elle me fait observer que le temps est serein ; qu'un soleil bienfaisant me pénètrera de ses rayons.

Je passe un jour au Palais-Royal. J'achète un joli pâté, que je me promets de manger avec ma femme, et comme il n'est pas commode de se promener avec un pâté sous le bras, je rentre aussitôt.

Sur le même carré que moi, loge un assez beau garçon, qui semble épier toutes mes démarches. Je n'aime pas les espions, et je ne veux pas que celui-ci sache que je vais manger un pâté. Je monte par l'escalier dérobé, dont j'ai toujours une clé dans ma poche, et je trouve... oh ! mon dieu ! je trouve le voisin et ma femme... occupés à m'imprimer un caractère indélébile.

Je fais du bruit, et cela est assez naturel. Ma femme me dit froidement que le soin de ma santé exige que je sorte ; qu'elle ne peut, sans ses diamans, se montrer décemment en public, et que pendant mes absences, il faut bien qu'elle passe le temps à quelque chose. Ces raisons ne me paraissent pas convaincantes. Je tempête, je menace ; ma femme m'atterre, et me ferme la bouche avec ces mots : « Hé, tant d'autres le sont qui valent « mieux que vous. »

Quelle suite d'évènemens et de revers, occasionés par des gens que *j'aimais*, ou qui *m'aimaient de tout leur cœur!* Cette phrase serait-elle vide de sens? n'est-elle qu'une de ces vaines formules, qu'on prodigue à tort et à travers? Ma foi, j'en ai peur... mais non, non.

A MADAME ***

Je vois une figure empreinte
Du charme heureux de la candeur ;
Dans ces yeux, remplis de douceur,
L'ame la plus sensible est peinte.
De l'aimable folie une légère teinte
Fait valoir chaque trait d'un esprit enchanteur.
Ah ! c'est à vous qu'on peut dire sans feinte :
Je vous aime de tout mon cœur.

CAUSE CÉLÈBRE.

Dans tous les pays du monde, on recherche les causes célèbres; dans tous les pays du monde, il est des gens qui spéculent sur la curiosité publique, et qui ajoutent à l'éloquence ou au bavardage des avocats. Pourquoi n'exploiterais-je pas aussi une mine qui n'est la propriété de personne, mais qui appartient à tous, comme les fruits de la terre, dans l'âge d'or, étaient à celui qui voulait les cueillir?

Je sais que les causes célèbres sont ordinairement publiées par des savans qui portent la toge et la chausse; mais

> L'usage est fait pour le mépris du sage;

et je ne vois pas d'ailleurs ce qu'une chausse et une toge ajouteraient à mon mérite personnel. Au surplus, pour calmer les personnes très-scrupuleuses, non pour elles-mêmes, mais pour les autres, ces personnes qui veulent que chacun fasse son métier, et qui en changent selon les circonstances, comme de visage et d'opinion, je veux bien leur apprendre que je ne suis pas tout-à-fait étranger à l'honorable profession d'avocat. J'ai commencé mon droit à Paris et à Reims : il il est vrai que je ne l'ai fini nulle part.

On peut déja remarquer que je n'étais pas sans dispositions pour le barreau : voici une introduction étrangère au sujet, et par conséquent inutile au lecteur; mais qui, grossoyée en façon de requête, produirait quelques rôles qui ne seraient pas perdus pour tout le monde. J'entre en matière enfin, car il ne faut abuser de rien, pas même du droit de grossoyer.

Un bon marchand de la cité de Londres avait fait apprendre à son fils le grec et le latin, d'après le principe généralement admis alors, qu'on ne peut laisser à ses enfans un héritage plus sûr qu'une bonne éducation. En conséquence de ce système, le petit Williams était sorti de son école aussi savant qu'il fallait l'être pour entrer à l'université d'Oxford.

Au bout de quelques années, il parlait latin comme Ciceron, et Grec comme Démosthènes. Il possédait parfaitement l'histoire ancienne, et ne se doutait pas de ce qui se passait dans son pays.

Il rentra chez son père, la tête pleine de mots et vide d'idées. Il citait à tout propos; son père était dans l'admiration; mais ses amis, qui ne connaissaient ni M. Thémistocles ni M. Décius, cessèrent de fréquenter sa maison, d'après le privilège qu'on a en Angleterre d'éviter les lieux où on s'ennuie.

En Angleterre, allez vous dire? En Angleterre comme ailleurs. « Pas du tout, M. l'Aristarque.
« Ne vous est-il jamais arrivé de vous ennuyer
« auprès d'un malade dont vous convoitiez la suc-
« cession? de bâiller auprès d'un mari, dont la
« femme vous paraissait aimable ? de caresser,
« chez un protecteur, le petit chien qui vous
« enfonçait ses ongles dans les jambes? de faire
« des visites de politesse, ou de devoir? de faire
« le piquet d'une vieille tante sourde, pour glisser
« quelques mots à sa nièce? d'écouter, avec des
« marques de déférence, un imbécile qui bégaie,
« parce qu'il a un cordon rouge ou bleu? de lire un
« ouvrage assomant, parce que l'auteur est de vos
« amis, et qu'il faut que vous lui disiez du bien
« de son livre? d'écouter cinq à six airs, chantés
« avec une voix aigre et sans mesure, parce que
« la chanteuse vous a donné à dîner? d'aller, par
« complaisance, à une séance de l'institut?...

« — Hé, monsieur, tout cela se fait sans doute
« à Londres comme à Paris. — Oui-dà? Hé bien,
« à la bonne heure. Revenons. »

Le père de Williams eut le malheur d'éprouver plusieurs banqueroutes, qui l'obligèrent à la faire à son tour, ce qui ne l'enrichit pas, comme cela arrive quelquefois ailleurs. Il vendit tout, jusqu'à son mobilier, pour payer ses dettes, ce qui encore n'arrive pas souvent ailleurs. Il se retira dans un hospice, établi en faveur des vieillards indigens et probes, et il laissa son fils dans le monde, avec son grec et son latin, M. Régulus et M. Léonidas.

Le jeune Williams porte son érudition et sa misère aux pieds de tous les gens en place. Il veut être secrétaire chez l'un, précepteur chez l'autre. L'un n'écrivait que des billets d'invitation; l'autre avait donné à son fils un maître d'arithmétique, et un *professeur à boxer*.

Williams commença à sentir qu'il vaut mieux savoir un métier que le latin. C'était aussi l'avis de Jean-Jacques, qui n'était pas plus bête qu'un autre, quand il se donnait la peine de raisonner.

On rabat de ses prétentions, à mesure que la misère se fait sentir davantage : un laquais mange tous les jours. Williams serait entré, assez volontiers, dans une maison opulente, pourvu cependant qu'il ne fallût pas porter la livrée. Il trouva bientôt, dans les papiers publics, une condition telle qu'il la désirait. Mais comment se présenter sans répondans, et le moyen de consentir à devoir quelque chose à des amis qui avaient abandonné son père au moment de sa catastrophe, ainsi que cela se pratique assez partout? Williams s'avisa d'un expédient digne d'un Romain, dans les beaux jours de la république : il fit une liasse des quittances des créanciers de son père, et il fut hardiment se présenter....

« Madame, dit-il, je ne connais personne de
« qui je puisse me recommander; mais je suis le
« fils d'un honnête homme, en voilà des preuves,

« et je tiens encore à l'âge heureux où on n'a
« pas oublié les leçons de morale qu'on trouve
« dans l'histoire ancienne. »

Madame tenait plus, selon les apparences, à
l'histoire moderne qu'à l'ancienne, car elle ne
donna pas une grande attention à la harangue
de Williams; mais, en revanche, elle l'examina
fort attentivement.

Il était porteur d'une jolie figure; il était bien
fait, et il ne s'en doutait pas.

Une femme de chambre, qui paraissait être
dans l'étroite intimité de madame, fut aussitôt
chargée d'installer Williams, et de l'instruire de
ce qu'il aurait à faire. Ses fonctions ne devaient
pas être fatigantes. On lui assigna, pour poste,
l'antichambre, où il fallait qu'il fût à huit heures
du matin, proprement mis et en linge blanc, et
où il n'aurait rien à faire qu'à être attentif au
coup de sonnette, et à se présenter aussitôt chez
madame.

Madame avait vingt-cinq ans. Elle était jolie
et belle à la fois. On l'avait unie à un homme
de soixante ans, grand chasseur, grand buveur,
et une semblable position a toujours quelque
chose de très-critique pour une femme de cet
âge-là.

Il est, dit-on, de belles dames qui ne prévoient
pas la veille ce qu'elles voudront le lendemain;
qui ne se soucient ni d'aller chez les autres, ni
d'attendre chez elles, et qui sont bien aises d'a-

voir sous la main, et au premier coup de sonnette, ce qui peut les amuser un moment.

Madame sonna; Williams entra. Madame lui dit de s'asseoir auprès d'elle; Williams rougit et recula. Madame se leva, et fut lui parler de très-près. Williams rougit plus fort, et sa respiration s'embarrassa. Je ne sais, précisément, ce qu'ajouta madame; mais elle s'expliqua si clairement, que Williams se rappela le trait qui a immortalisé un des Scipions. Il fit remarquer, très-respectueusement à madame, qu'un esclave à Rome, qui jouait un pareil tour à son maître, était puni de mort. Les yeux de madame s'allumèrent; elle se pinça les lèvres, renversa un déjeuner de porcelaine, et tourna le dos à Williams.

Monsieur rentra, fatigué, excédé d'avoir couru, pendant six heures, un lièvre qui ne lui avait pas fait de mal, et qu'il n'avait pu prendre. Il trouva madame en colère, Williams interdit, et le parquet couvert des débris de sa porcelaine. Madame se plaignit amèrement de la maladresse du laquais qu'elle avait arrêté la veille; monsieur lui dit qu'il fallait le renvoyer. Williams déclara, avec ingénuité, que madame avait renversé le déjeuner, et qu'il était innocent du fait. Il allait, probablement, remonter à la cause de la colère de madame, lorsque monsieur l'interrompit vivement, lui dit qu'il était un *liar*, un *rascal*, et que madame ne l'avait jamais trompé. Il lui donna un coup de poing et une guinée, et il le mit à la porte.

Williams retourna lire la gazette, qui lui indiqua une autre maison, où il fut se présenter, ses quittances à la main.

Madame n'était plus jeune, elle n'avait jamais été jolie. Cependant elle avait contracté certaines habitudes, auxquelles elle tenait encore beaucoup, et elle couvrait, des dons de Plutus, une figure sans effet. Williams fut retenu pour le même genre de service qu'il avait refusé de remplir dans la maison d'où il sortait. Il n'avait pas eu besoin de réfléchir long-temps, pour sentir que ce qui avait contribué à immortaliser Scipion était duperie dans un pauvre domestique, qui ne peut prétendre à jouer un rôle dans l'histoire, et il se soumit d'assez bonne grace à gagner les guinées de madame.

Les femmes ont, dit-on, une adresse inconcevable pour cacher certaines peccadilles, même à ceux qui ont le plus d'intérêt à éclairer leur conduite. Cependant il est des momens où la plus fine ne calcule rien, et madame oublia tout-à-fait l'heure où monsieur était dans l'usage de rentrer. Monsieur rentra, très-mal à propos pour lui, parce qu'il est des choses qu'un mari ne se soucie pas de voir, et plus mal à propos pour Williams, qu'il accabla de coups, et à qui il ne donna pas *un penny*.

Williams sortit de cette maison, chargé de contusions, et il se mit à révasser, en marchant au hasard. Je suis bien malheureux, se disait-il! J'ai été battu et chassé pour avoir fait le Scipion ; me voilà battu et chassé encore pour avoir fait le contraire. Comment faut-il donc se conduire, pour n'être ni chassé, ni battu?

En se parlant, en se frottant les joues, en grimaçant, en bâillant, Williams arriva sous les murs de *White-Hall*. Là, un grand tableau, à demi-usé, représentait un tigre d'une grosseur effrayante; un lion, près duquel celui de Némée n'était qu'un lionceau ; un prince noir, que le dieu des jardins avait comblé de ses dons, et qui méritait l'empire du monde, s'il suffit, pour l'obtenir, de porter le plus beau des sceptres qui jamais aient séduit la beauté.

Un peu plus bas, paraissaient deux femmes, qui pourtant n'en faisaient qu'une. Elles avaient deux têtes, quatre bras, quatre pommes, très-préférables à celles des Hespérides; mais, des hanches à la pointe des pieds, elle n'avaient que ce qui est propre à une seule femme. Figurez-vous l'Isis et la Tamise, séparées jusqu'à leur confluent, et se jetant dans la mer par une même embouchure.

Il résultait de cette organisation, que lorsque l'une voulait marcher, l'autre était obligée de la suivre; que lorsque la seconde voulait s'asseoir, la première était forcée de s'arrêter; que quand une des sœurs éprouvait un besoin, il fallait que son inséparable compagne s'y soumît, quoiqu'elle ne le partageât point, ce qui amenait quelquefois entre elles des contestations assez vives.

Le Bobêche de ce pays-là arrêtait les passans par ses quolibets. Un lambeau de tapisserie se levait, pour une modique rétribution, et donnait un libre accès aux curieux.

La nouveauté de ce spectacle rappela l'*Androgyne* à la mémoire fidèle de Williams, et il se sentit frappé d'admiration. Les descriptions emphatiques de Bobêche, les plaisanteries un peu vives dont il les assaisonnait, excitèrent la curiosité de l'auditoire. La salle s'emplit en un instant, et Williams se trouva sur la première banquette.

M. Randall, propriétaire de cette ménagerie, s'étendit longuement sur les qualités et les vices du tigre, du lion, et d'une quantité d'autres animaux, dont il avait dédaigné de charger son enseigne. Si on l'en croyait, il avait fait, trois fois, le tour du monde. Les montagnes les plus élevées de l'Europe, les déserts de l'Asie, les sables de l'Afrique, les contrées les plus reculées de l'Amérique n'avaient rien de rare ou d'intéressant, qui ne fût dans sa précieuse collection, et il faisait à lui seul les délices de la cour et de la ville. « Puisque vous avez vu tant de choses, lui dit
« Williams, pourriez-vous me dire si les *sangliers*
« de Macédoine grognent, comme nous l'assure
« *Pline*; si la femme, qui gronde, fait fuir le *lion?*
« Est-il vrai que le *goulu*, le plus vorace des
« animaux, contrefasse l'enfant qui crie, pour

« attirer sa proie ; que l'oiseau *trochilòs* serve de
« cure-dent au crocodile, et que pendant que
« celui-ci se délecte et bâille de plaisir, l'*ichneu-*
« *mon* se glisse dans ses entrailles, et les dévore?
« Avez-vous rencontré des autruches plus hautes
« qu'un homme à cheval? avez-vous vu la *mé-*
« *rope* voler en arrière, avec le seul secours de
« sa queue? savez-vous la dialecte dont se ser-
« vent les oiseaux de l'île de *Diomède?* Ce n'est
« plus que d'eux qu'on peut apprendre la vraie
« prononciation grecque. Hélas! nous avons perdu
« le *porphyre*. Ce chaste oiseau avertissait les
« maris des infidélités de leurs femmes, et elles
« se sont liguées pour en exterminer la race. »

Williams fut arrêté là, et vous devinez par qui. Les femmes, qui faisaient partie de l'auditoire, n'avaient pas payé, disaient-elles, pour entendre les fables qu'ont racontées les voyageurs. Elles appelèrent, à voix basse, d'abord, celui qu'elles avaient admiré en peinture. Ce premier chuchotement s'éleva peu à peu en *crescendo* général. Bientôt, on n'entendit plus, dans la salle, qu'un cri : le prince noir! le prince noir!

M. Randall, très-embarrassé des questions multipliées que venait de lui adresser Williams, sut intérieurement bon gré à ces dames de le dispenser d'y répondre, et il se hâta de les satisfaire.

Le monarque africain parut. Son front auguste était couvert d'un diadême de plumes de coq; le clinquant et la pourpre brillaient sur ses reins;

son sabre étincelait du feu de diamans faux; il tenait à la main un arc qui avait incontestablement appartenu à la reine de Carthage; enfin il ressemblait parfaitement à un héros d'opéra, à cette différence près, qu'il portait une tunique ouverte par devant, et qu'il n'était pas dans ses usages d'avoir le pantalon de couleur de chair.

Il s'avança avec une majesté pleine de graces, et il salua les dames, qui baissèrent un peu les yeux, par une très-bonne raison : c'est qu'elles n'étaient pas venues là pour regarder... au plafond.

Les témoignages de l'étonnement et de la plus vive satisfaction éclatèrent de toutes parts. Des soupirs étouffés se mêlèrent aux *bravo*, et on distingua nettement ces mots, articulés par de très-jolies bouches : Plût à dieu que mon mari !... Plût à dieu que mon amant !...

Comme on ne peut toujours admirer et former des vœux inutiles, l'enthousiasme général se calma insensiblement, et on parla de la beauté double, qui pourtant n'en faisait qu'une à un point assez intéressant.

Deux filles, jeunes comme Hébé, jolies et fraîches comme elle, s'avancèrent, soutenues sur deux colonnes d'albâtre. C'est tout ce qu'elles avaient à elles deux, ainsi que j'ai déja eu l'honneur de vous le dire.

M. Randall les fit nées à la Cochinchine. La beauté est de tous les lieux; partout elle exerce le même empire. On n'écoutait plus M. Randall, on admirait. Les hommes étaient dans l'enchantement, et les femmes ne trouvaient aux deux sœurs d'autre défaut que celui de leur conformation. Jugez combien elles étaient belles!

Lindamire était blonde. Ses grands yeux bleus exprimaient une douce langueur. Ceux d'Idamore étaient noirs et animés. Les bras les mieux arrondis ; des gorges naissantes, dessinées par l'Amour, faisaient des deux sœurs deux femmes accomplies.

Williams avait un cœur tendre, et ce cœur n'attendait que le moment de se développer. La touchante Lindamire fit sur lui l'impression la plus forte, et la jalousie naquit en son sein, en même temps que l'amour. Il fut révolté de voir tant de charmes livrés à l'œil de la curiosité impertinente. Il se remit cependant un peu, en pensant que Vénus sortit nue du fond de la mer, et qu'il fallait bien qu'elle eût été vue dans cet état, pour que le fait historique parvînt jusqu'à nous. Il se souvint que les filles de Sparte paraissaient, sans voiles, dans les fêtes publiques, et il conclut de tout cela que Lindamire pouvait suivre un plus mauvais exemple que celui d'une déesse, qui avait eu des temples par toute la terre, et que celui des filles les moins soigneuses de leur toilette, et les plus chastes de la Grèce.

Le spectacle était terminé. Lindamire et Idamore étaient disparues ; les spectateurs étaient sortis; déja le *Bobéche* appelait d'autres amateurs, et Williams, livré à des réflexions de toute espèce, paraissait cloué sur son banc.

M. Randall l'avertit qu'il n'y a plus rien à voir, et Williams ne l'entend pas. Randall lui prend le bras; Williams le regarde et soupire. « Que ne « donnerais-je pas, dit-il enfin, pour passer ma « vie ici ! »

Randall est frappé d'un trait de lumière. Il sent qu'un jeune homme qui possède parfaitement son *Pline*, peut lui faire un monstre de l'animal le plus commun, et entraîner l'auditoire par sa profonde érudition. Williams est beau et bien fait : Randall prévoit le parti qu'il peut tirer de l'Adonis moderne, en le *tatouant*, et le transformant ainsi en un homme de la mer du Sud. Il entame franchement la négociation, et le traité est bientôt conclu. Williams consent, pour une *couronne* par jour, à faire partie de la collection de M. Randall.

Ivre de joie et d'amour, il lève le rideau de fond, et va se joindre à ses charmantes compagnes. Il est agréablement surpris d'entendre que les petites sœurs parlent anglais aussi bien que lui. Il apprend qu'elles sont nées dans le comté de Sussex, d'une ravaudeuse et d'un porte-faix ; que Randall les a achetées au moment de leur naissance, ce qui fait qu'elles le regardent comme leur père.

La journée n'était pas écoulée, que Williams

avait déclaré le tendre penchant qui l'entraînait vers Lindamire. Lindamire n'avait que quinze ans. Elle ne voyait habituellement que Randall, qui était vieux, et le prince maure, plus propre à inspirer l'effroi que l'amour à une petite fille de cet âge. Ce jeune cœur n'avait pas battu encore; les douces paroles de Williams lui causèrent une certaine émotion. Elle le regarda plus attentivement, et elle rougit. Naïve et sincère, elle répondit par un aveu à celui de son amant.

Ce fut alors seulement que Williams eut assez de liberté d'esprit pour s'occuper du passé et de l'avenir. Il revint à cette idée, que le genre de vie que suivait Lindamire s'accordait peu avec les principes que tout homme veut trouver dans sa maîtresse... et auxquels il aime tant à la voir déroger en sa faveur. Des questions multipliées, mais présentées avec adresse, et faites du ton de l'indifférence, amenèrent des réponses ingénues qui le convainquirent que sa belle n'avait contracté d'autre mauvaise habitude que celle de se montrer en public cinq à six fois par jour, précisément dans l'état où Vénus parut sur sa conque marine, poussée par des flots de tritons.

Williams réfléchit ensuite qu'il avait été battu, d'abord, pour avoir été trop sage, ensuite pour ne l'avoir pas été assez, et il conclut que pour n'être querellé par personne, il faut avoir une femme à soi.

En conséquence de ce raisonnement, Williams

s'adressa à M. Randall, et lui fit solennellement la demande de mademoiselle Lindamire. Randall, homme prudent et avisé, demanda huit jours pour penser à cette affaire-là.

Il espérait bien qu'il pourrait naître de ce mariage quelque chose d'aussi original que Lindamire et Idamore; mais il sentait, en même temps, que le mari d'une des deux sœurs pourrait les emmener toutes les deux, et lui faire perdre la plus belle pièce de sa ménagerie. Ces idées contradictoires lui travaillaient fortement la cervelle.

La semaine était prête à finir : Williams l'avait employée à plaire à M. Randall. Orateur un jour, homme de Taïti le lendemain, il remplissait ces deux rôles avec un égal succès. Il étonnait les savans les plus opiniâtres, et il donnait à plus d'une femme l'envie de voyager sur la mer du Sud. Il passait ses momens de repos aux genoux de Lindamire; à chaque instant il lui devenait plus cher, et la petite commençait à trouver que huit jours sont bien longs pour deux cœurs qui désirent. Idamore dormait pendant ces touchantes conversations, par la raison qu'une femme s'intéresse peu aux plus jolies choses, quand c'est à une autre qu'elles s'adressent.

Le soleil éclaira enfin ce huitième jour tant attendu, et M. Randall, sommé de s'expliquer catégoriquement, répondit qu'il consentait à ce mariage, sous la condition expresse que Williams et les deux sœurs s'engageraient à son service pour neuf ans; que pendant la durée du bail, ils ne pourraient s'éloigner de lui sous aucun prétexte, et qu'ils ne prétendraient à d'autres honoraires que ceux de trois *couronnes* par jour.

Williams se serait engagé pour toute sa vie, et à bien meilleur marché. Il sauta au cou de Randall, il sauta au cou de Lindamire, d'Idamore; il aurait, je crois, sauté au cou de Matapan, le prince maure, si son altesse n'eût été alors occupée à remettre au noir quelques parties de son individu qui commençaient à blanchir.

Williams avait reçu quelques guinées des deux femmes qu'il avait si différemment traitées, et la semaine lui avait rapporté sept *couronnes*. Avec cela, on peut penser à des présens de noces, et on en fait à Londres comme à Paris. Le plus indispensable était un jupon, car mademoiselle Lindamire allait paraître en public portant un titre respectable. Il fallait nécessairement changer un certain meuble contre un autre assez spacieux pour recevoir un nouvel hôte; enfin il était dans les convenances d'offrir à M. Randall, à Matapan et au Bobêche le *roast-beef*, le *plumb-pudding* et le *porter*. Williams faisait ses dispositions en invoquant l'entremise du ministre anglican. Il n'avait pas besoin de notaire, parce qu'où il n'y a rien, il ne faut pas de contrat. Lindamire n'avait pas de parens; le père de Williams venait de mourir à son hospice, où il manquait du nécessaire, bien que les journaux anglais s'extasiassent sur la beauté, la salubrité de ces établissemens, leur utilité, et les soins et secours de toute espèce qu'on y prodigue à la vieillesse. Ainsi Williams, dispensé d'une foule de formalités, faisait marcher ses affaires de front, et arrivait à grands pas au dénouement.

M. Randall n'entendant pas perdre une recette, il fut décidé qu'on s'épouserait de grand matin ; et l'époux, radieux de plaisir, Lindamire, rouge de plaisir, se disposèrent à se rendre au temple.

Il était indispensable qu'Idamore accompagnât sa sœur, et il lui était égal que Lindamire se mariât ou non. Elle consentit à passer sa jambe dans le jupon qui venait de recevoir celle de sa sœur, et on partit.

Le ministre anglican parut d'abord étonné de voir deux futures épouses. On lui dit que la blonde seule requérait son ministère. Il invita la brune à se retirer en arrière. On lui répondit que ces demoiselles étaient jumelles, et qu'elles ne se quittaient jamais. « Ce soir, pourtant… » grommelait le ministre… Au reste, c'était un homme accommodant, qui faisait rondement, bonnement son métier, et il maria mademoiselle Lindamire, aussi bien qu'une fille puisse l'être.

Le banquet nuptial terminé, les nouveaux époux se retirèrent chez eux, et M. Williams prétendit… il venait d'en obtenir la permission au temple.

Ici commence la longue suite d'évènemens, d'incidens principaux ou accessoires, qui donnèrent lieu au procès le plus étrange, le plus inouï, le plus compliqué, le plus incroyable qui jamais ait occupé les docteurs du consistoire de Londres, et les jurisconsultes de tous les tribunaux.

Idamore, en consentant à prêter à sa sœur une jambe pour aller au temple, sentait confusément qu'elle pourrait être témoin de certaines choses qui, dit-on, piquent toujours un peu la curiosité d'une jeune fille; mais, très-novice encore, elle était loin de soupçonner qu'elle dût prendre une part très-active à ce qui allait se passer.

Williams avait trouvé, pendant le dîner, le moment de donner quelques instructions à sa femme. Lindamire était prévenue que tout ne glisse pas comme un mât de Cocagne, et Lindamire se résignait. Idamore, qui n'était prévenue de rien, et qui ne croyait pas avoir d'intérêt à prendre son parti, Idamore cria, tempêta, s'agita, s'échappa, entraîna sa sœur, gagna les tréteaux du haut desquels Bobêche alléchait les passans, passa sa jambe pardessus la barre de bois qui tenait lieu de balustrade, et se disposa à sauter dans la rue. Lindamire, étonnée, exaspérée de la violence des mouvemens de sa sœur, effrayée de l'intervalle qui la séparait du pavé, arrêtée par son mari furieux, Lindamire porta avec force sa jambe en arrière, et les parties supérieures se trouvant en équilibre, retinrent le tout à califourchon sur la maudite barre, attitude dont une rigoureuse modestie n'avait pas donné le dessin.

Un grand et vieux singe, à qui on avait accordé la vétérance, la liberté, et qui était devenu commensal de la maison, Coco regardait cette scène d'en bas. Il se sentit ranimé à l'aspect de certaines choses bien propres à opérer des prodiges, et il s'élança sur sa proie. Cet attentat porta la rage de Williams au dernier période. Il saisit son épouvantable rival, et le détacha malgré ses efforts. L'animal, dépossédé, tourne le théâtre, un œil sur son adversaire, l'autre sur l'objet séduisant de ses vœux. Williams se jette sur le bois d'une licorne, et le lance à la tête de Coco. Coco esquive le coup, renvoie le javelot à Williams, et lui fait venir une bosse au front. Williams croyait aux présages. « Du moins, s'écria-t-il « en écumant, ce ne sera pas de ta façon. » Il pousse d'un bras nerveux le sabot d'un élan, et blesse Coco à la mâchoire. Coco, plus habitué à combattre corps à corps qu'à se servir d'armes meurtrières, fait une feinte, saute sur les épaules de Williams, et lui arrache une poignée de cheveux. Williams ne peut se défaire de cet ennemi acharné, qu'en se plongeant avec lui dans une cuve d'eau qu'on tenait toujours pleine pour prévenir un incendie. Coco n'évite une suffocation certaine qu'en sautant promptement à terre. Il tombe sur le pied d'un monstre marin, et le convertit en assommoir. Déjà le dos et la poitrine de

Williams ont résonné sous les coups, lorsque la cuisse d'un géant s'offre à l'œil égaré de celui-ci. Il s'en fait une arme nouvelle qui menace le redoutable Coco. Ils s'arrêtent et se mesurent des yeux. Tel on vit autrefois, sur les bords du Simoïs, l'indomptable fils de Thétis attendre et braver le plus redoutable des défenseurs d'Ilion.

Cependant, comme des guerriers, déterminés à mourir ou à vaincre, ne s'observent pas toujours, Coco revient à la charge avec une nouvelle vivacité. Il croit assener à Williams un coup décisif; l'époux outragé se détourne. La violence du mouvement et la pesanteur de l'arme entraînent Coco, la tête la première. Son ennemi profite du moment, et lui pourfend le crâne. Ses membres s'étendent en frissonnant, et ses yeux se couvrent d'ombres éternelles.

La belle Hélène, du haut des murs de Troie, avait applaudi, non à la valeur du beau Pâris son amant, mais à celle d'Hector son beau-frère. Ainsi, Lindamire, à cheval sur son balcon, venait d'admirer l'intrépidité de son Williams. La bravoure plaît à toutes les femmes, et la criarde Idamore daigna donner des éloges au vainqueur. Williams profita de ces dispositions favorables pour réintégrer la beauté double sur le trône de l'hymen, et il allait finir ce qu'il avait glorieusement commencé, lorsque l'intraitable Idamore l'arrêta de nouveau par ses gestes, ses contorsions et ses grimaces.

Lindamire était patiente; mais il n'est pas de vertu qui ne s'épuise enfin, et la jeune épouse crut mettre fin à des débats fatigans, en disant d'un ton très-aigre à sa sœur : « Je le veux. — « Et moi, je ne le veux pas. — Je me suis mariée « pour quelque chose. — Moi, je ne dois rien à « ton Williams. — Il a pour lui les lois et le ciel. « — J'ai pour moi mes ongles, et je lui arrache « les yeux, s'il ne sort de là à l'instant. »

Plus fait douceur que violence, dit un vieux proverbe. Lindamire, voyant que la fermeté ne pouvait rien sur Idamore, essaya les moyens insinuans. Elle lui expliqua comment, graces à leur conformation, elle pourrait, sans exposer sa réputation, sans même que le monde ait à gloser, partager son bonheur. Elle lui démontra que son époux lui appartiendrait autant qu'à elle. Elle ajouta que la félicité de toutes deux ne lui coûterait qu'un moment de résignation.

Les discours les plus longs ne sont pas toujours persuasifs. Celui-ci avait plus de substance que toutes les harangues académiques ensemble, et Idamore, après avoir réfléchi un moment, se résigna aussi complètement que sa sœur.

Deux jours n'étaient pas écoulés, que la plus douce harmonie régnait dans le petit ménage, double d'un côté, simple de l'autre; mais dans le cas dont il s'agit, un mari en valait deux. La huitaine tout entière passa comme un éclair, et Idamore, la récalcitrante Idamore, entièrement corrigée, disait souvent à sa sœur, pendant l'intervalle d'une représentation à l'autre : « Lindamire, appelle donc ton mari. »

Est-il un bonheur durable ici bas? Les deux sœurs étaient innocentes comme Eve, avant que le serpent la tentât; comme elle, elles furent tentées, et elles succombèrent comme elle.

Pendant le temps qui précéda le double et simple mariage, elles ne s'étaient pas aperçues qu'elles étaient sans voiles, et elles n'avaient remarqué dans certains charmes de Matapan, si puissans sur l'imagination des belles dames de Londres, qu'une monstrueuse difformité. Idamore était brune; son esprit était vif; elle avait toujours eu la manie des comparaisons, et comme le dit fort bien un autre proverbe : l'appétit vient en mangeant.

« Ah! dit-elle un jour à sa sœur, Williams est
« un homme fort aimable, mais d'ailleurs fort or-
« dinaire. Je suis sûre que Matapan... — Qu'oses-tu
« penser, Idamore ! Moi, je tromperais mon
« époux ! — Hé ! ne t'en donne-t-il pas l'exem-
« ple ? Ne t'est-il pas infidèle tous les jours, même
« en te prouvant sa tendresse ? — A la bonne
« heure; mais c'est malgré lui. D'ailleurs, si tu
« gagnes, moi, je ne perds pas. — Quelles misé-
« rables subtilités ! Allons au fait. Quand tu as
« voulu te marier, me suis-je opposée au succès
« de tes vœux, et n'ai-je pas incontestablement
« le droit de faire en ma faveur ce qui t'a paru
« légitime pour toi? Williams d'ailleurs sera-t-il

« réellement fondé à se plaindre? Il n'a pu épou-
« ser qu'une de nous, et son mariage est-il un
« titre qui voue l'autre au célibat? »

Lindamire éprouvait bien quelques scrupules;
mais Idamore combattait ses raisonnemens avec
une arme qui est très-souvent victorieuse auprès
des femmes, l'attrait de la curiosité et de quelque
autre chose encore. Ses tableaux étaient si vifs,
si variés, si vrais, qu'enfin sa sœur lui dit, l'œil
humide, l'organe voilé : « Mais Matapan ne pense
« pas à t'épouser. »

Il est vrai que le prince maure n'avait fait aucune attention particulière à ces demoiselles.
Il les avait vues croître, et leurs charmes, se dé-
veloppant lentement sous ses yeux, n'avaient
produit sur lui aucune sensation. Matapan d'ailleurs jouissait depuis long-temps d'un privilège
qu'ont à Londres, comme à Paris, les hommes
publics, doués d'un mérite éminent quelconque.
Celui de Matapan était de nature à charmer toutes
les belles, et il n'éprouvait d'autre embarras que
celui du choix.

La petite Idamore savait tout cela, ou du
moins elle s'en doutait. Depuis quelques jours elle
observait; elle remarquait des coups d'œil expres-
sifs, qui partaient de toutes les banquettes; elle
voyait Matapan répondre à celles qui lui paraissaient dignes de ses bontés, et elle se promit bien
de faire jouer, à son tour, des yeux que la nature

avait faits très-jolis, et que le désir rendait éloquens.

Matapan rit d'abord des agaceries de la petite. Bientôt son amour-propre y attacha quelque importance. Il cajola, il caressa, il pressa Idamore. Idamore lui déclara, avec dignité, qu'elle ne donnerait son cœur qu'avec sa main. L'idée d'un nœud indissoluble effraya d'abord Matapan. Il réfléchit bientôt qu'il ne serait pas plus mari qu'un autre, et qu'il est avec le ciel des accommodemens. Williams d'ailleurs, fier de son alliance avec Randall, commençait à prendre, avec lui, des airs de supériorité qui lui déplaisaient fort, et l'envie de lui jouer un tour, les agrémens des deux sœurs, l'idée d'une union qui n'avait pas d'exemple, tout contribua enfin à le déterminer.

La proposition d'un engagement de neuf ans gagna facilement M. Randall. Mais il fallait tromper Williams, qui ne consentirait pas à ce nouvel arrangement, et qui ne verrait dans Matapan qu'un rival heureux, bien qu'il fût le mari d'Idamore. Lindamire, la volage, l'infidèle Lindamire, et Randall entrèrent dans le complot. Les formalités, secrètement, bien et dûment remplies, on envoya Williams, à l'autre bout de la ville, acheter une oie, dont il devait faire un griffon. Il est à peine parti, que Randall, la double beauté et Matapan sautent dans un fiacre. On arrive au temple. Le marieur, qui avait béni la flamme de Williams, et qui ne connaît pas le dessous... non des cartes de ces demoiselles, n'avait pas de raison pour ne point consacrer les feux de Matapan. Il le conjoint à la sémillante Idamore, délivre son certificat en bonne forme, et les nouveaux époux rentrent à la ménagerie.

L'homme, qui n'est que géomètre, parle toujours problêmes; le procureur imbécille, papier marqué; le gobe-mouche, politique; et Matapan, qui n'avait qu'un genre de mérite, se hâta de le faire briller. Il venait d'opérer des prodiges, lorsque Williams rentra, son oie sur l'épaule. Hélas! le malheureux ne se doutait pas de l'accident qui lui était arrivé. La bosse, que Coco lui avait imprimée au front, était cependant un pronostic à ne pas négliger. Toujours tendre, toujours empressé, il court dans les bras de la perfide Lindamire... Un bas de soie va à toutes les jambes; mais celui qui a la jambe grêle, doit veiller à ce qu'une jambe forte ne le chausse pas. O surprise ! ô douleur ! ô rage !... La voix de Williams expire sur ses lèvres.

Idamore part d'un éclat de rire ; le rire se répète derrière la toile du fond. Matapan paraît dans un état à prouver qu'il est l'auteur du délit, et qu'il a les plus fortes dispositions à le renouveler. « Oh ! traître, s'écrie Williams, tu paieras cet ou-« trage de ta vie. » Et il saute sur une dent d'éléphant, qui menace alternativement les deux yeux de son rival. Matapan le regarde d'un air dédaigneux, lui fait faire une pirouette, et lui dit : « Me prends-tu pour un Coco ? Crois-moi, ex-« pliquons-nous, c'est ce que tu as de mieux à « faire. » Williams, calmé tout à coup par l'air imposant et décidé de son adversaire, voulut lui parler scrupules, honneur, délicatesse ; Matapan lui ferma la bouche, en lui présentant l'acte de célébration de son mariage.

L'infortuné, ne sachant plus sur qui tourner sa colère, se décide à battre vigoureusement la partie de ces dames qui lui appartenait exclusivement. Un geste menaçant du prince maure l'arrête ; les pleurs de sa femme le désarment. « Hélas ! « lui dit-elle, pouvais-je empêcher ma sœur de « se marier ? — Tu pouvais m'avertir de son pro-« jet ; j'en aurais prévenu l'exécution. Mais tu étais « leur complice. Ciel, juste ciel ! je partagerais « avec Matapan... que dis-je, partager ! Je viens « de me convaincre qu'il est tout maintenant, et « que je ne suis rien. Il a pour lui des bras re-« doutables ; mais j'ai la loi en ma faveur, et je « cours l'invoquer. »

Williams met son bel habit, et court frapper à la porte du consistoire, que cette affaire ne regardait pas. Il est reçu par un vieux prêtre anglican, qui ne comprend rien à ce qu'il lui conte, et qui le fait répéter dix fois. Il entrevoit enfin que le plaignant s'est marié à une jeune et jolie fille ; qu'un rival et l'épousée se sont rendus coupables de viol et d'adultère ; qu'au moment même où la plainte est portée, l'honneur du mari reçoit peut-être un nouvel échec... Et cela était vrai.

Le vieux prêtre s'était marié tout bonnement, avait tout bonnement fait trois ou quatre enfans à sa femme, avait vécu avec elle sans penser à rien, et ne soupçonnait pas la moindre chose des nuances, des subtilités, dont cette affaire-ci était surchargée. Modeste, se défiant de lui-même, et simple comme la bonhommie, il fait entrer Williams dans une salle, où étaient rassemblés dix à douze ministres, des plus fins, de ce coquin de Luther, qui est damné, lui et ses adhérens, ainsi que chacun le sait.

Le cas, bien et dûment exposé par Williams, parut aussi clair et nouveau qu'infâme à messieurs du consistoire, et une discussion profonde, savante et vive s'engagea aussitôt. On déclara Randall coupable, avec effronterie et récidive, des sept péchés capitaux :

Coupable d'orgueil, pour annoncer chaque jour à son auditoire que son spectacle est unique, et que ses confrères ne sont que des charlatans.

Coupable d'avarice, pour ne s'être prêté à deux mariages qu'à condition que les époux s'engageraient pour neuf ans à son service.

Coupable de luxure, en cherchant à répandre ce vice affreux par l'aspect immonde de son prétendu prince noir.

Coupable d'envie, pour avoir acheté ou escroqué à deux de ses camarades des pièces en possession d'attirer le public.

Coupable de gourmandise, parce qu'il mange les meilleurs morceaux des marchés de Londres, et qu'il ne donne que l'exact nécessaire aux animaux de sa ménagerie.

Coupable de colère, parce qu'il roue de coups, et pour la moindre peccadille, les habitans de la dite ménagerie.

Coupable de paresse, en ce qu'il gagne ce qu'il veut, sans faire œuvre de ses dix doigts.

Or, comme sa maison est le réceptacle de tous les vices, il est du devoir du clergé anglican de la faire fermer, sauf à la partie civile à prononcer sur le sort à venir des objets de scandale qu'on montre dans ladite maison.

Il est certain que les sept péchés capitaux sont particulièrement du ressort du consistoire. Mais quel moyen employer pour les réprimer dans cette circonstance? La persuasion? Randall ne s'y rendra pas. L'autorité? on voudrait bien empiéter sur les attributions des tribunaux; mais le souffriront-ils? C'est au moins ce qu'il faut voir; et que risque-t-on d'y essayer, d'après le vieux proverbe qui dit que ce qui est bon à prendre est bon à rendre?

En conséquence, le consistoire arrête que, pour le salut de Randall et celui des habitans de Londres, la ménagerie sera fermée aussitôt, et ceux qui la composent condamnés à une pénitence publique.

Rien d'aussi facile que de prendre un arrêté : il ne l'est pas toujours autant de le faire exécuter. Cependant un vieux *constable*, qu'on avait conduit à un point de perfection tel, qu'il ne faisait plus un pas sans l'avis du consistoire, fut mandé et endoctriné. Il opposa les lois à l'arrêté qu'on venait de prendre ; mais quand il sut que les honneurs du martyre pouvaient être la suite de sa brillante expédition, il se décida, et marcha tête baissée.

On n'avait rien décidé sur le compte de madame Williams. Son mari pensait que c'était déjà quelque chose d'être vengé de Randall, qui avait donné les mains au mariage de Matapan, et il croyait fermement enlever sa femme au milieu du tumulte inséparable d'une telle opération. Il marche à côté du *constable*; il entretient sa belle chaleur par tous les exemples édifians que sa mémoire peut lui fournir.

On arrive à la porte de la ménagerie, et le *constable* lit à haute voix le décret dont il est porteur. Matapan était en scène, et les dames s'écrient que l'arrêté est absurde, illusoire, visant à la tyrannie, et qu'elles ne quitteront pas leur place. Le rusé Randall fait paraître Lindamire et Idamore, et les hommes protestent qu'ils assommeront l'envoyé du consistoire et le consistoire lui-même, si on inquiète les deux plus jolies créatures qui aient encore charmé leurs yeux. Le Bobêche arrête les passans ; il leur raconte le fait; il les exhorte, il les presse de maintenir les libertés anglicanes. Le peuple anglais respecte beaucoup ses ministres; mais il entend qu'ils se mêlent de leurs affaires, rien que de leurs affaires. On menace le *constable*, qui tremble à l'aspect de la couronne qu'il ambitionnait une heure auparavant.

Pressé de toutes parts, il s'échappe; il court au corps-de-garde des *watch-men*, il amène mainforte.

Les ennemis sont en présence. Les *watch-men* ne sont pas des gens bien redoutables. Se promenant toute la nuit, en criant l'heure, accablés de sommeil pendant le jour, et n'ayant pour arme qu'un long bâton, ceux-ci ne paraissaient pas disposés à se mesurer contre des gens qu'animaient le *porter* et la présence de Lindamire et d'Idamore. Cependant, il est des circonstances où il faut être acteur malgré soi. Un *watch-man* ayant reçu, au nom des libertés anglicanes, un vigoureux coup de poing dans l'estomac, ne put se dispenser d'y répondre par un autre, et le combat s'engagea aussitôt.

Le suppôt de la religion réformée ayant mis les ennemis aux prises, attendait derrière une tapisserie quel serait le sort de sa pitoyable troupe. Mais bientôt le cri des vainqueurs lui fit connaître sa défaite, et en homme prudent il pensa à se retirer. Tantôt debout, tantôt se glissant sur les coudes et les genoux, il gagna la rue au moment où un piquet de la garde à cheval passait tranquillement, et était loin de croire qu'il fallût ferrailler. Le *constable* montre au commandant du piquet son bâton noir, lui dit qu'on méconnaît dans la ménagerie l'autorité du roi, et le requiert de lui prêter assistance.

Quelle est la garde d'un roi, qui, au nom du souverain qui la paie, ne se porte en avant? De deux ou trois coups de sabre, M. le commandant fait sauter le rideau de tapisserie, qui dérobe aux passans les belles choses que montre M. Randall. Il commande *en avant*, et il entre au galop suivi de toute sa troupe.

Voyez-vous trente hommes à cheval, et le sabre à la main, dans le parterre d'une salle de spectacle? entendez-vous crier les banquettes, rompues, renversées? entendez-vous siffler les éclats des planches que lancent les pieds des chevaux, à droite, à gauche, de tous les côtés? entendez-vous les plaintes lamentables de celui qui a une côte enfoncée, de la beauté à qui cette scène inouie vient de coûter un œil? vous représentez-vous les plus intrépides boxeurs, pâles, abattus, consternés, et ne pensant plus qu'à fuir? pensez-vous que le danger est égal, soit qu'on veuille rester, soit qu'on veuille sortir? Quel combat! par comparaison, celui des Centaures et des Lapithes, aux noces de Pirithoüs et d'Hippodamie, n'était qu'un jeu d'enfans.

Les vainqueurs permettent aux vaincus de se

retirer, et ceux-ci ne se le font pas dire deux fois. Les éclopés s'accrochent à leurs camarades, qui ont conservé l'usage de leurs membres; les femmes, échevelées, contusionnées, et maltraitées de bien des manières, fuient en cachant de leur mieux des charmes profanés. La salle est vide, et le *constable* s'empare, *de par la loi*, de tout ce qui compose la ménagerie.

Les singes, les chats-tigres, les perroquets sont enchaînés. Un cavalier de la garde prend en croupe un crocodile empaillé; un autre tient devant lui la mâchoire d'une baleine, et on allait se mettre en route pour ajouter cette ménagerie à celle que formait déjà le consistoire, quand le *constable*, qui était un casuiste éclairé, jugea qu'aucun des effets saisis n'avait pu être un objet de scandale, et en conséquence de ce raisonnement, et sous la protection immédiate de monsieur le commandant, il commença une perquisition générale dans les débris de cette salle, naguère si voluptueusement ornée.

L'amour se rit des vains efforts qu'on lui oppose, et ses disgraces mêmes tournent toujours au profit de quelqu'un. Lors de l'irruption de la cavalerie, Lindamire et Idamore s'étaient réfugiées sur le théâtre. Matapan et Williams les y avaient suivies. Williams pérorait; c'est la ressource de l'impuissance. Matapan s'habillait; puis détachant, d'un bras vigoureux, le rideau du fond, il le roule autour des deux sœurs, et les charge sur son épaule. Williams veut prouver à Matapan qu'il agit contre le droit des gens ; Matapan réplique par un coup de poing qui renverse l'orateur. Williams, étourdi, saisit le bout d'une jambe féminine ; d'un coup de pied, Matapan lui fait lâcher prise. Il se jette dans la foule avec son précieux fardeau ; il se fait faire place en criant qu'il enlève des blessés ; il se jette dans un fiacre ; Williams se cramponne derrière. Ils arrivent tous à la porte d'un prétendu hôtel garni, situé dans le quartier de la Tour ; Matapan y entre avec ses femmes, et arrête le taudis le moins cher. Williams prend le numéro de la maison, et va chercher une justice plus expéditive que celle du consistoire, qui se mêle de tout, et qui n'a pas la puissance de rendre une femme à son mari.

Cependant la boutique de Randall était fermée, réellement fermée, sans qu'aucun ouvrier y eût mis la main, par la raison qu'il était impossible à qui que ce soit de se tenir debout ou assis sur les débris amoncelés dont l'intérieur était garni. Du haut du balcon de Bobèche, Randall, la poitrine gonflée, les yeux éteints, les bras croisés, regardait, dans un morne silence, les ruines de sa propriété, comme le dernier des citoyens contemplait, du haut des remparts d'Ilion, les murs fumants de sa patrie.

Un procureur, un procureur se fourre partout, était venu, *incognito*, voir Lindamire et Idamore, et avec la prudence qu'inspire sa robe, il s'était tapi, dès les premiers coups, sous la dernière banquette, accolée au mur du fond, et sur laquelle, par conséquent, les chevaux n'avaient pu monter. Enhardi par le calme profond qui règne autour de lui, il sort de sa retraite, et se piquant, par-ci, par-là, aux pointes des planches brisées, il se traîne jusqu'à la porte, d'où il voit Randall continuant sa méditation.

« Vous rêvez, lui dit-il, et vous êtes ruiné! Je
« vous laisserais rêver, et je suis procureur! De
« l'or, mon ami, de l'or pour vous et pour moi.
« Une mine est ouverte devant nous; nous n'a-
« vons qu'à nous baisser et prendre.

« Un décret illégal est l'unique cause de votre
« infortune. Il faut attaquer en dédommagement
« le consistoire qui l'a rendu. Un *constable* l'a
« mis à exécution. Il faut l'accuser de forfaiture
« et l'attaquer en dédommagement. Un lieutenant
« de la garde a prêté main-forte au *constable*,
« sans avoir pris communication de la pièce en
« vertu de laquelle il a été requis de ferrailler.
« Il faut que le lieutenant soit cassé et qu'il paie.
« Que deviendraient les habitans de Londres, si
« la garde du roi se permettait de les sabrer sur
« le dire pur et simple d'un magistrat subalterne?»

Randall commence à respirer. Il conçoit l'espérance d'être indemnisé de ce qu'il a perdu et de ce qu'il eût pu gagner en dix ans, s'il n'eût été arrêté dans sa carrière. Il embrasse le procureur; il le nomme son sauveur, son dieu tutélaire. Ce n'est pas là ce qu'il faut au suppôt de Thémis ; c'est de l'argent. Les frais alloués aux procureurs sont si modiques, qu'ils ne peuvent se charger d'aucune cause, si on ne leur paie d'avance des épices supplémentaires. Mais chaque *couronne* allouée en sus du mémoire, rapporte infailliblement le centuple, et il faudrait entendre bien peu ses intérêts, pour refuser de payer d'avance son procureur.

Randall se rend à ces raisons, sans réfléchir que ses parties adverses paieront aussi leur procureur d'avance, et sans penser qu'il n'y a pas de procès qui ne fasse au moins une dupe. Il conduit le robin à son logement ; il ouvre son secrétaire, et lui donne, *sans reçu*, comme cela se pratique, une petite somme assez rondelette.

Pendant que Randall contribuait d'un côté, Bobêche était allé donner ses épargnes à un homme de loi qu'il chargeait d'attaquer ceux qui lui avaient ôté son pain. Matapan, après avoir enfermé sa femme ou ses femmes, faisait les mêmes démarches contre le pauvre consistoire. Williams amoureux, et de plus jaloux, intentait deux procès à la fois, l'un contre les ministres de l'église anglicane, l'autre contre le ravisseur de sa femme.

Et pendant que ces messieurs ameutaient, contre les desservans de Luther, les limiers de la justice, le *constable* triomphant, et le détachement de la garde arrivaient, avec leurs trophées, à la porte du consistoire.

Au bruit que faisaient le cortége et les badauds anglais qui le suivaient, les vénérables membres du consistoire mettent leurs têtes à perruques aux croisées, et ne sont pas peu surpris à l'aspect du genre de dépouilles qu'on leur amène. M. le doyen allait remontrer très-pathétiquement au *constable* qu'il avait outrepassé ses ordres, que *trop embrasser c'est mal étreindre*, et que les membres du consistoire ne pouvaient se mettre en société avec des singes et des perroquets, lorsque le cheval d'un des cavaliers de la garde, piqué par une guêpe, fit un saut épouvantable. Hélas! hélas!... la ficelle, qui tenait toutes les chaînes attachées aux sangles de la selle, rompt à l'instant. Les singes s'échappent. Les uns sautent dans l'intérieur du consistoire, prennent les perruques des révérends, s'en affublent, et font, des croisées, des grimaces aux spectateurs. D'autres grimpent les escaliers, en portant avec eux la terreur. Un de ces infames se jette dans la boutique d'un épicier, trouve sa fille au comptoir, et en use réellement avec elle comme *Coco*, son papa, avait essayé de le faire avec Idamore et Lindamire. Les perroquets, dont on cesse de s'occuper, prennent leur volée. L'un d'eux va se percher sur le chef dépouillé de M. le doyen; M. le doyen lui applique un coup de houssine, et le perroquet indigné s'accroche au bout de son nez, s'y suspend, et ne veut pas lâcher prise. Plus on le frappe et plus il serre. M. le doyen, exaspéré par la douleur, court à travers la salle sans savoir ce qu'il fait; ses confrères le suivent, armés de pêles, de pincettes, de flambeaux. Les singes sautent sur les épaules de messieurs du consistoire, et comme les contorsions du doyen leur paraissaient plaisantes, chacun d'eux saisit le nez de celui qui le porte. Tous les membres du consistoire crient et dansent, mais sans ordre et sans mesure. Ils ne savent où se réfugier, ni comment échapper à leurs ennemis. Le désordre est au comble. Les uns fuient au grenier, portant avec eux le trait qui les déchire; d'autres se jettent dans la rue, et sont suivis par la canaille qui les hue. Pourquoi le patron de l'Angleterre ne parut-il pas sur son cheval blanc, et ne pourfendit-il pas, de son cimeterre vierge, et sapajous et perroquets?

Pour comble de disgrace, on crie tout à coup *au feu*. Un singe, entré dans la boutique d'un arquebusier, avait trouvé une pipe allumée, qu'avait quittée le maître, pour aller rire à son aise de ce qui se passait dans la rue. Le singe s'était approprié la pipe, et avait jugé à propos d'achever de la fumer auprès d'un baril de poudre de chasse ouvert. Une étincelle tombe dans le baril; la détonnation se fait entendre; le plafond s'écroule; les flammes se manifestent; les clameurs se multiplient; les pompiers arrivent, et comme le clergé anglican doit être, dans tous les cas, l'objet de la vénération et des premiers soins des croyans, les pompiers laissent brûler la maison de l'arquebusier, et dirigent leurs tuyaux sur les faces vénérables des membres du consistoire. Les singes et les perroquets fuient; tout en apparence rentre dans l'ordre. Mais l'arquebusier, mais le père de la petite fille qui a perdu ce qu'une femme donne assez volontiers, mais qu'elle n'entend pas qu'on lui ravisse, remontent jusqu'à la cause première de cette épouvantable scène, et tous deux prennent le consistoire à partie.

Pauvre consistoire! ce n'est pas assez d'être poursuivi comme ayant porté atteinte aux libertés anglicanes, il faut qu'il le soit encore comme fauteur de viol et d'incendie! Et quel prix mettra le père à une vertu de dix-huit ans, chose si rare à Londres et peut-être ailleurs? Tout cela était inquiétant, allarmant, affligeant, désespérant. Payer les fredaines d'un singe! on a déjà tant de peine de payer pour soi!

Le consistoire avait retrouvé ses perruques; le sang des nez était étanché; les vêtemens séchés, et dans cette circonstance, très-critique, on ne pouvait trop se hâter d'aviser au parti qu'il fallait prendre. Le doyen, homme rusé, qui prétendait descendre de Guillaume le Normand, et qui par conséquent était fin chicaneur, improvisa le discours suivant:

« Révérends pères en Luther et en Henri VIII,
« ce qui s'est passé aujourd'hui nous prouve que
« les pauvres d'esprit, s'ils sont sauvés, ne doi-
« vent pas être nos agens. Ce malheureux *consta-*
« *ble* ignore l'art, que nous possédons si bien,
« de plumer la poule sans la faire crier. Il a tout
« heurté, tout osé, et au lieu de faire clore une
« porte par la persuasion ou la crainte, il a ren-
« versé une maison, il en a fait brûler une autre,
« et il est cause qu'une fille vierge a été traitée
« comme le fut *Thamar* par un de ses proches
« parens. Je ne vous parlerai ni de nos nez, ni
« de nos perruques : nous avons souffert pour la
« bonne cause, et cela nous suffit. Mais fussions-
« nous, en effet, coupables d'un délit, nous l'avons
« suffisamment expié, vous, sous les griffes d'un
« singe, moi, sous le bec du perroquet. Ne pen-
« sons plus qu'à nous dérober aux poursuites
« des hommes, qui ne veulent pas faire de nous
« des martyrs, mais qui attaquent notre bourse,
« ce qui est encore assez cruel, car comment se
« *substanter* sans argent, et comment chanter en
« public sans subsistance ?

« Tâchons donc, mes révérends pères, de met-
« tre nos bourses à l'abri de toute atteinte. Voilà
« le moyen que j'imagine pour parvenir à cette
« fin.

« Les assignations pleuvent ici. Renvoyons-les
« à la cour du *King's Bench*, et assignons-y le
« *sheriff* et les *aldermen*, qui non-seulement font

« très-mal la police de Londres, mais qui, par
« leur insouciance, favorisent le dérèglement des
« mœurs, qui est aujourd'hui porté à un point
« intolérable. Prouvons, et cela n'est pas difficile,
« que si la police eût supprimé le repaire de
« Randall, nous n'aurions pas entrepris de le fer-
« mer. Or, si nous parvenons à faire supporter, par
« l'autorité publique, les frais énormes dont nous
« sommes menacés, les rieurs seront de notre
« côté, ce qui est assez agréable, et on finira par
« croire que nous avons fait une bonne action, ce
« qui nous fera beaucoup d'honneur. »

Bravo ! bravo ! bravo ! s'écrient à la fois les révérends pères en Luther et en Henri VIII. Ils en-
voient chercher un *attorney*, et le chargent d'in-
strumenter à l'instant.

Cependant ce *sheriff* et ces *aldermen*, que le
consistoire accusait de nonchalance, n'avaient pas
perdu un moment pour venger leurs attributions
méconnues et outragées. Ils avaient gagné les
révérends pères de vitesse, et au moment où ils
allaient se séparer, ils reçurent une assignation
de plus.

Ainsi voilà ce vénérable corps chargé d'un procès contre Randall ;

D'un second, contre Matapan ;

D'un troisième, contre Williams ;

D'un quatrième, contre l'épicier ;

D'un cinquième, contre l'arquebusier ;

D'un sixième, contre l'administration de police.

Voilà un constable et un lieutenant de la garde, également chargés, chacun de six procès, et cela parce qu'il a plu à M. Williams d'aller se plaindre d'un accident qui fait vivre tant de maris.

Je vous entretiendrais bien du procès existant entre Williams et le prince noir. Mais je n'ai pas le talent de César, qui dictait à quatre secrétaires à la fois et en styles différens. D'ailleurs vous ne pourriez lire tout cela en même temps; ainsi je reviendrai à l'*affaire* de la beauté simple ou double, comme il vous plaira l'appeler, quand j'aurai épuisé celle-ci.

Sentez-vous quel effet un pareil procès fit dans Londres? On se battait aux portes du tribunal pour y entrer. Ceux qui étaient obligés de rester en dehors, interrogeaient ceux qui sortaient, et allaient raconter tout de travers ce qu'ils avaient entendu. Les folliculaires avaient de quoi remplir leurs feuilles, ce qui ne leur arrive pas toujours; les avocats sans cause, qui ne savent que transcrire l'esprit d'autrui, barbouillaient du papier à la fin de chaque audience, et préparaient un corps d'ouvrage, dont ils comptaient faire hommage au public... pour son argent. Dans tous les cercles on ne s'entretenait que de ce singulier procès; partout les paris étaient ouverts. Les jeunes gens et les jeunes femmes pariaient pour le shériff; les imbéciles et les vieillards pariaient pour le consistoire; enfin la curiosité publique était portée à un tel point d'exaspération, que les courses de chevaux furent suspendues, les combats de coqs abandonnés, ce qui n'arrive en Angleterre que dans les très-grandes occasions.

Des monceaux de guinées sont déposés partout. Bientôt va luire le jour qui en assignera la propriété. C'est après demain... c'est demain... c'est aujourd'hui.

Arrêt de la Cour du King's Bench.

« Le Sauveur ne se mêlait pas des affaires de
« ce monde. Ceux qui se disent ses ministres doi-
« vent l'imiter en cela, comme en toute autre
« chose. Le clergé anglican n'a, par son institu-
« tion, d'autre influence à exercer que celle de
« la persuasion. Il n'a pas le droit d'examiner la
« conduite des membres qui composent l'autorité
« publique, ni même celle des particuliers; il a
« moins encore celui de la condamner par pa-
« roles, ou par écrit, et il devient nécessairement
« coupable, lorsqu'il s'immisce dans des fonc-
« tions dont l'esprit évangélique l'éloigne sans re-
« tour.

« En conséquence, il est ordonné aux minis-
« tres de Londres, et ce à peine de punition
« corporelle, de se borner à prier Dieu avec ceux
« qui veulent le prier, et sans ceux qui ne le veu-
« lent pas; d'éviter soigneusement de se livrer à
« un orgueil et à une ambition couverts du
« masque d'une fausse piété, et dont il résulte
« toujours un scandale dont gémit la religion.

« Pour réparation de celui qu'a causé l'attentat
« du consistoire à la propriété de Randall, et son
« empiètement sur les droits de l'autorité tempo-
« relle, ledit consistoire est condamné en mille
« livres sterling envers les pauvres.

« Et pour réparation envers Randall, et autres
« co-plaignans, il est condamné en cinq cents li-
« vres sterlings envers le premier; en cent livres
« envers Williams et Matapan ; en mille livres
« envers Tompson, arquebusier, et en deux mille
« livres envers miss Sara Wilkins. Le présent juge-
« ment est exécutoire, et par corps.

« La cour déclare l'officier Roberts et le *con-*
« *stable* Dickson, pour avoir attenté aux libertés
« anglicanes, incapables de remplir aucune fonc-
« tion civile et militaire; les condamne en outre
« à cinquante livres d'amende envers les pauvres,
« et à six mois de prison.

« Donné à Londres, le... »

Ceux à qui cet arrêt avait fait gagner leurs
paris, trouvèrent que la cour avait parfaitement
jugé. Ceux qui avaient perdu leur argent, allaient
criant partout que les membres du tribunal étaient
sans foi et sans loi, puisqu'ils ne voulaient pas
que les ministres de la religion gouvernassent le
monde. Mais comme les clabaudeurs étaient en
petit nombre, sans influence, sans aucune espèce de considération, le gouvernement les laissa
crier, à peu près comme un homme raisonnable
marche, sans se retourner, lorsqu'un roquet le

suit en aboyant, le museau sur ses talons. D'ailleurs, l'attention générale allait être fixée par un objet nouveau. Le procès de Williams contre Matapan faisait déjà un bruit du diable. Les grands mots de viols, d'adultère, d'inceste, retentissaient à toutes les oreilles. Les parties adverses dépensaient à publier des *factum*, l'indemnité que leur avait accordée le tribunal. Tout le monde les lisait. Ceux qui n'avaient pas vu Lindamire et Idamore, établissaient des conjectures. Ceux qui les avaient vues, expliquaient, commentaient le cas. Les dames qui *connaissaient* Matapan, faisaient des vœux contre l'ingrat qui avait tout quitté pour se ranger sous le joug de l'hymen. Celles qui ne l'avaient jamais vu, enviaient le destin d'Idamore et de Lindamire, ou de l'une ou de l'autre. On recherchait tous les membres du tribunal, depuis le président jusqu'au dernier clerc d'huissier; tous les moyens, tous les individus étaient bons, pourvu qu'on obtînt une place, d'où on ne perdît pas un mot de cette étonnante plaidoirie. On cherchait à deviner quel jugement rendrait le tribunal. On se perdait dans ses idées, et les juges d'une affaire de cette nature n'étaient pas les moins embarrassés.

Vous pensez bien que ce n'était pas sans motif que Williams avait pris le numéro de la maison où Matapan avait caché leurs femmes. Muni de son acte de célébration de mariage, il avait obtenu un jugement en référé, qui ordonnait que l'épouse de la partie plaignante serait, jusqu'à jugement définitif, séquestrée, nôn dans un couvent, par la raison très-simple qu'il n'y en a point à Londres, mais dans une de ces maisons où on colloque ceux dont on veut s'assurer, et qui n'ayant ni parens, ni amis, ni fortune, sont dispensés de donner caution.

Or, comme madame Williams ne pouvait faire un pas sans que madame Matapan la suivît, les deux sœurs furent enlevées, et les maris, de deux femmes chacun, se trouvèrent veufs *ipso facto*.

Les lois, en Angleterre, sont interprétées à la lettre, et il en est une qui prescrit aux juges d'avoir sous les yeux les pièces les plus importantes d'un procès. Mais comme il n'est pas de règle sans exception, lorsque l'objet en litige est une terre ou un château, on n'est pas tenu de les présenter à l'audience. Comme mesdames Williams et Matapan étaient des effets très-portatifs, elles n'avaient aucun moyen d'éluder la loi. Habituées d'ailleurs à paraître en public, elles ne tinrent pas grand compte du décret qui leur enjoignait de *comparoir* pardevant *messieurs*.

Et messieurs, à qui la dignité de leur ministère ne permettait pas de courir les spectacles à tréteaux, furent fort aises de pouvoir examiner une ou deux jolies femmes, et de s'assurer très-positivement, avant que de prononcer, si elles étaient doubles ou simples.

Mais quand on sut en ville que ces dames paraîtraient à l'audience, dans l'état où on avait négligé de les aller voir chez Randall, tout tomba en combustion. Les grands dignitaires de l'Etat, les lords, les baronnets, et les *squires* opulens firent arrêter toutes les places. Une pluie d'or tomba sur les aboyeurs, les *paix là* du parquet. Mais comme la canaille de Londres a des droits auxquels on n'attente pas impunément; que cette canaille prétend qu'on ne doit acheter ses places ni à l'audience, ni à l'église; que, hors les circonstances qui exigent de la subordination, elle est l'égale de tout le monde, quand elle a payé les impôts, la canaille se porta en foule au *King's Bench*, et les chevaliers de la jarretière et du bain furent houspillés, et contrains d'aller cacher leurs contusions dans leurs carrosses, qui les ramenèrent chez eux beaucoup plus vite qu'ils n'étaient venus.

Les places furent remplies à l'instant par les plus fameux *boxeurs* de Londres, au grand mécontentement des avocats, qui avaient arrangé de très-beaux discours, le premier, pour prouver qu'un et un font un, le second, pour démontrer qu'un fait deux. Or, comme la canaille n'entend rien aux divisions, aux subdivisions, aux subtilités, aux subterfuges, et qu'elle juge de tout, et assez bien, à l'aide seule de son gros bon sens, les Démosthènes anglais furent contraints de renoncer aux jouissances de l'amour-propre, et ils se bornèrent à gagner loyalement leurs honoraires, c'est-à-dire à parler beaucoup, sauf à être bernés par un auditoire qui pourrait bien ne pas les comprendre.

Déja on avait fait paraître Idamore et Lindamire sans autre ceinture que celle de Vénus; déja *messieurs*, lunettes sur le nez, avaient soigneusement examiné le cas qui donnait lieu à cet étrange procès; déja l'avocat de Williams, dont le client était *demandeur*, et qui par cette raison devait parler le premier, avait toussé, craché, et s'était bénignement incliné vers les auditeurs, dont il voulait capter la bienveillance.

Le plus profond silence règne dans la salle, et l'avocat commence par une période à quatre membres, ainsi que l'a prescrit Aristote et tous les régens de rhétorique qui lui ont succédé. Or, comme une période n'est qu'une période, c'est-à-dire pas grand'chose, je vous en fais grace, et je suis l'orateur dans le développement de ses moyens. C'est lui qui va parler.

« Je parle pour Williams, contre Matapan, ac« cusé, convaincu d'avoir méchamment, sciem« ment, et contre les lois les plus précises, fait à
« ma partie l'affront le plus sanglant; d'avoir
« cohabité par surprise, et au mépris d'un
« mariage précédent, avec Lindamire - Idamore,
« épouse légitime de ma partie; d'avoir, pour
« couvrir son crime et s'assurer la continua-
« tion de ses jouissances illicites, forcé notre dite
« épouse à lui donner la main qu'elle avait déja
« accordée à un autre. Un délit de cette impor-

« tance est d'autant plus digne de châtiment, que
« le coupable veut s'en faire des armes contre
« nous, ce qui nous met dans la nécessité d'entrer
« dans une exacte discussion du fond, aux fins
« de prouver l'illégitimité d'un second engagement
« formé au mépris des lois divines et humaines.

« L'hypothèse sur laquelle il établit ses préten-
« tions n'est pas moins absurde, messieurs, que
« s'il avançait qu'un peut faire deux. Il pré-
« tend que Lindamire-Idamore, unique et seule
« épouse de ma partie, forme deux femmes dis-
« tinctes et différentes; qu'il n'a rien à prétendre
« sur Lindamire, qu'il reconnaît être bien mariée
« à sa partie adverse; mais qu'Idamore lui ap-
« partient au même titre, et que l'ayant acquise
« par un mariage subséquent, on ne peut lui con-
« tester sa propriété.

« Pour détruire un raisonnement, aussi extraor-
« dinaire qu'absurde, j'établirai :

« 1° Que Lindamire-Idamore n'est qu'une seule
« femme.

« 2° Que s'il était possible de la présumer dou-
« ble, elle ne pourrait avoir qu'un mari.

« 3° Qu'en admettant que chaque partie de ce
« tout ait réellement contracté un engagement
« particulier, Matapan n'aurait pas le droit de
« retenir notre épouse légitime, sous le prétexte
« du mariage qu'il aurait contracté avec sa sœur.

« Pour donner la preuve de ma proposition, que
« Lindamire-Idamore n'est qu'une seule femme,

« il est nécessaire de recourir au principe consti-
« tuant de tout individu. Les savans reconnais-
« sent que nous sommes un composé d'une ame
« identique et simple, et d'un corps simple et
« identique. Ce n'est pas le nombre des membres
« qui détermine l'identité et l'individualité. Quel-
« ques têtes, quelques bras de plus ou de moins
« ne déterminent pas l'espèce ; elle l'est unique-
« ment par le foyer, centre précieux des opéra-
« tions du tout, et qui renferme le germe de la
« dernière postérité.

« En effet, messieurs, on n'a jamais prétendu
« qu'un homme qui a perdu une jambe, qu'une
« femme à qui on a coupé un bras, ne fussent pas
« un homme et une femme, et ils le sont si réel-
« lement, que lorsqu'ils se marient, ils procréent
« des enfans aussi complets qu'enfans puissent
« l'être.

« Or, comme un ancien axiome dit que ce qui
« abonde ne vicie pas, on ne peut rien conclure,
« contre l'épouse de ma partie, de la surabon-
« dance de membres dont son individu est com-
« posé. Janus avait deux visages, Gérion avait
« trois têtes, Briarée cent bras, Argus cent yeux,
« et personne ne s'est encore avisé de multiplier
« leurs ames par leurs membres. On ne leur a
« jamais contesté l'unité, et je vous demande,
« messieurs, ce que vous auriez prononcé si quel-
« que fillette eût voulu prendre pour mari une
« des têtes de Gérion, et que sa première épouse

« se fût opposée à ce second mariage? Vous auriez
« jugé que ces trois têtes, n'ayant qu'un *medium*
« de l'immortalité communicative, ne faisaient
« qu'un seul homme; d'où je conclus à mon tour
« qu'où le *type* de l'humanité n'est qu'un, il
« n'existe qu'un individu. Voilà ce qui a consacré
« que l'homme et sa femme ne sont qu'une chair,
« parce qu'en effet l'unité s'opère par la réunion
« des organes destinés à la reproduction de l'es-
« pèce.

« J'irai plus loin, messieurs, dussé-je vous éton-
« ner; j'avancerai que le point de cette réu-
« nion est le véritable siége de l'ame. Je m'é-
« tonne qu'on ait disputé pour trouver une vé-
« rité que je m'honore d'avoir découverte. N'est-il
« pas connu que le gouverneur d'une province
« doit s'établir au centre pour communiquer plus
« commodément, plus promptement avec les ex-
« trémités? Le soleil n'est-il pas au point central
« de l'univers, d'où il répand partout la chaleur,
« la vie et le mouvement? C'est sans doute aussi
« du *medium* dont j'ai parlé que dérivent la sa-
« gesse du philosophe, la science de l'académi-
« cien, les grandes vues de l'homme d'état, la
« verve du poète, le feu de l'orateur, le génie
« du sculpteur et du peintre. Ce *medium* est le
« foyer de toutes les sensations, le creuset de l'hu-
« manité, le magasin des ames; c'est l'atelier de
« la nature, et l'ouvrier réside probablement dans
« son laboratoire. Cette opinion est à peu près

« celle de la philosophie moderne, qui, depuis
« cinquante ans, a découvert et fait de si belles
« choses!

« Je le répète, l'homme entier, ce composé de
« l'ame et du corps est jeté dans un même moule,
« et conséquemment l'ame qui préside à la fabri-
« cation de ce chef-d'œuvre ne doit pas s'éloigner
« de sa fabrique.

« C'est de là qu'elle exerce une influence ra-
« pide et souveraine. Que de femmes insensibles
« aux discours les plus pressans, aux graces pi-
« quantes d'un joli homme, aux menaces d'un
« amant emporté, se sont rendues à un être dé-
« pourvu, en apparence, de toute espèce d'avan-
« tages! Je vais vous en dire la raison : les impres-
« sions produites par de vaines paroles s'affai-
« blissent en passant de l'oreille au siége de
« l'ame, et celui-là doit réussir qui frappe droit
« au but.

« J'ose me flatter, messieurs, d'avoir présenté
« mon premier moyen d'une manière tellement
« victorieuse, que mon adversaire n'a rien à m'op-
« poser, et s'il n'existe qu'un *medium* entre nos
« prétendues sœurs, vous en conclurez qu'elles
« ne sont qu'une seule femme. Or, pour établir
« clairement, évidemment, incontestablement
« cette vérité, ma partie requiert la visite de
« matrones, et de gens à ce connaissans, et je
« demande de plus que leur rapport soit joint au
« procès, pour y faire droit en tant que de raison.»

« J'ai dit dans ma seconde proposition, que s'il était possible de présumer Lindamire-Idamore double, elle ne pourrait avoir qu'un mari. C'est ce que je vais prouver.

« J'admets pour un moment l'existence d'une ame distincte dans chacun des demi-corps. On n'y trouvera encore qu'une seule femme propre à perpétuer la race humaine. L'organe seul décide le nombre. Un couteau qui n'a qu'une lame, peut avoir deux manches, et n'est pourtant qu'un couteau. Hé, messieurs, ce couteau peut-il être dans deux mains à la fois, et un seul *medium* peut-il appartenir à deux maris ? « Si deux mariages avec la même femme blessent toutes les lois, vous devez en casser un, et certes ce ne sera pas le premier, qui a été contracté suivant les formes prescrites.

« J'ai avancé enfin qu'en admettant que chaque partie de ce tout ait pu se lier particulièrement, Matapan n'aurait pas le droit de retenir notre épouse légitime, sous le prétexte du mariage consenti par sa sœur. Non, messieurs, quand il serait avéré que Lindamire-Idamore a deux ames, deux corps et deux *medium*, Matapan ne pourrait retenir Lindamire à la faveur des droits qu'il prétend avoir acquis sur Idamore. Ils ne sont fondés que sur un mariage postérieur à celui de ma partie, pour qui je réclame la priorité. D'ailleurs, Matapan peut-il contraindre notre épouse légitime à suivre sa

« sœur, sans exiger de l'une et de l'autre les mê-
« mes complaisances, et, dans ce cas, la polygamie
« n'est-elle pas évidente? Mais, je le répète, elles
« ne sont qu'une, et les deux sœurs se trouvant
« unies par un lien indissoluble, il s'ensuit que
« l'engagement de l'une a lié nécessairement les
« volontés de l'autre.

« D'après les moyens que je viens de déduire,
« je demande, messieurs, qu'il vous plaise ordon-
« ner que notre épouse légitime, circonstances
« et dépendances, soit remise en notre pouvoir;
« que défenses soient faites à Matapan de cher-
« cher à s'en approcher à l'avenir, et qu'il soit
« condamné aux dépens. »

Vous sentez quel effet prodigieux un tel plai-
doyer dut produire sur l'assemblée. On se regardait, on s'extasiait sur les talens de M. l'avocat,
et on convenait franchement qu'on ne comprenait
pas grand'chose à ce qu'il avait débité avec tant
d'emphase. Les lords qu'on avait expulsés eussent
trouvé ce discours très-clair et très-simple, parce
que les grands seigneurs savent tout, sans avoir
rien appris.

On se flatta que la plaidoirie de l'avocat adverse jetterait quelque jour sur une matière furieusement embrouillée. Son discours ne fit,
comme vous allez le voir, qu'ajouter aux ténèbres qui enveloppaient l'auditoire, et à l'embarras des juges, tout-à-fait étrangers aux causes de
cette espèce. Voilà presque toujours à quoi ser-

vent les avocats... à Londres, bien entendu, car à Paris!...

« Messieurs, dit l'avocat adverse, il s'agit de
« prouver que l'unité dans un point ne peut em-
« pêcher l'individu d'être double, et que pour
« avoir méconnu cette vérité, Williams s'est rendu
« coupable de polygamie et d'inceste. Il ne niera
« pas, et l'expérience le lui a fait mille fois connaî-
« tre, que ces dames ont chacune leur volonté.
« Il ne niera pas davantage que les droits des
« deux sœurs, sur le point en litige, soient parfai-
« tement égaux, et que celui qui en userait, du
« consentement de l'une et de l'autre, serait in-
« cestueux, s'il n'était point polygame.

« Loin de convenir d'une chose aussi manifeste,
« Williams, pour ne trouver qu'une femme où il y
« en a évidemment deux, s'avise de placer le siège
« de l'ame, de la manière la plus ridicule, dans la
« partie la moins susceptible d'intelligence! Mettre
« le caractère distinctif de l'humanité dans ce qui
« nous est commun avec les animaux, c'est ren-
« verser les notions les plus claires, détruire les
« prérogatives qui nous caractérisent, confondre
« les ténèbres avec la lumière. Il n'appartient
« qu'à mon confrère de loger la raison, cette
« reine superbe, dans l'endroit le plus obscur de
« son palais.

« Pour démontrer l'absurdité d'une telle asser-
« tion, il suffira d'établir que l'ame existait dans
« l'homme avant qu'il eût abusé de ce don pour

« pécher, et bien certainement elle n'était point
« où mon confrère la loge, puisque nos plus fa-
« meux docteurs assurent que l'homme devait se
« reproduire par une voie plus pure et plus no-
« ble que celle qui est si fort à la mode aujour-
« d'hui. Il devait suffire de l'union spirituelle des
« ames pour procréer son semblable, et alors il
« devient incontestable que les signes caractéris-
« tiques des sexes n'étaient pas avant la chute de
« nos premiers parens, et leur furent donnés en
« punition de leur péché. Cette addition est con-
« forme au sentiment des rabbins qui ont expli-
« qué le plus finement l'Écriture.

« Or, si Adam et Eve n'avaient pas d'abord ce
« qui nous fait faire tant de folies aujourd'hui, il
« est prouvé jusqu'à l'évidence que leur ame n'était
« pas logée là, et je défie le plus rusé chicanneur
« de rétorquer mon argument.

« Notre adversaire soutient en second lieu que
« si Lindamire-Idamore formait en effet deux
« personnes distinctes, l'unité d'organe consti-
« tuerait une seule femme. C'est là que je l'at-
« tendais et que je l'écrase sous la force du rai-
« sonnement. Si l'organe n'est qu'un, il faut
« convenir que le droit de propriété est égal en-
« tre les deux sœurs, et que celui qui en use du
« consentement de l'une seulement, outrage l'au-
« tre. Williams a-t-il obtenu l'agrément d'Ida-
« more ? il est polygame, adultère et incestueux.

« Idamore s'est-elle refusée à ses empressemens?
« il est coupable de rapt et de viol.

« Mon client a sagement pressenti ce dilemme,
« et, pour en prévenir l'effet, il a suspendu l'exer-
« cice des prérogatives du mariage, jusqu'à ce
« qu'il ait pu s'éclairer de vos lumières, messieurs,
« sur la manière dont il doit en agir. Il est par
« conséquent inhabile à argumenter sur l'état des
« lieux; mais il présume que si la visite en est
« ordonnée, on trouvera de quoi remplir plus
« d'un engagement, et qu'ainsi la procédure
« tombe d'elle-même.

« Je conclus, messieurs, à ce que ladite visite
« soit décrétée, et qu'ensuite il soit fait défense à
« Williams de troubler Matapan dans la jouis-
« sance d'un bien acquis, et à ce que ledit Wil-
« liams soit condamné en tous dommages et in-
« térêts, ensemble à tous les dépens, notamment
« à ceux de descente sur les lieux, de visite et de
« procès-verbal. »

« Ah! vous le prenez sur ce ton-là, mon con-
« frère! s'écrie l'avocat de Williams; vous n'en
« êtes, parbleu, pas où vous pensez. Je vais vous
« convaincre de mauvaise foi et d'imposture. D'im-
« posture, en ce que vous déclarez que Matapan
« s'est abstenu de jouir de ses droits : Williams l'a
« surpris sur le fait. — Williams est partie, et
« son témoignage ne peut être admis. D'ailleurs,
« *testis unus, testis nullus.* — Ah! le témoignage
« de Williams n'est pas admissible! mais celui

« des matrones le sera. Je demande que leur visite
« s'étende jusque sur les deux époux, et elles dé-
« clareront si le doux, le fluet, le moelleux Wil-
« liams a pu causer le ravage qu'a souffert Lin-
« damire-Idamore. Vous êtes de mauvaise foi
« en accusant Williams de polygamie, d'inceste,
« de rapt et de viol, crimes dont mon candide
« client ne savait pas même le nom. Mais vous
« qui les connaissiez, puisque vous les définissez
« si clairement, n'avez-vous pas senti que, par un
« mariage subséquent, vous les commettiez tous,
« plus celui d'adultère? Chargé évidemment de
« cinq crimes, sciemment commis, dont quatre,
« d'après nos lois, sont punis de mort, Matapan
« mérite d'être pendu quatre fois. Je me borne à
« demander qu'il le soit une seulement, et qui suf-
« fira pour que sa prétendue femme soit veuve,
« et que Williams cesse d'être troublé dans l'exer-
« cice de ses droits. »

La réplique des deux avocats prouve que le talent d'improviser n'est pas commun. J'en tire encore cette conséquence, que l'homme fortement ému, qui est obligé de parler, revient malgré lui au naturel et à une sorte de franchise. Aussi l'auditoire connut beaucoup mieux l'état de la cause par les répliques que par les plaidoyers, arrangés avec réflexion dans le silence du cabinet, et destinés à tromper, s'il est possible, les auditeurs, les juges, tout l'univers. Nos *boxeurs, suffisamment éclairés dans leur ame et conscience*, prononcèrent que le mariage de Williams était seul bon, et que Matapan était un homme à pendre. A ces mots, Matapan frissonna et pâlit. Son avocat trembla, et offrit tout bonnement de rendre Lindamire à son mari, si elle consentait à subir l'amputation. A ce mot effrayant, Lindamire jeta les hauts cris, et les juges, qui déja ne s'entendaient guères, finirent par ne plus s'entendre du tout.

Cependant il fallait rendre un jugement quelconque, et, malgré cet axiome : *Vox populi, vox Dei*, il ne convenait pas à des magistrats d'être de l'avis de la canaille. Ceux-ci, d'ailleurs, étaient bien aises d'avoir quelques jours à eux pour consulter les plus anciens casuistes, et tâcher de trouver, en remontant de nos jours au déluge, une cause semblable à celle-ci, ou qui du moins y eût quelque rapport direct. Hélas! la nature est avare de prodiges. Jamais elle n'en a produit, jamais peut-être elle n'en produira d'aussi admirable que celui-ci. Mais les juges, espérant trouver quelques lumières dans Pline ou dans Sanchez, ordonnèrent que l'examen rigoureux des pièces aurait lieu sur Lindamire-Idamore, sur Williams et sur Matapan, et que le procès-verbal en serait rapporté à huitaine.

A la fin des huit jours, les juges n'étaient pas plus avancés, et le procès-verbal ne leur ayant rien appris de nouveau, si ce n'est que Matapan avait corporellement épousé Idamore ou Lindamire-Idamore, fait, que son avocat avait nié avec impudence, les juges passèrent dans la salle du conseil, et après une délibération de sept heures consécutives, ils rendirent le jugement suivant.

« Les juges, vu le rapport et description des matrones et experts, pensent qu'en supposant, sur un point, une unité absolue, les lieux sont disposés assez commodément pour toutes les parties, maintiennent les deux mariages dans toute leur intégrité; enjoignent aux époux de vivre tous trois, ou tous quatre, en bonne intelligence, et aux maris de se conduire honnêtement, comme le feraient les propriétaires de deux corps de logis séparés, dont l'entrée serait commune à tous deux; ordonnent à Williams de ne jamais regarder, et moins encore toucher ce qui distingue Idamore de Lindamire, et font à Matapan les mêmes défenses à l'égard de l'épouse, ou soi-disant épouse de son adverse partie. »

Ce jugement ne contenta personne, et les époux déclarèrent qu'ils en appelaient. Mais devant quelle cour? Il n'en existe pas au dessus du *King's Bench*. L'arrêt allait être maintenu, lorsque l'avocat de Williams s'avisa d'observer qu'un jugement ne peut être légalement rendu qu'en vertu d'une loi, et que le code civil anglais ne traitant d'aucune matière analogue à l'affaire dont était cas, il entendait se retirer pardevers les deux chambres, aux fins de les supplier de rendre une loi, faite exprès pour la circonstance, et qui puisse guider les juges dans le second jugement qui serait nécessairement invoqué. En attendant, il demandait que l'épouse, ou les épouses, soit, ou soient mises en subsistance chez Randall, à qui elles avaient fait gagner des sacs de guinées, et à qui elles en procureraient encore, nonobstant l'opposition et protestation du consistoire. Le tribunal, errant dans les ténèbres, goûta beaucoup le nouvel aperçu de monsieur l'avocat, et lui accorda les deux fins de sa requête. Ainsi un aveugle, sans guide, s'assied sur la première borne qui se trouve sous sa main, et attend tranquillement celle qui doit le tirer d'embarras.

Il était dans les convenances qu'on s'adressât à la chambre haute, qui est composé de grands seigneurs, ce qui ne prouve pas l'instruction, ni même l'intelligence. Mais cette déférence était dictée par un préjugé, et on sait que les préjugés sont beaucoup plus respectables que la raison. Cette marque de considération devait flatter l'orgueil des lords, et par conséquent les disposer en faveur de Williams : son avocat, bavard d'ailleurs, connaissait le cœur humain.

La chambre des communes, indignée de la prééminence qu'on accordait à la chambre haute, fit imprimer des mémoires par lesquels elle prouvait que les lords ne sont que l'écho des représentans du peuple ; qu'à ces derniers seuls appartient la première trituration des lois, et qu'une marche qui s'observe dans les choses les plus simples ne pouvait être intervertie dans un cas aussi délicat, aussi extraordinaire que celui-ci.

La chambre haute répondait que les observations de la chambre basse n'étaient applicables qu'aux choses communes; mais que dans une affaire surnaturelle, c'était à la noblesse à prononcer, comme représentant directement le souverain, qui, très-certainement, est l'image de celui qui est le véritable juge des écarts de la nature.

Cette opinion était sans doute celle de la cour de Saint-James, qui tient beaucoup à la propagation de pareils principes. Mais, comme il est difficile d'être roi sans sujets, et que les Anglais se détachent assez facilement des princes qui cessent de leur convenir, le souverain, dont l'intervention fut sollicitée par les deux chambres, maintint les prérogatives de celle des communes, et la chambre des communes étant assez éclairée pour sentir que la discussion d'une loi, sur le fait de Lindamire-Idamore, ne pouvait qu'apprêter à rire, ajouter au scandale déjà existant, et nuire à la dignité de la représentation nationale, elle envoya une députation au roi, pour supplier sa majesté de l'autoriser à choisir dans son sein des commissaires chargés de statuer définitivement sur cette affaire.

Et comme il était égal au roi que Lindamire-Idamore fût, ou fussent une ou deux, et qu'il y eût dans ses états un cocu de plus, sa majesté consentit que ce procès se terminât d'après la supplique qui lui était adressée.

La chambre eut le bon esprit de nommer pour commissaires les Buffon, les Linnée, les Daubanton qu'elle possédait dans son sein, mesure que n'eût pu adopter la chambre des lords, par la raison que les connaissances et les lumières sont ordinairement le partage du tiers-état, qui cependant est très-inférieur à la noblesse.

Mais comme l'étude de la nature et de la philosophie ne donne pas l'esprit du contentieux, messieurs les commissaires furent aussi embarrassés que les juges du *King's Bench*, et, se transformant tout à coup en petits Alexandres, ils coupèrent le nœud gordien, qu'ils ne pouvaient dénouer.

Ils prononcèrent la nullité des deux mariages, parce qu'en admettant la facilité de la double co-habitation, on ne pouvait nier qu'elle fût incommode, et même impossible dans certaines circonstances; que les parties ne pouvaient exercer le *jus petendi* à la fois, ni toutefois et quantes, et que le droit à la chose étant égal des deux côtés, on ne pouvait limiter celui de l'un au gré du besoin ou du caprice de l'autre.

O versatilité, ténèbres, faiblesse de l'esprit humain! Voilà deux jugemens tout-à-fait contradictoires, et il n'est peut-être pas un lecteur qui ose prononcer qu'un des deux soit bon. Moi, qui ne suis que rédacteur, je confesse volontiers mon ignorance.

L'instruction, confrontation, interpellations, premier jugement, conflit d'autorité des deux chambres, jugement définitif ayant employé quatre mois et demi; vous pensez qu'il ne reste rien à dire sur cette affaire, et qu'elle est irrévocablement terminée. Pas du tout : à l'expiration des quatre mois et demi, Lindamire-Idamore, ou Idamore et Lindamire déclare, ou déclarent, qu'elle est, ou qu'elles sont grosse, ou grosses.

Messieurs les commissaires avaient cassé le ou les mariages, non parce que les formalités prescrites par la loi n'avaient pas été remplies, mais seulement en raison de l'organisation extraordinaire de l'épouse, ou des épouses. En conséquence, il fut fait droit à la requête de madame et de ses maris, et il fut prononcé que l'enfant à naître serait légitime. Mais à qui appartiendra-t-il ? Lindamire et Idamore prétendent, à l'exclusion de l'autre, aux droits de la maternité. Williams et Matapan réclament, chacun de leur côté, le titre et les prérogatives de père. Tous quatre soutiennent leur prétention avec chaleur et souvent avec animosité. Lindamire et Idamore vont quelquefois jusqu'à l'injure, et Williams reçoit, comme à l'ordinaire, des taloches de Matapan. Ces excès troublaient quelquefois le spectacle de Randall, et Williams versait souvent des larmes sur sa déplorable situation. En effet, ces dames, étant bien et dûment *démariées*, ne lui devaient plus rien, et il avait le chagrin poignant d'être témoin des préférences, des faveurs dont on comblait son bienheureux rival.

Cependant la grossesse de madame, ou de mesdames était un attrait de plus pour la curiosité publique. La ménagerie ne désemplissait pas, et Randall, voulant mettre un terme à des divisions qui devaient à la fin nuire à ses intérêts, eut recours pour la troisième fois à la chambre des communes, qui adjoignit, à ses commissaires naturalistes, trois de ses membres anatomistes et de plus médecins.

L'un des docteurs, homme d'un sens profond, pensa que la beauté double pouvait avoir une double grossesse, ce qui satisferait tout le monde, si les commissaires ses collègues avaient seulement la complaisance de distribuer les enfans par la voie du sort. Cette proposition plut beaucoup à messieurs, qui décidèrent que l'exécution de tout arrêté serait suspendue jusqu'après l'accouchement de ces dames. A cette époque, on retomba dans l'embarras qu'on avait cherché à éviter : les petites femmes n'eurent qu'un enfant à elles deux. A quelle mère, à quel père le donnera-t-on?

Lindamire et Idamore se l'arrachaient. Toutes deux se disputaient la douce satisfaction de l'alaiter, et jamais enfant ne fut ni aussi bien nourri, ni aussi dodu ; mais sa belle santé ne faisait rien préjuger sur le fond de la question. Williams s'était marié avant son rival, et il arguait de sa priorité pour établir ses droits paternels. Matapan prouvait, par cent exemples, que de jeunes mariées n'étaient devenues grosses qu'après trois mois, six mois, un an de cohabitation, et qu'il pouvait prétendre, comme le premier mari, aux honneurs de la paternité. Les commissaires, médecins et naturalistes, convenaient que les deux maris pouvaient avoir raison, et que dans l'impossibilité absolue où était la commission de se convaincre qu'un d'eux eût tort, elle l'était également de proclamer le père, sans vouloir s'exposer à commettre une erreur grave, et préjudiciable au droit naturel de l'une des parties.

Les prétentions des deux petites mamans étaient bien plus faciles à régler. Il était notoire que l'une et l'autre étaient bien mères. Il ne restait qu'à les décider à arranger à l'amiable une affaire sur laquelle l'autorité ne pouvait rien, à moins cependant de parodier le mémorable jugement de Salomon, jugement qui pouvait être très-sage dans le temps où il fut rendu, mais qui n'est pas du tout en analogie avec nos usages.

Messieurs les commissaires s'assemblèrent, s'enfermèrent, discutèrent, raisonnèrent ou déraisonnèrent pendant plusieurs semaines. Après s'être inutilement cassé la tête, ils rompirent celle de leurs amis, et tous finirent par avouer que le cas était diablement embarrassant.

Cependant un aveu de cette espèce ne dispense pas des juges de l'obligation de prononcer. Les parties et le public demandaient à grands cris un jugement. Les habitués du café de Lloyd plaisantaient ouvertement sur l'irrésolution de messieurs les commissaires, et on sait quelle influence ont sur toute l'Angleterre les plaisanteries de ces habitués-là. La chambre des lords faisait faire, sur celle des communes, des couplets bons ou mauvais, par les auteurs de *Sadler's well*, et ces couplets avaient une vogue prodigieuse, parce qu'ils étaient méchans. La chambre des communes, poussée à bout, enjoignit à ses commissaires de juger, bien ou mal, dans les vingt-quatre heures.

En conséquence, la commission prononça :

1° Que l'enfant avait deux pères, ce qui n'était pas sans exemple; mais ce qui n'avait jamais été reconnu par aucun jugement.

2° Que l'enfant avait également deux mères, ce qui paraît impossible; mais ce qui ne laissait pas d'être.

3° Qu'il succèderait aux biens présens et à venir de ses deux pères et de ses deux mères.

4° Qu'en attendant que la succession fût ouverte, ils étaient tenus, tous quatre, à lui donner leurs soins, et à diriger son éducation, s'ils jugeaient nécessaire de lui en donner une.

5° Que celui des deux pères qui insulterait ou maltraiterait l'autre, perdrait tous ses droits à la paternité.

6° Enfin, que la chambre présenterait au prince un projet de loi qui ferait défenses expresses à tous monstres, beaux ou laids, de s'occuper de la propagation, à peine de voir leur postérité privée de l'état civil.

J'ignore si cette loi a été promulguée, ou non. Mais j'invite le lecteur avide de renseignemens plus étendus, à attendre que je puisse lui en donner, ce qui, probablement, n'est pas très-prochain.

FIN DES MÉLANGES.

TABLE

DES CHAPITRES CONTENUS DANS CE VOLUME.

ANGELIQUE ET JEANNETON.

PREMIÈRE PARTIE.

Chapitre Ier. Introduction............ Page	5
Chapitre II. J'entre en matière...............	8
Chapitre III. Ma commère Jeanneton.........	11
Chapitre IV. Baptême......................	14
Chapitre V. La Réconciliation...............	18
Chapitre VI. La Noce......................	22
Chapitre VII. La reconnaissance.............	27
Chapitre VIII. La succession................	30
Chapitre IX. Le Départ....................	33
Chapitre X. Vingt-une livres................	37
Chapitre XI. Le Petit monsieur..............	40
Chapitre XII. L'érudition...................	45
Chapitre XIII. Le Spectacle de Mantes........	51
Chapitre XIV. Les Patins...................	56
Chapitre XV. L'Hospitalité..................	60
Chapitre XVI. Bar-y-va.....................	64
Chapitre XVII. L'Examen...................	68
Chapitre XVIII. Les Présens de noce..........	72
Chapitre XIX. Première sensation............	78

Chapitre XX. L'Explosion............. Page 82
Chapitre XXI. Mes Dispositions............... 86
Chapitre XXII. Le Notaire.................. 91
Chapitre XXIII Inquiétudes, Impatience....... 95
Chapitre XXIV. Le grand étalage............ 99
Chapitre XXV. Elle est ma femme.......... 108
Chapitre XXVI. Le lendemain............... *ibid.*
Chapitre XXVII. Départ pour Paris.......... 113

DEUXIÈME PARTIE.

Chapitre Ier. Ce qu'elle pense de Paris........... 116
Chapitre II. Ses Amis........................ 120
Chapitre III. Les Petites fêtes................ 123
Chapitre IV. Une Reconnaissance............ 127
Chapitre V. Un Grain de jalousie............ 130
Chapitre VI. Je pars pour Bordeaux......... 133
Chapitre VII. Voyage.—Ennuis.—Consolations. 138
Chapitre VIII. Retour à Paris................ 143
Chapitre IX. Elle me néglige tout-à-fait...... 147
Chapitre X. Je ne peux pas mourir.......... 152
Chapitre XI. Catastrophe................... 158
Chapitre XII. Je trouve un consolateur...... 168
Chapitre XIII. J'en aurai des nouvelles...... 174
Chapitre XIV. Je commence à voir clair..... 179
Chapitre XV. Elle est innocente............. 187
Chapitre XVI. La Police.................... 194
Chapitre XVII. Les Récollets............... 200
Chapitre XVIII. Aventure singulière......... 206
Chapitre XIX. Je ne la trouve pas........... 218
Chapitre XX. Combat....................... 222
Chapitre XXI. Elle m'est rendue............ 225
Chapitre XXII. Conclusion.................. 230

MÉLANGES

LITTÉRAIRES ET CRITIQUES.

Aux Dames.......................... Page 235

PREMIÈRE PARTIE.

Chapitre 1er. Un mot sur Paris............... 243
Chapitre II. Les Spectacles................. 260
Chapitre III. Le Voyageur.................. 271
Chapitre IV. Un dîner chez de bonnes gens..... 293
Chapitre V. Les Gobe-mouches.............. 301
Chapitre VI. Le Magnétisme................ 314
Chapitre VII. Les Découvertes.............. 324
Chapitre VIII. Les Beaux-Arts............... 334
Éloge historique du général La Salle.......... 341
Ma Maison de campagne................... 357
Vers présentés à madame ***............... 367
Un grain de philosophie................... 372
Anacréon................................ 382
Le Vieux Bossu........................... 390
Abrégé de la Vie d'un pauvre diable.......... 400

DEUXIÈME PARTIE.

Dimanche................................ 409
La Résurrection de l'Amour................. 417
Le Temps passé........................... 425
La Dot................................... 433

Vers présentés à madame***.................. 442
L'Esprit et la Chose...................... 445
Les Usages............................. 453
L'Athéisme en amour..................... 475
Je vous aime de tout mon cœur............. 491
Cause célèbre........................... 501
Arrêt de la cour de King's Bench........... 542

FIN DE LA TABLE.

www.ingramcontent.com/pod-product-compliance
Lightning Source LLC
Chambersburg PA
CBHW060509230426
43665CB00013B/1448